Tevfik BİR

UYAN EY TÜRK GİDİYORUZ

İstanbul 2013

Yazarı
Tevfik BİR

Genel Yayın Yönetmeni
EDİTÖR
Mehmet Sabri KILIÇ

ISBN
978-605-4425-34-1

Yayıncı Sertifika No
16241

2.Basım
Nisan 2013

Kapak
Emir TALİ (estgrafik@gmail.com)

Dizgi Sayfa Tasarımı
Hasan DEMİR

Yayın Hakları : @copyright
Bu kitabın yayın hakkı; Yazarı ile yapılan sözleşme gereği
Göl Kitap Yayıncılık ve Tevfik BİR'e aittir.
Kaynak gösterilmeden kitaptan alıntı yapılamaz.
Yayıncının yazılı izni olmadan hiçbir yolla çoğaltılamaz.

Yayınevi/Dagıtım Yeri
Deniz Çakan
GÖL KİTAP YAYINCILIK
Çatalçeşme Sokak No-54/3 Cağaloğlu/İstanbul
Tel-Faks: (0212) 526 57 57
golkitap@gmail.com

Baskı Cilt
Step Ajans Matbaacılık Ltd. Şti. (0212) 446 88 46
Matbaa Sertifika No: 12266

Tevfik BİR

UYAN EY TÜRK GİDİYORUZ

Sn. Sadettin TANTAN'a,
Sn. Banu AVAR'a,
Sn. Arslan BULUT'a
ve Türkiye'yi fikirleriyle yükseltip icraatleriyle yücelten nice vatanseverlere selam olsun.

İÇİNDEKİLER

Küresel Bakışla Başlangıç 7
Dış Tehdit ABD 9
    Genişletilmiş BOP 11
Irak'ta Küresel Oyunlar 20
    ABD ve İran Masada 27
    Irak 2011 35
    ABD'nin Türkiye Planı 38
    Savaş ve Barış - Türk ve Obama 50
Biz Bu Filmi Görmüştük 53
Aden, Kızıldeniz ve ABD 57
Ekonomi Politik ve Yolsuzluk Kıskacı 66
    Yolsuzlukla Mücadele 66
    Geleceğe İpotek 72
    Küresel İmparatorluk ve Avrupa Finansal Krizi 76
İslamofobi 84
    İslam Üzerine Oynanan Oyunlar 84
    İslamofobi 95
    Ilımlı İslam ve Dinler Arası Diyalog 103
AB'nin Gerçek Yüzü 109
    AB'nin Türkiye Karşıtlığında Din Etkeni 110
    Uçuşan Yıldızları Görmek 117
    Yaşasın Gümrük Birliği (!) 121

Demokratik Açılım-Bir Pentagon Projesi 127
   Kürt Açılımı 127
   Değişerek Bölünmek 131
   Türkiye Gitsin Diye 141
   Uyutma-Uyuşturma 148
Sabetay Sevi ve Sabetayizm 165
   Sabetay Sevi ve Türk Yahudileri 167
   Sabetayizm 173
Sabetayizmin Sırları 184
   Coğrafyamızda Sabetayistler 184
   Sabetayizm Üstüne "Özel İsim Bilim" (Onomastik) 193
   Bülbülderesi Mezarlığı İsim Listesi 203
   Sabetayizmin ve Kripto Yahudiliğin Yüzlerce Yıllık Sırrı .. 212
   Türkçe İsim ve Atasözlerinde Sabetayizm-Yahudilik 258
Her Yol Sabetayistlere Çıkıyor 275
   ABD, İsrail ve Türkiye 275
   Kurum Kurum, Meslek Meslek Sabetayistler 282
Bir Başkadır Benim Memleketim 310
   Şaşırtıcı Benzerlikler 316
   Atatürk Sabetayist Değildi 327
Siyonist-Sabetayist Güç Çatışması 332
   Sabetayist Etki 339
   Sabetayist İsimler 350
Ergenekonun Bilinmeyenleri 358
   Ergenekon Tarihinin Bilinmeyenleri 358
   Ergenekon Operasyonunun Bilinmeyenleri 365
Vahiyli Şebekelerde "İyi İnsanlar" 375
   Uyanın! 383

KÜRESEL BAKIŞLA BAŞLANGIÇ

Bugün dünyanın jandarması ABD ise ve onu perde arkasında yöneten İbrani asıllı güç ise, kitabımıza ABD ile başlar İbrani (Yahudi vb.) asıllılar ile devam ederiz. ABD ve İbrani asıllıların bulunduğu yerde şüphesiz, Türkiye ve Müslüman görünümlü Türklerin olmazsa olmazlığının artık bilincindeyiz. Yeri geldikçe Türkiye'yi de işin içine katar, ifşaatımızı zenginleştiririz.

Bu üçü bir araya gelince adeta gül gibi olur. Yukarıdan bakana güzel görünür, hoş kokular yayar, dalından tutan ele ise acı verir, batar. Okuyucunun eline batsın diye bu kitap yazılmıştır. Batsın ki vereceği acıyla gözler açılsın, gözler açıldıkça gizlenen gerçekler daha iyi görülsün. Dünyayı ve ülkemizi yöneten gizli güç, "Sistem" deşifre olsun.

* * *

Yıl, 28 Haziran 1914. Avusturya veliahdı, bir Sırp'ın düzenlediği suikast sonucu öldürüldü. Bu olay neticesinde birçok ülke birbirine savaş ilan etti. Bu savaşın tetikleyicisi bu suikast olmakla birlikte, savaş ilanlarının, ölecek milyonlarca insanın ve yıkılacak imparatorlukların nedeni bu suikast değildi. Bu olsa olsa bir bahane olabilirdi. Tetikçiye değil azmettirene bakmak gerekiyor.

19. yüzyılda genellikle içe kapalı ekonomi modeli yürüten ve başını İngiltere, Almanya ve Fransa'nın çektiği Avrupa Devletleri, 20. yüzyıl ile birlikte iç gelişimlerini (bilhassa ekonomik, askeri ve teknolojik alanlarda) tamamlamışlardı.

Uyan Ey Türk Gidiyoruz

Üretimde yaşadıkları kapasite artışını karşılayacak hammaddeye (doğal kaynak, insan gücü...) ve ürünlerini satacakları yeni pazarlara gereksinim duyuyorlardı. Bunu karşılayacak çözüm yolunu ise savaşta yani kan dökmede buldular.

Biraz daha güncel tabirle anlatacak olursak, Emperyalist devletlerin kapitalist amaçları doğrultusunda yürüttükleri kanlı paylaşım savaşıydı.

Bu da eksik bir anlatımdır. Ne suikast ne de hammadde-pazar yaklaşımları bu başlangıç savaşının tam ve tek nedeni değildir. Esas neden karanlıkta bırakılmıştır. 21. yüzyılda dahi, gerçek nedenin üzerinde, onu örten gizli, kara bir örtü vardır. Bu neden, Petroldür, kıymetli madenlerdir.

W.Churchill, hedefi ve yöntemi işaret etmiştir *"Bir damla petrol bir damla kandan daha değerlidir"*. Bir başka ABD Başkanı'nın söylediği *"Petrol, yaşamsal çıkarımızdır"* sözü iyi okunmalıdır. Bu sözler, petrol için girişilecek türlü operasyon ve savaşların sınırının olmadığını bizlere açıkça göstermektedir. Petrol, değerli madenler, silah ve enerji; finans piyasalarının ve işgal politikalarının neye göre belirleneceğinin işaretlerini veren öğelerdir.

Petrolün öneminin günümüz modern çağında görece azalmasıyla birlikte, ikame edilebilecek yer altı ve üstü zenginliklerinin (uranyum, bor, toryum vb.) ve yaşamsal kaynak suyun öneminin arttığı ve bir damla kana karşı alınacak yeni damlaların metalaştığı görülüyor.

En yakın örnek, Usame Bin Ladin'i 10 yıl boyunca Afganistan'da bulamayan ABD'nin, ondan önce Afganistan'da **1 trilyon dolarlık** maden bulmasıdır. Gerçeği görmek isteyen gözlere her gün yeni örnekler çıkmaktadır.

Diğer konulara değindikçe, insanların gerçekleri inkar etmek adına kafalarını nasıl yerin dibine sokmaya çalıştıklarını görecek, gördükçe hayrete düşeceksiniz!

DIŞ TEHDİT ABD

Orgeneral Yaşar Büyükanıt dönemiyle birlikte, TSK kurum amirlerinin ABD karşıtı söylemleri, ABD'yi stratejik ortak görmeyen bir politika içerisinde (kısmen) bulunuşu/ bulunmak isteyişi pek çok kişiyi şaşırtmıştı. Çünkü, bu pek de alışılmış bir durum değildi. Bu başlangıcın bir gelenek oluşturma olasılığı da vardır. Ki, Genelkurmay 2. Başkanlığı sürecinden itibaren Org. İlker Başbuğ'un da paralel ölçüde ve hatta Büyükanıt'ın biraz da ötesindeki söylemleri; Org. Işık Koşaner'in de üstü yarı kapalı bir söylemle ABD, küreselleşmiş aktörler ve STÖ üçlüsünün üniter devlete ve Türkiye'ye zarar vereceği söylemleri geleneğin temelini pekiştirmiştir.

Söylemlerin samimi olup olmadığını, askeri strateji ve milli güvenlik algılaması tespitinde bu fikirlerin ne denli etkili olduğunu bugün için söylemek zordur. Ayrıca bu görüşlerin sanki biraz söylemde kaldığı, kamuoyunu rahatlatmaya dönük mesajlar olduğu, askeri politikaya yansımadığı izlenimi mevcuttur. Belki bu konu hakkındaki değerlendirmeyi, Sabetayizm bölümlerini okuduktan sonra, okuyucunun karar vermesi daha doğru olacaktır.

1950'li yıllarla birlikte "Sovyet komünist tehdidin" varlığı ve Türkiye'nin buna karşı NATO aracılığıyla ABD ile stratejik müttefik oluşu "stratejik ortak/müttefik ABD" kavramını yaratmıştır. Ancak anlaşılamayan, kabul edilemeyen bir durum söz konusudur.

Uyan Ey Türk Gidiyoruz

Komünist Rusya'nın ve Berlin duvarının tek kurusıkı tabanca dahi patlatılmadan yıkılışı, "komünist tehdidin" ortadan kalkmasına ve ülkelerin yeni "dünya stratejileri" geliştirmelerine neden olmuştur.

Acaba gerçekten de, "birilerinin" iddia ettiği gibi ABD karşıtlığını ilk olarak dillendiren kurum TSK, Rusya etkisine mi girmektedir? Gelin birlikte bunun nedenlerini sorgulayalım.

* * *

Komünist tehdit demişken buraya bir parantez açmakta yarar var. Komünist ideolojiyi, komünizmi bir "kızıl tehlike" kavramıyla dünyaya tanıtan, yaratılan o "kızıl tehlike" kavramına önlem olarak da "yeşil kuşak" stratejisini ortaya atıp uygulattıran, şimdi o "yeşilleri" de küresel terörist yapan, Yahudi asıllı George Frast KENNAN'ı görüyoruz (ileriki sayfalarda bu doğrultuda yürüyen başka Kenan'lar da göreceğiz).

Rahmetli Necip Hablemitoğlu'nun "Sovyet Rusya'da Devlet Terörü" adlı kitabından, Rusya'nın kendi insanlarına eziyetler çektirdiğini, arzu ettiği sistemi kurmak adına insana sıfır değer politikası ile 50 yılda 60 milyondan fazla insanın ölümünden sorumlu olduğunu net olarak biliyoruz. Bu doğrultuda rejimini ihraç amacıyla siyasi, ideolojik ataklar yaptığını da biliyoruz.

Ancak George Kennan'ın, devrinin türlü yayınlarında gerçek amacını açıkladığına da tanık oluyorduk. Amaç, komünizmin kızıl tehdide çevrilmesiyle Sovyet Rusya etrafındaki ülkelerin, yaratılan askeri tehdit algılamasıyla kendilerini, bu tehditten koruyacak "kutlu" ABD'nin kollarına bırakmalarıydı!

ABD de, yüceliğini gösterip üsleriyle ve çeşitli unsurlarıyla yerleşerek kollarına atlayan ülkeyi Sovyet tehdidinden koruyordu! Bu maske ile, hem Sovyet Rusya'nın etkinliği kısıtlanırken hem de kendi hammadde yolunu kurmuş-korumuş, çıkarları doğrultusunda bu ülkeleri biçimlendirerek pazarlarını yaratmış oldu.

Genişletilmiş BOP

Berlin duvarının yıkılışı pek çok ülkede olduğu gibi ABD'de de yeni stratejiler ve projeler geliştirilmesine neden olmuştu. Amaçlar ve hedeflerde kısmi revizyonlar yaşanmıştı. ABD'nin yeni projesi Büyük Ortadoğu Projesi (BOP) ve artık "Genişletilmiş BOP" diyeceğimiz GOP'tur.

BOP, ilk olarak Demokrat Parti iktidarında Bill Clinton başkanlığında 1997 yılında hazırlanmış ve ardından kabul edilmişti. Aslında BOP'un nüveleri ilk olarak NATO'nun yeni hatlarını çizen, konseptini belirleyen 1991 Roma Zirvesi'nde atılmıştı. Küresel ekonomik, siyasi ve askeri değişimlerin temeli atılmıştı.

Clinton sonrası Başkan 2. Bush döneminde ise BOP, Genişletilmiş Ortadoğu ve Kuzey Afrika Bölgesi İle Müşterek Bir Gelecek Ve İlerleme İçin Ortaklık Projesi (GOP) olarak revize edilmişti.

Genişletilmiş BOP, batıda Fas kıyılarından doğuda Pakistan'a, kuzeyde Türkiye Karadeniz kıyılarından güneyde Aden kıyılarına kadar uzanan geniş bir coğrafyayı kapsayan bir bölgenin projesidir. Bu bölgedeki devletlerin rejimlerinin ve ülke sınırlarının değiştirilmesi projesidir.

Artık Pentagon'un izleyeceği yol komünizm ile mücadele değil, Genişletilmiş BOP bölgesi için İslamofobi'nin yaratılması; insan hakları ve özgürlük için, demokrasi(!) için müdahalelerdir!

BOP, Demokrat Parti (DP), GOP ise Cumhuriyetçi Parti (CP) döneminde kabul edildiği düşünülürse, çokça iddia edildiği gibi Başkan 2. Bush sonrası Demokrat Partili Obama döneminde barış ve ekonomik kalkınma yaşanacağı tezi hayalden öteye gidemeyecektir.

İktidarın CP'den DP'ye geçişi bazı taktik/strateji değişikliklerine yol açmıştır. Ancak elbette her konuda değil.

Uyan Ey Türk Gidiyoruz

Bizi ilgilendiren en önemli husus işgal edilmiş bir Irak ve üçe bölünmek üzere olan bir Irak'tır. Üçe bölmek hem "böl, parçala, yönet" taktiğinin yolu hem de Irak'ta bir Kürdistan özerk bölgesi (belki sonra bağımsız devleti) vasıtasıyla yeni bir "kullan at"lık stratejik ortak yaratma isteğinin sonucudur. ABD açısından ortak çıkar paydasında birleşilemeyen Türkiye dışlanmıştır, bir ölçüde yerine Kürtler ikame edilmiştir.

Türkiye – ABD stratejik ortaklığının, müttefikliğinin azaldığı saptaması bu konuya bağlanmaktadır. 2006 yılında Başbakan Erdoğan, ABD Başkanı Bush'u ziyaretinde *"Türkiye ile ABD stratejik ortaktır"* ifadesini kullanmıştır.

Bush ise; hayır, ABD ile Türkiye stratejik ortak değildir, iddiasını desteklercesine *"dost iki ülkedir"* söylemiyle yetinmiştir. Dost kavramı diplomaside, diplomatik saygı gereği yada bazen karşı tarafı yumuşatmak adına kullanılan içi boş bir sözcüktür.

ABD'nin Genişletilmiş BOP projesi ve bu çerçevede oluşan dış politikası ile Türkiye arasında hiçbir müttefiklik yada stratejik ortaklık olamaz, bu tabiatın kanununa aykırıdır. ABD de zaten bu kapsamda Türkiye'yi stratejik ortak kabul etmemektedir. Yalnızca "sen BOP'un eş başkanısın" taçlandırmasıyla kandırarak kullanmak istemektedir.

ABD, kendi açısından haklıdır. Diplomasi, çıkarlar savaşıdır. ABD, Türkiye'yi kullanmak ister, Türkiye ise kendisini piyon yapmamalıdır. Piyon değil bu oyun içerisinde hiçbir sıfatla yer almamalıdır. Aksi, Türkiye'nin bağımsızlığına vurulacak en büyük darbe olacaktır.

Ama bunun aksini Başbakan sıfatı ile Tayyip Erdoğan'ın iddia ettiği görülmektedir. O her zaman ki sert üslübuyla *"Türkiye'nin Ortadoğuda bir görevi var. Nedir o görev? Biz Geniş Ortadoğu ve Kuzey Afrika Projesinin eş başkanlarından bir tanesiyiz. Ve bu görevi yapıyoruz biz."* diyebilmiştir.

Mantık açısından bakarsak, başbakan, kendisine/ülkesine bir görev biçtiğine göre, bunun bir de görevlendirenin, amirinin olması gerekir. Bu söylem üstünde düşünmek gerekir.

* * *

Bahattin Özülker, eski MİT müsteşarı. Göreve geldikten sonra MİT'in içinde bulunduğu vaziyeti beğenmediğini belirten ve gördüğü bağımlı-bozuk sistem karşısında türlü eleştiriler içeren bir rapor hazırlar. Ne büyük tesadüftür ki, 26 Eylül 1974 yılında (raporu yazdıktan bir hafta sonraya denk geliyor) bir otel odasında ölü bulunur!

Konuya renk katmak adına bahsetmekte yarar var. Gürcistan'da "Turuncu devrimi (darbeyi)" gerçekleştiren 3 liderden biri (Devlet Başkanı Mikheil Saakaşvili, Meclis Başkanı Nino Burcanadze ve Başbakan Zurab Jvania) olan Başbakan Zurab Jvania da; diğer iki liderle, dolayısıyla ABD ile arasının bozulmasının hemen ardından, rastlantı bu ya, İran yapımı bir doğalgaz sobasının yol açtığı karbonmonoksit zehirlenmesinden 3 Şubat 2005'te ölü bulunmuştu!

Çekiç güç kapsamında bölgede yer alan Amerikan askeri güçlerinin, çeşitli şekillerde Türkiye aleyhine faaliyet gösteren güçlerle ilişki kurması ve terör örgütü PKK'ya lojistik ve istihbari destek vermesi skandalının ifşasını gerçekleştiren Jandarma Genel Komutanı Orgeneral Eşref Bitlis'in helikopteri tesadüfen düşer, ifşacı paşamız ölür!

Bu "ilahi tesadüflerden" şunu anlamak gerekir: ABD ile başta Türkiye olmak üzere, hiçbir ülke stratejik müttefik olamaz. ABD'nin isteklerine ve emirlerine uyan ve boyun eğen ülkeler olur.

* * *

Uyan Ey Türk Gidiyoruz

İşte, Berlin duvarının yıkılışı yalnızca yeni devletlerin dünya sahnesine çıkmasından ibaret bir olay değildir. Her ülkenin yeni diplomatik anlayış kazanmasına, yeni algılamalarda bulunmasına ve stratejiler geliştirmesine de sebeptir.

Bu nedenledir ki, pembe bir şablonla bakarak 1990 öncesinde Türkiye – ABD müttefikliği ihtiyacının olduğunu varsaysak dahi, '90 sonrasında bu müttefikliği gerektirecek çıkar ortaklığı kalmamıştır. Bunu da görevleri gereği ilk tespit eden subaylar olmuştur. Ve artık daha önceki yıllarda söylenmesi gereken bazı gerçekler dile getirilir olmuştur.

Silahlı kuvvetler, yasa gereği Türk yurdunu korumakla görevlidir. Bu nedenle de askeri, diplomatik, stratejik, jeostratejik vb. her şeyi daha iyi ve öngörülü gözlemleyen, tüm istihbari bilgiye derinlemesine ulaşabilen bir kurumun, bunu ilk dillendiren olmasından daha doğal bir şey yoktur.

Kuzey Irak'ta, komşu Türkiye'ye, İran'a, Suriye'ye rağmen ve hepsinden önemlisi Irak'ın kendi iç yapısını ağırlıkla oluşturan Irak Araplarına rağmen bir Kürdistan kurulması; PKK'ya çeşitli yollardan silah sağlanması ve teknik, istihbari, lojistik destek verilmesi; ABD parlamentosunda Irak'ın üçe bölünmesi gerekliliği hakkında alınan karar; sözde Ermeni soykırımı tasarılarının bir kademe dahilinde Türkiye'ye karşı kabülü ve bunun diğer dünya ülkelerini cesaretlendirmesi; Genişletilmiş BOP çerçevesinde Türkiye çevresi ülkelerin işgali ve bunun Türkiye'yi ekonomik açıdan, enerji temini ve güvenliği açısından, Türkiye'nin güvenliği açısından olumsuz yönde etkiliyor hatta zararlar veriyor olması ve daha niceleriyle bunlar Türkiye – ABD müttefikliğinin "çoktan" bittiğinin işaretleridir.

Ordu bunu (kısmen) anladı gibi gözükse de yürütme ve yasamanın da bu gerçekliği görmesi gerekmektedir. Bir bütün olarak stratejiler oluşturulabilir. Türkiye'yi kurumlar değil, seçilmişler yönetmektedir. Kurumlar seçilmişleri, seçilmişler kurumları küçümsememeli ve yarışa girmemelidir.

(Yaşar Büyükanıt, emekliliğinin ardından yaptığı bir televizyon söyleşisinde, ABD'nin PKK'yı desteklemediğini, böyle bir bilginin hiçbir zaman kendisine gelmediğini, bunu ispatlayacak bilgilerin olmadığını söyleyebilmiştir, üzücüdür! Demek ki üniter Türkiye'yi savunan Atatürkçü düşünce ve ifadelerin çoğu, şu an için yalnızca kamuoyuna yönelik söylemlerdir. Samimi ifadeler değildir.)

* * *

Yabancı devletlerin diplomatları, Türkiye ve Türkler hakkında sıkça *"Türklerin ne zaman ne yapacağı belli olmaz"* ifadesini kullanırlar. Türklerin ne yapacağı belli olmaz ancak ABD'nin ne zaman ne yapacağı raporlarla, belgeleriyle ortadadır.

BOP/Genişletilmiş BOP projesi, ayrıntıları bile düzenleyen geniş kapsamlı bir plan biçiminde hazırlanmıştır. Metinde amacı, kapsamı, süresi, hedefi vs. bilgilerin yer aldığı bilinmektedir.

BOP'un her sayfası önemlidir ancak yaşadığımız dönem ve geçtiğimiz süreç içinde bizim dikkatimizi çekmesi gereken bir kısım var: *"İran, Irak ve Kürdistan gerektiğinde askeri harekâta muhatap kalabilir".*

Bilindiği üzere Güneydoğu Anadolu ve Doğu Anadolu Bölgemiz, Sivas sınırına kadar, ABD'nin sözlüğünde "Kuzey Kürdistan" olarak geçmektedir. Irak'ta kurulmuş olan Kürdistan bölgesi ise Güney Kürdistan olarak geçmekte, ikisi birden yine ABD'nin sözlüğünde Kürdistan olarak belirtilmektedir. *"Gerektiğinde"* ibaresinin oraya boş yere konulmadığı aşikârdır.

Uyan Ey Türk Gidiyoruz

Her yöne çekilebilecek, her türlü içi doldurulabilecek bir kavramdır. ABD, çıkar ve amaçlarına göre istediği zaman "gerekiyor" düşüncesiyle türlü bahaneler ileri sürerek harekât yapabilecektir. Irak saldırısı ve işgali örneği, bahaneleriyle gözümüzün önünde durmaktadır. Usame Bin Ladin'i bulmak bahanesiyle Afganistan'a giren ABD'nin, Afganistan'da ondan önce 1 Trilyon USD'lik maden bulduğu gerçeği ortadadır.

Bu, ABD Türkiye'ye saldıracak demek değildir. Bunun teorik olarak kabulü, belgelere işlenmesi, ikili ilişkilerde bunun göz önünde tutulmasını sağlar, bir gözdağıdır.

Birkaç ülkenin toprağını içine alan ve coğrafyayı patlamaya hazır bomba haline dönüştüren "Belucistan sorununun" ortaya nasıl çıktığı ve bugün Belucistan'da ne gibi gelişmelerin olduğu, Kürdistan tiyatrosunun ileriki perdelerini öngörmek adına iyi okunmalıdır. Aynı proje, benzer coğrafyalarda benzer biçimlerde, farklı isimlerle oynatılmaktadır.

Ama bu, Türkiye'nin, ABD açısından şirazesinden kayması (bağımsızlığını yeniden elde etmesi) durumunda, söz konusu askeri harekâta muhatap kalmayacağı anlamına da gelmemelidir.

Taşeron örgüt PKK varken, belgede sözü edilen askeri harekâtın bizzat ABD ordusuyla gerçekleştirilmesi de gerekmez. Hatta belgedeki bu "*gerektiğinde askeri harekâta muhatap kalabilir*" ifadesini, PKK'nın CIA yönetim ve denetiminde olduğunu görerek, zaten bu müdahalenin Türkiye'ye karşı 30 yıldır uygulandığını da iddia edebiliriz. PKK'nın operasyonunun, ABD kurumlarında raporlaştığının ve resmileştiğinin belgesidir. Bu proje Genişletilmiş BOP'tur.

Tayyip Erdoğan'ın iddiasıyla, kendisi bu projenin eş başkanıdır.

Genişletilmiş BOP metni ve "Yeni bir yüzyıl için ulusal strateji belgesi" derinine okunmalı, analiz edilmeli, siber savaşlar (ABD'nin Irak işgali ve Rusya'nın Gürcistan operasyonu) görülerek Türkiye'nin savunma ve milli güvenlik politikaları yeniden yazılmalıdır.

Siber savaşları/saldırıyı kendi tarihimizde de görmek mümkündür. KKTC ilan edildikten birkaç saat sonra 16 Kasım 1983 yılında KKTC'nin tüm dünya ile telefon ve teleks bağlantıları ABD tarafından kesilmiş, ada iletişimi/muhaberatı çökmüştü.

Tıpkı işgal başında Irak'taki tüm haberleşme sisteminin (sivil ve askeri) ABD tarafından çökertilmesi gibi. Ve elektronik saldırıyla bunun desteklenip tek bir Irak savaş uçağının bile havalandırılamaması gibi. İletişimi kopmuş ve elektroniği çökertilmiş bir ülke/ordunun önce savunma mekanizması çöker ve ardından ülke düşer. 21. yüzyıl elektronik harbin ve uzay destekli savaşların yüzyılı olacaktır.

* * *

2001 yılında Çin'in ve İran'ın komşusu Afganistan; 2003 yılında da Suriye, İran ve Türkiye'nin komşusu Irak, ABD tarafından işgal edildi, ele geçirildi. Birinci dünya savaşında suikast bahane olarak ileri sürülmüşken, bu sefer *"demokrasi yok"* ve *"kitle imha silahları var"* bahaneleri öne sürülüyordu. ABD güçleri, ABD gemilerine saldırdığı bahanesiyle Vietnam'a girmemiş miydi? Sonra bu iddianın yalan olduğu ortaya çıkmıştı. Tıpkı Irak'ta kitle imha silahlarının varlığı iddiasının, aslında koca bir yalan olduğunun anlaşılması gibi.

Öne sürülen nedenler değişse de biliyoruz ki esas amaç bir asırdır değişmeden varlığını korumaktadır.

Kürenin terörist jandarması ABD, bugün küresel bazda iki politika yürütmektedir. Birincisi, büyük petrol rezervlerinin, tatlı su kaynaklarının, uranyum gibi bor gibi zenginlik verici madenlerin, büyük deniz ticaret yollarının geçiş güzergahlarının ve kutsal (vaad edilmiş) toprakları ülkesinde barındıran Suriye, İran, Yemen, Türkiye vb.'nin ele geçirilmesi, denetiminin ve yönetiminin ele alınması planıdır.

Uyan Ey Türk Gidiyoruz

Bu plan dahilinde, İran'ın İsrail'e ve bölgeye karşı tehdit oluşturduğu, nükleer silah üreterek insanlığa karşı tehdit oluşturduğu, ülkede anti demokratik uygulamaların bulunduğu bahaneleri ileri sürülmektedir. Plan dahilinde 4. ve 5. kol faaliyetleri ile İran iktidarı ABD'nin istediği şekle sokulamazsa, askeri müdahaleye maruz kalması kesin görünmektedir! Dünya bu saldırıyı beklemektedir.

Suriye ise El-Kaide başta olmak üzere küresel terör örgütlerine destekte bulunmak ve ülkesinde anti demokratik uygulamalara yer vermek suçlamasına muhataptır.

Oğul Essad okyanus ötesindeki güçten gelecek operasyonun ayak seslerini duymuş olmalıdır ki, elinden geldiği ölçüde Türkiye üzerinden, Türkiye'yi bürokrasisinden ekonomisine kadar pek çok yanıyla rol model alarak, küresel piyasaya açılarak, piyasa toplumu olmaya başlayarak Sistem'e entegre olmaya çalışmaktadır. Geçicidir. (Güncelleme: Bugün, artık Suriye operasyonuna "start" verildiğini görüyoruz.)

ABD'nin küresel bazda yürüttüğü politikasının ikincisi ayağını ise Çin oluşturmaktadır. 2020'li, 2030'lu yıllarda ABD'den birçok alanda ileriye geçmesi düşünülen Çin'i askeri ve ekonomik alanlarda, ticaret güzergahlarında kıskaca almak, çevrelemek ve bu ilerlemeyi çeşitli yöntem ve projelerle kayıtlamaktır.

Özellikle 2000'li yıllar itibariyle, Amerikan enstitülerinin karşılaştırmalı olarak Çin-ABD öngörülerinde bulunmaları, ABD'nin hangi konuya eğilmeye başladığını bize göstermektedir.

Bölgesel bazda Çin, Rusya ve Hindistan'ın işbirliğine gitmesi ABD'yi "süper güç"lük sıfatından mahrum bırakabilecektir. Bu üç ülkenin ekonomik, askeri ve uzay varlığı gücünü topladığımız zaman, ABD ve Sistem'in gücünü tehdit eder niteliktedir.

Önümüzdeki onbeş yirmi sene içerisinde Çin'in gücünün gözle görülebilir düzeye, herkesin idrak edebileceği düzeye erişeceği beklenmelidir.

İşte, Genişletilmiş BOP bunların hepsi için devreye girmiştir. Küresel, müthiş kapsamlı bir projedir.

Fas'tan Pakistan'a Türkiye'den Somali'ye kadar olan çerçevedeki ülkelere "demokrasi, barış ve özgürlük" getirmek için ABD, çılgınca atılımlar gerçekleştirecektir, gerçekleştirmeye başlamıştır. Bu atılımlar için ABD'nin, yeni müttefikler yaratma, mevcut müttefiklerini güçlendirme gereksiniminin olduğu açıktır.

Kürdistan'ın kurulması bir açıdan buna hizmet etmektedir. Kürdistan'ın başkanı Barzani, İbrani'dir (Yahudi)! Kral Yahudi'dir, piyonlar Yahudi'lerdir.

Yine bu kapsamda İsrail güçlendirilmek istenecektir. Bunun henüz ne biçimde olacağı net olarak bilinmese de, Sistem'in ve onun bir parçası ABD'li üst düzey aktörlerin İbrani ve genellikle Yahudi inançta oldukları görülürse; Tevrat'ta vaadedilmiş toprakların sıkça konu edildiği, sunulduğu hatırlanırsa; Büyük İsrail'in bugün belki öngöremeyeceğimiz yollarla kurulabilme olasılığı ortaya çıkmaktadır. (Sistem: Dünyayı yöneten derin güç. Yani, CFR, Bilderberg, Trilateral ve bunların altında yer alan irili ufaklı örgütler ve bunların yöneticisi olan her milletten gelen ancak milliyet farklılığına önem vermeyen, adeta paraya tapan, İbrani asıllı yapı, şeytanın kralları.)

Vaadedilmiş toprakların neresi olduğuna bakarsak, kiminin tamamını kiminin bir kısmını sınırlarına katmak üzere Türkiye, İran, Irak, Suriye, Lübnan, Filistin, Ürdün, İsrail, Mısır, Suudi Arabistan ve Kuveyt'in olduğu görülmektedir. Ayrıca Yahudilerin, Kıbrıs adasına özel sevgi beslediklerini hatırlanmalıdır.

IRAK'TA KÜRESEL OYUNLAR

Irak sözü geçse bir sohbette, bir yazıda, önce biraz gururlanırım sonra içimi keder kaplar. Bu duygularımın nedenini Irak'ın coğrafyası, siyasal tarihi ve acı çeken halkı oluşturur.

Irak, Osmanlı yönetimindeyken (Musul, Basra, Bağdat eyaletleri) ne kadar değerli ve görece el üstü bir bölgeyse, elden çıktıktan sonra da bir o kadar naçiz ve müstemleke bir hâl almıştır.

Irak denen coğrafi bölge aslında bugünkü Irak değil, onun küçük bir parçasıdır ve tarihte Irak denilen bağımsız bir ülke yoktur. Tıpkı Körfez çevresi ülkeler gibi, Ürdün gibi, Suudi Arabistan gibi Irak da sınırları cetvelle çizilerek tayin ve tespit edilmiş bir ülkedir.

Eğer bir ülke tarihte yoksa, ülkenin tarihi ve coğrafi kimliği belirsiz ise, sömürgeci ve hatta istilacı emperyalist kişiler ve devletler tarafından sınırları çizilerek oluşturulmuşsa, onun ileride sorunsuzca siyasi ve idari birlik içinde olması beklenmemelidir.

* * *

Irak, ABD/İsrail tarafından işgal edilmiştir. İşgalle birlikte bu işgalci güçlere uygun bir üst yönetim oluşturulmuştur.

Görünürde ABD'nin başlattığı savaştan (Başkan 2. Bush'un tabiriyle, 21. yüzyılın haçlı savaşından) Sistem galip çıkmıştır. Bugün, Irak'ın arşivlerinden ve zenginliğinden en çok, bu savaşı çıkartan Sistem yararlanmıştır.

Irak'ın ve daha ötesi Osmanlı'nın kripto arşivleri bugün ABD yoluyla Sistem'in eline geçmiştir. Ortadoğu bölgesinin şifreleri Sistem'in eline geçmiştir. Bu arşiv ve hafıza kayıtlarının bilgisine ulaşan Sistem, bölgenin şifrelerini veren bu güce ulaştığına kanaat getirmiş olmalı ki, bu inancın sonrasında Türk askerinin başına çuval geçirebilmiştir. Türkiye, bu yüz karası olaya karşı tepki verememiştir.

Irak'ın yer altı ve yer üstü zenginlikleri de Sistem içerisinde paylaştırılmaya başlamıştır. Bu işgale ses çıkarmayan Rusya'ya da ödülü verilmiş; Sistem, petrol yataklarını, petrol denizlerini kendi hizmetinde yer alan aktörlere ve işgale ses çıkarmayan güçlere bir şekilde paylaştırmıştır. Paylaşılanlar bunlarla sınırlı kalmamaktadır.

* * *

Bugün Irak'ta Kürtlerin birlik oluşturması, yukarıda bahsedilen "birlik içinde olması beklenmemelidir" görüşüyle tezat görülebilir.

Ancak unutulmamalıdır ki; Barzani ve Talabani'nin etrafında yer alan Kürt grupları birbirlerini öldürmekten, kesmekten, kurşunlamaktan; günlük çıkarları adına bir gün İran'ın bir gün Türkiye'nin ve bilmem başka kimlerin kollarına atlamaktan birleşmeye fırsat bulabilselerdi, Başkan 1. Bush onlara o dönem bağımsızlık verecekti.

Bu bizlere işaret etmektedir ki, şu an bir şeyler (özerklik, bağımsızlık, ekonomik çıkar vs.) elde etme hırsında olan "aç" Kürtler birleşmiş görüntüsü, birlik fotoğrafı verseler bile, amaçlarına ulaştıklarını zannettikleri an, onların tekrar birbirlerine girecekleri, aralarında mücadeleye başlayacakları an olacaktır.

Uyan Ey Türk Gidiyoruz

ABD, bu sürecin kaçınılmaz olduğunu bilmekte ve bu süreci geciktirmek için elindeki tüm oyunları ve kozları kullanmaktadır. Gün gelip çıkarı bittiğinde ise, Kürdistan'ın ipi çekilecektir.

* * *

Anadolu'nun komşusu Irak, demografisi o kadar karışık bir bölgedir/ülkedir ki, ülkede tüm mezhepleriyle Müslümanlık, tüm mezhepleriyle Hıristiyanlık, Yahudilik ve kripto Yahudilik hatta Aramca konuşan ve yazan Sabiilik mevcuttur.

Irk olarak da Araplar, İranlılar (Acemler), Türkler ve Kürtler mevcuttur, etkindir. Bunu öyle safça "kültürel zenginlik, mozaik" laflarıyla izah etmek mümkün değildir. Irak'ta yaşayan halkı milletleştirmek yada ümmetleştirmek neredeyse olanaksızdır.

Irak, komşuları açısından da; bir tarafta sünni Türkleri ile Türkiye, bir tarafta Şii İran, bir tarafta İngiliz oluşumu Sünni arap Suudiler, bir tarafta ABD'nin düşman kıldığı Suriye'ye sahiptir. Bu komşuların Irak'ın işgal, yıkım ve yeniden yapılandırma dönemlerinde boş durmaları beklenmemelidir. Nitekim hepsi türlü yollarla nüfuzlarını korumaya ve etkin kılmaya çalışmaktadır.

ABD'nin "Irak'ın yeniden yapılandırılması formülü", Irak'ın tüm komşularını memnuniyetsiz kılacak şekilde biçimlenmiştir. ABD, Irak'ın yeniden inşası projesinde Kürtlere önderlik görevi vermiştir. Bu, o kadar zor ve karşıt bir formüldür ki, Kürtleri hele ki "İsrail Kürtleri"ni kabul edebilecek tek bir komşu ülke yoktur. Ancak kabul ettirebilecek oyunlar ve kozlar vardır!

Türkiye ve İran, birbirlerinin varyantı olan PKK ve PEJAK isimli Kürt terör örgütleri nedeniyle muzdariptir. İran şii olmadığı için, Türkiye Kürt oldukları için, diğer komşular Arap olmadıkları için bir sünni görünümlü Kürt devleti (bu özellikle de ABD'nin yörüngesinde olacağı için) istememektedir. Hele bir de kurulan bu Kürdistan'ın üst kadroları kripto ve açık Yahudilerden müteşekkil iken!

Pentagon'un kabul edilmiş ve eylemde olan planına göre Amerikan ordusu 2011 yılının sonu ila 2012 yılının ilk yarısında tüm Irak'tan çekilmiş ve Irak'ı kendi başına bırakmış olacaktır (askeri üsler ve bir kısım askeri ve istihbari varlığı ve Irak'lı yetkililere tahsis edilecek danışmanlar(!) dışında). Bu çekilmenin ilk aşaması Eylül.2010'da tamamlanmış, ABD ordusunun etkin muharip gücü Irak'tan çekilmiş ve Irak'ta 2011-2012 yılında çekilmesi düşünülen 55.000 asker kalmıştır.

Süre çok dardır. Oluşturdukları reçete zorlama ve gerçekçi değildir. ABD, 2012 yılı gibi Irak'ı terk ettiğinde Irak hiçbir komşu ülkenin etkinliğine girmemeli, askeri yada sivil darbesine maruz kalmamalı, tekrar müdahaleyi gerektirecek bir batağa, iç savaşa, iç dinamiklerle önlenemez ve durdurulamaz bir kaosa sürüklenmemelidir.

* * *

İngiliz istihbaratı, tarihi hafızası ve arşivi Arapları bilir ve onları yönetmeyi sever. İngiltere olarak ifade ettiğimiz Birleşik Krallık, Irak Savaşı'na ABD'nin "IRA terörünü" bitirme teklifi hatta fırsatı ve akıllarda oluşan Sterlin hülyalarıyla girmişti. IRA'nın bitmesiyle İngiltere, coğrafyasında yıllardır göremediği huzura kavuştu. ABD de, işgal ettiği Irak'ta İngiliz askeri güç ve istihbari desteğini gördü ve bölge kültürünü, yapısını öğrendi.

Ancak İngiltere elde ettiği fırsatlarla birlikte bölgeye çıkar sağlamak amacıyla gelmişti. ABD'siz kurmaya çalıştığı güney Irak (Arap-Basra) çıkar oluşumu ABD'nin tenkit ve tepkisine neden oldu. Şirketlerin Başbakanı (Tony Blair mı İngiltere'yi yönetti yada İngiltere mi Blair'i yönetti? Hayır, Sistem ve onun çokuluslu şirketleri her ikisini de yönetti, bunu görebiliyoruz) asker çekme tehdidini savurunca al aşağı olmuş ve yerine daha sevimli ve itaatkar Brown geçmişti! Bugün artık Brown da yok!

Uyan Ey Türk Gidiyoruz

İngiliz halkına, Irak'tan tüm askerlerin çekileceği söylenmiş ise de Brown hükümeti -kamuoyu baskısına karşın- askerlerinin yalnızca yarısını çekebilmişti. Çekilenden daha çoğunun Afganistan'a ve İran'a karşı gönderilmesi olasıdır.

Anlatılan bu İngiltere hikayesi bize iki şeyi söyler. ABD ve onu yöneten Sistemin ve haliyle geneli ABD menşeili çok uluslu şirketlerinin, güç ve para kaybetme konusunda sözde müttefik İngiltere'ye bile tahamülleri yoktur. Belki de bu bir hesaplaşmadır. 1980'li yıllarda İran'da Humeyni gelip, ABD'yi kovmuştu. Bu aslında Avrupa ile ABD'nin savaşıydı, ABD'yi kovan Humeyni görüntüsünde Avrupaydı. Avrupa burada galip gelmişti. Bu sefer Ortadoğu'dan Avrupa'yı kovan, galip gelen ABD olmuştur.

Hiçbir ülkenin askeri desteğini ciddi anlamda alamayan ABD, askeri olarak yalnız kaldığı için ve başka diğer nedenlerle (Afganistan'a öncelik verilmesi, Irak'ın bir askeri ve ekonomik batağa dönüşüyor olması...), 2012 yılında Irak'tan çıkacaktır.

2012'de ülkeyi terk etmiş bir Amerikan askeri varlığı, tüm iç ve dış güvenlikten sorumlu olacak belki bir Irak ordusu ve Kürt ordusu, belki Irak bayrağı altında görüntü olarak kalacak belki onu bile kabul etmeyip tamamen bağımsız olacak bir Kürdistan, tam bağımsız yada federe Kürdistan coğrafyasında kalacak Irak'ın en büyük stratejik kaynağı ve en büyük zenginlik varlığı petrol ve de tatlı su kaynakları, batı destekli ayrı bir Kürt ordusu, türlü türlü komşu devletler ve istikrarlı kalması beklenen bir Irak!

Bu proje işleyebilir, başarısız olabilir yada vakit açısından sarkmalar olabilir ancak ABD'nin projesi budur ve bunun olması için tüm kaynaklarını, gücünü kullanacaktır.

Projenin ne yönde yürüdüğünü anlayabilmek için bazı gelişmelere kısaca göz atalım.

BM Tazminatlar Komisyonu, Irak'ın petrol gelirlerinden elde edilen bütçeden tam 28 milyar Amerikan Dolarını Ekim.2009'da, yani küresel finansal krizin ülkeleri vurduğu bir dönemde, Kuveyt'e ödemiştir!

Bu kadar yüksek bir paranın kriz yılı 2009'da ödenmiş olması çok dikkat çekicidir ve bazı yorumları yapabilmemize olanak vermektedir.

Kuveyt, aldığı bu parayla ABD'ye biatını devam ettirecek, bölgede yürütülen ve yürütülecek operasyonlar ve işgaller sırasında ABD'ye; üslerin kullanımı, kara sınırının kullanımı gibi yönlerden, bir nevi para karşılığı egemenliğin devri de denilebilir, sonsuz destekle yoldaşlık edecektir.

Gelişmeler bize geleceğin resmini çiziyor. O yüzden gelişmelere bakmaya devam edelim.

Irak'ın ilk hava radar sistemi ABD tarafından Kerkük'e kurulmuştur! ABD Hava Kuvvetleri, Irak Hava Kuvvetleri'ne 250 km.lik alanı tarayabilen bir radar sistemi ve altı silahlı küçük uçak hibe etmiştir!

Ekim.2009'un sonunda bir ilginç gelişme daha yaşanmıştır ki bu olay ders vericidir, geleceğe yönelik haber vericidir.

Irak Meclisi'nden, seçim yasası görüşmelerinde (seçim yasası çıkmadan önceki bir hadise) istedikleri yönde sonuç çıkmaması üzerine Kürt milisler (peşmergeler, Türkçesi: akıncılar) Kerkük'e doğru ilerledi ve bu yeni kısım peşmerge grubu Kerkük'e konuşlandı.

Gelişmeler üzerine güvenliğin sağlanması için, oluşabilecek bir Kürt ayaklanması, saldırısı, Kürt-Türkmen/Arap iç savaşına karşı, Başbakan Maliki, Irak 12. Tümeni'nden bir kısım askeri Kerkük'e göndermek istedi.

Uyan Ey Türk Gidiyoruz

Ancak anayasal olarak farklı statüde bulunan Kerkük'ün (adeta bağımsız) valisi, peşmerge girişlerine izin verirken asker girişine izin vermedi. Bu, Kürdistan'ın, Türklerden sonra Araplara ve Irak'a karşı da ilanıdır, cüretkardır.

2009'un yazında *"Kerkük ve Kürdistan'ın anayasal özerkliği var, bunu kimse engelleyemez"* diyen Iraklı Kürt önderlere karşı, Irak Başbakanı ve Arap kesimi *"İç savaş çıkabilir"* demiş, Kürt taraf ise yanıt olarak *"Savaş çıkar, biz hazırız istediğimizi alırız"* demişti.

Irak'ta 25 Ekim 2009'da yaşanan ve 100'ü aşkın kişinin yaşamını yitirdiği patlamaların sorumlusu, bir hafta sonra "kesin kanıtlarla" denilerek ilan edilmişti.

Irak dışişleri bakanı, düzenlenen saldırılarla ilgili *"ellerinde kesin kanıtlar olduğu"*nu ve *"patlamalarda Suriye'nin parmağı olduğu"*nu açıklamıştı.

22 Ağustos 2010'da ise ABD'nin Irak'taki güçlerinin komutanı Org. Odierno, *"İran'ın Irak'ta güçlü bir demokrasinin oluşacağı korkusuyla bu ülkedeki radikal grupları finanse ettiği"* açıklamasında bulunuyordu. İşgalle gelip 1,5 milyon kişiyi öldüren ülkenin komutanı "demokrasi havariliği" yapıyordu. İran, suçlu gösteriliyor, Odierno bilgi kirliliği yaratıyordu. İran, Irak'ta radikal grupları finanse etse bile bunun nedenini "İran'ın demokrasi korkusunda" değil, komşusu olarak yanında bir "İsrail Irak'ı" istememesinde aramak gerekirdi. Org. Odierno'yu birkaç sayfa ileride daha yakından tanıyacağız.

O vakit itibariyle, ABD askerlerinin Irak'tan çıkmasına çok az süre kalmışken, Irak'ın nihai şekillenme süreci (de facto), yasal altyapısı (de jure) ve oluşturulacak yeni devletin, (siyasi ve idari) haritanın devamlılığı, ABD için elzemdi/elzemdir.

Onun içindir ki İran ve Suriye her gün artan dozlarla tehdit edilmişti. Bu sürecin yaşandığı dönemde Türkiye'de sanki Kürdistan'a destek olurcasına "Kürt Açılımı" planı devreye sokulmuş, devlet milli güvenlik çizgilerini kendi eliyle siliyorken, halkın geniş tepkisiyle bu planın yürüyüşü kısmen yavaşlatılmıştı. Proje, bütünü bozmadan, adeta her ülkede kendine özgü yollarla işletilmekteydi.

ABD ve İran Masada

İran, Sistem nedeniyle tüm dünyanın kem gözlerine maruz kalmış bir ülkedir. Bir de yanı başında, yıllardır olası ABD saldırısı konuşulurken, Amerikan-İsrail ortak yapımı Irak'ı istememektedir.

Irak'ın iç çatışmalarında, şii saldırılarında İran'ın ağırlığı, yüzdesi ne kadardır yada var mıdır bu şimdilik yalnızca bir soru. Yanıtın bulunması için zamana gereksinim var.

Ancak 2012 yılında Amerikan ordusunun ülkeden sözde tamamen özde kısmen çıkmasıyla İran'ın, rüzgarları lehine estirmeye çalışacağı kesin görünüyor. Gerek askeri yöntemlerle darp ederek gerekse sivil yöntemlerle darbe yaptırarak. Tabi ortada darbe yaptırabilecek bir Irak ordusu bulursa!

İran etkenini sıfırlamak için 2012 yılı itibariyle, daha önce işe yaramamış ancak yine de başarı olasılığı taşıyan, bir sivil toplum kalkışmasının denenebileceği ve akabinde ABD'nin İran'a karşı askeri güç kullanacağı ve İran'ı kendi milli sınır güvenliğine mahkum edeceği öngörülebilir.

Ancak 2009 yılı ortalarından 2010 yılı ortalarına kadar geçen bir senede, ABD'nin İran için uygulayacağı askeri seçenekten önce sivil bir formülün olduğu ve bunun sac ayaklarından birini Türkiye'nin oluşturduğu bir resim oluşmuştu.

Uyan Ey Türk Gidiyoruz

Tabi bu, suları durgun gösterip rehavet sağlatıp, vakit kazanmak için uygulanmış bir taktik de olabilirdi! Olayın her yönünü görmemiz gerekiyor.

Türkiye ile İran arasında Ekim.2009'da çok sık ve olağanüstü diplomasi trafiği yaşanacaktı!

31 Ekim 2009'da aniden ABD Dışişleri Bakanı Hillary Clinton'ın uçağı, Adana İncirlik Üssü'ne birkaç saatliğine iniyordu. Bu yöntem, yalnızca üst düzey bir belgenin, emrin verilmesi yada acele gerekli üst düzey görüşmenin yapılması için uygulanır.

(Kızlık soyadı Rodham olan Hillary, Yahudi asıllıdır ve Amerikan kripto Yahudisidir. Bill'in manevi Hillary Clinton'un öz kızı Chelsea Clinton da, anne ve babası Amerikan Kongresi eski üyelerinden olan Yahudi Marc Mezvinsky ile evlenmiştir. Güzel bir uyumdur. Kripto Yahudilik devam etmektedir. Chelsea'nin olası çocukları artık açık Yahudi olacaktır).

Kasım.2009'un ilk haftasında ISEDAK toplantısı için İstanbul'a gelen İran Cumhurbaşkanı Ahmedi Nejad, Dışişleri Bakanı Manuçehr Mutteki ve dışişleri ekibi, Türk yetkililerle uzun uzadıya görüşüyor, hemen ardından 20 Kasım 2009'da Türkiye Dışişleri Bakanı Ahmet Davutoğlu İran'a gidiyordu. İran'a, elindeki zenginleştirilmiş uranyumu Rusya'ya vermesi teklifinden hemen sonra önceleri adı bile geçmezken uranyumun Türkiye'ye verilmesi önerisi sunuluyordu.

Daha sonra Türk Dışişleri Bakanlığı heyetinin yanına Brezilya heyeti de ilave edilerek, İran ile, uranyum konusunda diplomatik yolla anlaşma-arabuluculuk sağlaması adına masaya oturtuluyorlardı.

ABD'nin düşman saydığı ülkelerin başında yer alan bir ülke ile, savaşmaya heveslendiği bir ülke ile, İran ile nükleer silahlar ve uranyum konusunda görüşme yürütmenin, ABD'nin isteği ve onayı olmadan yapılamayacağı açıktır.

Brezilya ve Türkiye taraflarının İran ile takas-arabuluculuk görüşmelerinde bulunmasını ABD'nin istediği açıktır.

Türkiye ve Brezilya, büyük bir güven ve istek ile müzakerelerde bulundular. Başbakan Tayyip Erdoğan ve Türk devlet yetkililerinin açıklamalarından bunun *"başarılı bir anlaşma"* ile sonuçlandığını öğreniyorduk.

İşte tam bu sırada, müzakereler sonucunda başarılı görülebilecek bir netice alındığının Türk ve Brezilya makamlarınca açıklandığı sırada, ABD Dışişleri Bakanı Hillary Clinton (Rodham) uranyum takası konusunda İran'la ilgili kaygılar taşıdığını, bu müzakerelerin bir sonuç getirmeyeceğini söylemiş, olumsuz ve yıkıcı bir açıklamada bulunmuştu.

Tayyip Erdoğan ve Bakan Davutoğlu ise ABD tarafından gelen bu açıklama ile adeta şok olarak "Biz boşuna mı görüştük, bu kadar yolu boşuna mı gidip geldik" mealinde açıklamalarla isyan edeceklerdi. ABD'ye karşı edilen bu sözler/sitem insanda "Siz istediniz görüştük, iyi netice aldık, şimdi siz bu görüşmeleri ve başarılı sonucu değersiz kılıyorsunuz. Bizi kullandınız, amacınız neydi?" düşüncesinin ifadesi olduğu izlenimini yaratmaktaydı.

ABD'nin Genişletilmiş BOP projesini hatırlıyorduk. Huntington'un Medeniyetler Çatışması projesinin özeti biçiminde toplumlara sunulan Medeniyetler Çatışması kitabında görüyorduk ki, bu çatışmanın yaşanacağı ilk coğrafya Türkiye coğrafyasıydı. Bu iddianın sahibi, ABD'nin en büyük "beyin adamlarından" ve Sistem'in en üst yöneticilerindendi.

ABD, müzakere yaptırmak için Türkiye'yi kullanmış ve açıklamalarıyla uluslararası arenada Türkiye'yi İran safhında yürüyen bir ülke, İran'ı destekleyen bir ülke olarak göstererek "Türkiye karşıtlığını" oluşturmak adına sağlam adımlar atmaya çalışmıştı. Türkiye'nin AB'den uzaklaştığını ve ortadoğuya yanaştığını iddia etmişti.

Uyan Ey Türk Gidiyoruz

Ilımlı İslam projesi ve Sistem'in el ürünü "terör örgütü El Kaide" faaliyetleriyle ile İslam ve Müslüman toplumlu ülkeler "öteki" yani "barbar" olarak gösteriliyordu. En büyük düşman, medeniyet-demokrasi düşmanı olarak önce Afganistan sonra Irak, Suriye, İran ve Kuzey Kore gösterilmişti. Bu listeye yarın Mısır, Yemen, Somali, Pakistan gibi yenileri eklenecekti, eklenmekteydi. Türkiye'nin adı İran'la birlikte anılmaya çalışılmaktaydı. Çünkü her şeyin bir sırası, bir zamanı vardı. Zamanı gelince, olacak olacaktı.

Ve nihayetinde İHH'nın Filistin'e yardım götürme ve İsrail ablukasını kırma hamlesini görüyorduk. İsrail, gelen gemilere müdahale edeceğini bildiriyor, Rum Kesimi "ülke güvenliği" nedeniyle limanını bu seferdeki gemilere açmıyordu. MİT'in İsrail'in müdahale edeceği bilgisini bakanlık yetkililerine verdiği ancak kimsenin duruma karşı gelmediği ile ilgili ortaya iddialar atılıyordu.

Yetkililer ise konu hakkında, Türkiye'nin demokratik bir devlet olduğu, faşist bir devlet olmadığı ve devletin Sivil Toplum Örgütleri'ne ne yapıp ne yapmayacağını söyleyemeyeceği, gibi görüşler ileri sürüyordu. İsrailli askerler uluslalarası sularda, üzerinde körün göreceği büyüklükte Türk bayrağı bulunan gemiye saldırıyor, ellerindeki liste dahilinde Türkleri infaz ediyordu. Türkiye'de hem tabanda hem de yukarıda İsrail karşıtlığı ve nefreti pekiştiriliyordu. İsrail'de yapılan bir ankette ise, İsrail toplumunun %78'inin Türkiye'yi düşman olarak gördüğünün sonucu çıkıyordu. Bu gelişmeler olumlu yada olumsuzdu ancak fotoğraf buydu.

Türkiye elbette, ABD'nin (Sistem'in) olası Suriye yada İran Savaşında-saldırısında doğrudan yada dolaylı rol almamalıdır. Ancak ülkeler ve toplumlar nezdinde Türkiye'nin, İran safhında ve İsrail düşmanı bir ülke gibi görünmesi/gösterilmesi projesi, bundan farklı bir sonuca götüren stratejidir.

ABD – İran arasındaki görece ılıman dönem, gizli müzakereler dönemi bitmişti. İran'a karşı, BM kararı ile geniş çaplı ambargo başlatılacaktı. Türkiye ve Brezilya'dan önce uranyum takası görüşmeleri için Rusya'nın adı geçerken; Rusya, BM oylamasında ambargo için "evet" oyu veriyordu. Irak işgaline ses çıkarmayan Rusya, aferin ödülü olarak Irak'taki petrol yataklarının çıkarılması, işletilmesi ihalelerini almıştı. Demek ki Rusya'ya yakında yeni aferinler gelecekti, bunun sözünü almıştı.

Brezilya bile bu haksız BM oylamasında çekimser oy kullanmıştı. Türkiye yine her zamanki gibi, iyi niyetiyle ortalıklara düşmüş/düşürülmüştü ve sonunda belki de bunun tuzak olduğunu görecek ve bundan zarar görecek bir ülkeydi. Türkiye bu süreçte artık nasıl bir yol izlerse izlesin, iki ucu keskin kılıcı tutacaktı ve tuttuğu taraf yüzünden eli kesilecekti.

Sistem, projelerini her durumda işletmeyi, ülkeleri kıskaca almayı ve her şekilde gidişatı kendi lehine çevirmeyi iyi bilmektedir.

* * *

Buraya küçük bir parantez açalım. Ahmedi Nejad yönetiminin Dışişleri Bakanı olan Manuçehr Mutteki, '80'li yılların ortalarında İran'ın Ankara Büyükelçisiydi. İran devrimini ihraç etme amacıyla Türkiye'deki dinci örgütlerle yakın ilişki içine girmesi ve Atatürkçü cumhuriyetin karşısında faaliyetlerde yer alması nedeniyle, zamanın yönetimi tarafından İran'a gizli mesajla bildirilerek "istenmeyen adam- persona non grata" ilan edilecek ve büyükelçi Mutteki İran'a, bir daha Türkiye'ye dönmemek üzere gidecekti.

Bakan Mutteki, artık Türkiye ziyaretlerinde ayrım gözetmeden her kesimle görüşüyor ve daha dışa açık bir görünüm sergiliyor. Bunun nedeni geçmiş tecrübesinin kendisine kattıkları mıdır yoksa Türkiye'de bugünün muhalefeti, belki yarının iktidarı olabilecek ve bu iktidarın yarın yaşanacak ABD-İran savaşında, Türkiye adına bazı kararlar alması gerekebilecek diye midir? Kısacası Mutteki, işini biliyor!

Uyan Ey Türk Gidiyoruz

* * *

İran'ın, ABD'nin ortadoğu çıkarlarına karşı perde arkası mücadelesini yöneten ve Irak'taki nüfuzunu kullandığı bilinen en büyük komutanlardan general Kasım Süleymani, olasılık verilmeyecek iki kişiyle, ABD'nin o dönemde Irak'taki en ciddi yetkililerinden (çuvalcı) Orgeneral Raymond Odierno ve Büyükelçi Christopher Hill ile Irak Cumhurbaşkanı Talabani'nin ofisinde bir araya gelmişti.

(Daha sonra bu ABD'li iki isim yani Ray ve Chris birlikte, Ocak 2010 sonunda Hillary Clinton'la Irak'ta görüşme yapıyor ve yine 19 Şubat 2010'da Hillary ile yüzyüze bir görüşme daha yapıyordu). (İlgiçtir Odierno kelimesi İtalyanca "bugün/bugünkü" demektir ve Pentagon'un en büyük komutanlarından Raymond Odierno, İtalyan kökenli bir kripto Yahudi'dir.)

İlk toplantıya geri dönelim. Toplantıda ABD'nin o gün ve 2011 sonrasında Irak'ta İran'ı görmek istemediğini, İran kaosuyla karşılaşmak istemediğini söylediği biliniyor. ABD bunu teklif edebiliyordu, ancak demek ki İran da bunu kabul edilebilir görüyordu ki diyaloğa giriyordu. Durum az önce bahsedilen konuya geliyordu. Yani ABD'nin askeri seçeneğinden önce İran için uygulayacağı/uygulamak isteyeceği formül sivil içerikli görünüm taşıyordu.

Ancak bir yandan da Amerikan maliyesi, 10 Şubat 2010 günü, İran Devrim Muhafızlarına bağlı dört şirkete ve komutanlarından Rüstem Kasemi'ye mali yaptırım uyguluyor, mal varlıklarını bloke ediyordu. Fransız Total ve İspanyol Repsol firmaları da, ambargo çerçevesinde, Sistem'in emri dahilinde, İran'a her türlü akaryakıt satışını kesip, sözleşmelerini iptal ediyorlardı. Aynı gün Birleşik Arap Emirlikleri, ülkesindeki, İran ile bağlantılı gördüğü (BM yönlendirmesiyle) onlarca banka hesabını donduruyordu.

Hıristiyan, Yahudi, Müslüman... Bir Sistem çerçevesinde tüm dünya artık İran'a karşı birleşmişti. İran için geri sayım, artık daha hızlı işliyordu.

* * *

Türkiye ile İran arasında karşılıklı olarak vize muafiyeti mevcuttur. Halklar rahatlıkla seyahat edebilmektedir. Bir nevi seyahat özgürlüğü, serbest dolaşım diyebiliyoruz.

İki ülke arası ticarette engel vardı, para engeli. İlginçtir o da Kasım.2009'da imzalanan yeni bir antlaşma ile giderilmiştir. Yani İran ve Türkiye, üçüncü bir para birimi olmadan, Türk Lirası ve İran Riyali ile iş yapabileceklerdir.

İran 2007 yılında petrol ve doğalgaz ihracatında Amerikan dolarından, Avrupa Birliği'nin resmi para birimi Avro'ya geçmişti! Türkiye'de de Avrupa bölgesine ihracat nedeniyle Avro, dolara nazaran daha itibarlı ve tercih sebebidir. Ticarette de her geçen gün avro yüzdesel ağırlık kazanmaktadır. İran avro ile satış yaparken yine ilginçtir 05 Kasım 2009'da İran'la Türkiye arasında doğalgaz konusunda çoklu mutabakata zaptı imzalanmıştır.

Antlaşma, İran gazının Türkiye üzerinden transit geçişine ve İsviçre'ye gitmesine yöneliktir. Dünyanın finansal aktörlerinden İsviçre'nin Rus doğalgazına mahkumiyetini sona erdirme ve İran gazını batıya açma gereksinimini karşılamaya yöneliktir. Bu antlaşmanın ABD onayı olmadan imzalanamayacağı ve ABD vizesi olmadan asla uygulanamayacağı unutulmamalıdır. Bu savaş tamtamları arasında, bugün için uygulanamayacak bir antlaşmadır. Bir gün İran, bugünün Irak'ı gibi olursa, bu antlaşmalar birer birer uygulamaya sokulacaktır. Bunları ön hazırlıklar gibi görmek gerekir.

* * *

İşte sıralanan bu gelişmeler bize göstermektedir ki ABD, İran ile kapalı kapılar ardında masaya oturmuştur. Bu samimi bir müzakere midir yada oyalama taktiği midir, bilemiyoruz. Ancak bildiğimiz, bu müzakereler sonuca ulaşamamıştır ve BM'den İran aleyhine her geçen gün yeni yaptırım ve ambargo kararları çıkartılmıştır. ABD, savaş planına adım adım devam etmektedir. Aynı zamanda ABD, Irak'ta, İran'ın şii kartını oynamasını engellemek isteyecektir.

Hem ABD askerleri çekildikten sonra Irak'ta, hem de ABD'nin İran'a saldırısı sırasında, İngiliz Suudi Arabistanı'nın sorun çıkarmayacağı açıktır. Arap dünyasından da ABD karşıtı güçlü bir ses çıkamayacaktır. Her ihtimale karşı belki, Müslüman toplumlu ülkelerde "şii terör saldırısı" adıyla CIA marifetli saldırılar düzenlenip, o ülkelerin ve toplumların İran desteği kesilebilir. Bu dönemde sunni toplumlara "şii nefreti" pompalanabilir.

Gürcistan'dan kalkacak Amerikan savaş uçaklarının Ermenistan üzerinden geçerek İran'ı bombalayacağı ihtimali üzerine fikir yürütmek gerekir. Bunu sağlamak için, Türkiye-Ermenistan sınır kapısı açılmalıdır. Amerikan savaş uçaklarına hava sahasını açacak Ermenistan'a, Türkiye sınır kapısı hediye edilecektir. Ayrıca ABD'nin bu kapının açılmasına, Orta Asya planları çerçevesinde gereksinimi vardır. ABD bunun için birkaç senedir Türkiye'yi, Ermenistan sınır kapısını açması için zorlamaktadır.

Aynı zamanda İsrailli ve ABD'li yetkililer, Romanya ve Bulgaristan ile de mekik diplomasisi yürütmekte, gizli görüşmeler sürdürmektedir. Gürcistan olmazsa, Romanya ve Bulgaristan'dan kalkacak İsrail-ABD savaş uçakları Karadeniz üzerinden Gürcistan-Ermenistan üzerinden geçerek İran'ı vuracaktır. Rusya ise bu gidişatı görüp kendi projesi çerçevesinde Abhazya bölgesine S-300 savunma füzeleri konuşlandırmaya çalışmaktadır.

İkinci olarak da Gürcistan açısından şunu görüyoruz. Rusya, elektronik harbi kullanarak ve diğer güç unsurlarıyla Gürcistan'a girmişti. Rusya için Gürcistan kolay lokmadır. Peki Gürcistan'a saldırıyı başlatmış bir Rusya, neden sonra vaz geçmiştir.

ABD-Sistem tarafından gerçekleştirilecek İran saldırısı için Gürcistan toprakları vazgeçilmezdir. Acaba ABD ve Rusya masaya oturmuş, karşılıklı anlaşmaya varmış, Rusya'nın Gürcistan'dan çıkması ve Gürcistan'ı askeri açıdan rahat bırakması karşılığında, ABD de Venezüela'ya girmekten ve askeri operasyonlarda bulunmaktan mı vaz geçmiştir?

Bugün Suriye'de devreden çıkarıldığına göre, Irak konusunda son tehdit Türkiye kalmaktadır. Peki Türkiye nasıl, kendi milli güvenlik algılamasına rağmen, ABD'nin istediği Irak'ın yeniden inşası projesine engel koymayacak, ses çıkarmayacaktır?

Irak 2011

Genişletilmiş BOP operasyonlarından biri olan Irak işgalindeki, Amerikan askeri gücünün 2012'de çekilmesi ve Irak'ın istenilen yörüngeye sorunsuzca oturtulması konusunda Türkiye'nin kösteğinin engellenmesi ve hatta desteği istenmektedir.

ABD, Irak'ın yeniden inşası projesinde Kürtlere önderlik görevi vermiştir. Bu çerçevede Irak'ta kurulan ve 2006'da "de facto" ve "de jure" hakimiyetini ilan eden Irak Kürdistanı'nı görebiliriz.

En önceleri pembeleştirilen ve bugün nihayet silinmiş olan Kırmızı Çizgilerimizden *"Türkiye içinde veya sınırı bitişiğinde bir Kürdistan Devletinin asla kabul edilemeyeceği"* politikası, Türkiye'nin belki seksen yıldır sahip olduğu ve sıkıca koruduğu en büyük milli güvenlik politikalarından biriydi. Osmanlı İmparatorluğu'nun da buna paralel ölçülerde yürüyen bir politikasının olduğu bilinmektedir.

Uyan Ey Türk Gidiyoruz

Bunun haklılığını ve haksızlığını tartışmak için 20. yüzyıl başı Türkiyesi'nde ulus devlet yaratma fikrine, 1920'lerin ve takip eden yılların koşullarına ve Kürtlerin yabancı örgüt ve istihbarat güçleriyle bir ayrılıkçı unsur olarak Türkiye'ye karşı kullanılması çabasına ve günün koşullarının yarattığı diğer unsurlara ve belki de son bin yıllık tarihe bakmak gerekir.

Ayrıca Osmanlı'da vergiden ve askerden muaf olan Kürtlerin, aşiret düzeni içerisinde devlet otoritesine pek de itaat etmediklerini, bu davranış ve yaşam biçimlerini cumhuriyette de devam ettirmeye çalıştıklarını görebiliyoruz. Ancak bunlar şu an konumuzun dışındadır.

* * *

ABD'nin coğrafyaya yerleşmeye başlamasıyla birlikte Barzani ve Talabani denetimindeki Kürt gruplar aralarında barış sağlayarak, Türkiye'ye karşı bir güç oluşturmaya başlamışlardı. PKK'nın kuşlarının yani görece ayak takımının Kandil'e iyiden iyiye yerleşmesi, Dohuk ve Erbil şehirlerinin PKK beyin takımı için adeta "güvenli üsler" olarak sağlanması Türkiye açısından yüksek tehdit algılamasına yol açmalıydı!

Nedeni, Kürtlerin Irak içinde eksantrik bir güç oluşturması, Türkmen dediğimiz Irak Türklerine karşı asimilasyon, katliam, soykırım hareketlerine girişebilmesinin önünü açacak olmasındandı. Bu sebep geçerliliğini korumakta ve kısmen kendini göstermektedir. Türkiye açısından bu tehdit algısı kısa süreliğine oluşmuş, kendini göstermiş ve hemen ardından sona ermiştir.

Müslüman görünümlü kripto Yahudi Mesut ve Neçirvan Barzanilerin ve zaman zaman da Irak Cumhurbaşkanı Talabani'nin akıl almaz ve arkalarındaki güçten kaynaklı şuursuz ve kışkırtıcı ithamları ve tehditleri, işgali takip eden yıllarda birbiri ardına Türkiye'ye karşı savruluyordu.

"Kürdistan Türk askerine mezar olacak", *"PKK'lı değil, Türkler'e bir kedi bile teslim etmeyiz"* tehditlerinin her gün bir yenisi savruluyordu.

Irak Kürtleri, Amerika'nın emri gereği Türkiye'ye yüksek telden sesleniyorlardı, çünkü Irak tarafında görülmemesi gereken gelişmeler oluyordu.

Özellikle 2005 yazında Türkiye'de terör faaliyetleri artmış her gün birkaç şehit verilir olmuş, Irak'ta sözde PKK bayraklı terör ofisleri ve basın büroları açılmıştı. Her türlü kışkırtıcı ve saldırgan faaliyet uygulamaya sokuluyordu.

Önceleri iktidar Adalet ve Kalkınma Partisi eliyle Türkiye Devleti, Kürdistan'ın kurulması fikrini kabul etmiş görünse de, TSK, Irak'ta kurulacak bir Kürdistan'a karşı temkinli hatta karşı tavırla yaklaşıyordu (Sabetayizm konusuna ileriki bölümlerde girdikçe, bu süreci, olayları farklı okumaya başlayabiliriz). Kürdistan'a izin verilirse, akabinde Diyarbakır da verilirdi. Türk toplumu da Kürdistan'ın kurulması fikrine bir anda alışamazdı.

Ardından ABD, taktiksel değişikliğe giderek, Türkiye'yi kışkırtarak değil Türkiye ile elele vererek, tokalaşarak Kürdistan'ı kurma ve Irak'ı düzene oturtma sürecinin daha olumlu işleyeceğini gördü. Irak'taki sözde PKK bayraklı ofisler görünüm değiştirdi.

Türkiye'ye geldiklerinde ise 10. Cumhurbaşkanı Abdullah Gül, Başbakan Tayyip Erdoğan dahil herkes tarafından gülücüklerle ve kucaklanarak yüksek nezaket çerçevesinde karşılanır, görüşülür oluyorlardı (bu kucaklaşma ve samimiyetin basında yer alan fotoğrafları internette bulunabilir).

Adalet ve Kalkınma Partisi'nin önde gelen isimlerinden Cemil Çiçek'in 2006 yılında *"postal öpücüsü"* olarak nitelendirdiği isimler (Barzani), her ne hikmetse, Türkiye'ye gelişlerinde artık devlet başkanı gibi karşılanır olmuştu; yollarına kırmızı halılar seriliyor,

Uyan Ey Türk Gidiyoruz

Türkiye Dışişleri Bakanı Davutoğlu, Yahudi Barzani'ye Kürtçe *"Kak Barzani"* yani *"Abi Barzani"* diye hitap ediyordu.

Geçmişte kendilerine kırmızı pasaportları veren Türkiye, bugün yollarına kırmızı halılar seriyordu. Yaklaşık 25 yıl içinde Türkiye tarafında değişen hiçbir şey olmamıştı. Onlar ise bugün artık cumhurbaşkanı ve özerk yönetim başkanı idiler. Sistemin projesi adım adım işliyordu. Kürt tarafının tehditleri, Türk tarafının küçümseyici tavrı bitmişti. İşte Irak Kürdistanı, bu iki ayrı süreç (gergin dönem ve elele dönem) devam ederken kuruldu.

Türkiye artık Kürdistan'ı kabul ediyor. Ama ya Türkiye'de, Adalet ve Kalkınma Partisi dönemi biter ve ABD ile bu dönem olduğu gibi yakın ilişkiler kurmayacak bir parti/partiler koalisyonu iktidar olur, o da Kürdistan'ı tekrar tehdit algılamasına koyar ve bunu tüm kurumlarıyla tekrar hissetmeye başlarsa, 2012'de Irak'tan ABD askeri gücü çıktıktan sonra kurulan düzen yıkılır mı? Türkiye, ABD'siz kalacak Irak'a aktif müdahalede bulunur mu? ABD buna karşı ne önlemler alıyor, neler yapıyor şimdi gelin buna bakalım.

ABD'nin Türkiye Planı

ABD'nin, Türkiye'de iktidarın değişmesi, yeni iktidarın raydan çıkması, iktidar değişmese bile halkın raydan çıkması tehlikesini karşılayacak iki planı olduğu görülüyor.

Bunlardan birisi, "Türkiye İç Savaşı" senaryosudur. Tayyip Erdoğan'ın zihninde coğrafyası ikiye (Sivas'ın ötesi tabiriyle), ulusu etnik olarak elliye bölünmüş ülkemiz Türkiye'nin; Kürdist bölücü gruplar (PKK terör örgütü ve onun alt örgütleri, komiteleri, BDP, sivil toplum maskesi altında faaliyet gösteren PKK legal örgütlenmeleri, başka isimlerle faaliyet gösteren PKK'ya paralel çizgide ilerleyen aşırı sol terör örgütleri) aracılığıyla ayrıştırılması çabasıdır.

Bunun, laboratuvar çalışmalarının analizini "Ben Bu Filmi Görmüştüm" başlığı altında okuyacağız.

Doğu – Batı ayrışmasında sanal sınırın nereden geçtiğini görmek için, doğunun neresi batının neresi olduğunu anlamak için, CIA kurumsal internet sitesinde yayınlanan haritalara, Irak'taki kamu binalarındaki haritalara, Avrupa Birlikçilerin çalışma odalarındaki haritalara, BDP'li belediye başkanlarının bazılarının odalarındaki haritalara bakmak yeterlidir ancak bu bakmak isteyen için pek de kolay değildir. O yüzden bir ilköğretim tarih ders kitabı alınıp Sevr haritasına bakmak, onun da aynı haritayı verdiğini, aynı ayrımı yaptığını görmek yeterli olacaktır.

2012'de Irak'tan Amerikan askeri gücü çekildiğinde Türkiye'nin Irak'a aktif-pasif yada açık-örtülü yöntemlerle müdahalesini önlemek için, Türkiye'yi kendi iç gündemine hapsetmek, en asli sorunla yani iç güvenlik sorunuyla meşgale etmek, bunu iç savaş yada benzeri çatışmalarla sağlamak ABD'nin (Sistemin) görünen olası planlarından biridir.

* * *

Gelelim ABD'nin, birincisi ile birlikte uygulamaya koyduğu ikinci planına. Bu da Türkiye'nin Genişletilmiş BOP projesi içinde Yeni Osmanlıcılık ismiyle, bölgede bir cazibe merkezi gibi algılanmasını sağlayarak GOP coğrafyasının yeniden şekillendirilmesini sağlamaktır.

Bu plan da etkin biçimde uygulanacaktı. Kasım 2002'den bu yana dışişlerinden anlamayan, iktisat eğitimli kişilerin dışişleri bakanı yapılmasına Mayıs.2009'da son verilmesi ve uluslararası ilişkiler uzmanı bu işin kitabını yazmış bir profesörün, Profesör A. Davutoğlu'nun dışişleri bakanı yapılması buna delalettir.

Uyan Ey Türk Gidiyoruz

Bakan Davutoğlu çok yoğun bir diplomasi trafiği yürütecek, kâh doğu ülkelerine kâh güney ülkelerine Yeni Osmanlıcılık kapsamında ziyaretler düzenleyecekti. Bu ziyaretler elbette ekonomik açıdan olumlu sonuçlar veriyordu ancak ekonomik boyut işin siyasi ve diplomatik yönünü gölgelememeliydi.

Bu atakların Yeni Osmanlıcılık olduğu iddialarını her defasında yalanlayan, reddeden Bakan Davutoğlu ilginçtir Kasım 2009 tarihli AKP Kızılcahamam kampında aniden çark ediyordu: "*Osmanlı'dan kalan bir mirasımız var. Yeni Osmanlı diyorlar. Evet, Yeni Osmanlıyız. Bölgedeki ülkelerle ilgilenmek zorundayız*". Bu, daha önceki sözlerini yalanlar nitelikteydi.

* * *

Türkiye Devleti'nin arşivleri, zekası ve Türkler, 1923 yılı itibari ile Mars'tan Anadoluya ışınlanmamışlardı, elbette Türkiye Osmanlı'nın devamıydı. Rejimi, yönetim biçimi farklıydı ancak devamıydı. Bu reddedilmemektedir. Aksine Lozan Antlaşmasıyla bu mirasın devralındığı belirtilmektedir. Ancak Osmanlı'dan miras olarak bize, diğer ülkeler kalmamıştır.

Osmanlı'dan bize bir geçmiş, bir tarih kalmıştır. O bölgelerden çıkılalı ve namı yürüyen İmparatorluk yıkılalı henüz 100 yıl olmuştur. Örneğin Balkanlarda, örneğin Azerbaycan-Özbekistan'da örneğin özellikle Suriye-Irak-Lübnan-Mısır gibi ülkeler başta olmak üzere Orta Doğu'da belki biraz Kafkaslarda olağan dışı bir gelişme olsa, ilginç bir gelişme olsa o ülkelerin toplumları, devlet adamları hemen Türkiye'ye bakıyorlar, acaba Türkiye ne diyecek ne yapacak diye.

O ülkelerin kaderleri Türkiye'yi ilgilendirmelidir, onlar Türkiye'nin "tarihi dostlarıdır", tarihten gelen bağlar vardır. Örneğin Yemen'de oldukça fazla şehit verilmiş, Osmanlı'nın çok büyük paraları o bölgeye dökülmüşken, dedelerimiz oralarda memurluk yapmışken bugün o topraklara, insanlara arkamızı dönmek, akıllıca ve erdemli bir davranış olmayacaktır.

Bu duyarlılığın, rejime alternatif düşünme yollarına sapmadan ulus devlet yapısına sadık bir bilinçle algılanması ve de ABD'nin maşası olmadan, onun işgallerine yardım etmeden yürümesi gerekir.

"Son İmparatorluk Osmanlı", yaşadığımız bugünün koşullarına uygun olsaydı, herhalde bugün Türkiye Cumhuriyeti'nde yaşıyor olmazdık. Tabi bunun için Osmanlı'nın Fransız ve İngiliz diplomatlarının, elçilerinin elinde (ağır bir itham olacak ama) oyuncak olmaması, o istiyor diye belediye kuran bu istiyor diye ıslahat yapan bir duruma düşmemesi gerekirdi. Modernizasyonu kendi iç dinamikleriyle sağlamalıydı.

Kripto Yahudiler ve Sabetayistler, 19. yüzyıl Osmanlısı'nda güçlenmeye başlamış ve bugünkü pozisyonlarının temellerini atmışlardı. Pek çok şeyin müsebbibi onlar mıdır, bu tartışmayı sonraki bölümlere bırakalım.

* * *

Türkiye'nin vize uygulamasını, pek çok ülkeyle karşılıklı olarak kaldırmaya başlaması, karşılıklı para birimlerinin kullanılmaya başlanması, Türk dizileri kanalıyla Türkiye'nin muazzam düzeyde iyi yada kötü tanıtımının sağlanması ve İslam coğrafyasının takip ettiği bir ülke haline gelinmesi, bunların hepsi güzeldir ancak Yeni Osmanlılık ismi altında Genişletilmiş BOP coğrafyasının şekillendirilmesi amacına hizmet etmemelidir. Ne yazık ki Türkiye'nin yeni dış politika uygulamasının, Genişletilmiş BOP'a hizmet ettiğine dair bir görünüm ve kanı oluşmuştur.

Türkiye ülke olarak, Sistem tarafından neo liberal politikaların her alanda uygulandığı, bölgesinde cazibe merkezine haline dönüşen "parlak" bir ülke olacaktır. Sistem'in verdiği talimatlar doğrultusunda hareket etmesi olası Türk liderleri de, Yeni Osmanlı'nın pelerin ve kavuğunu giyecektir.

Uyan Ey Türk Gidiyoruz

Bu, kendisine güç verecek, aldığı güçle daha ileri ataklar yapacak, daha cesur davranacak, cesareti arttıkça Sistem tarafından daha çok desteklenecek, yönlendirilecektir.

Yeni Osmanlı'nın lideri, böyle bir kısır döngü içinde Sistem'in çıkarlarının oluşmasını sağlayacak, kendisine hayran devletleri yönlendirecek ve Sistem'in döngüsüne, piyasasına oturtacaktır. Kısa ve orta vadede Türkiye'ye ekonomik kazançlar sağladığı görülebilir ancak uzun vadede Türkiye ve Türkiye üzerinden Sistem'e entegre olan devletler için her yönden kaçınılmaz bir yıkıma yol açacaktır.

* * *

Peki Türkiye'nin ekseni kaymış mıdır ve kaymışsa bu hangi anlamda gerçekleşmiştir? Türkiye'nin yüzünü Yahudi Sistem yönetimindeki Hıristiyan Batı'ya yada Yahudi Sistem yönetimindeki Müslüman Arap'a dönmesi yalnızca Türkiye'nin o dönem için çıkarlarını farklı yerlerde aramasına ve farklı yüzdelerle yaşamasına (siyasi, ekonomik, askeri, diplomatik...) neden olacaktır.

Elbette bu farklı evrelerde, Arap-Afrika dünyasına dönük evrede içte tarikatlaşma ve Ilımlı Islamlaşma; yada Batı'ya dönük evrede (bir iç unsur olarak Sabetayist kesimin de etkisiyle) benlik kaybı ve kültürel-ahlaki yozlaşma yaşanacaktır. Bu ikisinin de nedeni, aslında bu dönüşlerin, bu evrelerin Türkiye'nin kararı ile gerçekleşmemesi, dışarıdan telkin ve yönlendirme ile yapılmasıdır. Bu evre ve dönüşümler ile ilişkiler Türkiye'nin Türkiye'den aldığı kararlar değildir.

Peki eksen kayması ile kasdettiğimiz nedir? Burada eksen kaymasından kasıt, Türkiye'nin Batılılaşması yada Araplaşması değildir. AB güdümündeki, Brüksel güdümündeki eksenden; ABD güdümündeki, Vaşington güdümündeki eksene kaymadır.

Demek ki eksen kayması aslında, bir gezegenin bir yıldızdan başka bir yıldızın yörüngesine girmesidir, başka bir ortamda başka gezegenlerle başka bir yıldızın etrafında dönmesidir. Gezegenin kendi başına aldığı bir karar değil, çekim alanı kuvvetli olan yıldızın gücünün bir sonucudur.

Eksen kayması tartışmaları Türkiye'ye bir şey kazandırmayacaktır, çünkü kimse gezegeni kendisine çeken yıldıza bakmamakta, yeni ortamdaki diğer gezegenlere bakmaktadır. Eksen kayması tartışmalarında yıldızlar konuşulmamaktadır. Türkiye yüzünü İslam coğrafyasına dönünce Sabetayist kesim, Batı coğrafyasına dönünce de dinci kesim tepki koymaktadır da, vatansever Atatürkçü ve dindar kesimin sesi çıkmamaktadır, çıkartılmamaktadır.

Bizi bu coğrafyalarda döndürenlerin, başımızı döndürenlerin kim oldukları ve hangi amaçla bunu yaptıkları konuşulmamaktadır. Toplum, boş tartışmalarla uyutulmaktadır.

* * *

Burada bir Libya parantezi açmakta yarar var. Libya ile Türkiye arasında da vize kaldırılmıştı. Bu yenilik iş adamlarına kolaylık sağlayacaktı ancak vize kalktı diye "Libya gücümüzü hissetti, bizi büyük ülke olarak görüyorlar" gibi popülist görüşler, ne yazık ki gerçek dışıydı, aldatıcıydı. Libya okul ders kitaplarında Osmanlı dönemi hâlâ, Libya tarihinin en karanlık ve yıkım dönemi olarak anlatılmaktadır. İtalyan ve Hıristiyan batının yarattığı yapay algıdan kurtulabilmiş değillerdir.

Kaddafi'nin Fransa ziyaretinde (Versailles Sarayı bahçesine çadır kurduğu ziyaret olarak hatırlanan) Fransa Cumhurbaşkanı Sarkozy'e *"Kürdistan için elimizden gelen desteği vermeye hazırız"* diyor, bu haber Avrupa ve Türk basınında az da olsa yer bulabiliyordu. Kaddafi onlarca yıl önce de bu görüşteydi, bugün de aynı görüşü muhafaza ediyordu.

Uyan Ey Türk Gidiyoruz

Dönemin Başbakanı Erbakan ile Kaddafi görüşmesinde yaşanan kriz unutuldu derken, Eylül 2009'da Libya'da Kaddafi'nin tahta çıkışının 40. yılı kutlamalarına giden Adalet ve Kalkınma Partisi'nin önde gelen isimlerinden Bülent Arınç'ın elini sıkarken, Kaddafi'nin "kral koltuğundan" ayağa kalkmadığını ve Arınç'ın büyük saygıyla karşısında pür dikkat hazırol benzeri bir pozisyonda durduğunu görüyorduk. Kaddafi hâlâ aynı Kaddafi'ydi. Bugün ise artık Kaddafi Libyası yok, Sistem onu yıkarak dönüştürdü.

İsmi geçmişken, buraya küçük bir not eklemek gerekiyor. Fransa Cumhurbaşkanı Nicolas Sarkozy'nin 13 Ocak 2010 günü ilk torunu Solal doğdu. Solal adı İbranice Solel'den gelir, *"yol açan, doğru yolu gösteren"* anlamına gelir.

Yahudi geleneklerine uygun olarak da Brit Mila oldu. Sarkozy'nin annesi Andrêe, kripto Yahudilerin aksine Yahudi köklerini gizlememektedir. Annesi aslen Selanikli Yahudi Mallah ailesindendir. Selanik, gerçekten çok büyük bir yerde!

* * *

Bakan Davutoğlu'nun (Mr. Davidson) *"Yeni Osmanlı"* sözünü unutmadan gelin Başbakan'ın daha birkaç sene önce sarf ettiği sözlerine bakalım. 04 Mart 2006'da İstanbul'da AKP'nin bir ilçe kongresinde yaptığı konuşmada *"Türkiye'nin Ortadoğu'da bir görevi var. Nedir o görev, biz Genişletilmiş Ortadoğu ve Kuzey Afrika Projesi'nin eş başkanlarından bir tanesiyiz. Bu görevi yapıyoruz biz."* diyordu.

15 Şubat 2004 Kanal D Teketek programında ise *"Ben Diyarbakır'a çok farklı bakıyorum. Yani Diyarbakır'ı istiyorum ki, şu an da yani Amerika'nın da hani düşündüğü Büyük Ortadoğu Projesi var ya, Genişletilmiş Ortadoğu, yani bu proje içerisinde Diyarbakır bir yıldız olabilir."*

Irak tarafında bir Kürdistan kurulmuşken, Türkiye'nin buna ses çıkarmaması ve Tayyip Erdoğan'ın bu sözüyle Diyarbakır'ın bir yıldız olması nasıl algılanabilirdi?

Yıldız burada Davut Yıldızı yani altı köşeli "Yahudi yıldızı" olabilir miydi? Kürdistan'ın başına oturtulan adamların, Mesut Barzani'nin ve akrabası Neçirvan Barzani'nin Yahudi kimliğini, ailesini hatırlıyorduk.

Birden, Kutsal(!) vaadedilen topraklı Büyük İsrail (Erez İsrail) haritası gözümüzün önüne geliyordu. Kürdistan bunun öncesinde kurulmuş, Büyük İsrail'in kurulmasına zemin yaratacak sanal bir devletçik miydi? Acaba Büyük İsrail kurulacak ve Diyarbakır önemli bir merkez haline mi dönüştürülecekti? Birinci varsayım olarak bu ileri sürülebilir.

Ya da bazı haritalarda, genellikle yabancı kaynaklı haritalarda hatta Google Earth'te başkentler "yıldız" ile sembolize ediliyor. Acaba Diyarbakır'ın yıldız olması, Türkiye içinde de sınırın aşağısındaki Kürdistan'a entegre bir Kürdistan kurulacağı ve Diyarbakır'ın başkent olacağı anlamına mı geliyor? Yada Türkiye içinde bir özerk yönetim kurulacak ve bu özerk yönetimin merkezi Diyarbakır mı olacaktır?

Diyarbakır'ın başkent yapılması talepleri PKK ve onun partilerinde de yıllar yılı söylenegelmiştir. Mesut Yılmaz da zamanında *"AB'nin yolu Diyarbakır'dan geçer"* demişti. Her gelen AB'li diplomatın Ankara'dan önce Diyarbakır'a gittiğini, bölgeyi bağımsızlık için (yada başka bakış açısıyla Türkiye'yi bölmek için) cesaretlendirdiğini biliyoruz. Bu ikinci varsayım da en az birincisi kadar ileri sürülebilir niteliktedir. Zaten bu varsayımları birbirinden ayrı düşünmek olanaksızdır.

* * *

Uyan Ey Türk Gidiyoruz

Diyarbakır bir "yıldız" olacak, Türkiye'nin Kürdistan tehdit algılaması sonsuzluğa uğurlanacaksa, bir Kürt açılımı varsa amaç, Türkiye'nin üniter yapısının yavaş yavaş değiştirilerek federal yapıya geçmesini sağlamaktır. Amaç Türkiye'de önceleri ismi dillendirilmeden sessizce sonra ise alenen ve ilanen Kürdistan'ın kurulmasıdır.

ABD'nin Ankara Büyükelçileri'nden James Jeffery yeni görevi için Ankara'dan ayrılırken verdiği veda yemeğinde "*Güneydoğu'nun ayrılması durumunda üçüncü sınıf bir Ortadoğu ülkesi olursunuz*" diyordu. Bölgenin Türkiye'den koparılamayacağını okyanus ötesi hele şükür anlamış demek ki. Ancak bu lafın gittiği bir yer daha var, ABD'nin son karar kıldığı plan, bağımsız Kürdistan değil, özerk yönetimle federe Kürdistan ve federal Türkiye'dir.

Anayasa değişir, değişmez maddeler değişir, yasalar, mevzuat değişir, toplumun görüşleri değiştirilir, şu an yapılmaya çalışıldığı gibi Türklük değersizleştirilir... Bir şeyi yok etmenin en iyi yöntemi onu değersizleştirmekten geçer. Değersizleşen şey çok kolay gözden çıkarılır.

Üniter yapıyı yıkmak isteyenler açısından, federal yapıya geçiş elbette bir günde olmayacaktır. Olamaz da zaten, reaksiyon görür. Bu yavaş yavaş olacaktır. Yavaş deyince uzun vadeyi anlamamak gerekir. Bahis, orta vadedir. Yeni anayasa, bunun en temel başlangıcı olacaktır.

Zaten bunun köklerinin geçmişte salındığını görüyoruz. 5302 sayılı İl Özel İdaresi Kanunu buna uygundur. En azından yerele verdiği önemi, Sistem'e uygun kavramlarla sağlayan bir kanun olarak çıkarılmıştır. Kamu Yönetimi Temel Kanunu tasarısını, bu atağın iddialı operasyonlarından biri olarak okuyabiliriz.

Temel ve ana, kanun ve yasa anlamdaş kelimeler olduklarına göre, bu tasarının adını Kamu Yönetimi Ana Yasası olarak da okuyabiliriz. Bu, bize ne büyük cesaret ve atak ile üniter yapının çürütülmeye çalışıldığını açıkça göstermektedir. Bu yasalar, paketler, sözde sivil anayasa taslakları, bir yerlerde, yürürlüğe konulacakları günü beklemektedir.

* * *

Anlaşılacağı üzere ABD, 2012'de askeri gücünü Irak'tan çekerken ve çektikten sonra, Türkiye'nin Irak'ta etkisini görmemek için ya iç savaş çıkarttırmaya çalışacak yada Türkiye'yi Yeni Osmanlı – Büyük Devlet hülyalarıyla Kürdistan'ın kardeşi, hamisi olarak konumlandırtacak, bu süreçte Türkiye'de de Kürtlüğü "etnik unsur olarak" hayatın her alanına ve hukuki metinlere sokmaya çalışacaktır. Bir taşla birçok kuş vurulacaktır. Hem Irak Kürdistan'ı korunur, hem Irak korunur hem Türkiye'nin üniterliğinden kurtulunur!

Ancak bir şeye dikkat etmek gerekir. Bu ikinci seçenek dahā ılımlı görünse de Irak'ta durum öyle gitmemektedir. Kerkük'ün durumu belli değildir, seçim yasası Kürtlerin lehine kabul edilmiştir. Kürt ordusu Sistem'in buyurduğu şekilde kurulmaktadır.

Olur da Kürtler şirazeden çıkıp Türkmen dediğimiz Irak Türklerine yönelik bir katliam, kıyım, soykırım hareketine girişirler, Irak'ta bir iç savaş çıkarırlarsa (bu ABD'nin izni ve emri olmadan yapılamaz), Türkiye'nin bölgeye Türkmenlerin hamisi/teminatı olarak, onları koruma adına gitmesi çok yüksek bir olasılıktır.

İşte bu noktada "bölgede Türkmen nüfus pek yok, Türkiye Irak'a işgal için, Kürtlere soykırım yapmak için geliyor" propagandasının zemini yıldan yıla hazırlanmıştır, hazırlanmaya devam etmektedir.

Uyan Ey Türk Gidiyoruz

Kürtler, daha Irak Kürdistanı'nı kurmadan önce, ABD işgalinin hemen akabinde Türklerin bulunduğu kentlerdeki mezar taşlarını kırmış, bazı mezarlıkları dozerlerle kepçelerle dümdüz etmiş, tapu ve nüfus kayıtlatını yakmış ve bir kısmını kaçırmış, askerlik kayıtlarını yakmışlardı. Yani Osmanlı ve Irak dönemi Türklük arşivlerini yaktılar, ülkenin yazılı hafızasını büyük ölçüde sildiler! Mezar taşlarının önemini, Irak Kürtleri bizlerden daha fazla bilmektedir!

Bu kadarı da yetmedi. Türkmenlerin kaçmalarını, göçmelerini sağlamak adına Kerkük, Telafer, Yengice, Amirli, Tuzhurmatu, Karatepe, Tazehurmatu, Şirinhan, Karakoyunlu ve daha birçok yerde Türkmenleri öldürdüler, bombalar patlattılar, bu bölgelerdeki Türk yerleşimlerine, mahallelerine, köylerine yatırım, iskan götürmediler.

Savaşın ve yılların Saddam diktatoryasının haraplığıyla bıraktılar. Ancak Irak Kürdistanı'nın Kürt yerleşim bölgelerine dünyanın sayılı büyük içme suyu tesisleri ve atıksu arıtma tesisleri, havalimanları ve havaalanları, yollar, kanalizasyon şebekeleri, sosyal hayat adına alışveriş merkezleri ve say say bitmez birçok alt ve üst yapı inşa edildi.

Türkmen mahallelerinde kullanacak temiz su bulunamazken, Kürt bölgelerine 1. sınıf alışveriş merkezleri yapıldı. İşin üzücü yanı, bu inşaatların %90'ını Türkiye firmaları yapıyordu, yapıyorlar. Herkes yeni kurulan devletten bir pay almaya bakıyordu. Bakanlar ve iş adamlarından oluşan yüzlerce kişilik heyetlerin biri gelirken ötekisi gidiyordu.

Bölgede Irak Türkleri'nin en büyük temsilcisi Irak Türkmen Cephesi'ne ve yöneticilerine, onun bağlı kurum kuruluşlarına, çalışanlarına ve üst düzey Türkmenler'e ise her gün baskı ve tehdit uygulanıyordu.

22 Kasım 2009 günü Irak Türkmen Cephesi Musul İl Başkanı Yavuz EFENDİOĞLU'nun evinin kapısını çalan peşmerge giyimli Kürtler *"Hastanız var acil gelin"* diyerek, kapısının önünde çapraz ateşle Efendioğlu'nu şehit ediyorlardı!

Temmuz 2010'da ise bir hafta arayla önce Temyiz Yüksek Mahkeme Başkan Yardımcısı Hasan Aziz KİFRİLİ bombalı saldırı ve sonra da Türkmen Kerkük Belde Emniyet Müdürü Alb. Burhan TAYYİP bombalı suikast sonucu şehit ediliyordu.

Buna karşın Türkmenler ve Türkmen Cephesi aynı azim ve kararlılıkla (Türkiye medyasından destek görmese ve gelişmeleri haber yapılmasa da) çalışmalarına devam edecekti.

* * *

Türkiye açısından iki tarafı keskin kılıcın olduğu bir durum söz konusudur. Bir taraf seçilip o tarafın üstüne çıplak ayakla çıkılması isteniyor. Suriye bölünüp oradan çıkartılacak bir Kürdistan, Irak'ta kurulmuş olan Kürdistan, Türkiye'de artık BDP'nin alenen ilan ettiği sözde demokratik özerk Kürdistan ve İran'daki Kürdistan birleştirilerek, İsrail'in gölgesi ABD uşağı bir sevr Kürdistan'ı kurulmak isteniyor. Bu süreç ve sürecin sonu acı, kan kaybı, sendeleme ve belki de çökme olacaktır. Türkiye bu projeyi bozmak adına tüm enerjisini kullanmalıdır. Bunun için tam bağımsız, cesur ve dürüst bir yönetime gereksinim vardır.

Ancak unutulmamalıdır ki, devlet hem siyasal bir örgüt hem de önemli ve büyük bir iktisadi örgüttür. Bu iki özelliği arasında işlevsel bir ilişki vardır. Devlet ekonomisi dışa bağımlı ise, uluslararası kuruluşlara ve ülkelere borçlu ise, siyasal alanda da devlet aynı şekilde dışa karşı borçlu ve alacağı kararlarda, yönetiminde bağlı, bağımlı demektir!

Uyan Ey Türk Gidiyoruz

Savaş ve Barış - Türk ve Obama

10 Aralık 2009 günü ABD Başkanı Barack Obama'nın "Nobel Barış Ödülünü" alırken yaptığı konuşma dikkat çekiciydi.

Nobel Barış Ödülü'nü Obama gibi savaşçı bir devletin başkanının alması tezat değildi. Güya vicdan azabı çeken Alfred Nobel'in icat ettiği Nobel ödüllendirme sistemi, ilk günden bugüne kadar bu ödülleri alacak kişilere "aday gösterildikleri branşlardaki başarıları" kapsamında değil, adayların siyasi-ideolojik değerleri ve Sistem'e hizmet edebilirlikleri yönlerinden değerlendiriyordu. Bu halen bu şekilde sürmektedir.

Muhakkak ki Nobel'in ödülünü alan herkesi bu kapsama sokamayız ancak bunun yaygın olarak uygulandığı ve resmi açıklamalarla adeta teyit edildiği ortadadır.

Bunun böyle devam ettiğine, Barack Obama'nın "Nobel Barış Ödülünü" kazanması en büyük ispattır.

ABD, şu an resmen Afganistan, Irak ve Libya'da savaşçı ve işgalci güç durumundadır.

Bu kapsamda ABD, "*Irak'ın toprak bütünlüğüne saygılıyız*" ifadelerini sabah akşam söyleye söyleye, Irak'ı fiilen bölmüştür!

ABD, bilmediğimiz pek çok ülkede de "demokrasi söylemleriyle" faşizan yöntemlerle iktidarları-muhalefetleri belirlemekte, örtülü ve açık operasyonlarla, darbelerle yönetimleri istedikleri biçimde şekillendirmektedir. Renkli ve turuncu devrimler, arap baharları...

İşte bu işgalci orduların komutanı, bu işgalci devletin başkanı Obama "Nobel Barış Ödülünü" alacaktır!

Obama'nın ödülü alırken yaptığı konuşmada *"Barış için savaşmak zorundayız"* sözleri ve sürekli olarak savaşı savunması, yürüttükleri ve yürütecekleri savaşlara haklılık zemini oluşturma çalışması, insanın "biz ne biçim bir dünyada yaşıyoruz" demesine neden olacak cinstendi. İnsanları öldüren, savaşlar başlatan bir sistemin başkanının başka bir söylemde bulunması da beklenemezdi.

Obama'nın küçük bir kopyası olarak, Sistem'in başkanı değil ama Sistem'in aktörlerinden biri olarak 13 Aralık 2009 günü Ahmet Türk'ü gördük.

Ahmet Türk, Diyarbakır meydanında halka hitaben yaptığı konuşmada söylediği bir laf bunu doğrulamaktaydı *"Barış için savaşmak zorundayız"*.

* * *

Evet, aynen Obama ve onun Sisteminde olduğu gibi, Ahmet Türk ve onun bölücü sisteminde de (dün adı DTP idi bugün BDP'dir) "Barış", "Demokrasi", "İnsan hakları" terimleri özenle seçiliyor ve kullanılıyordu.

Zihniyet aynıydı. Obama bu Sistem'de yönetici, Ahmet Türk piyondu, oyuncuydu. Bu Sistem onlara çıkarları ve idealleri doğrultusunda "masum kanı dökmeyi" bölmeyi, parçalamayı emrediyor ve bunu "Barış, Demokrasi ve İnsan Hakları" söylemleriyle gerçekleştirmelerini istiyordu.

Barış getirmek için savaşarak 1,5 milyon Iraklı'nın ölümüne neden olunuyordu!

Yıllardır Saddam'ın devlet başkanı olduğunu ve ondan sonra da iki oğlunun devlet başkanı olacağını, ülke yönetiminin özgür halk iradesini yansıtmadığını söyleyerek işgal eden güçler, Krallıkla yönetiliyordu. Kraliyet sistemi olmayan ABD'de ise baba ve oğul Bush'lar toplamda 15 yıl başkan olabilmekteydi.

Uyan Ey Türk Gidiyoruz

İnsan hakları getireceğiz denilerek ülkenin dört bir tarafına işkencehaneler kuruluyor, yeni Guantanamolar yaratılıyordu.

İşte Sistem budur. Yaptığı gözünüzün önünde olsa bile öyle muazzam bir propaganda uygular ki, insan gördüklerine mi yoksa söylenenlere mi inanacaktır, kuşkuya düşer.

* * *

Sistem bize "eli kanlı orduların başkanı Obama'yı" ve "eli kanlı terör örgütünün siyasi başkanı Ahmet Türk'ü" de farklı göstermeye çalışmaktaydı. Söylem ikisi için de aynıydı. Bu aslında bir propagandaydı. Bilgi ve enformasyon savaşlarının yapıldığı bir çağda yaşıyoruz!

Bush sonrası Obama, söylemleriyle ve kişiliğiyle mütevazı, ılımlı, farklı biri olarak gösterilmişti. Bush şahin kanattan, Obama güvercin kanattandı! Savaştan değil barıştan yanaydı!

Aynı şeyler Ahmet Türk için de söylenecekti. O da mütevazı, ılımlı, savaştan değil barıştan yana, şahin değil güvercin kanattan diye söylendi, uyutulmuş ve cahil bırakılmış topluma.

Ahmet Türk sanki Obama'nın bir modeli, kopyasıydı. Sanki birbirleri için yaratılmışlardı! İşte bizim bu Sisteme, Nobel ödülünü veren Sistemin seçkinlerine bir önerimiz olacak.

Nobel Barış Ödülü için adayımız Ahmet Türk'tür.

Durmayın ona da bir Nobel Barış Ödülü verin. Verin ki dünyamıza daha çok hizmet etsin, sevgiyle, barışla(!)

BİZ BU FİLMİ GÖRMÜŞTÜK

Edirne'de, 22-29 Aralık 2009 tarihlerinde terör örgütü DHKP-C'nin propagandasını yapmaktan gözaltına alınıp tutuklanan kişilere destek vermek amacıyla şehir dışından örgütlü bir biçimde otobüslerle gelen göstericilerin TEM otoyolu şehir girişlerinde otobüslerinin durdurulması sonucu ortalığı birbirine katmaları, polis-jandarma ile birlikte Edirneli vatandaşların da DHKP-C sempatizanı gruba aktif müdahalede bulunması, o dönem ülkenin en üst gündem maddelerindendi, toplum çok gerilmişti. Vatandaş birbiriyle çatışmıştı.

Bu olaydan önce de, İzmir'de 23 Kasım 2009 günü benzer bir "film" izlemiştik. Ama İzmir olayının derin bir geçmişi var. Geçmiş deyince öyle 1980'lere 1990'lara gitmeye gerek yok. Son altı seneye bakmamız yeterlidir. Hafıza-i beşer nisyan ile malüldür. Gelin hafızalarımızı birlikte tazeleyelim.

Tarih 20 Mart 2005, Mersin – Akdeniz Bölgesi: PKK'lı gruplar nevruzu bahane ederek günü polise ve mahalleliye zindan etmek için izinsiz gösteri ve yasadışı eylem yapıyor, rastgele molotof atarak ateşler yakıyordu. Polisin, gruplara panzerle müdahale ettiğini bildikleri için de bu sefer ön sıralara çocukları sürüyorlardı.

Belki de yaptıkları şeyden habersiz, bilincinde olamayan ufacık çocuklara Türk Bayrakları'nı yerlerde sürükletiyor, yaktırıyorlardı.

Uyan Ey Türk Gidiyoruz

Polisin o çocukları vurmasını yada panzerle ezmesini görmek istiyorlardı belli ki. Ama Türk polisi o insanlıktan çıkmış teröristlere istedikleri malzemeyi vermiyordu. Çocuklar sakince toplanıp polis merkezine götürülüyor, aileleri çağırılıp uyarılıyordu... O gün hafızalarınızda canlanmıştır.

Ancak olayların etkisi dalga misali tüm yurda yayılmıştı. PKK'lıların bayrak yakma/yaktırmaları milletin sabrını taşırmıştı. Tüm Türkiye'de pek çok ev Türk Bayrakları ile bezenmiş, sokaklar al gelincikler açmıştı. İnsanlar yakalarına Türk bayrağı rozetleri takmış, çeşitli illerde "teröre lanet" mitingleri düzenlenmişti.

RTÜK'ün talebiyle tüm televizyonlar ekranlarının üst köşesine Türk Bayrağı simgesi yerleştirmişlerdi. Şimdi okuyunca garip geliyor ancak o zaman böyle şeylere devlet kurumları da "dur" diyordu. O zaman kırmızı çizgiler korunmaya çalışılıyordu.

Tarih 06 Nisan 2005, Trabzon – Karadeniz Bölgesi: F tipi cezaevinin bulunmadığı bir il olan, vatansever ve dindar kimliği ile bilinen Trabzon'da, TAYAD diye söylediğimiz asıl adı TAYAD-DER olan örgüt kışkırtıcı bir eylem yapmış, sivil vatandaşlardan tepki gelmeye başlamasına karşın devlet ve ülke aleyhine ısrarla slogan atmaya devam etmiş, zaten bayrak yakma olayının etkisinden kurtulamamış sivil halkı provakatif bir biçimde sabrını taşırıp, infiale sokup gruba linç girişiminde bulunmasına yol açmıştı.

Bu olayın benzerleri 10 Nisan 2005'te yine Trabzon'da ve bir ay içinde Adapazarı ve Samsun'da aynı içerikle "TAYAD provakasyonu ve halkın linç girişimi" olarak yaşanmıştı.

TAYAD-DER için bir not ekleyelim: T.C. Ankara Devlet Güvenlik Mahkemesi Cumhuriyet Başsavcılığı 1998/78 iddia no'lu iddianamenin (Apo'nun iddianamesi) 33. numara Cezaevi Faaliyetleri başlıklı kısmında, terör örgütünün paravan olarak kurduğu bir dernek olarak yer almaktadır.

Tarih 05 Eylül 2005, Bozüyük – Marmara Bölgesi: Terörist başı Abdullah Öcalan'a destek için Gemlik'e Güneydoğu'dan taşınmış ve günün sonuna doğru memleketlerine dönen yaklaşık 40 otobüslük bindirilmiş kıtalar, gidişte o kadar il ve ilçeden geçmelerine rağmen, dönüşte de geçecek olmalarına rağmen milliyetçi duruşuyla bilinen Bozüyük'te, Apo posterleri ve sözde "terör örgütü bayrakları" açmıştı.

Halk da bu görüntü üzerine İzmir'deki olaylardan kat be kat daha şiddetli bir biçimde araçları taşlayarak vs. gruba aktif müdahalede bulunmuştu. Olaylar bir türlü durdurulamamış, gece geç saatlerde kaymakam, emniyet müdürü ve müftünün halkla konuşması ve halkı yatıştırması sonucu, zar zor terör örgütü yandaşı grup ilçeden çıkartılabilmişti. Bu da hafızalarda canlanmıştır.

Yaşanan bu gerilimli günün ertesinde, Bozüyük olaylarını güya protesto etmek için çeşitli illerde, mahallelerde PKK yandaşlarınca gece saatlerinde yasadışı gösteriler yapılacak, Bozüyüklülerin tavrı, duruşu protesto edilecekti. Aynı yerlerde benzer yasadışı eylemler daha sonra İzmir olaylarının ertesinde de yaşanmıştı.

Bozüyük meselesi ve tırmanan düzovada terör faaliyetleri o günlerde en çok konuşulan gündem maddesiydi.

Tarih 23 Kasım 2009, İzmir – Ege Bölgesi: DTP'nin (bugünün BDP'sinin geçmişteki ismi) mitingine giden provakatif teröristler aynı bildik yöntemlerle halkı kışkırtmak için tüm materyalleri kullanmış ve istedikleri manzara oluşmuştu.

Habur manzarasının şok etkisinden kurtulamamış sivil halkın öfkesi, taşan sabrı ve kontrolden çıkan sevimsiz olaylar... Bu İzmir olayının ertesi gününde de, çeşitli illerde ve mahallelerde PKK yandaşlarınca yapılan, İzmirlilerin sözde protesto edildiği yasadışı gösteriler...

Uyan Ey Türk Gidiyoruz

* * *

İzmir olayı içeriği itibariyle ve ertesi günkü olayları itibariyle Bozüyük olayına benzemektedir. Aynı yöntemle kışkırtma ve halkın paralellik gösteren tepkisi.

İzmir olayının 35 gün öncesinde bir Habur PKK şovu söz konusuydu, halkın bu görüntülerle adeta doldurulması söz konusuydu. TAYAD Trabzon olayının da 17 gün öncesinde Mersin'de PKK'lıların Türk Bayrağı yakması, bu görüntülerle adeta halkın doldurulması söz konusuydu.

Şimdi dönüp kendimize sorma vakti! Zaman ve mekanlar farklı görülebilir ancak olayların öncesi ve sonrasında yaşananlar, aktörler, provakasyonlar aynı değil mi? Bu tür hassas olayların herbirinin ayrı bir bölgede olması tesadüf müdür?

Bu yerler, Türkiye'de belki iç savaş çıkartmak isteyen istihbarat örgütleri/düşman güçler tarafından laboratuvar çalışması amacıyla özenle mi seçilmiştir? Türk insanlarının bölge bölge veya siyasi görüşlerine göre, provakatif faaliyetlere verecekleri tepki mi hesaplanmaya çalışılıyordu?

Bozüyük'te Marmara'nın tepkisi mi yoksa dindar milliyetçi kesimin tepkisi mi, İzmir-Hatay'da Ege Bölgesi'nin tepkisi mi yoksa laiklik konusunda daha hassas olan kesimin tepkisi mi, Trabzon'da Karadeniz Bölgesi'nin mi yoksa merkez sağ milliyetçi kesimin tepkisi mi ölçüldü?

Yoksa bunlara paranoya denilip, tesadüf denilip, bunca ilişki görmezden mi gelinecek? Biz yazı ile tarihe tespitimizi, notumuzu düşüyoruz. Zaman bize gerçeği, belki beş belki onbeş sene sonra ama muhakkak gösterecektir.

ADEN, KIZILDENİZ VE ABD

Misyonerler Afrika'ya geldiklerinde Afrikalıların toprakları, Misyonerlerin ise İncilleri vardı. Bize, gözlerimizi kapayarak dua etmesini öğrettiler. Gözümüzü açtığımızda artık Afrikalıların İncilleri, Hıristiyanların da toprakları vardı.

Jomo KENYATTA

Bugün medeni, demokratik ve insan hakları koruyucusu geçinen, kendileri gibi olmayan herkesi küçük ve çağdışı gören Batı Hıristiyan devletlerin geçmişlerinin, kirli tarihlerinin, kanlı tarihlerinin, ırkçılık, işkence ve soykırımın yazılmamış tarihinin yaşandığı topraklardır, Afrika.

Bugün beyaz adam görünürde doğrudan saldırı ve katliamlar yapmamaktadır ancak bölgedeki "kara adamları" birbirine kırdırarak ve kendi yüksek teknolojisi ile bölgeyi sahiplenerek varlığını sürdürmektedir.

Bölgedeki yer altı ve yer üstü kaynakların çoğunun sahibi batılı beyaz adamdır. Kara adam emeğiyle bu kaynakları çıkarır/üretir (petrol, maden, kakao, kahve...), sonra beyaz adamın fabrikalarında işler ve beyaz adam bunu alıp dünyaya satar, zenginleşir.

Uyan Ey Türk Gidiyoruz

Madem Afrika'daki işe yarayan her şey beyaz adamındı, o zaman beyaz adamın bölgeye, özellikle 21. yüzyıl ile birlikte "çökmesinin", yerleşmesinin, yeni üsler kurmasının amacı neydi? Bölgenin Sistem ve küresel güçler açısından önemi neydi?

Başta Çin olmak üzere ABD dışı unsurların Afrika kıtasında ham madde kaynağını kullanmak adına olağanüstü yatırımlar yapma ve bölgeyi denetim altına alma girişim ve çabalarının sonucu olarak; ayrıca, iki küresel ticari güç olan Çin ve Hindistan'ın bir numaralı ticaret yollarının, yani ticari gemilerinin Akdeniz'e ve Avrupa'ya girişini sağlayan Kızıldeniz – Aden Körfezi'nin bu bölgede yer alması dolayısıyla; ve elbette bugün ABD'nin petrol ithalatının %15'ini karşılayan, 2015'te de %25'ini karşılaması beklenen bölgenin bir doğal zenginlik yatağı olması nedeniyle, ABD'nin 2007 yılında oluşturduğu ve 2008 yılında uygulamaya koyduğu strateji ile birlikte, Afrika kıtasındaki ABD askeri gücünün tamamı bir komutanlık altında, büyük operasyonlar için güç tek elde toplanıyordu.

ABD, kıtada askeri ve istihbari gücünü daha yaygın ve etkin kılmak, operasyonel gücünü geliştirmek ve buna meşru temel oluşturmak amacıyla bağlantılı pek çok plana peşi sıra "start" veriyordu.

Bu proje kapsamında ilk etapta Doğu Afrika'nın (Hint Okyanusu, Aden Körfezi, Kızıldeniz) birincil öneme oturtulduğunu görüyorduk. ABD ilk önce bölgedeki donanma varlığını güçlendirmişti. Civar ülkelerdeki iç karışıklıklar ve ülkelerarası çatışmalar canlandırılmıştı. Bölge yeni bir döneme giriyordu.

* * *

Dünyanın en önemli üç ticari yolundan biri olan bu hattın, senede yüzlerce milyar dolarlık mal taşınan bu hattın, özellikle de Aden Körfezi – Kızıldeniz girişinin ticari güvenliğinin yarı çıplak, zayıf, eli silahlı Somalili adamlarca baltalandığı görülüyor ve dünya kamuoyu bunu hayretle izliyordu.

Bu korsanlar neredeyse her ülkeden en az bir iki gemi kaçırmış ve mağdur gemilerin sahibi ülkelerin ve toplumlarının tepkilerini çekmişti. Korsanlar tepki çekmelerine karşın ve neredeyse tüm ülkeler bundan mağdur olmasına karşın, hiç kimse bu adamlara kimlerin silah sattığını sorgulamıyordu. Bu kaos düzeninin oluşmasından yarar sağlayan ve bu yarı çıplak adamlara satılan silahlardan büyük kârlar elde eden güçler, projelerini istedikleri gibi ilerletiyorlardı.

Dünyada barış için harcanan her 1 dolara karşılık silahlanmaya 2000 dolar harcanıyordu. Ve her 2000 doların 800 doları, başka bir deyişle her 100 doların 40 doları, ABD ve onun bağlantılı örgütlerine gidiyordu.

Barış için kurulduğu söylenen Birleşmiş Milletler'in (BM) Güvenlik Konseyi Daimi Üyesi olan 5 ülke, yani ABD, İngiltere, Rusya, Fransa ve Çin, aynı zamanda dünyanın en büyük 5 silah satıcısı ülkesidir. Sanırım bu bile, bizlere pek çok şeyi söylemektedir.

Tarihe bakmakta yarar var. Bundan 150 yıl önce, ticari akışı rahatlatacak altyapı hizmetlerinin gerçekleştirilmesi için, İngilizler başta olmak üzere iktisadi dış güçler, Osmanlı İmparatorluğu'na baskı yapıyor ve belediye kurumunu kurduruyordu.

Benzer amaçlarla ve de liberalleşme adına ticari yolların güvenliği ve düzeninin sağlanması için Tanzimat ve Islahat Fermanları yayınlanıyordu. 21. yüzyılda, dünya ticaretini baltalayan Somalili korsanlara karşı ise dünyanın elinin kolunun bağlanmış olması büyük çelişkidir!

Bu korsanlık süreciyle birlikte manidar bir biçimde, Somali'de yaşayan Müslümanlar, El Kaide kavramıyla birlikte anılmaya başlıyordu. Son yıllarda Somali'de, geçici hükümeti devirmek isteyen El Kaide ile bağlantılı (ki bu demektir ki CIA'nın yönetiminde) El Şebab terör örgütü ortaya çıkıyordu.

Uyan Ey Türk Gidiyoruz

Bu örgüt, Ağustos.2010'da düzenlediği saldırı sonucu 6'sı milletvekili olmak üzere toplam 32 kişiyi öldürecek, dünya genelinde sansasyona yol açacaktı. "Dünya ticaretini ve silahsız sivil gemileri baltalayan El Kaideci Somali" (!)

Somali ile ilgili birkaç ilginç bilgiyi burada vermek gerekir. Somali'nin resmi adı Somali Demokratik Cumhuriyeti'dir. İngiliz ve Fransızların, şimdi de ABD'nin sömürdüğü, insanlıktan çıkardığı, kırıp geçirdiği ve sonra da yardım söylemiyle BM'ye bağlı kuruluşların "sağlıkçı" sıfatına bürüdüğü özel istihbarat elemanlarının cirit attığı ülkenin rejimi "demokratik cumhuriyettir"!

İkinci ilginç daha doğrusu hüznü gülünç (traji komik) öğe, Somali'nin para birimi Somali Şilini'nin kodu, kısa adı SOS'dir. Sanki ülkenin durumunu izah etmektedir!

Üçüncü ilginçlik, dünyanın en yoksul ülkelerinden Somali'de yoksulluğa neden olan kaos ortamı nedeniyle çıkan iç çatışmalarda her gün onlarca kişi ölmektedir. Ve dünyanın en yoksul ülkelerinden Somali'de silaha harcanan günlük para yaklaşık 30 milyon dolardır.

* * *

Somali, Kızıldeniz girişinin batı kıyılarıdır, Yemen ise doğu kıyılarıdır. Artık doğu kıyı da kaynamakta, eski yaralar farklı yöntemlerle kaşınmaktadır.

Kuzey'deki Şii mezhebine ait Husiler (12 imama inanmayan ancak Şiiliğin bir türü olduğu iddia edilen mezhebe ait olan halk) -İran belki bilerek belki de farkında olmadan, kullanılarak- ayrılıkçı unsur olarak Sünni halka karşı kışkırtılmakta, toplum hem bu farklılıktan dolayı Şii-Sünni çatışmalarına sürüklenmekte hem de petrol kaynaklı anlaşmazlıklar ile birbirine bilenmektedir.

ABD, Suudi Arabistan aracılığıyla ve tabi ki Sünnileri destekliyor izlenimiyle, bir güç olarak Yemen'e girmiştir.

Suudi Arabistan, Yemen'de düzeni sağlama, aşırı güçleri ve ayrılıkçıları temizleme bahanesiyle kendi ordu ve askerleriyle onlarca Müslümanı öldürmektedir. Her geçen gün ülkede ayırıcı bir duvar oluşturma adına daha sağlam adımlar atılmaktadır.

Suudi desteğini alan Sünniler ile bir olasılık İran desteğini alan Şiiler arasında çatışmalar çıkmakta, din kardeşleri birbirine kırdırılmaktadır. Bu çatışmalar, İran ile Suudi Arabistan'ın Yemen'de nüfuz sahibi olma arzusundan kaynaklanıyor gibi görünse ve bu çerçevede yürüyor izlenimi oluşsa da, bundan kârlı çıkan yine ABD olacaktır.

Kızıldeniz su yolunun denetimi açısından birincil önemli ülke Yemen'dir. Amerika çıkarları doğrultusunda, ciddi bir tepki ile karşılaşmadan operasyonlarını ve planını yürütmektedir.

* * *

Suudi Arabistan hakkında bazı bilgileri ve çarpıcı bir anket sonucunu buraya not düşelim.

Suudi Arabistan'ı genelde İngiliz Suudi Arabistan'ı olarak niteliyoruz ancak bu, Suudi Arabistan – ABD ilişkilerinin muazzamlığına gölge düşürmemelidir. Örneğin Suudi Arabistan 2006 yılında İngiltere öncülüğündeki konsorsiyumla 9.5 milyar dolar değerinde savaş jeti satın alım sözleşmesi imzalamıştı. 2010 yılına gelindiğinde ise S. Arabistan, ABD ile 60 milyar dolarlık savaş jeti ve savaş helikopteri satın alım sözleşmesi imzalıyordu. ABD, ilişkiler düzeyinde İngiltere'nin önünde gidiyordu.

Aramco, Suudi Arabistan ve Amerika Birleşik Devletleri tarafından 1930'lu yıllarda ortaklaşa kurulmuş bir petrol arama, çıkarma, işleme şirketidir. Yıllık 270 milyar dolarlık ciroya ulaşmaktadır. Şirketi ve paraları yönetenler ABD'liler ve perde arkasında Sistem'dir.

Uyan Ey Türk Gidiyoruz

Aynı zamanda Suudi Arabistan üzerinden faaliyet gösteren, ABD çıkarlarına hizmet eden dindar görünümlü dinci Rabıta örgütünün (Aramco ile örtülü ilişkili) çalışmalarından yalnız bir ayağı Türkiye çalışmalarıdır.

Rabıta, Türkiye'de rejim karşıtı gizli operasyonlar yürütmüştü. Kimilerini(!) burs vererek yurtdışına kamplara almış, sonra Türkiye'de bu isimleri yükseltmişti. Türkiye'de bazı cemaatlerin de içindeydi, buralara büyük paralar akıtıyor, müritlerine zenginlik sağlıyordu. Türkiye'de bu konuyu deşifre eden belli başlı kitaplar yayınlanmıştır. Bugün bazı semtlerde mantar gibi çoğalan "dört çeker" araçların kaynağından biri bu örgüttür. Devlet isterse ispatlar, açıklar; isterse haberi yok gibi davranmaya devam eder.

Kenan Evren'in 28 Mart 1987 tarihli Hürriyet Gazetesi'ne verdiği röportaj bugünü ve bu sistemi anlamak adına dikkatle okunmalıdır *"Dışarıda, din adamı boşluğunu bölücüler dolduruyordu. Hükümetten, bazı din görevlilerinin ücretsiz izinli sayılması teklifi geldi. Bunlardan 27'sinin ücretini Rabıta ödedi. Bunda hata yoktur. Çünkü, dışarıya gidecekleri Rabıta değil, biz seçmiştik. Dövizimiz yoktu ve tasarrufa gidiyorduk".* Ne acı. Devletini ve memurunu "uluslararası örgüte" muhtaç kılmak ve bunu açıklarken hicap duymamak.

Belki yanlıştır, Amerikan Suudi Arabistan'ı denmelidir. Ama İngilizlerin tarihten gelen hatıralarına atıfla, İngiliz Suudi Arabistan'ı demeye devam edeceğiz.

Son olarak bir anket bilgisini de burada verelim. 2009 yılında, "Türk milletinin güven duyduğu ülkeler" anketinin sonucunda birinci ülke "Suudi Arabistan" çıkmıştır!

* * *

Kızıldeniz girişinin bir diğer önemli ülkesi Eritre'dir. Suudi Arabistan ve Yemen'in tam karşısında yer alır. Yarıdan çoğu Müslümanlardan oluşan bir devlettir. İlk önceleri Etiyopya'nın içinde bir şehirken sonrasında bağımsızlığını ilan ederek devletleşmiştir.

Eritre ile komşusu Etiyopya (Habeşistan) arasında bu tarihsel nedenle ciddi anlaşmazlıklar mevcuttur. Bunun dışında iki ülke arasında sınır sorunu ve sorunlu bölgeler de mevcuttur. Bu bölgeler çatışma ve savaşlara zemin oluşturmaktadır.

Ayrıca ilginçtir(!) Eritre içinde ayrılıkçı birçok örgüt, sürekli olarak hükümet güçlerine ve taraftarlarına saldırılar düzenlemektedir. Bu ayrılıkçı örgütleri Sistem'den, yani emperyalist çok uluslu İbrani kökenli güçten ayrı düşünmemek gerekir.

Batılı güçler kıtaya yeni unsurlarla konuşlanmak istediklerinde yada kendileri açısından ayarın kaçmaya başladığını hissettiklerinde yada silah satış gereksinimi duyduklarında bu bölgeyi yada kıtayı ufakça kaşımaktadır. Gerisi zaten kabile ve savaş kültürü altında olan kıtada çorap söküğü gibi gelmektedir.

Etiyopya bir gemi ise bu geminin kaptanı ABD'dir. Etiyopya'ya *"ABD'nin Afrika'daki Guantanamosu"* denilmektedir.

Eritre ile Etiyopya 1998-2000 yılları arasında savaşmış ve toplamda 70.000 kişi ölmüştü. ABD, bölgeye ve büyük olasılıkla Eritre'ye konuşlanmak ve bölgeyi istisnasız denetimine almak için, bu iki ülkeyi birbirine kırdırmaya çalışacak ve taktiklerini bu doğrultuda yürütecektir.

Böyle bir durumda istediği adamları iktidar yapabilecek yada barış gücü olarak bölgeye konuşlanabilecektir. Bunu da daha çok Etiyopya'yı Eritre'nin üstüne salarak yapmaktadır. ABD karşıtı güçler de Eritre'yi mi desteklemektedir?

Uyan Ey Türk Gidiyoruz

Resmi daha net okumak adına bazı gelişmelere bakmakta yarar var. Eritre'de 23 Aralık 2009 günü ayrılıkçı örgütler hükümet güçlerine karşı iki saldırı düzenliyor ve toplamda 25 askeri öldürüp 38'ini yaralıyordu.

03 Ocak 2010 günü, Etiyopya güçleri Eritre'ye saldırıyor, Eritre de bu saldırıya karşılık veriyor ve 10 Etiyopya askerini öldürüyordu.

18 Şubat 2010 günü de Eritre'de, Kızıldeniz Afar Demokratik Örgütü adındaki hükümet karşıtı silahlı örgüt, toplamda 17 istihbarat ajanını öldürdüğünü açıklıyordu. Hükümet karşıtı isyancılar 2007 yılı başından 2010 yılı başına kadar geçen üç senede toplam 21.000 kişinin ölümüne yol açmıştı.

Etiyopya'daki Mayıs 2010 seçimlerinden önce de, Etiyopya Dışişleri Bakanlığının iddiasına göre Eritre desteğiyle Etiyopya'da faaliyet gösteren isyancı grup, bir askeri birliği basıp ve 94 Etiyopya askerini öldürüyordu.

* * *

Son olarak Somali ile Eritre arasındaki "işlevi büyük kendi küçük" devlet Cibuti'ye bakalım. ABD açısından Kuveyt ne ise Cibuti de odur. Afrika'nın en yoksul üç ülkesinden biridir.

Pek çok yoksul ülkede görüldüğü gibi, Cibuti ile ABD arasında yıllardan bu yana iyi bir dostluk ve müttefiklik mevcuttur! Ülkede yaklaşık 2000-3000 kişilik Fransız askeri gücü bulunsa da, 11 Eylül olayları sonrasında ABD, Cibuti ile ilişkilerini geliştirmiş ve Cibuti'de bir Amerikan askeri hava üssü kurmuştur.

Bu askeri üsse sürekli eklemeler yapılmış, Afrika'daki en büyük Amerikan hava üssü konumuna yükseltilmiştir! Cibuti hava sahası ve kara suları her zaman ABD'nin hizmetindedir!

* * *

Türkiye, Afrika açılımları yapsa da bölgede hâlâ esamesi okunmayan ülkeler arasında yer almaktadır. Çin ve Hindistan ile Amerikan çıkarlarının çatıştığı bu bölgede yer alan bütün devletler kaynatılmakta, adım adım gerçekleştirilen türlü operasyonlarla Kızıldeniz girişi ABD'nin denetimine geçirilmektedir.

Amerika'nın kan üstüne kurulu bu operasyonlarına bırakın Çin ve Hindistan'ı Fransızlar bile ses çıkaramazken (belki de Sistem'in çıkarları doğrultusunda bu durum işlerine gelirken), Türkiye'nin "Afrika Açılımı"nın diplomatik ve siyasi kanadının etkinleştirilmesi, bu coğrafyada şu an için mümkün görünmemektedir.

Bu çok önemli konunun bırakın basın-yayın organlarında tartışılmasını, haber yapılmasını, daha Türkiye'nin en büyük stratejik araştırma kuruluşları ve enstitüleri bölgeyi ve konuyu yeteri kadar mercek altına almış, yeteri düzeyde raporlar-analizler yayınlamış değildir. Kıtada ve bölgede yeni bir düzen oluşturulurken, Türkiye konudan ve konunun öneminden haberdar değildir.

Gülen cemaati bölge ülkelerindeki okullarında çıkarına uygun adam yetiştirirken; Türkiye, bir devlet olarak Afrika uzman ve analistleri yetiştirememektedir. Daha ecdadımızın yüz yıl önce yönettiği toprakların dilini bilen, Arapça bilen büyükelçi yoktur! Dilini bilmediğimiz topraklarda söz sahibi olunmaya, Yeni Osmanlıcılık oynanmaya çalışılmaktadır.

Bu eksikliğin acilen giderilmesi ve dışişlerinin yeniden teşkilatlandırılması ve kadrolanması gerekmektedir. Güçlü dışişleri ve güçlü istihbarat ağı, güçlü devlet yaratır.

EKONOMİ POLİTİK VE YOLSUZLUK KISKACI

Yolsuzlukla Mücadele

Yolsuzluk ekonomisi Türkiye'nin kangren kısmını oluşturan ve tarihin taşıyıcılığı dolayısıyla Osmanlı'dan bizlere miras kalmış bir olgudur. Ayrıca bürokrasinin ve hediye-bahşiş toplum yapısının etkisi de yadsınamaz ölçüdedir.

Cumhuriyetin ilanıyla birlikte başlatılmaya çalışılan aydınlanma çağı dolayısıyla, bu neviden "milleti sömüren ve sessiz kaos yaşatan" çıkarsal davranışların bitirilmesi gerekmektedir. Yolsuzluk, her yurttaşta bulunulması gereken vatan sevgisini, toplumun refahının önceliğini ve bireysel ahlakı çökerten ve bunu genele yayan bir olgudur.

Yolsuzluk ekonomisi var oldukça yolsuzlukla mücadele de var olmak zorundadır. Ancak yolsuzlukla mücadeleyi gerçekleştirecek ekibin ve ekip önderinin vasfı; yolsuzlukla mücadelenin çeşidi ve bu mücadeleyi destekleyecek yasaların yolsuzluğu önleyebilme kapasitesi, bu mücadelenin sac ayaklarını oluşturmaktadır.

Türkiye'de geçmiş yıllarda dipten tepeye kadar her kademede birbirini koruyan yolsuzluk şebekeleri mevcuttu. Bu kişiler kendi aralarında o kadar sağlam ilişkiler içindeydiler ki, açık vermeleri bile neredeyse imkansızdı.

Ne yazık ki bu kişileri destekleyen devlet kademesinde de üst düzey bürokratlar ve hükümet yetkilileri mevcuttu.

(Geçmişte diyoruz ama bugünü farklı görebilir miyiz? Mart 2010 itibariyle TBMM'de çoğu yolsuzluk içerikli olmak üzere 608 fezlekenin beklediğini biliyoruz. 542 milletvekili, 608 fezleke!)

Eğer Türkiye gidiyorsa, Türkiye'nin gitmesine neden olan etmenlerin baş sıralarında sistematik yolsuzluk ve bu yolsuzluktan ibaret bir ekonomi gelmektedir.

Bu tip oluşumlara karşı operasyonlar gerçekleştirmek ise, makamdan olmak, canından olmak demekti. Buna ek olarak, bu tarz operasyonlara ve soruşturmalara karşı, yolsuzluk ekonomisi patronlarının, baronlarının tuttukları milyon dolarlık avukatlar da en büyük sorunu oluşturmaktaydı. Ama her halükarda milyon dolarlık avukatlar bile ülkeyi derinden soyan soyguncuları kurtaramamıştı, vicdan ve adalet çoğu davada galip geliyordu.

4422 sayılı Çıkar Amaçlı Suç Örgütleriyle Mücadele Kanunu, teknik ve hukuki bilgi düzeyi bakımından iyi yetişmiş bir kadro ile dönemin kahraman içişleri bakanı Sadettin TANTAN önderliğinde, o zamana kadar sümen altı edilmiş dosyalar raflardan çıkarılarak büyük operasyonlar başlamış, büyük yolsuzluklar ifşa edilmişti.

Yine o dönem Jandarma Genel Komutanlığı Kaçakçılık ve Organize Suçlarla Mücadele Daire Başkanlığı'nı sıfırdan kuran ve kurumu büyük ve güvenilir bir kurum haline yükselten, 2000-2001 yıllarında başkanlık görevini üstlenen Kurmay Albay Aziz ERGEN'i de burada hatırlamalıyız.

İnsanın gördüğü zaman karşısında ceket iliklediği kişilerin milyarlarca dolar para hortumladıkları tespit edilecekti. Bazı holding patronlarının, ülkeyi ekonomik açıdan kalkındırdıkları sanılırken gerçekte ülkeyi ekonomik anlamda adım adım çökerttikleri açığa çıkartılacaktı.

Uyan Ey Türk Gidiyoruz

Kimilerinin, Virjin Adaları, Cayman Adaları ve Bahreyn gibi bölgelerdeki/devletlerdeki off shore bankalara el altından kara paralarını çıkardıkları biliniyordu.

Bugüne doğru gelirsek, BDDK 2010-3 verilerine göre (2011-6'da da) toplam mevduat içindeki payın sırasıyla İstanbul, Ankara, İzmir, Bahreyn ve Malta'da olduğunu görüyorduk. Bahreyn ve Malta, çok şeyler söylemektedir. Kimlerin niye bu kadar yüklü parası buralardaki hesaplardadır, araştırılması gerekiyor.

Sırf ülkemizin kalkınmasını ve büyümesini engellemek için bazı Türkiye karşıtı çevreler (bu çevreler çoğunlukla yurt dışından idareyi yapmakta ve etnik grupları bu konuda teşvik etmekte ve örgütlemektedir) bu tip organizasyonları gerçekleştiriyorlardı. Balina, Paraşüt, Beyaz Enerji gibi hâlâ ismi hafızalardan silinmemiş operasyonlar bir yıldırım gibi yolsuzluk şebekelerinin tepelerine hukuk çerçevesinde iniyordu. Ancak bu gidişata o dönem birileri, Sistem "dur" diyecekti.

Dönemin başbakan yardımcısı Mesut Yılmaz, Sadettin Tantan'ı bu başarılı gidişatına karşın, aniden anlaşılmaz bir biçimde görevinden alıyor ve Gümrük Bakanlığı'na getiriyordu. Sadettin Tantan ise bu durum karşısında onurlu bir duruş sergileyerek, bakanlıktan ve partisinden istifa ediyordu.

Yolsuzlukla mücadele ekibinde yer alan Gümrükler Başmüfettişi Necati Can, kaçak et operasyonlarından, deli danaya, silah kaçakçılığından uyuşturucu kaçakçılığına kadar her yere el atmış; yetkisi ve görev alanı dahilindeki yolsuzlukları hallaç pamuğu gibi ortaya çıkarmıştı. Ardından yolsuzlukla mücadele ekibi de, aynen önderi ve yasası gibi dağıtılacaktı.

Tantan'ın başına gelenler daha sonra 4422 sayılı yasanın başına gelecekti. Organize suç örgütleriyle mücadelede hukuki zemini oluşturan yasanın içi boşaltılmıştı. Tarihe açık not düşmek gerekir, bu yasanın içi, 57. hükümet zamanında pek çok DSP, MHP, ANAP, FP (FP içinde olan bugünün AKP milletvekilleri dahil) milletvekilinin oyuyla boşaltılmıştı.

Dürüst olduğu, dik duruşunu kaybetmediği ve Küresel Krallığa/Sisteme asla boyun eğmediği için bugün Sadettin Tantan ve partisi, iktidar yada koalisyon ortağı olamamıştır, Tantan da bunu ifade etmektedir. Ne yazık ki Türkiye'de başarılar, ceza ile ödüllendirilmektedir.

4422 sayılı yasa ise 5237 sayılı yeni Türk Ceza Kanunu dolayısıyla tümüyle yürürlükten kalkmıştır.

Kitabın yazıldığı dönem itibariyle, Türkiye'nin toplam kamu borç stoğu 500 milyar TL'dir. Bunun tam üçte biri yani 120-150 milyar TL ise yolsuzluk ekonomisine maruz kalarak hortumlanmıştır (bu yalnızca tespit edilebilmiş rakamlardır).

Bugün ekonomik nedenlerden ötürü Türkiye'nin tam bağımsız bir ülke olduğu söylenemez. Ekonomiyi düzeltmek için IMF'den, Dünya Bankası'ndan, AB'den, uluslararası finans kuruluşlarından borç alınıyorsa, bunların üçte biri banka hortumcularının cebine gitmişse ve gidiyorsa, Türkiye tam bağımsız bir ülke değildir. Bu, ülkeye yapılan en büyük ihanettir. Ekonomi sağlam olabilirse dış siyaset de, iç siyaset de Türkiye'den üretilebilecektir.

Aksi halde borç veren kaynağın bağlı olduğu Sistem/ülke, borç alan ülkenin (Türkiye) içişlerine de karışır, uluslararası arenada söz hakkını da elinden bir şekilde alır. İçte yoksulluktan ülke kırılır, birey vergisini ödemez, devletin gelirleri düşer ve giderler için vergi yerine devlet tekrar dış borca yönelir. Bu sonsuz bir kısır döngü halini alarak ülkeleri tutsak eder, bağımsızlıktan eder.

Uyan Ey Türk Gidiyoruz

Küresel itirafçı, ekonomist, yazar John Perkins "Bir Ekonomik Tetikçinin İtirafları" isimli eserinde ve iletişim araçları kanalıyla kendisi birebir anlatarak şu gerçekleri bizlere haber vermektedir: *"Biz ekonomik tetikçiler, küresel imparatorluğun yaratılmasında gerçekten sorumlu olanlarız ve birçok farklı şekilde çalışırız.*

Belki de en sık kullanılanı, öncelikle şirketlerimize uygun kaynakları olan ülkeleri bulur ve gözümüzü üstlerine dikeriz, petrol gibi. Ardından Dünya Bankası veya onun kardeşi başka bir organizasyondan o ülkeye büyük bir kredi ayarlarız, fakat para asla gerçekte o ülkeye gitmez. Ülke yerine o ülkede projeler yapan kendi şirketlerimize gider. Enerji santralleri, sanayi alanları, limanlar... Bizim şirketlere ilaveten, o ülkedeki birkaç zengin insanın kâr sağlayacağı şeyler. Bunlar toplumun çoğunluğuna yaramaz. Yine de o insanlar, yani bütün ülke bu borcun altına sokulur. Bu borç ödeyemeyecekleri kadar büyüktür ve bu da planın bir parçasıdır, geri ödeyemezler.

Ardından, biz ekonomik tetikçiler gidip onlara deriz: "Dinleyin, bize bir sürü borcunuz var. Borcu ödeyemiyorsunuz. O zaman petrolünüzü petrol şirketlerimiz için oldukça ucuza satın. Ülkenizde askeri üs kurmamıza izin verin, veya askerlerimizi desteklemek için dünyanın bir yerine asker gönderin -Irak gibi-, veya bir dahaki BM seçiminde bizimle oy verin".

Elektrik şirketlerini özelleştiririz. Sularını ve kanalizasyon şirketlerini özelleştiririz ve ABD şirketleri veya diğer çok uluslu şirketlere satarız. Bu, mantar gibi biten bir şey ve çok tipik, IMF ve Dünya Bankası bu şekilde çalışır. Ülkeyi borca sokarlar ve bu öyle büyük bir borçtur ki ödenemez.

Ardından yeniden borç teklif edersiniz ve daha fazla faiz öderler. Koşullara bağlı veya iyi yönetim talep edersiniz. Aslında bu onların kaynaklarını satmalarını sağlar.

Buna sosyal hizmetleri, teknik şirketleri, bazen eğitim sistemleri de dahildir. Adli sistemlerini, sigorta sistemlerini, yabancı şirketlere satarız. Bu ikili-üçlü-dörtlü bir darbedir!"

Çok güzel, gerçek bir itiraf. Bu gerçekleri görmek için o şirketlerde çalışmaya gerek yok elbette. Bunu dışarıdan da, aklını kullanabilen herkes görebilir. Ancak iktidara gelen, kim olursa olsun, akıl tutulması yaşıyor olmalı ki, bu planların aralıksız bir biçimde ülkemizde yürüdüğünü görüyoruz.

Yalnızca bugün mü? Geçmişte de benzer ve günün koşullarına uygun örnekler yaşanmıştı. Şiddeti ve yıkıcılığı artarak devam eden bir süreçtir.

Osmanlı İmparatorluğu dış borçlanma yaparken, tahvil satarken, "halktan topladığı vergileri" kendisine dayanak gösteriyordu. Bu, Batılıların, Sistemin uyguladığı plan dahilindeydi. Avrupa devletleri açısından "yüksek faizli tahviller" satılması sağlandı. Devlet, tahvillerle tanıştı.

Borçlar ödenemez, tahvillerin faizleri ödenemez duruma gelince, yabancı devletlerin aktörleri, banka patronları Duyun-u Umumiye İdaresi'ni kurdular. Bu idareye devletin tüzel kişiliğinden ayrı bir kolluk kuvveti oluşturma hakkı tanındı.

Önde "yabancı" alacaklı arkasında kendi kolluk gücü, devletin toplayacağı vergileri, alacakları karşılığı toplamaya başladılar. Bu bir süreç dahilinde Osmanlı'nın çöküşüne büyük katkı sağlamıştı.

Günümüz Türkiye'sinde de IMF'den, Dünya Bankası'ndan vb. kuruluşlardan dış borçlanmayı yapma hakkı Hazine Müsteşarlığı'ndadır. Devlet gelirleri ve sonuç olarak devlet gelirlerinin en büyük ayağını oluşturan vergiler, teminat gösterilebilmektedir. Aradaki benzerliği kör gözler bile görmektedir!

Başbakanlık Hazine Müsteşarlığı Dış Ekonomik İlişkiler Genel Müdürlüğü'nün tüm kayıtlarının incelenmesi ve denetlenmesi gerekiyor. İncelensin ki küresel aktörlerin oyunlarına ve işbirlikçilere, en azından bundan sonra geçit verilmesin.

İtirafçının "Küresel İmparatorluk" dediği bizim "Sistem" olarak "büyük S" ile yazdığımız yapı/organizasyon aynı yapıdır. Başkaca ifadelerin de kullanıldığını görüyoruz ancak hepsinin tasvir etmeye çalıştığı yapı aynıdır. CFR, Bilderberg, Trilateral, Masonik örgütler ve adını bildiğimiz-bilmediğimiz pek çok alt konsey. Biz dünyayı yöneten "Dünyanın Derin Devletine", Sistem diyeceğiz.

Geleceğe İpotek

4734 sayılı "Kamu İhale Kanunu" ilginç bir kanundur. Sevimli bir kanundur. Her dönemin adamı bir kanundur. Her iktidar, iktidara geldikten kısa bir süre sonra kanunu kendisine (çıkarına) uyarlar. Kamu İhale Kanunu, bu kadar restorasyona rağmen sesini hiç çıkarmaz, sahibinin sesini dinler!

Ancak Adalet ve Kalkınma Partisi dönemi bir rekora imza atacaktır. Adalet ve Kalkınma Partisi döneminde kanunda yapılan değişikliklerin sayısı 19'u bulmuş durumdadır.

Hepimizi yakından ilgilendiren, sokaktaki kanalizasyon hattı ihalesinden hastaneye alınacak ilaç ihalesine kadar pek çok devlet alımına ilişkin konuyu düzenleyen Kamu İhale Kanunu, tekrar edelim 2002'den bu yana tam 19 kez değiştirilmiştir (Temmuz.2011 tarihinde de Kamu İhale Kurumu-KİK'in özerkliği kaldırılmış, kurum Maliye Bakanlığı'na bağlanmıştır.). Hem de AB'nin temel kriterleri şeffaflık, hesap verebilirlik, yolsuzluklarla etkin mücadele hedefleriyle taban tabana zıt biçimde...

* * *

05 Mart 2009 günü yürürülüğe giren sondan bir önceki değişiklik, görece diğerlerine göre daha fazla önem arz ediyor.

Bu değişiklik ile Kamu İhale Kanunu kapsamında olan işlerin %22'si bu kapsamdan çıkarıldı. Yani bu değişiklik ile, kamu kurum-kuruluşların amirlerine ihale düzenlemeden şahsi kanaat ve yetkilerini kullanarak "istediği kişiye" resen iş verme olanağı sağlanıyor. Bu %22'lik oran tam 24 Milyar TL'ye tekabül ediyor!

İhale; serbest piyasa koşullarının var olduğu bir ortamda, özel girişimciler tarafından, kamunun saptayacağı belirli kriterlerin (yeterlilik, teminat vb.) sağlanması koşuluyla aralarında teklif/yarışma usulü ile en ucuza, en hızlı ve en kaliteli biçimde bir kombinasyon sağlanarak, işe konu olan mal yada hizmet alımını/kiralanmasını sağlayan yöntemdir.

Bu yöntem sayesinde kaliteli, hızlı ve ucuz iş üreten firmalar adil bir yarışma sonucunda ihale almakta, hem devlet kazanmakta hem de firma kazanmaktadır.

Kamu İhale Kanunu zaten kamuya, yavaşlamaması, bürokrasiye gereksiz yere takılmaması için belirli şartlar dahilinde ihaleye çıkmadan harcama yetkisi de vermektedir.

Çok küçük rakamlar kullanılarak yapılacak alımlarda (bu ilgili kanunlarla düzenlenmiştir) kurum amirinin resen alım (kurum bütçesinde tasarruf) yetkisi vardır. Kırılan bir camın tamiri için bir camcıya işin yapımını vermek, en sık karşılaşılan örneklerdendir.

Olağanüstü hallerde, afet gibi olağandışı durumlarda, acilen yapılması kamu adına bir zorunluluk olan durumlarda işler (yine adalet ve hakkaniyet gibi bir dizi ilke gözetilerek verilmesi kaydıyla) ihaleye çıkılmadan firmalara verilebilir. Buna örnek olarak da, 1999 depreminde geçici ve kalıcı konutların yapımı, şehrin altyapısının yapımı işlerinin büyük çoğunluğunun ihaleye çıkılmadan müteahhit firmalara verilmesi gösterilebilir.

Uyan Ey Türk Gidiyoruz

Mevcut hükümetin Kamu İhale Kanunu üzerinde yaptığı, bu dizi şeklinde değişikliklerle; ihaleye çıkılmasına gerek olmadan verilecek işlerin maddi sınırı oldukça tavan düzeylere çıkarılmıştır. Çok büyük tutarlı işler ihaleye gidilmeden kolaylıkla yandaş, kayrılan firmalara verilebilecek zeminde yasallığa oturmuş, bu olasılığın önü açılmıştır.

İhaleye çıkma ve ihale sürecindeki vakit kaybı hiçbir biçimde gecikme yaratmamasına karşın ve de işin niteliği gereği hiçbir mantıklı insanın "acil" diyemeyeceği işler "acil" statüsüne sokulabilmektedir, bunun da zemini bu kanunla yasallığa oturtulmuştur. Örneğin, büyük bütçeye sahip bir belediye isterse "acil ihtiyaç" deyip ihaleye çıkmadan otobüs alabilecektir!

Kamu ayağının işlerinin ihaleye çıkılmadan resen verilmesi; işlerin yüksek fiyattan yapılmasına, kamu harcamalarının gereksiz yere artmasına, işin kalitesinin nispeten düşmesine neden olabilecektir. Ayrıca yandaş, yakın, bizden gibi sıfatlar taşıyan firmaların kolayca, sorgusuz sualsiz ve yasal biçimde iş almalarına yol açabilecektir.

Belki ondan daha kısa sürede, daha kaliteli ve daha ucuza iş yapacak kişiler de eğer kurum amirine yakın durmuyorsa yada tanışıklığı yoksa yada siyasi duruşu farklıysa bu süreç içinde küçülüp, yok olabilecektir. Tüm bu olasılıkların önü bu değişiklikle açılmıştır.

* * *

İşte bu sakıncalar altında, eski bakan Yaşar Okuyan'ın hesabıyla 24 Milyar TL'lik (yıllık) kısım daha, Kamu İhale Kanunu'nda yapılan değişiklik ile Kanun kapsamı dışına çıkarılmış, kurum amirlerinin resen iş verme yetkisi artırılmıştır. Bir Türkiye gerçeği olarak, büyük ölçüde siyasi referanslarla idari makamlara oturan bu kurum amirleri, davet edilecek şirketleri belirleyeceklerdir.

Yasa bugün vardır ve belli ki yarın da var olacaktır, her partinin her hükümetin kullanımına açıktır.

Yasa, kurum amirlerine olağanüstü yetkiler tanımakta, adam kayırmacılığın, yağmacılığın, yolsuzlukların, kamunun zarara uğratılmasının önünü, denetimi olanaksız biçimde açmaktadır. Bu değişiklik çok tehlikelidir. Bu, Türkiye'nin maddi varlığı, geleceği ve adil-şeffaf yönetim ilkesi üzerinde bir ipotektir. (Yine Temmuz.2011 tarihinde, 132 yıllık geçmişe sahip olan Maliye Teftiş Kurulu ve 66 yıllık Hesap Uzmanları Kurulu kapatılmıştır).

4422 sayılı kanunun "ipinin çekilmesi" ülkemiz açısından bir kırılma noktasıydı, Kamu İhale Kanunu'nda yapılan seri değişiklikler, ikinci kırılma noktasıdır.

Yolsuzluk ekonomisi nedeniyledir ki Türkiye, çok zengin bir ülke olmasına rağmen o zenginliklerden milleti ve devleti yararlanamamaktadır, aksine krizler ve canavarlar tarafından tüketilmektedir.

Nijerya, suyu ve yer altı zenginlikleri muazzam bir ülke olmasına karşın halkı yoksul, aç, sürünüyor, biribirini öldürüyor. Çünkü Nijerya, sömürgedir (kul devlet). Yöneticilerinin, devlet büyüklerinin beyni, ruhu, iradesi istila edilmiştir.

Bu da bize şu çıkarsamayı yapmamıza yol açmaktadır "Yöneticilerinin beyni, ruhu, iradesi istila edilen devletler, müstakil kalamazlar".

İsra Suresi 16. ayette de bildirilmektedir ki *"Biz bir ülkeyi/medeniyeti mahvetmek istediğimizde, onun servet ve nimetle şımarmış elebaşlarına emirler yöneltiriz/onları yöneticiler yaparız da onlar, orada bozuk gidişler sergilerler. Böylece o ülke/medeniyet aleyhine hüküm hak olur; biz de onun altını üstüne getiririz."*

Uyan Ey Türk Gidiyoruz

Küresel İmparatorluk ve Avrupa Finansal Krizi

Türkiye, yarı tarım yarı sanayi toplumudur. Tıpkı, yarı batılı yarı doğulu olduğu gibi. İleriki bölümlerde göreceğimiz üzere "yarı Müslüman yarı İbrani" kişiler tarafından yönetilir!

Gelişmekte olan, gelişmeye çalışan bir ülkedir Türkiye. Neo liberal söyleyişle yükselen piyasadır. Türkiye'nin gelişmiş modeli ise sanayi toplumlarıdır. Bunun da bir üst modeli bilgi toplumlarıdır. Bugün bilgi ve enformasyon savaşlarının içindeyiz. Bilgi toplumlarının oluşturduğu devletler, bu savaşta galip taraf olacaklar.

Türkiye'nin yarı tarım yarı sanayi toplumu olduğunu söyledik, gerçekten de öyledir. Tarımı yarıdır, ağalar toprak sahibi, çiftçi karın tokluğuna çalışandır. Toprak sahibi çiftçi ise aynı sanayici gibi "kredi borçlusudur". Ömrü boyunca çalışır, bankaları zengin eder. Bilgi toplumu olduğumuz zaman ise, "yanlış bilgi toplumu" olma olasılığımız yüksektir! O zaman da herhalde "yarı bilgi toplumu" olduğumuz söylenecektir.

Bunun nedeni çarpık düzendir. Düzen çarpıktır, yöneticiler çarpıktır, hukuki metinler çarpıktır, yapılaşma çarpıktır... velhasıl pek çok şey çarpıktır. Bir hukuk kuralı üstüne bile, her kafadan farklı yorumlar yapılmaktadır.

Düzen Sisteme uygundur, yöneticiler genelde Sistemin adamıdır, hukuki metinlerin geneli Sistem emriyle AB ve ABD tarafından teşkil ettirilir. Bu nedenle yöneticilerin beyinlerinin bir yarısı Sistemi dinlerken bir yarısı Türkiye'dedir. Kendi içlerinde tezata düşerler ve sonrasında onların "çarpık politikaları" neticesinde çarpık ve her şeyi yarı bir ülke ortaya çıkar.

Örneğin çarpık politikaların yürütüldüğü meşhur bir alanı, ekonomiyi görüyoruz. Türkiye'de ekonomi yerine artık finansa önem veren bir yapı yerleştirilmiştir. İşsizlik, yoksulluk, yoksunluk, kayıt dışılık ve yolsuzluk, gelir dağılımında adaletsizlik, sosyal eşitsizlik gibi ölçütler yani ekonomi devre dışı bırakılarak yerine döviz, faiz, borsa, sıcak para gibi ölçütler çemberinde kurulan finans ikame edilmiştir. Çarpıktır.

* * *

Sistemin en büyük aktörlerinden Yahudi asıllı ABD vatandaşı George Soros 2002 Martının ilk haftasında Türkiye'ye gelerek, ülkemizi şereflendiriyordu! Soros *"Dünyada ortaya çıkabilecek yeni bir krizin, sermayenin uçtaki ülkelere gidememesinden doğacağını"* belirtiyordu. Bunun önlenmesi için Soros *"Teşvikler yaratılıp, sermaye akışını, üstelik uçtaki ülkelere de yeterli olacak ölçüde sağlanması"* gerekliliğini öne sürüyordu.

Bu iki cümleden bile Soros'un ve Sistemin yeni planını görebiliyoruz: Bir ülkenin yalnızca uluslararası sermayeye değil, kapitalizmin yerleşik siyasal kurumlarına ve ideolojilerine açılması gerekliliği.

Yönetişim, saydamlık, hesap verebilirlik, katılım... gibi demokratik ve süslü sloganlarla bezendirilip yeni bir yönetim anlayışının, "açık toplumun" tek ve kaçınılmaz yol olduğu anlayışının kabul ettirilmesi amaçlanıyor; bu yolla aslında "müdahale siyaseti", "turuncu siyaset" geliyordu.

Kavramlar güzel olsa da söyleyene ve söyletene bakmak gerekiyor. Bu müdahale siyaseti, yapısal uyum kredilerinin, kurumsal, yasal ve anayasal değişikliklerin gerçekleştirilmesi koşuluna bağlandığı bir tarih üzerine inşa edilmekteydi.

Uyan Ey Türk Gidiyoruz

Biraz geçmişe gidelim. 27 Mart 2002'de Başbakan Bülent Ecevit'in Forum İstanbul'da yaptığı konuşmada *"Özerklikte ipin ucu kaçtı, talimat verdim yasayı değiştireceğiz"* görüşünü sarf etmesi çok önemliydi. Öncelikle bir başbakanın, Sistemin gerçek amacını görmüş olması hayırlıydı ancak bir devlet adamının ipin ucu kaçmadan, olaylara öngörülü yaklaşması gerekliliği de aşikardı.

Acaba ipin ucunu kaçırtan kişi, 1996 yılında Dünya Bankası Ortadoğu ve Kuzey Afrika'dan Sorumlu Başkan Yardımcısı olan ve Birlemiş Milletler Kalkınma Programı Başkanlığı yapmış olan, dönemin ekonomi bakanı Kemal Derviş miydi?

Ecevit *"hükümetin yerine getirdiği işlevleri üstlenmeye başladıkları"*nı da söyleyip *"O zaman hükümetin işlevi ne olacak? Ekonomiyle sosyal sorunlarla ilgili konular, bunlar en yaşamsal konular. Hükümetin bu konularda yetkisi olmayacaksa hükümetin görevi, işlevi nedir? O zaman, biz hiç seçimlere girmeyelim, bankalar ve kurullar bu ülkeyi yönetsin"* diyecek kadar bunalmıştı.

Bu açıklamalar üzerine Sistem hiddetlenmiş olacak ki, IMF Türkiye'ye bir ihtar çekiyor, Kemal Derviş politikalardan geri adım atılmayacağını belirterek şu çarpıcı açıklamada bulunuyordu *"Türkiye'deki bütün haberler satırı satırına çevrilip anında IMF merkezine yollanıyor. Ama sonuçta 30 milyar doları verdiler, 24 saat aralıksız bizi izliyorlar. IMF merkezinin izlemesiyle kalmıyor bu. Bizimle ilgili her bilgi anında G-7 ülkelerinin başkentlerine gidiyor"*.

Ve sonrasında Dünya Bankası Türkiye direktörü tehdidini savuruyordu *"Türkiye'deki politik karar alma süreçlerinin* (yani halkın oylarıyla gelen hükümetin), *ekonomi ve yapısal reformlarla ilgili politika ve kararları olumsuz etkilememesi gerekir"*.

"Bağımsızlık sizin gibilerin neyine, krediyle yetinmeniz lazım" düşüncesinin, biraz teknik söylenişiydi herhalde!

* * *

Küreselleşme, tam da emek ve sosyalizm destanlarının bittiği iddia edilen bir dönemde ortaya çıkan, en az o destanlar kadar abartılmış yeni bir öyküdür. Yoksul ve aç kesimin emeği karşılığı parasının, normal ve zengin kesimlere aktarıldığı bir sistemdir. Üretim gücü olmadan özgürlük olmaz ama artık Sistem, başkasına ürettirip gücü yine kendisinde toplamanın yolunu bulabilmiştir. Bu, esnek üretim denen yöntemle yapılmaktadır.

Esnek üretim, kapitalist dünyanın ucuz iş gücüne ulaşma yöntemidir. Sigortasız ve ücretsiz yalnızca karın tokluğuna (gıda karşılığında emek), yasal ve insani çalışma sürelerinin çok çok üstünde (17-18 saat), çocuk iş gücünden (dünyada 5-9 yaş arası 100 milyon çocuk işçi var) son haddine kadar yararlanan, fason üretim yaptıran küresel markalar... Buna göz yuman geri, gelişmekte olan ve "zengin devletler"...

Gelişmiş ve gelişmekte olan ülkelerin zenginlikleri bu insanların üstünde, bunları ezerek yükselmektedir. Bir açıdan, onların cebine girmesi gereken gelir (bizlere ucuz mal olarak gelen ürün sayesinde) bizim cebimizde kalmakta, bizleri zenginlikle yükseltmektedir. Küresel kapitalizm, neo liberalizmle dans ederek sistemini sürdürmektedir.

* * *

Sistem'in yöneticilerinden küresel banker Rockefeller'ın tetikçisi George Soros'un 1998 yılında sarf ettiği cümleye bakalım *"Küresel kapitalist sistemin kendi kendini yok etmesini önlemek istiyorum"*.

Soros, boş konuşan bir adam değildir. Demek ki o dönem böyle bir tehlikeyi öngörmüştü. Küresel kapitalist sistemin lokomotifi ABD olduğuna göre, sistem bugün ABD etrafında döndüğüne göre, demek ki Soros ABD'nin sisteminin kendi kendini yok etme olasılığını analiz etmiş ve buna uyarı olarak dillendirebilecek derecede inanmıştı.

Bazı uzmanlara göre "Küresel kapitalist sistemin çöküşü" olarak nitelenen, ABD kaynaklı küresel finansal krizin 2008 yılında çıktığına şahit oluyorduk. Yüz yıl önce Titanik'e batmaz denmesine inat geminin batması misali, batmaz denen ABD'li kuruluşların bir gün içinde sulara gömüldüğünü görüyorduk.

Demek ki Soros on yıl öncesinden bu olasılığı, hem de sistemin içinden biri olarak görmüştü. Soros bunu gördüğüne göre Sistem de bu krizi muhakkak öngörmüştü. Göz göre göre buzdağına çarpılması, pek akıl alacak bir şey olmasa gerek.

Bu da "paranoyak" olarak nitelenen bazı analistlerin, "2008 finansal krizinin çıkmasına ABD bilerek izin vermiştir. Bundan daha çok çıkar elde edecektir. Kapitalist sistem kendini yenileyecek, Sistem sermayeye daha çok hükmedebilecektir" yorumlarına hak verdirir niteliktedir. Bu kriz, bir projedir.

2010 yılı itibariyle de özellikle Yunanistan, Portekiz ve İspanya ile sıradaki diğerleri "sanki yeni bir vaka" imiş gibi konuşulur ve bu ülkelerde yaşanan gelişmeler an be an takip edilir oluyordu. Küresel finansal harita ve Avro para birimi bu ülkelere endekslenir olmuştu.

Halbuki bu olayın temelleri 1997 yılına dayanmaktaydı! 2010 Yunanistan ve Avro krizinin, Sistemin başka bir operasyonu olduğu düşünülüyor. Aksi düşünce, Yunanistan ve AB üye devletlerinin dünyanın en aptal ve en öngörüsüz devletleri olduğu görüşünü verir. Peki, o halde Türkiye'nin AB kapısında ne işi vardır?

Tevfik BİR

* * *

17 Haziran 1997 AB Konseyi toplantısında İstikrar ve Büyüme Antlaşması (İBA) üzerinde çalışılmış ve bunun ayrıntıları açıklanmıştı. Bu antlaşmaya göre üye ülke bütçe açığı, ülkenin Gayrı Safi Yurt İçi Hasılası'nın (GSYİH) %3'ünü aşamayacaktı.

01 Ocak 1999 itibariyle Avro kaydi para olarak kullanılmaya başlamış, 01 Temmuz 2002'den itibaren de Avro artık AB'nin resmi parası haline gelmişti. Bu uygulama ile birlikte İBA'nın da önemi artıyordu.

Bu önemli ve istikrar sağlayıcı İBA çerçevesindeki kurallara uyulmazsa ne olur? Ülke, Avrupa Komisyonu ile AB Ekonomi ve Maliye Bakanları Konseyi tarafından türlü yaptırımlara ve cezalara maruz kalabilecektir.

Ancak bu %3'lük kuralın ciddi sıkıntılar yarattığı bilinmekteydi. Bu, 2010'un sorunu değildir. Örneğin 1999 yılında İtalya, bütçe açığını %3'ün üzerinde vermiş ve rakamlarla oynayarak bu oranı düşük göstermişti.

Daha sonra Almanya, Portekiz ve Fransa'nın benzer yöntemlerle rakamlarda değişikliklere gittikleri açığa çıkıyordu. Rakamlarla oynanmasa dahi 2002 yılından beri AB'nin kurucu iki büyük unsuru Almanya ve Fransa'nın bu kuralı düzenli bir şekilde aştığı görülüyordu.

Her ne kadar bu iki ülkeyi 10 milyar Avro'ya varan miktarlarda ceza verilmesi önerilse de Sistem tarafından bu engelleniyordu. Zaten AB'nin iç yapısı da buna izin vermezdi.

* * *

2004 yılında inanılmaz bir olay daha açığa çıkmıştı. Yunanistan'ın 1997 yılından beri Komisyon'a sahte rakamlar sunduğu anlaşılmıştı. Yunanistan bunu Avro bölgesine kabul edilmek için yapmıştı.

Uyan Ey Türk Gidiyoruz

Buna karşın komisyon Yunanistan'a ceza vermiyor yalnızca uyarıyordu! Avrupa'nın Yunanistan'a, Helen ırkına karşı zaafının olduğunun bir kere daha ispatıydı.

2004 yılında akıl almaz genişlemeyle kendi sonunu hazırlayan AB'ye yeni üye olan devletler de her gün yeni baltalar vurmaktaydı. Neredeyse hepsi her yıl büyük bütçe açıkları veriyordu. Bu, AB için içinden çıkılmaz bir hal almaya başlamıştı.

* * *

Netice olarak, 1997 yılında maliye alanındaki açıkları ve bunalımlarıyla baş etmeye çalışan ve Birlik içerisinde sıkıntıya düşmemek için rakamlarda sahtekarlık yapan bir Yunanistan; ve Yunanistan ile başlayan, diğer ülkeler tarafından kolayca benimsenen bir gelenek görmekteyiz.

AB ise bu problemlere karşı yaptırım uygulamayan, sorunları düzeltici önlemler almayan, sanki bir proje olarak yaratılmış AB finansal krizinin oluşmasına göz yuman, vurdumduymaz baba rolünü oynamıştır.

Yunanistan'ın olağanüstü bütçe açığının 10 yılı aşkın süredir bilinmesine karşın bunun 2009 sonunda öğrenilmiş bir bilgi gibi lanse edilmesi ve küresel panik havası yaratılması; bununla büyük oyunculara yeni alım fırsatları sağlamak için borsaların aşağı çekilmesi; yılların dünya ihracat birincisi Almanya'nın 2009'da bu liderliğini Çin'e kaptırması ve liderlik koltuğunun geri kazanılması adına, Avro bölgesi ihracatının tekrar yükseltilmesi için Avro'da bir değer düşüşü yaratılması; Yunanistan'ın ciddi bir ekonomik kriz yaşaması ve dış politikada İsrail ile yakın ilişkili bir dönemin başlaması... Proje istenildiği gibi yürütülüyordu.

1997 yılında Yunanistan, 1998 yılında da George Soros, bu finansal krizleri 10 sene öncesinden haber vermelerine rağmen Sistem ve neo liberal düzen buna karşı neden bir önlem almamıştı, bu yıkıcı krizleri neden engellememişti, gerçekten de bu krizlerin çıkmasından Sistem yarar mı sağlamaktaydı, bunları sorgulamak gerekiyor.

Bu konuların devamı niteliğinde olan ancak kitapta yer veremediğim *"Yunan Ekonomik Krizi, Türk Deniz Kuvvetleri ve İsrail"* makalesi ile *"Piramitteki Göz – Küresel Ekonomik Sistem"* makalesini, www.tevfikbir.com internet adresinden, Makale Listesi kısmına girerek okuyabilirsiniz.

İSLAMOFOBİ

İslam Üzerine Oynanan Oyunlar

Bu başlık altında, Sistemin yarattığı yeni korku unsuru "İslam" ve onu bozmak adına ürettiği "Ilımlı İslam" kavramına bakacağız. "Kızıl tehdit" kavramının yerini nasıl "İslami teröre" bıraktığını göreceğiz.

Komünizme karşı oluşturulan "yeşil kuşak" projesi görevini tamamladıktan ve komünist emperyalizm liberal kapitalist emperyalizme yenildikten sonra, yeşil kuşağın mirasıyla başlayarak bütün bir İslam'ın hedefe oturtulduğunu ve bunun için öncelikle İslam'ın adıyla oynandığını görüyoruz.

Ilımlı İslam! Ilımlı, çok özenle seçilmiş bir sıfattır. Ilımlı İslam varsa bir de "İslam"ın olması gereklidir. Bu sıfatlandırma İslam'ın sert, vahşi, katı bir din olduğu algılamasına yol açar. Müthiş bir algı oyunu, müthiş bir yaftadır, aynen "kızıl tehdit" gibi. Kızıl tehdit kavramının nasıl ve kim tarafından oluşturulduğu daha önce anlatıldığı için burada tekrar edilmeyecektir.

Suların, okyanusun öteki taraflarından bir devlet, şunun adını koyalım ABD ve onun İbrani Sistemi, İslam'a gözünü dikmiştir. Bu aslında bize yabancı bir şey de değildir. Bunu biz, bin yıl boyunca Haçlı Saldırıları ile görmüştük, belleğimizde yeri mevcuttur.

İslam'ın adına yapılan hassas müdahaleden sonra karma namazı görecektik. Ancak Kabe'de hacda değil Türkiye Üsküdar'daki bir camide. İçlerinde Adalet ve Kalkınma Partisi kurucu Genel Başkanı Tayyip Erdoğan'ın en yakınlarından, danışmanlarından Cüneyt Zapsu'nun eşi Beyza Zapsu'nun da olduğunu görüyorduk.

Aynı ay, ABD'de kilisede bir kadının en ön safta yer alarak erkeklere namaz kıldırdığını da gördük. Türkiye'de pompalanan karma namaz tartışmaları bu olayın ertesindedir. Türkiye, ABD'nin yolunu an be an izlemektedir! Doğru da olsa yanlış da olsa, aynı safta yer almaya çalışmaktadır!

Sonrasında karikatür saldırısını (krizini) gördük. Plan adım adım ilerliyordu. Karikatüristler dini saldırılarının amacına ulaşması için çizimi yaptıkları ile yayınladıkları zaman arasında geçen tuhaf 2-3 aylık süre boyunca birer birer İslam hocalarını gezmişlerdi.

Amaçları, hem İslam bilim adamlarını kışkırtarak üst düzey nefretleri çekmek hem de bu karikatürlerin İslam dünyası tarafından görülmesini sağlayarak tabanın tepkisini çekebilmekti. İstedikleri kısmen olmuştu ancak büyük olasılıkla batının istediği ve beklediği şiddette tepki gelmemişti.

11 Eylül + Ilımlı İslam oyunu + İbrani Haçlı zihniyeti + ve Genişletilmiş BOP projesi, hepsi ortak bir amaçta kesişiyor, "terörist İslam algısı ve işgal".

* * *

Bakınız bunu hangi algı, duygu ve amaçlar içinde yapıyorlar. Onların düşüncelerini sanki onların ağzından dinliyormuş gibi yazalım. Böylelikle daha iyi anlaşılacaktır:

"Arapların, Müslümanların ve Türklerin canına okuduk. Ülkelerini zapdettik. Kimi zaman açık açık (Afganistan, Filistin, Irak...), kimi zaman örtülü (ABD yanlısı, ABD'den emir alan iktidarlarla) oldu bu.

Uyan Ey Türk Gidiyoruz

Yetmedi savaştık, bizim savaşmadığımız yerlerde savaşanlara, Müslüman öldürenlere karışmadık (Bosna Hersek soykırımı, Kosova katliamı, Çeçenistan katliamı, Kıbrıs'ta düzenlenen Türk katliamı, Hocalı katliamı, Fas-Cezayir gibi sömürge soykırımları).

Sonra onların aralarına nifak tohumları serptik. Dıştan kırdık yetmedi, içten kırmaya çalıştık (İran – Irak savaşı, Kuveyt işgali, Suudi Arabistan'ın Yemen'deki operasyonları).

Bunlar da bize yetmedi, son olarak dinlerine musallat olduk. İncilleştirilmiş Kur'an'lar ile Arap gençliğinin beyinlerini yıkıyoruz. Suudi Arabistan gibi ülkelerde Kur'an'daki ayetlerin anlamlarını kapsam dışı genişleterek, parantezlerle eklemeler yaptırıyor ve bunları devletin bedava dağıtmasını sağlıyoruz. Cihat'ı, Müslüman olmayan herkesin kanını dökmenin helal olduğu bir yapı gibi gösterip, yanına da tank, top, füze gibi parantez eklemeleri yaptırıp, onları amacımız doğrultusunda teröristleştiriyoruz. İslam'a kan bulaştırıyoruz.

Türkiye'de de, Kur'an'ı tek başına yetersiz gibi gösterip hak kitaplarını batılla onaylama kompleksini kazandırdık (İncil'e ve Tevrat'a dipnotlar ve parantezlerle atıf yapan Kur'an meallari yazanlarla).

İslam'a ve Türkler'e en ağır küfürleri eden Evangelist Protestan Hıristiyanlığın kurucusu Martin Luther'i, kalvinist (calvinist) yaklaşımı yani İslami Kalvinizmi bir model olarak Türklerin önüne koyup, bunu İslam'la yakıştırıp, kendilerini Lutherleştiriyoruz.

İslam'ın adına ılımlı sıfatı taktık, kitaplarına musallat olduk, peygamberlerine musallat olduk. Biz bunları artık günümüz kavramlarıyla rahatlıkla yapıyoruz. İfade özgürlüğü, dinlerarası diyalog, demokrasi, insan hakları, neo liberalizm..."

Martin Luther'in adını burada anmışken, hatırasına saygıdan(!) onun sözlerine de kısaca bakalım.

Martin Luther, Hz. Muhammet'e *"enkarne olmuş şeytan"* ve *"şeytana tapan adam"* diyebilecek kadar şuursuzlaşmıştır. İslam'ın peygamberine saldıran Luther, hızını alamamış sonra da İslam'ın evrensel kitabı Kur'an'a saldırmış *"Muhammet'in vahşi Kuran'ı"* diyebilmiştir.

Kendi çapında Kur'an'ın bazı ayetlerinin çevirisini yapmaya çalışmış ve sonrasında *"Muhammet'in Kuran'ını artık okumayacağım. Çünkü o kitap baştan sona kaba, uydurma, kasıtlı, utanç verici yalanlardan oluşmakta, cinayete, zinaya, iffetsizliğe açıkça izin vermekte, evlilik kurumunu yıkmakta ve daha bir yığın utanç verici iğrençlik ve aldatma içermektedir"* demiştir. (M. Luther'in bu sözleri için çeviri İstanbul Üni. İlahiyat Fak. Kurucu eski Dekanı Prof. Y.Nuri Öztürk ve bk. C.Umhau Wolf; Luther and Mohammedanism, The Moslem World, cilt:31, New York, 1941).

Evet, ortada bir aldatma ve iğrençlik var, belli ama bu iğrençliğin, bu sözleri söyleyen adamın, Luther'in içinden çıktığı kesin. Ayrıca Türkiye'de "İslami Kalvinizm"in fikir babası Prof. Sabri Ülgener'dir. Büyük bir tesadüf eseri, ismi ve soyismi, Sabetayist isimler kuralına çok uygundur, bu olasılığı kaydediyoruz (Sabri ve Ülgen+er) . Sabetayizm bölümünde bunları anlatacağız.

* * *

Ilımlı İslam projesinin nasıl yürüdüğüne dair bir örnek vererek devam edelim. Bir televizyon kanalında *"İspanya'da büyük bir Müslüman nüfusa sahip Ceuta kentinde düzenlenen karnaval kapsamındaki şarkı yarışmasında Müslümanları "hayvan" diye aşağılayan bir şarkı birinci geldi"* haberi veriliyordu.

Planları tıkır tıkır işliyor, amaç ve algı tabana yayılıyordu. Bu gelişmeleri din eksenli değil siyasi/işgal eksenli okumalıyız. Yeni bir dünya düzeni kuruluyor ve o düzende Müslümanlara yer yok! Ve belki 30-40 yıl sonra Müslüman nefretinin, alerjisinin yerini Asyalılar alacak.

Uyan Ey Türk Gidiyoruz

* * *

Peki 11 Eylül, İspanya, İngiltere ve Türkiye saldırılarını yapan terör örgütü El-Kaide ve taşeronları varken; İslam korkusunu ve İslam-terör özdeşliğini "İslam" adı altında faaliyet gösteren terör örgütleri sağlarken, biz neden Sistemi suçluyoruz?

Bu örgütlerin arkasında da ABD'nin olduğunu, geçmişte bu örgütleri Sovyet Rusya'ya karşı ABD'nin kurdurduğunu biliyoruz. Yeşil Kuşak'ın adamları artık bugünün teröristleridir.

ABD merkezinin karar vericilerinin ve Sistemin küresel yöneticilerinin neredeyse tamamının Yahudi-İbrani olduğunu ve geriye kalan az bir kısım Hıristiyanın da Evangelist mezhepten geldiği biliniyor. Bu nedenle olmalı ki, içlerindeki İslam nefreti hiçbir zaman sönmemiştir. "Ata"larının kardeş çocuklarının dini, onları her zaman rahatsız etmiştir.

(Evangelizm: Tevrat'ı, "eski ahit" tabiriyle kabul eden, Martin Luther'in hareketini benimseyen, Mesih'e ve kıyamete ayrı bir değer biçen, Tanrı tarafından belirlenmiş kaderin dışına çıkılamayacağına inanan ve bu kaderi hızlandırmak isteyen ve bunun için her yolu mübah sayan, Armageddon yani iyi ile kötünün savaşıyla Mesih'in ve kıyametin gelişini hızlandırmaya çalışan, Yahudiler'i seçilmiş insanlar olarak gören Protestan mezheptir. Türkiye'de misyonerlik faaliyetleri içinde bulunan organizasyon ve şebekeler, bu oluşumun bir parçasıdır. Ortodoks mezhepli kişilerin ilgilendiği Sümela ayinlerinin ve Pontusçuluk faaliyetlerinin, Protestan organizasyonla organik bağları ve müşterek hedefleri, çalışmaları mevcuttur.)

Göz önünde bulunmasa da Sistem organizasyonu ve yönetimi içinde yer alan, dünyanın en zengin kurumlarından ve en geniş istihbarat ağına sahip devletlerinden Vatikan'ın etkinliğini unutmamak ve İslam düşmanlığını biraz da Vatikan'dan bilmek gerekir. Vatikan'ın istihbaratı, parası ve finansal gücü gerçekten etkileyici boyutlardadır.

Buraya bir not eklemekte yarar vardır. Evangelizmin ABD'de en yaygın ve etkin olduğu eyaletlerin başında, listede ilk beşte Pennslvania eyaleti gelir. Bu eyalet, elbette bizlere bir şeyleri çağrıştıracaktır!

* * *

Konumuza devam edelim. Amerika Birleşik Devletleri'nden, en çok maddi yardım alma lütfuna erebilen(!) devletler içinde, bir numarada İsrail'i, iki numarada da Gürcistan'ı görüyoruz.

ABD ile İsrail müttefiktir. ABD'yi yöneten kişiler düzeyinde, ABD ile İsrail dindaştır. Bölge politikaları eştir. Daha pek çok neden de bulunabilir. Yardım meselesi normal görülebilir.

Peki ya Gürcistan? Gürcistan yalnızca Rusya'yı ve Kafkasları tutan bir tampon bölge, bir istihbarat üssü, bir rampa olarak görülebilir mi? Evet, ama sebep yalnızca bu değildir. ABD bir taşla birden fazla kuş vurmayı sever. Hiçbir şey için bir sonuç istemez. Hiçbir faaliyeti de ikiden az sonuç vermez.

ABD, Gürcistan'a turuncu/kadife yöntemlerle girmeden önce, Saakaşvili'yi ülkenin başına getirmeden önce, bölgeye din yoluyla girmişti. Turuncu devrim/darbe öncesi muazzam bir hızla bölgedeki Müslüman topluluklar Hıristiyanlaştırılmıştı.

Ana dillerinde Kur'an'ı olmayan ve bu gibi "dil" kaynaklı nedenlerle İslam'ın şart ve gereklerini tam olarak bilemeyen insanların devşirilmesi kolaydır, burada da öyle olmuştu!

Bu toplu Hıristiyanlaştırma çok önemlidir. Çünkü halk ortodoks değil katolik Hıristiyan yapılmıştı. Sonrasında mezhep farklılığı ABD tarafından silah olarak kullanılacaktı!

Sistemin ve ABD'nin bir yere önce dinsel etki ile geldiklerini görüyoruz. Bu verilerle artık, dinlerarası diyalog ve Kur'an'ın incilleştirilmesi gibi hareketleri daha rahat okuyabiliyoruz. Bunlar İslam'a ihanet olduğu gibi manevi açıdan da vatana ihanettir.

Uyan Ey Türk Gidiyoruz

Saakaşvili'nin turuncu devrimindeki partisinin, Ulusal Hareket Partisi'nin bayrağının 2004 yılında Gürcistan ülke bayrağı yapıldığına da şahit oluyorduk. Ortasında koca bir haç ve böldüğü dört bölümün ortasına yerleştirilmiş ondan daha küçük dört haç.

Bunun iki anlamı olduğu açıktır. Birincisi, ülkenin dört bir yanının Hıristiyanlaştırılmaya devam edileceği işaret edilmektedir. Bunun için bayrağın dört tarafına haç konulmuştur. İkinci anlamı ise ortadaki dahil toplam beş adet haç, bağımsızlığını ilan edenler dahil fiiliyatta Gürcistan'da bulunan beş azınlık unsuru işaret ederek, onların tek çatı altında Hıristiyan birlik içerisinde toplanacağını söylemektedir.

* * *

Üniversitelerimizde bilimsel düzeyde anlatılan bir öğreti vardır "Ekonomi: Ahlak dışı, tarih dışı, siyaset dışı olmalıdır".

Ekonomi ahlaktan uzaklaşınca ne olur? Bu öğretiyle yetişmiş bir kişi bu bilimsel mantıkla hareket edecekse, aile ekonomisini düşünerek, kar ençoklaması (maksimizasyonu) yapmak adına rüşvet almalı, yolsuzluk yapmalı, bir fare gibi devletin ekonomisini – hazineyi kemirmeli midir? Bu, bugün Türkiye'de olduğu gibi devletin ve ülkenin kendini bitirmesi anlamına gelir. Evangelist ekonomi yaklaşımıdır. İslam'a ve katolik Hıristiyanlığa uygun değildir.

Ahlakı ve dini, ekonomiden ve güncel hayattan uzak tutmak çözüm müdür? Bu daha yıkıcı olmakta değil midir? Dini ve ahlakı her şeyden uzak tutmak çözümse madem; neden ABD, Vatikan ve Sistem kendi "ideal dinini" ve onun "sivil toplum görünümündeki sosyetik modellerini" yayarak emperyalizmini güçlendirmektedir?

Demek ki Sisteme karşı en büyük silah gerçek demokratik bir yönetim olacaktır ve bireysel düzeyde de sıkı bir din bilgisi, dini inanç ve ahlaki duruş gerektirmektedir.

Bu bağımsızlık savaşı adına, bağımsız kalmaya çalışma adına, bu sistematik işgale karşı durabilmek adına, uç bir yakıştırma olacak ancak, dinsiz kişi dahi dini bilmek zorundadır.

Arşivlerde yer aldığı üzere, zamanında Mustafa Kemal'in cumhurbaşkanlığından istifa edip, sivilleşip, derinleşip Filistin'i kurtarmaya gitmeyi düşündüğünü biliyoruz (o dönem İsrail kurulu değil). Aynı Mustafa Kemal, laik demokratik cumhuriyetin kurucusudur.

Laiklik gibi kavramlara sahip çıkmak, dinsiz olmak yada dış politikada olayları analiz ederken "din faktörünü" görememek anlamına gelmez. Aynı zamanda laiklik, din düşmanı duyguların ifadesi biçimine dönüştürülüp, saplantılı bir amaç da yapılmamalıdır. Laikçiler (laikler değil), dinciler (dindarlar değil) kadar bu ülkeyi ayrıştıran aktörlerdendir.

27 Temmuz 1937 tarihli Bombay Chronick Gazetesi'nde Atatürk'ün bir demeci basılmıştır. Aynı demeç Türkçe'ye tercüme edilerek 20 Ağustos 1937 tarihinde Cumhurbaşkanlığı makamına da sunulmuştu.

Atatürk'ün ağzından çıkan ve gazetede demeç olarak yayınlanan açıklamanın bir kısmına bakarsak *"Arapların arasında mevcut olan karışıklığı ve hoşnutsuzluğu kimse bizim kadar bilemez. Biz vakıa birkaç sene Arap'lardan uzak kaldık. Fakat şimdi kendimize kafi derecede güvenip ve kudretimizi bildiğimiz için, İslamiyet'in mukaddes yerlerinin Musevilerin ve Hıristiyanların nüfuzunun altına girmesine mani olacağız. Binaenaleyh şunu söylemek istiyoruz ki buraların Avrupa emperyalizminin oyun sahası olmasına müsaade etmeyeceğiz. Biz şimdiye kadar dinsiz ve İslamiyet'e lakayt olmakla itham edildik. Fakat bu ithamlara rağmen Hazreti Peygamber'in son arzusunu yani, mukaddes toprakların daima İslam hakimiyetinde kalmasını temin için hemen bugün kanımızı dökmeye hazırız... Bugün Allah'ın inayeti ile kuvvetliyiz"*.

Bu sözler çok şey ifade etmektedir. Kitabın son bölümü ve belki de en ilgi çekici bölümü olan Sabetayizm içinde Atatürk'ün bu sözlerini tekrar hatırlamak gerekecektir. Mustafa Kemal'in kripto Yahudi yada Sabetayist olduğunu iddia edenlere en güzel tarihi tokattır.

Siyaseti ve dış politikayı dinin ne kadar çok etkilediği artık akademik düzeyde de yavaş yavaş görülmektedir. Çünkü emperyalizmin türleri vardır: İktisadi, kültürel, finansal, askeri, dini...

* * *

Hem Sistemi daha iyi görmek hem de dinin siyaset ve politikadaki etkisini görmek adına yararlı olacak bir analizde bulunmaya gerek var. Dinin burada yan faktör olduğunu unutmayalım. (Siyaset ve politika, sözcüklerin kökü itibariyle çok farklı anlamlar içeren, ancak bugün birbirinin yerine kullanılan iki sözcüktür).

Dini anlatırken, dinin etkenliğini gösterirken, Sistemin mücadelesindeki asıl amacın; neo liberal politikalar ile kaynakların ve insanların sömürülmesi, ele geçirilmesi, piyasalaştırılması bunun için de üniter devletlerin yıkılıp daha kolay hükmedilebilir, farklılıkların yansıtıldığı federal yapılı devletlerin kurulması olduğu gerçeği unutulmamalı, gölgede kalmamalıdır!

Bu farklılaşma söylemleri, farklı kökenlilere yönetim hakkı ve farklı kültürlerin öne çıkarılması söylemleri aslında dünyayı tek devlete götürmektedir. Farkında mıyız?

ABD ile AB pek çok alanda ve mesela ekonomik alanda yarış içindedirler. Peki, dış politika ve güvenlik alanında birbirleri ile rekabetleri ne düzeydedir? Vahşi rekabet, dış politika ve güvenlik alanında AB ile ABD arasında mevcut mudur?

Genişletilmiş Büyük Otadoğu Projesi nedir? Genişletilmiş BOP kapsamdaki ülkelerin tamamının "Müslüman" toplumlardan oluştuğu görülüyor.

Çin'in, 2020-2030 gibi bir tarihte, ABD'yi gücü bakımından sollayabilme olasılığı var deniyor. ABD, dış politikalarıyla Çin'i türlü unsurlarla kısıtlamaya, kayıtlamaya çalışıyor, kuşatıyor. Bir gün belki soğuk savaş içine bile girebilecekler. Ama Çin, protestan Hıristiyan bir toplum olsaydı, biz bunları ne derece konuşuyor olurduk? Çin, Sisteme entegre bir devlet olsaydı, bu satırları yazmaya gerek olur muydu?

Yada ABD'nin, İran'ın nükleer çalışmalarından rahatsızlık duymasının asıl nedeni, İran'ın 75 milyonluk büyük bir piyasa toplumu potansiyeline sahip olması ve ülkenin doğalgaz-petrol gibi varlıkları olabilir mi? Neden İsrail'in uluslararası sözleşme kapsamı dışındaki nükleer çalışmalarından rahatsızlık duyulmamaktadır? Ya da neden İran gibi zengin petrol yatak ve denizlerine sahip Venezüela vurulmamıştır? Ya da ABD, Rusya'nın Gürcistan saldırısını sona erdirmesi ve güçlerini çekmesi karşılığında bir dönem için Venezüela'yı vurmama, aktif saldırıda bulunmama sözü mü vermiştir? Şartlar eşit olduğunda seçici kriter din midir?

Papa 2. John Paul 24 Aralık 1999 tarihli mesajında *"Birinci bin yılda (0-999) Avrupa Hıristiyanlaştırıldı. İkinci bin yılda (1000-1999) Amerika ve Afrika Hıristiyanlaştırıldı. Üçüncü bin yılda ise (2000-2999) Asya'yı Hıristiyanlaştıralım"* diyordu. Her şeyin tesadüf olduğu bir dünyada bu mesaj da tesadüf olsa gerek!

Vietnam, ABD'nin portakal bombalarıyla dört beş nesli kanserli, ölü bir millettir. Siyasi görüş farklılığından dolayı insan öldürmek ve bugün insan hakları "havariliği" yapmak... Yalnızca siyasi görüş farklılığı, maddi kaygılar, jeopolitik nedenler mi savaşa sebep görülmelidir, yoksa önemli unsurlardan biri Vietnam'ın dinsiz yada ilahi kökenli olmayan inançlara sahip olması mıdır?

Japonya, iki atom bombası gördü topraklarında. Ayrıca savaş sırasında, kağıttan evlerden oluşan Tokyo bir gece içinde uçaklardan atılan yakıcı bombalarla alevlenerek kül oldu. Atom bombasından daha fazla sayıda insan öldü.

ABD, Hitler'in Almanyası'na neden atom bombası atmadı da Japonya'yı seçti. Yalnızca askeri ve coğrafi nedenler mi? Japonya ile Almanya arasındaki en büyük fark din farkı gibi görünüyor. Japonlar dinsiz, Almanlar Hıristiyan.

Başka bir olasılık ABD, Almanya'ya karşı kitle imha silahı kullansaydı savaş biterdi, bitsin istenmedi! O zaman Hitler Almanyası'na, Amerikan Rockefeller ailesi nasıl silah ve petrol satacak, zengin olacak, bugünün Sistem'ini fonlayacaktı? (Bu Rockefeller ailesini unutmayın, önemlidir.)

Fosfor bombasının kullanılması "insan hakları açısından sorun yaratmıyor" olmalı ki Irak'ta ve Filistin'de bu yakıcı kimyasal bombanın kullanıldığını görüyorduk. Neden, çünkü Irak'ta demokrasi ve insan hakları yoktu. Çünkü Irak ve Filistin halkı Müslümandı!

Bosna Hersek soykırımı. Sırplar, Bosnalıları korumakla görevli Hıristiyan BM askerlerinin gözlerinin önünden Boşnakları toplayıp soykırım yaptılar. Bu soykırımlar tarihi içindeki yalnızca bir vaka. Bütün unsurlarıyla soykırım ama katliam deniyor, neden? Çünkü Hıristiyanların soykırım yapabiliyor olması, bunun açıkça söylenebilir olması, Sistem ve küresel yapıda kabul edilebilir görünmemektedir.

Sırp keskin nişancılar, herkesin korkulu rüyasıydı. Sırp askerlerine keskin nişancılığı ve gayri nizami harp taktiklerini öğreten kimlerdi, Ruslar. Peki nasıl oluyor da hem Rusya hem ABD hem de AB, Sırpları koruyor? Bu ittifakın yapıştırıcı, birleştirici unsuru nedir? ABD'nin NATO'su, neden Sırbistan'a fosfor bombası atmamıştı? Bunların hepsi tesadüf müdür?

Dünyamızda Hıristiyan bir devlete, Müslüman bir ülke tarafından en son ne zaman savaş açılmıştır ve Müslümanlar galip gelmiştir? Yanıt, 1974 Kıbrıs Barış Harekatı. Kıbrıs'ın bir mesele yapılıp tüm Hıristiyan dünyanın bu meselede katliamcı Rumları/Yunanı taraf tutması; stratejik, jeopolitik vs. her türlü nedeni bir yana, bu savaşın "dini bakışla" kuyruk acısı olabilir mi?

Amacımız burada her konunun dini referansla algılanmasını, her savaşın ve işgalin dini açılardan yorumlanmasını sağlamak değildir, bu yanlış olur. Paranın ve çıkarın dininin olmadığını biliyoruz. Sistemin sağlam ve seçici bir dini yapı içinde kurulduğunu ama algılarının dinden önce çıkar olduğunu biliyoruz. Yalnızca, konunun bir de bu yönünün olduğu hatırlanmalıdır.

Dinin, önemli bir etken olduğu görülmelidir. Siyasi atakların ve savaşların dozunu belirlemekte, projelerin kaynağını oluşturabilmektedir. Din farklılığı, saldırgan güç için kendini aklayıcı bir algıya neden olabilmektedir.

İslamofobi

"Komünizm tehdidi – Kızıl tehdit" söylemi ile, "SSCB'nin nükleer saldırı tehdidi" algılamasının yayılması ile askeri gücünü ve üslerini her bir yere konuşlandıran ABD ve Sistem, SSCB'nin bir su tabancası bile kullanılmadan çökertilmesi ve yayılan kızıl tehdidin ortadan kalkması ile, Yeni Dünya Düzeni projesini, Medeniyetler Çatışması fikri temelinde yeni bir tehdit algılaması yaratarak uygulamaya koymuştur. Bu yeni tehditin adı "İslamdır".

İslam'ın tehdit olarak algılatılması, bu kirli bilginin Hıristiyan toplumlar zemininde meşruiyet kazanması için; ABD, Pakistan ve İngiliz Suudi Arabistanı'nın yıllarca Rusya'ya karşı istihbarat ve savaş unsurlarıyla yetiştirdiği ve güçlendirdiği Taliban önderliğindeki o güne kadar adı duyulmamış El Kaide, ABD'de 11 Eylül saldırılarını ve daha sonra bir dizi Avrupa ülkesi saldırılarını gerçekleştiriyor ve bu algıyı yerleştiriyordu.

Uyan Ey Türk Gidiyoruz

Bu algı çerçevesinde Afganistan'ın ve (kitle imha silahı yalanıyla) Irak'ın işgal edildiğini, işgalden öte ABD'nin çıkarlarına hizmet edecek yerel güç sahibi aktörlerin o ülke yönetimlerine yerleştirildiğini, bu ülkelerin sisteme entegre edildiğini görüyorduk.

Tabi, İslam kavram olarak bir korku öğesi, alerji nedeni gibi gösterilirken, bu sürece destek verecek bazı "Müslüman" ülkeler bu "İslam" kavramının sözde karanlığından zarar görmemeli, bu Hıristiyan ülkeler ile yapılacak müttefik ilişkiler (ABD'ye bağımlı ilişkiler) kınanmamalı, tezat oluşturmamalı idi.

İşte bu nedenledir ki aynı süreç içinde, İslam dininden İslamofobinin yaratılması süreci ile birlikte bunun zararsız olanı, "Ilımlı İslam" kavramı ortaya çıkarılıyordu. Ilımlı İslam, Muhammedi Kur'ani dinin, Hıristiyan-Yahudi güdümündeki emperyalizme hizmet eden bir din haline dönüştürülmesi çabasıydı.

* * *

Türk milleti, Amerikan kültürünü müziğiyle, giyimiyle, yaşam tarzıyla, sanatıyla, yemeğiyle vb. yanlarıyla benimsese de temelde bir devlet olarak ABD'yi ve Amerikan yönetimini sevmemektedir. Bu müthiş bir antagonizmadır ve realitedir. Anket sonuçları bu görüşü doğrulamaktadır.

Türk milleti İngiltere'yi, İngilizleri de sevmemektedir. İngilizler geçmişte bize kazık atan, Osmanlı'yı yıkan, Osmanlı'nın petrol coğrafyasına Arapları kışkırtarak el koyan ve bir o kadar da burnu havada, küstah bir ülke olarak görülmektedir. Tarihte bize zararları dokunmuş, işgal sürecinde öncü aktif rol almışlardır.

İşte 11 Eylül ABD saldırılarını Türk milleti "terörist saldırılar" olarak görse de, yine de "müstehak" algısıyla, ABD'ye karşı bir acıma hissi oluşmamıştır.

İnsanlar ve insanlarımız takım tutar gibi taraf tutmayı severler. Takım tutar gibi parti tutarlar, kendisiyle özdeş bir yan bulursa "ötekine" karşı, zalim de olsa taraf tutarlar. Bir nevi doğanın kanunudur. Bunu, kendini koruma ve hayatta kalma içgüdüsüne bağlayabiliriz. Tarafı güçlü olursa insan, kendisini daha güçlü ve güvende hissedecektir.

İşte 15 ve 20 Kasım hain terör saldırıları ile, Türkiye'deki bu düşünce yerini "El Kaide ortak düşmandır" algılamasına bırakmıştır. Böylelikle ABD'nin yarattığı "düşman El Kaide ve İslamcı örgütler" algılaması Türkiye'de toplum nezdinde de kabul görmüştür. El Kaide gibi din maskeli terörist örgütlere karşı insanlar ABD'yi tutar olmuşlardır. CIA'nın sosyal psikolojiye ve psikopolitiğe önem verdiğini biliyoruz ve bunu burada görüyoruz.

Müslüman devlet Endonezya'da yapılan El Kaide saldırılarını Türkiye fotoğrafı üzerine oturtmak gerekiyor. Türkiye, Ortadoğu'da ve Hazar Havzası İslam coğrafyasında jeopolitik ve stratejik öneme sahiptir. Yine aynı şekilde Endonezya dünyanın en kalabalık Müslüman devletidir, konumu itibariyle jeopolitik öneme haizdir.

Stratejik ve jeopolitik öneme sahip ülke/devlet eğer "bağımsız" ise bu önemini güce çevirmiş olur. Eğer devlet bağımlı-bağlı ise bu güç başkalarının kullanımına açıktır, gücü kullanılan ülkenin zemini kayganlaşır.

* * *

Yeni Dünya Düzeni'nin, "İslam Korkusu" yani İslamofobi yaratılarak kurulmaya çalışıldığını belirttik. Bunun nedenlerinden birisi; bir İslam ülkesine karşı kitle imha silahı olduğu, demokrasi götürüleceği gibi bahanelerle operasyon yürütüleceği zaman, saldırıyı-işgali yapacak ülkenin kamuoyu desteğini alabilme çabası olarak görülmelidir.

Uyan Ey Türk Gidiyoruz

Toplum artık savaş sonucu gelecek asker ölülerinin savaşın amacına değer olup olmadığını sorgulamayacaktır. Çünkü savaşın açık yada örtülü gayesi ortadadır, "İslam tehdidi". Çünkü teröristler Müslümandır, petrol-maden coğrafyası Müslümandır.

Dün Irak'a kitle imha silahları var diye girenler toplumsal meşruiyetlerini sağlayamamış, yürütülen savaşlar konusunda da geniş bir toplumsal sorgulama çıkmıştır. Sonuçta işgaller sonucu elde edilecek "zenginlikler" Amerikan toplumuna akmamakta, belli başlı adamların, şirketlerin hesaplarına akmaktadır.

Avrupalı ve Amerikalı (Hıristiyan) toplumlar ne kadar çok İslam'dan korkar ve hatta bu korku nefrete dönüştürülebilirse, yapılacak savaşlar o kadar anlam ve meşruiyet kazanacaktır.

Bu aslında tarihten başlayarak 1000 yıldır gördüğümüz bir anlayıştır. Bu, birebir Haçlı savaşları zihniyetidir. Başkan 2. Bush bu savaşların "*20. yüzyılın haçlı savaşı*" olduğunu ekranlar karşısında söylemiş ve bu tarihe geçmiştir.

Tarihteki haçlı seferlerinde askerlere "cennete sorgusuz giriş billetleri-cennetin anahtarları" vaad ediliyordu, "Türkler geliyor" korkusu pompalanıyordu. Türkler gelmesin diye yazıp okudukları yüzlerce dua metninin olduğunu, onlarca Türklük düşmanı masallarının olduğunu artık bilimsel yayınlarla da öğreniyoruz.

Bu çağda cennete koşulsuz giriş biletlerinin inandırıcılığı Alis Harikalar Diyarında masallarından daha inandırıcı olmayacağı içindir ki, Türkler geliyor korkusu yerine "İslam vahşeti geliyor, bombalı İslam geliyor" korkusu yayılmaktadır. Bir elinde Kur'an bir elinde bomba tutan sarıklı Müslüman adam ve çarşaflı Müslüman kadın figürlü afiş reklamlar, "ilan ve ifade özgürlüğü" kapsamında Avrupa'nın pek çok ülkesindeki reklam panolarını, otobüsleri, dergi sayfalarını işgal etmiştir.

Ancak Türkiye'de, İsrail'in Filistin'deki vahşetine karşı Avrupa'daki bu reklamların %1'i oranında düşünce özgürlüğü sergilenseydi, Türkiye'ye yönelik "yükselen milliyetçilik, anti demokratik yönetim, nefret toplumu" propagandaları artık yıllarca sabah akşam söylenir dururdu.

Ordular oluşturup İslam ülkeleriyle savaştırmak adına geçmiş yüzyıllarda "din ve cennet" olgusu ikna edici iken bu çağda "para" ve "savunma dürtüsünün" harekete geçirilmesi daha işe yarar görülmüştür. Paralı ordular bu handikapa çaredir.

Bir sorun daha mevcuttur. Bugün itibariyle 350 milyon olan Avrupa nüfusunun 2050 yılında 250 milyona düşmesi beklenmektedir. Bu muazzam düşüşe karşın, Avrupa ülkeleri içindeki Müslüman ve Asyalı (Hint, Çin...) nüfusun ve toplam bazda azınlık göçmen nüfusun ise kendisini en az ikiye katlaması bekleniyor.

Bu durumda, 2050 yılı sonrasında kendi ülkelerinde sayıca azınlık durumuna düşebilecekleri, azınlık olmasalar bile sayıca eşite yaklaşmanın söz konusu olabileceği istatistik tabanlı raporlarla ve öngörülerle ortaya konmuştur.

İşte bu analizler bize, Avrupa kıtasında son zamanlarda ve hatta son yıllarda yapılan başlıca iki operasyonun nedenini ortaya çıkarmıştır:

1-) Göçmen yasalarındaki inanılmaz zorlaştırıcı ve insan haklarına, kültürel haklara, medeni haklara, uluslararası beyanlara/ sözleşmelere aykırı düşen ırkçı, cinsiyet ayrımcı, dine saygı göstermeyen ve asimile edici hükümlerin getirilmesi bu projenin bir ayağıdır.

Bazı azınlık dillerinde "E biz yıllarca bu dilde yayın yaptık baktık dinleyen yok, izleyen yok, kapatıyoruz" bahaneleriyle yayınlar kaldırılmaktadır.

Uyan Ey Türk Gidiyoruz

"Demokrasi beşiği" denilen ve gerçekten de denildiği gibi demokrasisi hep beşik seviyesinde kalan, bir türlü büyüyüp gelişemeyen ülkelerin, zorunlu ders olarak "İncil eğitimini" müfredata koyduğunu kimilerinin aksine "şaşırmadan" seyretmeye başladık.

Türkiye'de yapılmak istenenin aksine, Sistemin bize dayattığı taleplerin aksine, azınlık dillerinde eğitimlerin engellendiğini, çocukların anadillerinde eğitim öğrenim alamadıklarını görüyoruz. Irkçı şiddete karşı etkin önemlerin alınmadığını, Avrupa'da ırkçı, yabancı düşmanı çetelerin ve saldırgan örgütlerin varlıklarının her geçen gün arttığını; bunların, toplumun savunma ve yabancı olana karşı durma dürtüsünü harekete geçirmek için, bu dürtüleri zinde tutmak için gizli eller yoluyla, devletlerin istihbaratları kanalıyla örtülü biçimde desteklendiğini görebiliyoruz.

Avrupa hâlâ üç maymunu oynamaktadır. Bunun daha pek çok örneği mevcuttur. Bu temelde yapılan uygulamaların nedenini okumak artık zor değildir. Örneklere her gün başka bir ülke tarafından bir yenisi eklenmektedir.

2-) İkinci uygulamayı somut olaylara bakarak anlamaya çalışalım. Almanya yıllar yılı bir devlet politikası olarak, Müslümanlık'taki her türlü mezhep/cemaat ayrımını destekleyerek ve hatta bunlara yenilerini katarak, bu yapılara kucak açmış, ülkesindeki azınlıkların "bir" olmasını engellemişti.

Bu kapsamda aynı cadde üzerinde 4 ayrı cemaate ait 4 ayrı cami/kültür merkezi görülebilirdi. Bu cemaat üyeleri birbirlerinin camilerine gitmezlerdi (kilise modeli). Ancak küresel gücün emriyle Avrupa'da yeni bir süreç başlayacaktı.

Almanya yıllardan beri legal-illegal bağış toplamasına ses çıkarmadığı, görmezden geldiği Deniz Feneri e.v.'yi, operasyonlarla hukuk nezdinde jet hızıyla bitiriyordu. Alman tarihinin en büyük bağış yolsuzluğu hareketiydi.

Almanya, Milli Görüş'ün kalesiydi aynı zamanda. Alman devlet politikasıdır, Milli Görüş çalışmalarının engellenmemesi yani örtülü destek verilmesi. Deniz Feneri e.v.'den sonraki süreç olarak, Milli Görüş Teşkilatının Almanya'daki aktif faaliyetlerinin ve etkinliğinin bitirileceği, adeta bu hareketin o topraklardan tasfiye edileceği anlaşılıyor.

Bugüne kadar Almanya'nın, "Almancı Türkler'i", hem topraklarında bir Türk diasporasının oluşmasını Türk birliğinin, gücünün oluşmasını engellemek adına hem de Türkiye'ye karşı istihbarat ve operasyonlarında bir maşa olarak kullanma adına ayrıştırarak desteklediği biliniyordu. Peki ne olmuştu da tasfiye ve operasyonlar dönemi başlamıştı?

İsviçre temelinde "Minare Yasağını", diğer Avrupa ülkelerinde "İslam'a hakaret" içeren yayınların demokrasi kılıfıyla anti demokratik bir biçimde desteklendiğini, bu kirli hareketleri destekleyen bir devlet adamının NATO Genel Sekreteri yapılışını görüyorduk.

Küresel Gücün sunduğu yeni düşmanın adı İslam'dır. Amaç İslam korkusunu, İslamofobiyi yaymaktır. İslam kötülenerek İslam ülkeleri işgal edilecek, işgal edilmeyenler de küresel sisteme entegre edilerek varlıkları sökülecek, sömürülecektir. İslamofobi buna toplumsal meşruiyet ve destek sağlayacaktır. Bu süreçte müttefik olacak Müslüman ülkeler ise "Ilımlı İslam" olarak tanımlanarak aradaki işbirliği aklanacaktır. Bu, sıranın onlara gelmeyeceği anlamına gelmemektedir.

Uyan Ey Türk Gidiyoruz

Avrupa'da bugün yaşanan İslam korkusu oyunları, İslam yasakları ve göçmen azınlık baskıları/çatışmaları henüz başlangıç aşamasındadır. İlerleyen yıllarda bizi şok edecek gelişmelerle karşılaşmamız işten bile değildir.

Pek çok farklı tarihte Katoliklerin onbinlerce Protestanı bir gecede sokaklarda, evlerde boğazlarını keserek öldürdüğü yada daha 50 yıl önce ötekileştirilen milyonlarca Yahudinin, Hıristiyan düzen ve ordular kanalıyla fırınlandığı unutulmamalıdır. Yahudiler buna Holokost (Holocaust) diyor. Bugünün "ötekisi" İslam'dır. Avrupalının her zaman için böyle saldırgan bir potansiyeli vardır.

Küresel Sistemin amaçlarına hizmet ettiği görülen "kökten dinci" yada "İslamcı" sıfatıyla isimlendirilen başta El Kaide olmak üzere küresel terörist örgütler de, bu süreçte en büyük tehditler arasında yer almaktadır.

"El Kaide"yi İslam başarısı ve Batı'yı "şeytan" gibi gösterme propagandası ile bazı az gelişmiş ülkelerdeki Müslüman halka tesir edilerek bu halkın vahşi saldırılar için silahlandırılması, eğitilmesi, İslam'ın haram kıldığı teröre bulaştırılması, küresel gücün ekmeğine yağ sürmekte; zaten perde arkasında küresel gücün yönettiği bu süreç yine kendilerinin propagandalarına vitrin yaratmaktadır.

Buna paralel görüşü Küba'nın komünist lideri Fidel Castro da Ağustos.2010'da dile getirecekti. Castro, AP haber ajansına verdiği demeçte, Usame Bin Ladin için *"ABD eski başkanı George W. Bush dünyayı korkutmak istediği zaman ortaya çıkan bir CIA ajanı"* ifadelerini kullanmıştı.

Bu faaliyet ve operasyonlar derinlemesine analiz edilmelidir. İslam ülke yönetimleri aralarında bu oyunu görüp bozmazlarsa ya müstemleke yada sömürge olacaklardır.

Ilımlı İslam ve Dinler Arası Diyalog

Ilımlı İslam kavramı yalnızca teröre bulaşmayan Müslümanlar ve onların ülkeleri için kullanılan bir terim değildir. Bu kurgu terimin ikinci bir görevi daha vardır. Ilımlı İslam ile "dinler arası diyalog" projesi birlikte okunmalıdır.

Ilımlı İslam; Yaprak Dökümü dizisinin ilk yıllarında "ateşli bir öpüşme sahnesi"nde, reyting verilerine göre izleyici sayısının %35-40 oranlarında düşmesi, 2009-2010 sezonunda Yaprak Dökümü yada Aşk-ı Memnu dizilerinde ve artık diğer dizilerde benzer sahnelerde izleyici sayısının düşmemesi, insanların kanal değiştirmemesi midir? Elbette değildir. Burada ahlaki, kültürel yozlaşma, ahlaki algılamada değişim söz konusudur.

Ilımlı İslam'ın ne olduğunu öğrenmiştik. Şimdi sıra geldi Ilımlı İslam kavramıyla kolkola yürüyen Dinlerarası Diyalog'a.

Dinlerarası diyalog tabirini popüleşleştiren kişi olan Papa 6. Paul "Ecclesiam Suam" isimli bildirisini 1962-1964 yıllarında yayınlamış ve Papa 2. John Paul'ün 1991 yılında "kurtarıcı misyon" isimli bildirisi ile süreç hızlanarak devam etmişti.

Papa 2. John Paul "Redemptoris Missio/Kurtarıcı Misyon" başlıklı bildirisinde aynen şunları söylemişti *"Dinlerarası diyalog, Kilise'nin bütün insanları Kilise'ye döndürme amaçlı misyonunun bir parçasıdır. Bu misyon aslında Mesih'i ve İncil'i bilmeyenlere ve diğer dinlere mensup olanlara yöneliktir. Tanrı, Mesih vasıtasıyla bütün insanları kendine çağırmakta, vahyinin ve sevgisinin mükemmelliğini onlarla paylaşmak istemektedir. Bu açıklamalar yapılırken, kurtuluşun Mesih'ten geldiği ve diyaloğun evangelizasyondan (İncilleştirmeden) ayrılmadığı gerçeği göz ardı edilmemiştir"*.

Uyan Ey Türk Gidiyoruz

Vatikan'ın bir birimi olan Hıristiyan Olmayanlar Sekreteryası'nın Başkanı Pietro Rossano, kurumsal yayın organları Bulletin'de yayınlanmış bir makalesinde aynı doğrultuda şu resmi görüşü kaydetmişti *"Diyalogdan söz ettiğimizde, açıktır ki bu faaliyeti, kilise şartları çerçevesinde misyoner ve İncil'i öğreten bir cemaat olarak yapıyoruz. Kilise'nin bütün faaliyetleri, üzerinde taşıdığı şeyleri yani Mesih'in sevgisini ve Mesih'in sözlerini nakletmeye yöneliktir. Bu nedenle diyalog, Kilise'nin İncil'i yayma amaçlı misyonunun çerçevesi içinde yer alır".*

Bu misyona dahil olmak, diyalog kapsamında çalışmak isteyen hevesliler ise hemen biatlarını sunuyordu. 10 Şubat 1998 tarihli Zaman Gazetesi'nde yer alan haberde, Fetullah Gülen'in, Vatikan'ın ve katolik Hıristiyan alemin başkanı Papa'ya verdiği mektup yayınlanmıştı. Mektup, övgüyle göklere çıkarılıyordu!

Bu mektupta Fetullah Gülen aynen şunları yazmıştı *"Papa VI. Paul cenapları tarafından başlatılan ve devam etmekte olan Dinlerarası Diyalog İçin Papalık Konseyi/PCID misyonunun bir parçası olmak üzere burada bulunuyoruz. Bu misyonun tahakkuk edişini görmeyi arzu ediyoruz. En aciz bir şekilde hatta biraz cüretle, bu pek kıymetli hizmetinizi icra etme yolunda en mütevazı yardımlarımızı sunmak için size geldik. M. Fethullah Gülen/Rabbin aciz kulu".*

Vatikan'ın resmi yollardan açıkladığı bir Hıristiyanlaştırma misyonu ve bu misyonun bir parçası olmaya gelen, Müslüman olduğunu türlü kereler beyan eden bir kişi..!

Kur'an-ı Kerim Bakara Suresi 120. ayette *"Sen onların öz milletlerine uymadıkça Yahudiler de Hıristiyanlar da senden asla hoşnut olmaz. De ki: 'Allah'ın kılavuzluğu erdirici kılavuzluğun ta kendisidir.' İlimden sana ulaşan nasipten sonra bunların boş ve iğreti arzularına uyarsan, Allah katından ne bir dostun/destekçin olur ne de bir yardımcın."* bildirilmiştir.

Maide Suresi 51. ayette de *"Ey iman edenler! Yahudileri ve Hıristiyanları gönül dostları edinmeyin. Onlar birbirlerinin gönül dostlarıdır. Sizden kim onları gönül dostu edinirse o, onlardandır. Allah, zalimler toplumunu doğruya ve güzele kılavuzlamaz."* bildirilmektedir.

Ve, Al-i İmran Suresi 28. ayette *"Müminler, müminleri bırakıp da küfre sapanları gönül dostu edinmesinler. Kim bunu yaparsa Allah'la ilişiği kesilir. Ancak bir sakınma ile onlardan korunmanız müstesna. Allah sizi kendisinden sakınmaya çağırır. Ve dönüş yalnız Allah'adır."* bildirilmektedir.

Diyanet İşleri Başkanlığı'nın ve Elmalılı Hamdi Yazır'ın meallerinde *"dost"*, Yaşar Nuri Öztürk mealinde ise *"gönül dostu"* denmektedir. Her hâlükârda, anlamak isteyene mesaj gayet açıktır.

* * *

Fetullah Gülen'in "Küresel Barışa Doğru" adlı kitabının 131. sayfasında *"Herkes Kelime-i Tevhid'i esas alarak çevresine bakışını yeniden gözden geçirmeli ve ıslah etmelidir. Hatta Kelime-i Tevhid'in ikinci bölümüne yani "Muhammed Allah'ın resulüdür" kısmını söylemeksizin ikrar eden kimselere de merhamet nazarıyla bakmalıdır"* ifadeleri dile getirilmişti.

17 Nisan 2000 tarihli Zaman Gazetesi'nde Ahmet Şahin paralel bir biçimde *"Mühim olan Kelime-i Tevhid inancıdır. Hz. Muhammed'i (s.a.v.) kabul ve tasdik etmek ise şart olmayıp bir kemal mertebesidir"* ifadelerini dile getirebiliyordu.

Tevbe Suresi 30. ayette *"Yahudiler: 'Uzeyr, Allah'ın oğludur.' dediler; Hıristiyanlar da: 'Mesih, Allah'ın oğludur.' dediler. Kendi ağızlarının sözüdür bu. Kendilerinden önce inkar edenlerin sözlerine benzetme yapıyorlar. Allah onları kahretsin! Nasıl da yüz geri çeviriyorlar!"* denilmektedir.

Ve 33. ayetinde de "*O, resulünü hidayet ve hak dinle gönderdi ki, müşrikler hoşlanmasa da o dini dinlerin tümünün üstüne çıkarsın.*" bilgisi verilmektedir.

Kur'an'da "Muhammed" adında sure vardı da acaba bilmiyorlar mıydı, okumamışlar mıydı? Halbuki Allah, Kur'an-ı Kerim'deki pek çok ayette insanlara bilim yapmasını/okumasını öğütlüyordu. Özel manada "Kur'an'ın okunması" genel manada da insanların "okuması" isteniyordu. Bu emir hem peygambere hem insanlığadır... Bugün en temel sorunumuz bu, okumuyoruz. Cahillerle savaşıyoruz.

Kelime-i Tevhid'den "Muhammed"i kaldıran zihniyet, AB rahatsız oldu diye "diyalog" kapsamında camiden, cuma hutbesinden Allah'ın ayetini kaldırıyordu: "*Allah katında din İslam'dır*".

Ali İmran Suresi 19. ayetin ilk cümlesi "*İnneddine indallahil İslam/Allah katında din İslam'dır*". Hıristiyan ve Yahudiler bundan rahatsızlık duymuşlardı. Allah'ın ayetinin düşmanlık yarattığını, kendilerini küçümsediğini iddia etmişlerdi. Bu isteğe, Müslüman Türk yöneticiler karşı durmak yerine itaat etmişlerdi. Hak, batıla doğru yanaştırılmaya çalışılıyordu. Diyalog artık her şeyin üstündeydi. Artık Diyanet'in yeni düzenlemesi gereğince cuma namazında hutbede insanlarımıza bu ayet söylenmeyecekti. Allah'ın ayetindense AB'nin şefkati, şefaati daha makbul olunan bir döneme doğru yürünüyordu.

Nisa Suresi 150. ayette "*Onlar ki Allah'ı ve O'nun resullerini inkar ederler, Allah'la O'nun resulleri arasını açmak isterler de 'bir kısmına inanırız, bir kısmını inkar ederiz' derler; böylece imanla inkar arasında bir yol tutmak isterler.*" denilmektedir.

Gülen'in Hoşgörü ve Diyalog İklimi kitabının 155. sayfasında "*Kur'an-ı Kerim'de hıristiyanlık ve yahudiler hakkında kullanılan ifadelerin çok sert olduğu söylenir.*"

Geçmiş dönemlerde bazı hıristiyan ve yahudilerin apaçık gerçek karşısında gösterdikleri inat, ayak direme düşmanlığı ifade için Kur'an'ın kullandığı üslup, her zamanki hıristiyan ve yahudiler için de kullanılacaktır diye bir şart ve mecburiyet olamaz. Bu tür ayetlerde sübut-u kat'iyye arandığı gibi delalet-i kat'iyye de aranmalıdır. Yani bu ayetlerin Kur'an ayetleri olduğu kesindir fakat o ayetlerin ilk günden bu yana bütün yahudi ve hıristiyanları içine aldığı kesin değildir".

Öncelikle Fetullah Gülen'in, bu ayetlerin Kur'an ayetleri olduğunu bildirmesi mucizedir, bize Kur'an'ın doğruluğunu teyit etmiştir(!) İslam alemi, kendisini şanslı saymalıdır çünkü böyle muazzam bir teyitçi hocaefendimiz bulunmaktadır(!)

Kur'an-ı Kerim evrensel bir kitaptır, tüm toplumlara tüm zamanlara hitap eden, tüm zamanlara hükmeden bir kitaptır. Pek çok ayetin (örneğin az önce yazdığımız Maide Suresi 51. ayet gibi) "Ey iman edenler" hitabıyla başlaması bundandır. "Ey şu şu tarihler arasında yaşayanlar/Ey şu dönemin insanları" denmemektedir. Gülen burada çeşitli metotlara girerek, Kur'an'ın kelamını ve emrini yalnızca o dönemdeki gelişmelere has olarak o dönem insanlarına uygun görmekte; *"çok sert"* gelen ifadelerin "Ilımlı İslam" ve "Dinlerarası Diyalog"a uygun düşmeyeceğinden midir bilinmez, günümüz için geçerli görmemektedir. Dinlerarası Diyalog bir maskedir, yalandır.

* * *

Tıpkı diğer tüm Sureler gibi etkileyici bir Sure'den birkaç ayet aktararak bu bölümü bitirelim.

Bakara Suresi 7-10. ayetler "**7-** *Allah onların kalpleri, kulakları üzerine mühür basmıştır. Onların kafa gözleri üstünde de bir perde vardır. Onlar için korkunç bir azap öngörülmüştür.*

8- İnsanlar içinden bazıları vardır, 'Allah'a ve ahiret gününe inandık!' derler ama onlar inanmış değillerdir. **9-** Allah'ı ve inanmış olanları aldatma yoluna giderler. Gerçekte ise onlar öz benliklerinden başkasını aldatmıyorlar. Ne var ki, bunun farkında olamıyorlar. **10-** Kalplerinde bir hastalık vardır da Allah onları hastalık yönünden daha ileri götürmüştür. Ve onlar için, yalancılık etmiş olmaları yüzünden acıklı bir azap öngörülmüştür."

Ayetlerden ders çıkarmak gerekir. Kur'an'da hepimiz için ders alınacak öğütler ve ibretler vardır.

AB'NİN GERÇEK YÜZÜ

Tarihsel bir bakış açısıyla Avrupa; Türklerin kurduğu her devleti, her türlü siyasi ve idari oluşumu, Avrupa hegemonyasına ve Hıristiyanlığa karşı tehdit olarak algılamıştır. Gördüğü bu tehditleri de yok edebilmek amacıyla, her türlü çabayı harcamış, İtalyan düşünür Makyavel'in dediği gibi, amaca ulaşmak için her yolu mübah saymıştır. Peki bugün Türkler'e karşı önyargının, kin ve nefretin artık kalmadığı iddia edilebilir mi?

Türkiye açısından Avrupa Birliği, 1959 yılında başvurulan ama hâlâ üye olunamayan ilginç ve bir o kadar da karmaşık bir yapıdır. Kamuoyunda AB ile ilgili oldukça fazla bilginin bulunduğu görülmektedir. Ancak bu bilgilerin çoğunun içi boştur yada yanlıştır. Daha doğrusu Türkiye'de Sisteme entegre basın yayın kuruluşlarının propagandası yoluyla oluşmuş, tek taraflı ve kirli bilgi mevcuttur.

AB, bir "Harikalar Diyarı", adeta cennetten kopma bir "kutsal yapı" olarak gösterilmektedir. Ama bu kisvenin altında "çikolata paketine sarılmış zehir" misali, hep Türkiye'yi ve Türkler'i zehirlemeye çalışan, kendi çıkarları doğrultusunda Türkiye'nin çıkarlarını bloke etmeye çalışan bir yapı vardır.

Uyan Ey Türk Gidiyoruz

AB'nin Türkiye Karşıtlığında Din Etkeni

Avrupalı devlet yöneticilerinin, AB halklarının ve onların atalarının Türklük/İslamiyet/Türkiye düşmanlığının anlaşılması için tarihin derinliklerine yolculuk yapmamız gerekiyor. Bu başlık altında özellikle din etkenini inceleyeceğiz.

Hıristiyan Avrupa'nın Türk ve Müslüman karşıtlığının en somut örneği İncil'de ve onun aracı haçlı ordularında görülmektedir.

Bizim İncil olarak söylediğimiz doğru adıyla Kitab-ı Mukaddes'te (Kutsal Kitap), onun ilk bölümü olan Eski Ahit'te (aynı zamanda yine bizim yanlış biçimde Tevrat olarak söylediğimiz asıl adı Tanah olan kitapta, bu kısım büyük oranla aynıdır) Yasa'nın Tekrarı 7:2-3'te kendi dinlerinden olmayanlar için *"Tanrınız RAB bu ulusları elinize teslim ettiğinde, onları bozguna uğrattığınızda, tümünü yok etmelisiniz. Bu uluslarla antlaşma yapmayacaksınız, onlara acımayacaksınız. Kız alıp vermeyeceksiniz. Kızlarını oğullarına vermeyeceksiniz; oğullarınıza da onlardan kız almayacaksınız."* ifadeleri kullanılmaktadır.

Yasa'nın Tekrarı 20:12-16'da *"... sizinle savaşmak isterlerse, kenti kuşatın. Tanrınız RAB kenti elinize teslim edince, orada yaşayan bütün erkekleri kılıçtan geçirin. Kadınları, çocukları, hayvanları ve kentteki her şeyi yağmalayabilirsiniz.*

Tanrınız RAB'bin size verdiği düşman malını kullanabilirsiniz. Yakınınızdaki uluslara ait olmayan sizden çok uzak kentlerin tümüne böyle davranacaksınız. Ancak Tanrınız RAB'bin miras olarak size vereceği bu halkların kentlerinde soluk alan hiçbir canlıyı yaşatmayacaksınız."

Acaba bu bab'ta yazılı olanlar nedeniyle midir, ABD ve İngiltere binlerce kilometre öteden gelip Vietnam, Afganistan ve Irak'ta işgal ve katliamlar yapmaktadır. Amerikan askerleri, camide ibadet edenden, evinin içinde oturan sivillere, düğündekilere kadar herkesi ve yalnızca Irak'ta 1,5 milyonu, *"soluk alan her canlıyı"*, çocuğu, kızı kadını, adamı öldürmektedir! Ülkenin petrolünü, topraklarını, tarihi eserlerini yağmalamaktadır.

1. Samuel 15. Bölüm 3. Bab'ta, İsraillilere karşı çıkan Amelekliler halkına karşı *"Onlara ait her şeyi tamamen yok et, hiçbir şeyi esirgeme. Erkek, kadın, çoluk, çocuk, öküz, koyun, deve, eşek hepsini öldür."* emirleri mevcuttur.

"Ötekine" yapılması istenen muamele açıktır. Çoluk, çocuk, erkek, kadın, hayvan... her şeyin öldürülmesini emreden bir kitap... Ve kitabın satırlarının harfiyen yürütüldüğü, emirlere harfiyen uyulduğu görülen bir dünya düzeni, küresel diplomasi, işgaller, savaşlar...

Matta İncil'i 10:34-36, Markos 9:41, Luka 12:51-53'de yazılanlara bakarsak *"Yeryüzüne barış getirmeye geldim sanmayın! Ben barış değil, kılıç getirmeye geldim. Çünkü ben oğulla babasının, kızla annesinin, gelinle kaynanasının arasına ayrılık sokmaya geldim. İnsanın düşmanları, kendi ev halkı olacaktır."* dediğini görürüz Hıristiyanların Mesih İsa'sının.

Yalnızca Müslüman bir lider olan Mustafa Kemal'den "Yurtta barış, Dünyada barış" sözleri inci gibi dökülürken; İncil'in ve Hıristiyan toplumların peygamberinin yeryüzüne barış değil kılıç getirmeye gelmesi ne kadar manidar!

Hıristiyanlar, bu saldırgan emirler doğrultusunda savaşlar ve işgaller yürütürken, biz Türk toplumu bu sözü referans alıp hâlâ barış için, kardeşlik için dünyaya örnek olmaya, savaşa karşı sevgi sunmaya, sorunlarda arabuluculuk yapmaya çalışıyoruz.

Uyan Ey Türk Gidiyoruz

Bu devletler, kendi dinlerinin kutsal kitabının emirleri dururken, Mustafa Kemal'i yada arabuluculuk yapan ülkeleri mi dinleyecekler?!

Kısacası İslamiyet'e, Müslümanlara göre değiştirilmiş, bozulmuş ve yürürlükten kalkmış olduğu kabul edilen Hıristiyanların Kutsal Kitap'ında ve bir kısmı da Yahudilerin Tevrat'ında yazılı olanlar, her şeyi ifade etmektedir.

Avrupa halklarının ve yöneticilerinin, en azından onların inançlı kesiminin, İslam ve Türk düşmanlığının kaynağını bize, kutsal kitapları çok açık göstermektedir. İslam'a vahşet dini diyenlerin, "ılımlı" sıfatını takanların, İslam'ı terörle özdeşleştirmek isteyenlerin bu yalanları kendi dinlerinin kutsal metinleriyle gün yüzüne çıkmaktadır. Neyin vahşet neyin sevgi içerikli olduğu bir kez daha açıklığa kavuşmaktadır.

Biz burada ve bu kitap kapsamında din ayrımcılığı, dini inanç ve dini kutsallara karşı aşağılama, suçlama yada kınama yapmıyoruz. Dini metinler üzerinden tespitler yapıyor, uluslararası diplomasiyi ve stratejiyi, savaşları ve kürenin işleyişini, Türkiye'yi anlamaya, analiz etmeye çalışıyoruz. Başkan 2. Bush "haçlı savaşı" yaptığını iddia ederek Irak'ı ve Afganistan'ı işgal ediyorsa, demek ki İncil ve Tevrat, dünyayı, savaşları ve uluslararası ilişkileri anlamak adına birincil kaynaktır. Dünyamızı ve olayları anlamak adına, bu incelemeyi yapmaya mecburuz.

* * *

Avrupa ve özellikle Hollyvood yapımı Amerikan filmlerinde genellikle İncil'den bölümler okunur ve Evangelist Hıristiyanlığı ve örtülü biçimde Tevrat'ı, Kabbala'yı yücelten sahneler geçirilir. En ilgisiz aksiyon filmlerinden, genellikle tüm örneklerinde gördüğümüz korku filmlerine kadar... İncil'den (özellikle Tevrat'la büyük oranda eşitlik taşıyan eski ahit kısmından) bölüm okunmayan filmlerde ise bir yerlerden muhakkak bir haç çıkmakta, izleyicinin bilinç altına yerleştirilmektedir.

Sürekli olarak Yahudi-Hıristiyan inancını anlatma çabasının varlığı görülmekte ve ne hikmetse bütün filmlerde Evangelizm Hıristiyanlığı, barış ve sevgi dini olarak lanse edilmektedir! Sakin ve huzur dolu insanlar, iyi kalpli yardımsever insanlar hep inancı kuvvetli protestan Evangelist Hıristiyan inançla sunulmaktadır. Her filmde gördüğümüz iyi ile kötünün mücadelesinde iyi olan, hep inançlı Hıristiyan kişi olmakta; yada bazen Tanrı tanımaz bir kişi olmakta senaryonun sonunda gördükleri karşısında hayrete düşerek Hıristiyan inanca sarılan bir kişi olmaktadır.

Buna karşın Müslümanlar hep pis, kaba, cahil ve duygusuz, acımasız insanlar olarak gösterilmektedir. Herhangi bir Avrupalı'ya "vahşi bir olay örnekleyin" denilse hemen "Müslümanların kurban kesmesi" örneği söylenmektedir, ancak sanki bunu söyleyenler vejeteryandır (vejeteryansa zaten buda-yoga etkisindedir, o da ayrı bir konu). Ama nedense İspanyolların eğlence için işkence ile boğa öldürmeleri yani arena gösterileri akıllara hep daha sonra gelmektedir, o da gelirse!

Avrupa'nın pek çok ülkesinde dazlak olarak nitelenen ırkçı, faşist çetelerin azınlıkları ve bilhassa Müslümanları yakalayıp öldürmesi artık organize suç değil adi suç kapsamında değerlendirilmekte ve sıradan bir gelişme olarak karşılanmaktadır.

Kamu güvenliğini geceleri sağlayamayan yada sağlamak istemeyen İngiliz hükümeti, Alman hükümeti, Hollanda hükümeti örnekleriyle AB üye devletlerini görüyoruz. Avrupa hükümetleri ve bu sebeple geceleri insanın en temel hakkı olan "yaşama hakkını" yitiren Müslüman gençler...

Birkaç yıl önce uygulanan müthiş bir operasyonu/propagandayı burada anımsamakta yarar var.

Uyan Ey Türk Gidiyoruz

Almanya'da kalabalık kitlelerin seçimlerle ve büyük inançlarla iktidara taşıdığı faşist diktatör Adolf Hitler'in yazdığı Kavgam kitabı, 2004-2005 yıllarında çok ucuz bir fiyattan Türkiye'de piyasaya sunuluyordu.

Sayfa sayısına göre oldukça ucuz görülen kitap o dönem leblebi sakız gibi satılmıştı. Hemen ardından Avrupa ve ABD basınında, Türkiye manşet ve sürmanşet oluyordu. Özel haberler hep Türkiye üzerineydi: *"Hitler'in kitabı Türkiye'de yüz binler sattı. Türkiye'de yükselen milliyetçilik mi var?"*.

Bunun bir psikolojik operasyon olduğu bugün artık daha net görülmektedir. O dönem Hitler'in kitabı ile milliyetçilik arasında kurulan bağ kasıtlıydı. Çünkü Hitler milliyetçi değil faşist görüş ve eylemde bulunmuş bir kişilikti. Nasyonel sosyalist maskesiyle iktidar olmuş bir kişiydi. Milliyetçi bir vatandaş nasıl faşistlikle özdeşleştirilebiliyordu?

"Türkiye faşistleşiyor mu" sorusu yerine "yükselen milliyetçilik" kavramının seçilmesi, Sistem açısından isabetli bir taktikti. İnsanların ve gençlerin zihinlerine, bilinç altına "Hitler'in kitabını okumak demek milliyetçilik demek" algısı işleniyordu. Milliyetçilik istenmeyen, kınanan ve Hitler ile özdeşleştirilen bir ideoloji olarak gösteriliyordu.

Ulus devlet yapısında ve devlet ideolojisinde milliyetçilik unsuru görmek son derece normaldir çünkü zaten yapıştırıcı unsur milliyettir. Türkiye, ulus devlettir. Bu yeni Türk Devleti, Türkiye Cumhuriyeti ulus temeller üzerine bina edilmiştir. Atatürk'ün altı ilkesinin içinde, altı okundan biri olarak milliyetçilik ilkesi yer almaktadır.

1982 Anayasasında da *"Türkiye Cumhuriyeti, toplumun huzuru, milli dayanışma ve adalet anlayışı içinde, insan haklarına saygılı, Atatürk milliyetçiliğine bağlı, başlangıçta belirtilen temel ilkelere dayanan, demokratik, laik ve sosyal bir hukuk devletidir"* maddesini ve benzeri maddeleri görmekteyiz. Milliyetçilik, devlet rejimi ve siyasal yapı içinde yer almakta; hukuk yolu ile de güvence altına alınmaktadır.

Burada bir parantez açarak Türk milliyetçiliğinin kan, ırk temelli olmadığının altı çizilmelidir. Zaten bunun Anadolu coğrafyasında akla uygun bir yapı olmayacağı açıktır.

Atatürk bakışıyla Türk milliyetçiliği "subjektif milliyetçilik" tarifine uymaktadır. Türklük, Türk milliyetçiliği; hukuki bir tanımdır etnisiteye dayanmaz. Tabi asla yalnızca "hukuki bir tanım" olarak da algılamamak gerekir.

Pekala Kürt kökenli bir vatandaş da Türk milliyetçisi olabilir. Burada söz konusu olan ırk/kan ayrımı değil vatan sevgisinde birleşmektir, yurt ortaklığıdır. Türklük ve Türk milliyetçiliği; siyasi birlik, dil birliği, yurt birliği, tarih birliği, ahlak birliği, keder ve sevinçte ortaklıktır. Türkiye, ırk milliyetçiliği değil yurt milliyetçiliği fikri üzerine bina edilmiştir. Türk milliyetçisi olmak, bu toprakları ve devleti sevmektir, vatanseverliktir.

Türkiye'de yaşayan topluma Türk denilmektedir. Ancak, Türk insanı gereksinim duyarsa kökenini de söyleyebilir. Bu ifade ile ne kökenini belirten kişi ne de muhatabı bir ayrımcılık hissine yada komplekse kapılmamaktadır. Ancak Kürtlüğü Türklükten hukuken ayırmak isteyen Sistem ve onun Avrupalı ortaklarında durum böyle midir?

Uyan Ey Türk Gidiyoruz

Fransa'da ve Almanya'da hiç kimsenin Fransız yada Alman olmadığı söylenmez, etnik kökenleri bilinmezdir! Almanya/Almanlar Schwabe, Zorbon, Friz ve Bavyer'lerden; Fransa/Fransızlar ise Bask, Flaman, Bröton'lerden ve daha adını bizlerin tam olarak bilemediği pek çok kökten, ırktan oluşmaktadır da, kendi köklerini söylemeyi "vatana ihanet" olarak gören insanlar bize bugün akıl öğretmektedir.

* * *

Parantezi kapatarak konuya devam edelim. Toplum ve özellikle genç nesil, Avrupa kaynaklı bu propaganda karşısında faşistlikle milliyetçiliği bir algılamakta ve ikisinden de son hız uzaklaşmakta, kendi değerlerinden soğutulmaktaydı.

Türkiye'yi faşistlikle suçlayan Avrupa'nın, kimi futbol karşılaşmalarında taraftarın Neo-Nazi bayrakları açtığı, ırkçı tezahüratlarda bulunduğu bugün dahi söz konusudur. Geceleri yabancı ve göçmen avlayan ırkçı çeteler, kafası kazınık faşist genç örgütlenmeler bugün dahi Avrupa Birliği ülkelerinde boy göstermektedir.

Bu ırk temelli saldırıların hiçbirisi hoşgörü ülkesi Türkiye'de yaşanmazken; Avrupa Birliği, içindeki kanserli yapıyı temizlemek yerine Türkiye'ye "faşistleşiyorsunuz" uyarılarında bulunması, AB'nin bugün dahi küstah ve eşitliksiz yüzünü göstermektedir.

Ayrıca hüznü gülünçtür, Kavgam kitabının yasak olduğu Birlik üye ülkelerinde faşist ve ırkçı örgütlenmeler varken, kitabın serbest olduğu ve okunduğu Türkiye'de bu tip oluşumlara rastlamıyoruz. Bu, toplumların geleneğinden geçmişinden geliyor olsa gerek.

Avrupa televizyonlarında, özellikle soğuk ülke (İsveç, Norveç...) televizyonlarında *"Kadına Karşı Şiddete Hayır"* reklamları bugün dahi dönmekte, bu konularla ilgili her hafta belgeseller gösterilmektedir.

Ancak bu reklamlarda ve belgesellerde, Türkiye'de yaşanmış "kadına uygulanan şiddet" haberleri ve görüntüleri verilmektedir. Bu yayınlar hatta, yayının gösterildiği ülkenin resmi dilinde altyazı ile, Türkçe verilmektedir. Avrupalı istediği zaman Türkiye'ye fazlasıyla ilgi göstermektedir!

Bu yayınlarda bazen de Avrupa'da yaşayan Türklerin "kadın cinayetleri" gösterilmekte, Türklerin kadına uyguladığı şiddete karşı yorumlar yapılmakta, Türkler barbar, kasap ve kadına karşı bile acımasız yaratıklar olarak, bir karalama operasyonunun parçası olarak gösterilmektedir.

Avrupa'nın ve AB'nin lokomotif ülkelerinden Fransa'da ise her dört günde bir kadın, eşinin uyguladığı şiddet sonucu ölmektedir de, bu tüm Avrupa tarafından "normal" karşılanmaktadır. Fransa ve diğer Avrupa ülkelerinde yer alan hiçbir "kadına karşı şiddet" vakası haberleştirilmemektedir.

Haberleştirilmeyen yalnızca bu mudur? Kilise'de papazlar/din adamları tarafından uygulanan çocuk taciz ve tecavüzü haberlerinin patladığı bir dönemde, Katolik Kilise'nin başı Papa *"Kilise'nin saygınlığı, çocukların güvenliğinden önce gelir"* demiştir de, ne Papa'nın bu demeci yayınlanabilmiş ne de artık Kilise'de taciz/tecavüz haberleri eskisi gibi yayınlanmaya devam etmiştir. Belki de tacizi/tecavüzü yapan din adamları "Türkler" olmadığı içindir!

Avrupa yine her zamanki gibi üç maymunu oynamaktadır.

Uçuşan Yıldızları Görmek

Avrupa Birliği her yönüyle Hıristiyanlık kokmaktadır. Her taşın altından bir haç çıkmaktadır. Bu bazen de bayrağın üzerinde yer almaktadır.

Uyan Ey Türk Gidiyoruz

Avrupa Birliği bayrağı koyu mavi zemin üzerinde çember halinde sıralanmış 12 sarı yıldızdan oluşmaktadır. Bu bayrağın henüz 1955 yılında, Avrupa Konseyi Parlamenterler Asamblesi'nde kullandığını görmekteyiz. Daha sonra Avrupa Topluluğu, 26 Mayıs 1986 tarihli kararıyla bu bayrağı Avrupa Birliği resmi bayrağı olarak kabul etmiştir.

AB üye sayısı sürekli artmasına ve güncellikleri çok çabuk yakalayan bir Birlik karşımızda olmasına karşın görülmektedir ki bayrak konusunda yeniliği yakalayamamıştır!

Bu bayrağın tasarımını koyu katolik bir Hıristiyan olan Arsene Heitz hazırlamış ve bunu hazırlarken de *"Meryem Ana figürü'nden esinlendiğini"* hiç çekinmeden ifade etmiştir. 2002 yılında yeni bayrak tasarımları geliştirilmiş, ancak bunların hiçbiri, dini simge taşımadıklarından olsa gerek, kabul edilmemiştir.

Bu bayraktaki oniki yıldız oniki havariyi yani Petrus (Simon), Andreas, Büyük Yakup, Yuhanna, Filip, Thomas, Bartholomeus, Matthias, Küçük Yakup, Şemun, Yehuda ve Taddeus'u temsil etmektedir. Havariler ise Hıristiyanlığa göre, İsa'nın inancını yaymak ve vaazlarda bulunmakla görevlendirdiği yardımcılarıdır.

Avrupa Birliği kurumu ve yöneticileri içinde her mezhebiyle Hıristiyanlar olduğu kadar, açık Yahudilerin ve kripto Yahudilerin bulunduğu da bilinmelidir. Ama elbette ki bir kulüp olarak Avrupa Birliği'ni yöneten güç Sistem'dir ve onun çıkarına hizmet eden İbrani, Kabbalistik CFR, Bilderberg vb. üyesi yöneticileridir.

Kitab-ı Mukaddes (İncil) içinde Tevrat'ın bazı kısımlarının yer alması, bu iki dinin başta protestan Evangelist mezhep olmak üzere bazı mezheplerinin birbirine görece entegre olması, din temelli çıkar çatışmasını belirli ölçüde engellemektedir. İki din, çıkar ortaklığı içinde bir kurumu yönetmektedir. Katolik Hıristiyan olan kişilerin, Yahudiliğe daha az düzeyde hoşgörülü oldukları da bilinmektedir.

Almanya'da onaltı yıl süreyle başbakanlık yapan koyu katolik Helmut Kohl'un Birlik ve Avrupa hakkındaki *"Hıristiyan dünya görüşü ve Hıristiyanlık değerlerinin olmadığı bir Avrupa benim Avrupam değildir"* düşüncesi önemlidir.

Katoliklerin ruhban lideri Papa 2. John Paul'ün *"Avrupa Birliği'nin anayasasına 'AB'nin dini Hırsitiyanlıktır' ifadesi yazılmalıdır"* söylemi aynı katolik siyasi inancı ifade etmektedir.

Fransa'nın eski cumhurbaşkanı ve avrupa anayasasını hazırlayan konvansiyonun başkanı Valery Giscard D'estaing'in o çok bilindik *"AB bir Hıristiyanlık kulübüdür"* sözü hatırlanmalıdır. Bu iddianın, daha sonraki yıllarda Türkiye'deki AB karşıtlarının (Tayyip Erdoğan ve Abdullah Gül de dahil) en popüler sloganı haline geldiğini de görüyoruz.

Kişinin inancı, onun siyasal duruşunda ve özellikle Sistem içerisindeki konumunda önemli rol oynuyor. Din, inanç Allah ile kul arasında kalmıyor, dünya yönetiminde etkin rol üstleniyor.

Avrupa içinde en önemli ve öncü makamlarda görevlendirilmiş olan, kendini Hıristiyan olarak lanse etmiş cumhurbaşkanı Giscard D'estaing'in öz inancını bilememekteyiz. Ettiği bu söz gerçekten Hıristiyan olma olasılığını kuvvetlendirmektedir.

Ancak Fransa'nın ilk aleni Yahudi başbakanı Leon Blum'un 1936'da, kuvvetle muhtemel kripto Yahudi ilk cumhurbaşkanı Albert Lebrun'un da 1932'de göreve başladığını hatırlarsak Fransız üst yönetiminin öz dinleri hakkındaki kararsızlığımız daha anlaşılabilir olacaktır.

Sonuçta öyle yada böyle bayrağına, ritüellerine, üst düzey yöneticilerinin söylem ve algılarına göre AB bir Hırstiyan oluşumudur ve Müslüman bir Türkiye'nin bu oluşumda yeri yoktur.

Uyan Ey Türk Gidiyoruz

Her türlü jeopolitik ve stratejik algıyı, çıkar planlarını bir yana bırakırsak; tarihsel bakış açısıyla, yaklaşık bin yıl boyunca Avrupa'yı inletmiş, akınlar düzenleyerek yurtlarını tehdit etmiş bir Türk milleti hele bir de Müslüman inançta, Avrupa Birliği'ne giremeyecektir.

Türkiye'nin AB'ye girebilme talebini, her şeyden önce Avrupa devlet, millet ve yöneticilerinin tarihi, hafızası, algısı ve dini inanışları (birkaç sayfa önce de belirtildiği üzere *"o uluslarla antlaşma yapmayacaksın"* vb. dini emirler hatırlanarak) kabul etmemektedir.

Avrupa Birliği fikrinin, bugünkü yapının nüvelerinin haçlı ordularının kurulmasından önce, Girit adasının Türkler tarafından fethedilmesini önlemek için Kapusen Keşişi St. Joseph tarafından atıldığını, yani bir Hıristiyan din adamı tarafından Müslüman Türkler'e karşı AB fikrinin öne sürüldüğünü tarihsel olarak hatırlamakta da yarar var.

Nasıl ki günümüz demokrasisi ile eski Yunan demokrasisi başka başka algı ve yapılar ise, o dönem ortaya atılan Avrupa Birliği fikri ile günümüz AB'si de farklı yapılardır. Ama tarihte ortaya çıkan fikirlerin bugüne referans oluşturduğu inkar edilemez.

Eğer Avrupa Birliği kulübünün yönetimi tamamıyla açık ve kripto Yahudilerin eline geçerse, Türkiye Sabetayistleri ve Musevileri ile dünya Yahudi organizasyon arasındaki bağ organikleşir ve sağlam bir zemine oturursa ve diğer bütün çıkarsal algılar Türkiye'nin AB'ye üye olmasından yana yön değiştirirse, bir tek bu koşulda Türkiye AB'ye tam üye sıfatıyla kabul edilebilecektir.

Aksi halde birkaç yılda bir, 07 Mayıs 1995 Hürriyet Gazetesi'nde gördüğümüz *"En geç 98'de Avrupa Birliği'ne tam üyeyiz"* yada 14 Aralık 2002 tarihli Sabah Gazetesi'nde gördüğümüz *"2010'da Avrupalıyız"* başlıklarıyla toplum uyutulmaya devam edecektir.

Sistemin bir projesi olarak, ne ABD ve Avrupa'nın aklına ve yol göstericiliğine (örtülü işgaline) Türkiye'nin ihtiyacının kalmamasına yol açacak şekilde birliğe alınacak; ne de başka arayışlara yönelecek ve birliği umursayamacak şekilde ilişkilerde dışlanacaktır.

Bağlı köpek modeli uygulanmaktadır. Ne evin içine alınmaktadır, ne de ipsiz başı boş bırakılmaktadır. Önüne belirli sürelerle et atılır ve ölünceye kadar o köpek sadık kalır, kulübesinde yaşar gider. Yaramazlık yaptığında sokağa atmakla korkutulur, hevesi söndüğünde evin içine almakla teşvik edilir. Özgür kalamaz, benliğini bulamaz. Sahibine benzer ama asla sahibi gibi olamaz.

Ne bu modeli anlatan biz, ne de okuyan siz üzülün. Bu modeli göre göre gerçekleri halka anlatmayan, AB'ye hayır diyemeyen, üstüne AB'yi bir devlet politikası yapan iktidarlar, devlet yöneticileri utansın, üzülsün. Burada Sisteme köpek olan asla Türkiye ve onun şerefli toplumu değildir. Sistemin, Türkiye içindeki manevi ajanlarıdır.

Yaşasın Gümrük Birliği (!)

Avrupa sözcüğü İngilizce'de, Fransızca'da, Almanca'da, İtalyanca'da, İspanyolca'da ve diğer pek çok Avrupa dillerinde "Europe/Europa" diye yazılır. Sözcüğün kökeni Yunanca'dan gelmektedir. Avrupa sözcüğünün Yunanca anlamı "güneşin battığı yer" demektir. Eski Yunan'ın, Türkiye'nin Ege sahillerinde yaşadığını hatırlayarak, Avrupa kıtasının Ege'nin batısında kalması nedeniyle buralara Avrupa (güneşin battığı yer, batı) denildiği anlaşılmaktadır.

Uyan Ey Türk Gidiyoruz

Avrupalının, coğrafyasına adını veren Yunan'a karşı ayrı bir "kutsallıkla, saygıyla" baktığını biliyoruz. Avrupalı kendi kültürünü, medeniyetini ve köklerini genellikle Eski Yunan'a dayandırmaktadır. Eski Fransa cumhurbaşkanı Jacques Chirac'ın *"Hepimiz Bizans'ın çocuklarıyız"* sözü iyi bir örnek olarak karşımızdadır.

* * *

Buraya konu dışı bir bilgi/yorum ekleyelim. Mitolojik Yunan tanrılarının adeta bir emri, bir lütfu gibi görülen, 19. yüzyılda Fransız Pierre de Fredy, Baron de Coubertin tarafından modernize edilen Olimpiyat oyunları, tarihte Osmanlı hakimiyeti boyunca yaklaşık 400 yıl yasaklı kalmıştı.

Bu nedenle, olimpiyatlar içindeki Yunan lobisinin bir karşı etkisiyle olsa gerek, çok büyük paralarla altyapılar oluşturulmasına ve etkin propaganda ile Türkiye'nin adaylığının güçlendirilmesi çalışmalarına karşın, olimpiyatlar bir türlü Türkiye'de yapılamamaktadır!

Büyük bir yozlaşma ve özenti ile birlikte (bunu cahillik olarak da görebiliriz) BDP'li Kürt kökenli Türklerin ve Kuzey Irak Kürtlerinin sahiplenmeye çalıştığı Nevruz'da, üzerinden atlanabilen Nevruz ateşi yerine, adeta bir olimpiyat meşalesi gibi yüksekte, uzun bir direk üstünde yer alan meşaleyi yaktıklarını görüyorduk. O ateşle de yerdeki odunlar tutuşturuluyordu. Türkiye'de olimpiyat meşalesi artık, Nevruz'da Kürtler tarafından yakılmaktadır!

* * *

Chirac'ın sözünü unutmadan devam edelim. Bizans'ın gerçek çocuğu Yunanistan, AB'ye tam üye olduktan sonra Gümrük Birliği'ne girmesine karşın; Türkiye, AB üyesi olmadan, hırsla ve tarihi bir hata ile Gümrük Birliği'ne giriyordu.

Yunanistan ve İspanya, AB'ye girmeden önce ve girdikten hemen sonra toplamda 50-60 milyar Avroluk fonlar ve yardımlarla desteklenmişlerdi. Ayrıca Yunanistan, Avrupa Birliği üyesi olduktan sonra yani 01 Ocak 1981'den sonra Gümrük Birliği'ne geçişi, uyum adı altında, kademeli olarak 01 Ocak 1986'de gerçekleşmişti. Tarihler ve rakamlar bize çarpıklıkları göstermektedir.

Türkiye ise 13 Aralık 1995 günü Gümrük Birliği Antlaşması'na taraf oluyordu! Gümrük Birliği'nin, AB için bir ön koşul olmadığı bilinmesine karşın! Claudia Roth'un itirafı iyi okunmalıdır *"AB içinde hiç kimse, Gümrük Birliğini tam üyelik için araç olarak görmedi"*.

Fransa'nın eski Ankara büyükelçisi Eric Routeau bu durumu basına verdiği demeçte şöyle değerlendiriyordu *"Türkiye, büyük tavizler verdiği çok haksız bir antlaşmaya imza attı. Tansu Çiller oy kaybeden partisine 'çeyiz' getirmek kaygısıyla, pazarlık etmeye cesaret edemedi. Bu antlaşma yeniden düzenlenmezse, Türkiye'nin ekonomisi açısından bir felaket olur. Avrupa pazar istiyordu, istediğini fazlasıyla elde etti"*.

Fransız diplomatın değerlendirmesi önemlidir ancak yetersizdir. Çiller bunu yalnızca siyasi çıkarı için yapmamıştır, gerçek neden daha derinlerde yatmaktadır. Sistem çıkarı için; kendisi Bilderberg ve Trilateral üyesi olan, eşi de Bilderberg üyesi olan adeta kutsanmış bir ismi, Tansu Çiller'i kullanmıştır. Bu, bugün artık daha açık görülmektedir.

Türkiye, Gümrük Birliği'ne taraf olmuştu ancak iç hukuk tamamlanmadan... Bir uluslararası sözleşmenin geçerlilik kazanması için Başbakanın yada onun yetkilendireceği bir kişinin sözleşmeye/antlaşmaya atacağı imzanın ardından yürürlükteki 1982 Anayasası'nın 87. ve 90. maddelerine göre "TBMM'den onay kanunu" çıkarılması ve bunun resmi gazetede yayımlanması gerekir/gerekirdi.

Uyan Ey Türk Gidiyoruz

Ancak, yalnızca dönemin başbakanı Tansu Çiller'in imzasıyla yetiniliyor, devamı olacak süreç gerçekleştirilmiyordu. Usul eksikliği nedeniyle aslında Türkiye Cumhuriyeti Gümrük Birliği Antlaşması'na taraf değildir. Gelecek herhangi bağımsız bir Türk hükümeti "iç hukuk yollarının tamamlanmadığı" bilgisiyle Gümrük Birliği Antlaşması'nın yürürlüğünü durdurabilir, taraflıktan çekilebilir.

Ama ne gerek var! Türkiye'nin Gümrük Birliği'ne monte edildiği sene olan 1995'ten bu yana her sene ortalama 9 milyar dolar fazladan/ek dış ticaret açığı verilmektedir. Sendikaların ve bağımsız şirketlerin analizleri bu bilgiyi teyit etmektedir. Türkiye Sisteme, Sistemin çıkarı doğrultusunda entegre olmaktadır!

* * *

Bu kadar da değil. Antlaşmanın 64. maddesine göre Türkiye, AB Adalet Divanı'nın kararlarına ve içtihadına kesin olarak uymakla yükümlüdür. Gümrük Birliği Antlaşmasının 16. maddesine baktığımız zaman bir başka şok edici bilgiyle karşılaşıyoruz "*Türkiye, AB'nin özerk rejim ve imtiyazlı ticaret antlaşması olarak üçüncü ülkelerle yapmış olduğu bütün antlaşmalara beş yıl içinde uymayı taahhüt eder*". Maddeler her şeyi apaçık anlatmaktadır.

Durumu küçük örnekle somutlaştırabiliriz. Eğer AB, mesela Azerbaycan'a, İran'a, Kırgızistan'a vs. ticaret amborgosu koyarsa Türkiye en geç beş sene içinde buna uymak zorundadır. Yada AB Ermenistan ile gümrüksüz ticaret antlaşması yaparsa, Türkiye'nin bugün hukuksuzca uyguladığı Gümrük Birliği Antlaşması gereği, Ermenistan ile gümrüksüz ticareti yolu Türkiye açısından da açılacaktır!

Ayrıca Antlaşma'da, Türkiye'nin üçüncü ülkelerle "tercihli ticaret antlaşması" yapma hakkının olmadığı bilgisi genel, soyut bir tanımla yer almaktadır.

Artık Türkiye, Türk Birliği, Karadeniz Birliği, Çin Bölgesi Birliği, Ortadoğu Birliği, Kafkas Birliği yada sadece bir ülke ile imtiyazlı/tercihli ticaret antlaşması dahi gerçekleştiremeyecektir.

Sistem ve onun çizdiği yola, hesaplarına uygun yürümektedir. Gümrük Birliği Antlaşmasının imzalandığı yıllarda Avrupa Parlamentosu Sosyalist Grup Sözcüsü Anne Van Lencker *"Gümrük Birliği Türkiye'de orta ve küçük işletmeler düzeyinde iş kaybına neden olacak ve Türkiye kısa vadede sıkıntı yaşayacaktır"* diyordu. Türkiye kısa vadede değil zaten her vadede ekonomik ve sosyal sıkıntılar yaşayan bir ülke olmaktan bir türlü kurtulamıyordu.

KOBİ'lerin cebinden çıkan yada daha yumuşak bir ifadeyle onların cebine giremeyen her kuruş "büyüklerin/ağaların/üstatların" cebine akmaktaydı. Türkiye'nin dolar milyaderi sayısı 2008 yılında 15'e, 2009 yılında 28'e, 2010 yılında da 38'e ulaşmıştı. Türkiye'de gelir dağılımı çok adilane paylaşılmaktaydı(!)

AB, bayramlarımıza da göz dikecekti. Atatürk'ten bu yana kutlanan Kabotaj bayramından ve yasasından rahatsız oluyordu. AB'ye üyelik aşamasında yada daha büyük olasılıkla müzakereler sırasında Kabotaj Kanunu ve dolayısıyla Kabotaj Bayramı kaldırılacaktır. Atatürk'ün bu millete ve devlete bayram olarak verdiği günü-gücü, AB yolunda birileri yok etmeye çalışmaktadır.

Büyük olasılıkla Kabotaj Kanunu/bayramı kaldırıldıktan sonra değeri anlaşılacak ve yeni "kabotaj bayramı" duasıyla yeni Mustafa Kemal'lerin yolu gözlenecektir. AB'nin istediği yasalar ve bayramlar kaldırılacak ve kendi istedikleri bayramlar kutlanacaksa, yazar Nihat Genç'in dediği gibi *"Bunların pekmez dediği tortu, bayram dediği yortudur"*.

Neticede Gümrük Birliği, Türk iç hukuku tamamlanmadan, gerekli usuller yerine getirilmeden uygulanan "hukuksuz" bir antlaşmadır.

Uyan Ey Türk Gidiyoruz

Türkiye'yi iliğine kadar sömürmeyi hedeflemiş Sistemin güçlü bir aracıdır.

Tutsaklığımızı göstermesi açısından önemlidir, Antlaşma'nın 1995 yılında Çiller hükümeti ve hatta bizzat Başbakan Çiller tarafından onaylanmasına karşın, ondan sonra iktidara gelen hiçbir hükümet/parti tarafından uygulamadan kaldırılmamış yada en azından anayasa emri gereği iç hukuk yolu tamamlanmamıştır.

DEMOKRATİK AÇILIM - BİR PENTAGON PROJESİ

Kürt Açılımı

"Kürt sorununa çözüm", "toplumsal barış" gibi ifadelerin resmileşmiş ismi "Kürt Açılımı", "Demokratik Açılım" ve sonunda "Milli Birlik ve Kardeşlik Projesi" olacaktı.

Bu projeye ilkin ne isim verildiyse kullanılması gereken de odur. Yeni doğan bir bebeğe ne isim verilirse, artık bebek yaşamı boyunca o ismi taşıyacak ve o isimle anılacaktır. Mahkeme kararıyla, haklı nedenleri varsa, en fazla bir defa isim değiştirebilir, bu asla iki değildir. Bu nedenle birinci isim değiştirme talebini uygun görüp, bu süreci "Demokratik Açılım" olarak zikretmek en doğrusu olacaktır.

İsminin bile iki defa değiştirilmiş ve her seferinde bir öncekine göre daha süslü sıfatlarla sunulmuş olması, hem projenin ciddiyetsiz ve baştan sağma başladığını hem de gelecek tepkilere göre içinin doldurulacağını göstermekteydi.

Demokratik açılım ismiyle, *"yıllardan beri süregelen Kürt sorununa çözüm bulacak, toplumsal barışı sağlayacağız"* ifadeleriyle anlatılmak istenen neydi? Kürt sorunu nedir? Kürtler sorun mudur yoksa güneydoğu ve az gelişmiş bölgeler, yani kalkınma ve gelir dağılımında adaletsizlik sorunu mu vardır?

Uyan Ey Türk Gidiyoruz

"Kürt sorununu" anlamak için cumhuriyetin kuruluşuna, geçmişe, arşivlere bakmak gerekir. Bu bakış derinliğini kimi aydınlar(!) Osmanlı'ya kadar götürmek isteseler de, bu teorik ve deneysel olarak tutarsızdır. Türkiye Cumhuriyeti Lozan Antlaşması'na ve resmi devlet ideolojisine, algısına göre Osmanlı İmparatorluğu'nun varisi de olsa, Osmanlı İmparatorluğu adı üstünde biri monarşi ve hatta son dönemlerinde meşruti monarşi, Türkiye ise cumhuriyettir.

Kurtuluş Savaşı sırasında Türk-Kürt ayrımı yapılmayarak bu vatan temelinde omuz omuza çarpışılmış, omuz omuza şahadete ulaşılmıştır. O dönemin Urfasında, doğusunda, güneydoğusunda Kurtuluş Savaşı'nı destekleyen, Atatürk ve kurmaylarına destek olan Kürt aşiretler de vardır; düşmanın yanında yer alan, bağımsızlık hareketini engellemeye çalışan Kürt aşiretleri de olmuştur. Bunlar devletin arşivlerinde mevcuttur.

O dönemde de Kürt kökenliler kendilerini doğal olarak "Kürt" olarak niteliyorlardı. Şurası malumdur ki, kişinin kendisini tanımlamasında ırksal, dinsel yada kültürel farklar var ise ve coğrafyanız aç sırtlanların iştahını kabartan kıymetli bir yerde ise, farklılıklar her zaman için kandırılmaya, kullanılmaya açıktır. Ancak güçlü bir devlet buna asla müsaade etmez, vatandaşını, bekasını korur. Tehlikeli olan, Hıristiyan batı dış siyasetinin daima, amaca giden her yolu mübah saymasıdır.

Atatürk'ün Hatay ve Musul'a karşı hassasiyet beslemesi ve Hatay ile Musul'u alabileceği olasılığı üzerine başta Kürt Said'in (Şeyh Sait) Dersim isyanı olmak üzere pek çok Kürt isyanı çıkarılmıştı. Sırf dış konularda değil, iç politikamızda da, Atatürk'ün çok partili hayata geçiş denemesinde de Kürt isyanı bir zorlayıcı, yıldırıcı araç olarak kullanılıyordu. İsyanlarda Kürtler maşa olarak kullanılıyor, Kürt İslam devleti kurma vaatleriyle kandırılıyorlardı. Maşayı tutan el ise görünürde İngilizlerdi.

İsyanlar bastırılırken devlet nedenlerini de defaatle açıklamıştı: Aşiretler arası çatışmaları önlemek, Kürt kökenlileri de askere almak, asayişi tesis etmek, Kürt kökenlilere bu ülkenin vatandaşı olduğunu hatırlatarak vergi ödemelerini sağlamak, Kürt kökenlilerinin çocuklarının okula gitmesini sağlamak, aşiretleri yerleşik hayata geçirmek, devletin birliğini ve milletin esenliğini tesis etmek...

Tuhaftır çünkü 1937-1984/(1978) arasında herhangi bir Kürt isyanı yoktur. 1980 öncesi sağ-sol çatışmasında, sol terör örgütleri içine yerleştirilen ve olgunlaşmaları sağlanan kimi aktörler, 1980 sonrası PKK hareketi içinde yer alacaktı ancak 1937-1984 tarihleri arasında herhangi bir Kürtçü isyandan söz edilemez. Halbuki bu dönemde batı kentlerinde ve doğuda resmi kurumlarda Kürtçe konuşmak yasaktır, Kürtçe şarkı söylemek/dinlemek yasaktır, Kürtçe yazmak/yayın çıkarmak yasaktır, Kürtlükten bahsetmek vs. yasaktır.

Devlet, anlaşılabildiği kadarıyla 1937 öncesi Kürt isyanlarının verdiği hassasiyetle; Türk vatandaşlığı kavramının ırka dayanmaması ve tüm kökenleri (Türk, Kürt) kapsayıcılığı, subjektif milliyetçilik anlayışı, ulus devlet temelinde yurttaşlık bilincinin oluşturulması vb. anlayışlar dolayısıyla ve bilmediğimiz kimi nedenlerle bu yasakları koymuştur. Bu yasaklar Kürtlüğe ve Kürtlere karşı yasaklar değil (kısmen), yurttaşlık temelinde Türklüğü koruyucu kurallardır. Her dönemi kendi özel şartlarında, günün ve dünya konjonktürünün koşullarında değerlendirmemiz gerekiyor.

Kürt kökenli vatandaşların etnik farklılıkları resmi ideolojide kabul edilmemiştir, tanınmamıştır. Devlet "tek millet, tek dil" ilkesi tabanında ırksal ayrımcılığa/ırkçılığa karşı çıkmıştır. İnsanları kökleriyle değil "yurttaşlık" kavramıyla kucaklamıştır.

Uyan Ey Türk Gidiyoruz

Bu bakış açısı sayesindedir ki: Kürt kökenlilik kişinin hiçbir kamu hakkını engellememiştir. Yasaklı dönemde dahi, güneydoğuda sokaktaki insan (genelde) rahatlıkla Kürtçe konuşabilmiştir.

Ulusal kimlik bilinci, Türklerin ve Kürt kökenlilerin birlikte yaşamasının sigortasıdır. Ulusal kimlik bilinci yitirilirse, toplum özgüvenini yitirir. Özgüvenini yitirmiş toplumlar ise dayanacakları bir dış güç ararlar!

Kürt kökenli bir kişi milletvekili olmuştur, her türlü bakan hatta polisin-mülki idarenin ve pek çok kamu kurum amirlerinin amiri konumunda olan içişleri bakanı defaatle olmuştur, cumhurbaşkanı ve dolayısıyla başkomutan olmuştur, her rütbede general/subay/astsubay ve hatta orgeneral olmuştur, büyükelçi vali olmuştur, okulda öğretmen sıralarda öğrenci olmuştur.

Hiçbir Kürt kökenli vatandaşa devlette olduğu gibi özel teşebbüslere de bir engel getirilmemiştir. Şirket sahibi hatta holding patronu olmuştur. Seçme seçilme hakkı kapsamında bir ayrıma gidilmemiştir. Kendi köyleri, kasabaları, ilçeleri ve illeri için belediye başkanlarını, muhtarlarını, meclis üyelerini seçmiş, anayasal ilkeler çerçevesinde herkes gibi kendi kendilerini yerelde ve genelde yönetmiş, temsil etmişlerdir.

Siz hiç TC kimliği olmasına karşın kökeni Kürt diye bunlardan biri yapılmayan mesela milletvekili adaylığı kabul edilmeyen yada şirket kurma girişimi engellenen bir kişi gördünüz mü?

Seyahat özgürlüğüne hiçbir kısıtlama getirilmemiştir. Bugün ülkenin her iline yayılarak seyahat ve yerleşim özgürlüğünden sonuna kadar yararlanan, Kürt kökenli Türk vatandaşlarımızdır.

Ulus devlet Türkiye'de, insanları Türk ve Kürt vb. kökenli diye bir ayrıma gitmek, topluma acı vermektedir.

Türkiye ırkçılığa batmamalıdır. Gerçek bir Müslüman, gerçek bir Türk, gerçek bir demokrat, içinde en ufak bir sevgi kırıntısı barındıran bir insan, asla ırkçı olamaz. Hiçbirimiz diğerimizden üstün değiliz. İnsanların kökenleri önemli değildir. Zaten dünyanın kuruluşundan beri pek çok ırka, medeniyete ev sahipliği yapmış, peygamberlerin çoğunu görmüş geçirmiş bu coğrafyada zenginlik laflarıyla ırk ayrımcılığına gitmek, anlamsızlıktır.

Önemli olan "ülke sevgisi", "yurttaşlık bilinci", sevinç ve tasada bir olabilmek ve insanlık onuru içinde ülkenin maddi-manevi kaynakları ölçüsünde adil gelir paylaşımı içinde bir yaşam sürdürebilmektir.

Türkiye'de şu an "Türkçe konuşan Kürtler" ile "Kürtçe konuşan ve kendini Kürt kökenli zanneden Türkler" vardır. Bu konuda araştırmalar, tespitler, yayınlanmış makale ve kitaplar mevcuttur.

O halde kökeni tespit edebilmek için, her bir kişi için Osmanlı arşivlerine giderek (kaydı varsa) uzun soy ağaçları oluşturup, kan-kemik ve kafatası analizleri mi yaptırmamız gerekmektedir? Başbakan sıfatıyla Tayyip Erdoğan *"boy değil soy önemlidir"* demiştir. Daha önce de Türkiye'deki 50 ayrı etnik yapıyı vurgulamıştı. Irkçılık insanı aşırılığa götüren ve bulaşıcı bir rahatsızlıktır.

Irkı vurgulama "merakının" sonu, "ırkın" bu yöntemlerle tespit ettirilme ihtiyacına kadar gidecek tehlikeli bir yoldur. O hale gelirsek de bu toplumu, Hitler'in askerlerinden ne kadar ayrı düşünebiliriz?

Değişerek Bölünmek

1937-1984/(1978) yılları arasında, bugünkü bireysel alandaki haklar verilmemiş ve toplumsal alanda hiçbir ırk temelli ayrım uygulanmamış iken ve bununla birlikte Kürt kökenli vatandaşların hiçbir şikayeti, sancısı, talebi yokken, GAP projesinin oluşmasıyla bir şeyler değişmeye başlıyordu.

Uyan Ey Türk Gidiyoruz

Belki de, ölü doğan ama gerçekleştirilme idealleri hiç bitmeyen 100 yıllık "böl, parçala, yönet" projesinde (Sevr) sıra PKK terörizmiyle Türkiye'yi yavaşlatmak ve bölmek aşamasına geliyordu da, bizler kibarlık olsun diye, farklılaştırma çalışmalarının nedenini GAP'ta buluyoruz!

1984 sonrasında; sözü marksist-leninist özü ırkçı Kürtçü bölücü hareket olan PKK terörizmi, İngiliz arşiv ve istihbarat ve de İsrail istihbarat desteğiyle ABD tarafından yönetilmeye başlamıştı (PKK'nın ilk kuruluşu aslen 1978'dir). Daha doğrusu PKK'yı yöneten çoklu mekanizmanın (Sistem) en güçlü ortağı ABD'yi görüyoruz.

PKK'yı ABD ile birlikte Rusya, Ermenistan, Yunanistan ve Güney Kıbrıs, Filistin, Suriye, İran, Hollanda, Belçika, İtalya... yani başta Batılı haçlı zihniyeti ve ikincil aktör olarak kindar Müslüman komşu yönetimler destekliyor ve yönetiyordu. Pusula bir gün birini gösterirken ertesi gün bir başkasını gösteriyordu.

Bu ülkeler PKK'yı parasal açıdan destekliyor, lojistik kaynağı ve silah teminiyle destekliyor, toprağıyla üs sağlayarak destekliyor, istihbarat sağlayarak destekliyor, diplomatik manevralarla destekliyor, siyasi açılardan destekliyor, uluslararası argümanlarla destekliyor kısacası eldeki tüm imkanlarla ve fakat bütün okları da kendilerine çekmeden, bir yandan Türkiye'nin elini sıkarken öte yandan alttan tekmeyi basıyorlardı.

Türkiye kendi içinde adeta bir savaş gibi maddi kaynak tüketen PKK terörüyle mücadele ediyor; dışarıda da komşularıyla samimiyetsiz hatta gerilimli ilişkiler içerisinde dış politikasını yürütüyordu. Türkiye yalnızlaştırılmaya çalışılıyordu.

* * *

Yolsuzluk, devlet yönetim sisteminin adeta liyakat, tayin, atama gibi bir kuralı haline gelmişti. Devlet kaynakları bireylere hizmet ediyor, yağmalanıyordu. Dünya tarihinin en büyük banka ve hazine soygunları Türkiye'de gerçekleşiyordu. Bir içişleri bakanı (Sadettin Tantan), Hazine Dış İlişkiler Genel Müdürlüğü'nün denetlenmesi için ekip kuruyor, ülkenin talan ve yolsuzluk haritasını ortaya çıkaracağı zaman, görevinden alınıyor ve o genel müdürlük hiçbir zaman o içişleri bakanının isteği şekliyle derinine denetlenemiyordu.

Bu talanların etkileri millete ekonomik kriz olarak, o da IMF'ye ve Dünya Bankası'na borç olarak dönüyordu. Terörün tamamlayıcısı ekonomik krizler ve dış borçlardı. Türkiye dönem dönem düşük ve orta yoğunluklu terör ve çatışmalar ile ekonomik krizler ile adeta ringteki boksörün sürekli yumruk yemesi gibi sersemletilmeye çalışılıyordu. Yalnızca PKK terörünün 25 yılda hesaplanabilen insan ve maddi kaybı 40.000 ölü ve 40-50 milyar dolar olmuştur.

* * *

Lord Curzon'un Lozan görüşmeleri sırasında sarf ettiği söz bundan tam yarım yüzyıl sonra gerçekleşmeye başlıyordu: *"Benim onlara (Kürtlere) alfabe verdiğim gün, görürsünüz"*.

Artık Kürtçe'nin, yazılış itibariyle Fransız alfabesine benzer latin kökenli bir alfabesi olmuştu. Kürtlere alfabe verilmişti. Biz inanmasak da, "bu çağda o mu kaldı efendim" diyerek birbirimizi paranoyak olarak nitelesek de genelde ABD olarak sıfata bürüdüğümüz "Türkiye üzerine hayal kuran sırtlan güçler" adım adım Sevr'i yeni isimlerle gerçekleştirilmeye çalışıyordu.

AB'nin Türkiye büyükelçileri, diplomatları iç güvenlik bölgelerinde gezip, yerel belediyelerle sürekli görüş alışverişinde (!) bulunmaya başlamışlardı.

Hatta AB yetkilileri ve AB üye ülke diplomatları başkent Ankara'dan önce Diyarbakır'a geliyor, Diyarbakır Büyükşehir Başkanı ile görüşüp, sonra Diyarbakır Valisi ile görüşüyor sonra Ankara'ya geçiyorlardı. Bu diplomatik nezakete ve diplomatik geleneğe aykırıydı ama, bizler buna her geçen gün daha da çok alışıyorduk, alıştık, alıştırıldık.

20 Aralık 2004 günü Leyla Zana'nın adının Fransa Paris'te bir sokağa verildiğini öğreniyorduk. Neden olarak Paris Belediyesi *"Zana'nın demokrasi ve azınlık haklarına yaptığı katkı"*yı gösteriyordu. Şaşırmıyorduk. Belki de biz bunu hak ediyorduk.

20. yüzyılda, medeni bir çağda(!) Fransa, 10 milyonluk Cezayir'de 1,5 milyon Cezayirliyi soykırım yöntemiyle öldürüyordu. Bugün dahi kimseler soykırım diyemedi. Avrupalı kendisi soykırım yapınca, bir de genoside maruz kalan "Müslümansa" ona soykırım denemezdi. 2004 yılında ise İstanbul'da Cezayir Sokağı, Kültür Üniversitesi'nin katkısıyla önce görünüm ve ardından isim değiştiriyor, adı Fransız Sokağı yapılıyordu. Soykırıma maruz kalan bir Cezayir'in adı, eli kanlı soykırımcı Fransa'nın adıyla değiştiriliyordu.

Diyarbakırspor-Bursaspor maçında statda yer alan Diyarbakırspor taraftarlarının İstiklal Marşı'nı ıslıklanması durumunu yabancı basın *"Kürtlerin baskılara karşı isyanı"* olarak niteliyor ve bunu demokratik buluyordu. Halbuki 2000'lerin başında Fransa-Cezayir milli maçı öncesinde Fransız milli marşının ıslıklanması, cumhuriyetin bütünlüğüne indirilmiş bir darbe olarak gösteriliyor ve milli marşa hakarete Fransız meclis kararıyla 7500 Avro para cezası getiriliyordu.

Avustralya Başbakanı John Howard, ülkedeki camilere casus sokulması fikrini desteklediğini beyan edebiliyordu.

Eğitim Bakanı Brendan Nelson ise, ülkenin değerlerini desteklemeyenlerin ülkeyi terk etmesi gerektiğini söylüyordu. 1963'te Rumlar Kıbrıs'ta bir sene içinde tam 107 cami yakmışlardı. Bu söylemler, o günlere bir özlemi dile getiriyordu. Ya Sev Ya Terk Et zihniyeti, Avrupa'da ve onun organik komşuları Avustralya, Kanada ve Yeni Zelanda'da yayılıyordu.

İspanya'da Batasuna Partisi *"terör örgütünü terörist olarak nitelemediği için"* kapatılırken, Türkiye'de terör örgütü PKK'ya terörist dememek demokrasi gereği olarak sunuluyordu. İnsanın yaşadığı ülkeyi sevmemesi ve ona karşı hareketler içinde yer alması normaldi! Devlete molotof atmak, kamu varlıklarını yakmak, şehir örgütlenmeleri kurmak "demokratik örgütlenme ve eylemlerdi"!

Norveç, 2006 yılında PKK'yı terör listesine eklemeyeceğini bildiriyordu. Neden olarak da *"PKK terör listesine eklenirse bu, Norveç'in barış çalışmalarına gölge düşürecektir"* ifadeleri sunuluyordu. Avrupa yine "senin teröristin iyi, benim teröristim kötü" yolunu izliyordu.

Uluslararası Kızılhaç Örgütü Irak Temsilcisi Peter Hansel, Kandil Dağı'ndaki "PKK gerillalarına"(!) desteklerini sürdüreceklerini ve Abdullah Öcalan'ı ziyaret etmek için Türkiye'nin izin vermesini beklediklerini açıklıyordu. Kızılhaç Örgütü'nü kurucusu olarak, Batı'nın sevgiyle yadettiği Henri Durant'ı gördüğümüzde ise bu duruma şaşırmıyorduk.

19. yüzyılın "önemli" isimlerinde Henri Durant, Filistin'de Yahudiler için bir devlet kurma çabasında idi ve bu "hayırsever", "insancıl" bir görüş olarak karşılanıyordu. Bu amaçla Osmalı İmparatorluğu'na karşı gizli görüşmeler ve örgütlenmeler gerçekleştiriyordu.

Uyan Ey Türk Gidiyoruz

İspanyolların, İngilizlerin, Rusların ve daha birçok Avrupa ülkesinin Yahudilere karşı soykırıma ve sürgüne giriştiği hatırlanacak olursa, Kızılhaç'ın kurucusunun bu fikri ilginç gelecektir. Amaç gerçekten de İsrail'i kurdurmak mıdır yoksa Osmanlı'nın gitmesini/çökmesini sağlamak mıdır? Kızılhaç geçen onca yıla rağmen "görevini" sürdürmeye devam etmektedir!

Avrupa birbirine karşı da hoşgörüsüzdü. İsviçre Zürih'te 151.000 protestan Hıristiyan yaşarken, İspanyol-Portekiz kökenli Katolik Hıristiyanların sayısı 152.000'i bulunca, katoliklerin çoğunluğa geçip Katedral kurmamaları için "Ordu/Asker" yönetimi uyarıyor ve hükümet derhal 10.000 katoliği farklı kentlere gönderme arayışına giriyordu. Bu, 21. yüzyıl içinde yaşanıyordu ve bu mesele İsviçre için "milli güvenlik hakkı" oluyordu.

Aynı Avrupa, Türk ordusunun terör örgütüne düzenlediği operasyonları ise "insan hakları ihlali" olarak değerlendiriyordu. Avrupa Birliği de 1994 yılında Fener Rum Patriği Bartholomeus'u "Bizans Devlet Başkanı" seçtiğini ilan ediyordu. Herkes gücü oranında konuşabiliyordu.

Avrupa'nın neredeyse tüm ülkelerinde düşünce özgürlüğü çok genişti(!) ama bir karşı görüş olarak "Kıbrıs meselesi" yada "Ermeni Soykırımı yalandır" meselesi tartışılamıyordu. Bunu iddia eden Türk, düşüncesini dile getirmek isteyen bir öğrenci ise okuldan atılıyor, oturma izni almış ancak vatandaşlığa geçmemiş ise sınır dışı edilmekle tehdit ediliyor, göz altına alınıp darp ediliyordu.

Bırakın Avrupa'yı, 03 Temmuz 2007 yılında alınan, Başbakan Tayyip Erdoğan'ın imzasıyla kamu kurumlarına gönderilen 18 sayılı genelge ile artık "sözde Ermeni soykırımı", "sözde Soykırım" demek Türkiye'de de yasaklanmıştı. Sisteme entegre tüm dünya devletleri "Ermeni soykırımı yoktur" demeye karşı cezalar getirirken, parlamento kararları alırken, Türkiye de kendine karşı "sözde soykırım" demeyi yasaklıyordu.

Bunun yerine artık devlete, "1915 olayları" veya "1915 Olaylarına ilişkin Ermeni İddiaları" denilmesi emrediliyordu. O dönemden sonra devlet ağzında ve bağlantılı kişilerde, özerk kuruluş TRT'de ani bir ağız değişimi yaşanıyordu. Türkiye kişilik kaybına uğruyordu.

Halbuki tarihe baktığımızda, ilk Ermeni örgütü 1878 yılında Karahaç Cemiyeti adıyla, ABD'deki "Klu Klux Klan" tarzı bir ırkçı yapılanmayla Van'da kurulmuştu. İkinci olarak 1880 yılında Cenevre'de Hınçak ihtilalci terör örgütü kurulmuştu. Üçüncü olarak da 1889 yılında Tiflis'te kurulan ve ardından 1891 yılında adı ihtilalci Taşnak Sütyun olan örgütü görüyorduk.

Bu ve daha bir çok örgüt bölgede Müslüman ahaliye yönelik öldürme kampanyalarına girişmiş, soykırım hareketleri düzenlemiş, insanlık dışı yöntemler izlemiş; Müslüman Türk halkı gibi aynı şekilde Yahudi halka karşı da aynı nefretle yaklaşmış, Osmanlı'ya ihanet etmeyen Ermeni ahaliyi de taciz etmiş ve zaman zaman onları da akıl almaz yöntemlerle öldürmüştü. Devlet ve onu yönetenlerin tarihi öğrenmesi gerekiyordu!

İstihbari çalışmalar anlamında da, 1890 Ermeni faaliyetleriyle bugünün Kürt-PKK faaliyetleri aynı yolda, aynı düzlemde, aynı yöntemlerle yürütülmektedir, dikkat çekicidir!

Hollanda'da ve Fransa'da ardı ardına Türkler öldürülürken, İngiletere'de Türk asıllı zengin bir restaurant işletmecisinin dükkanları yakılırken yada bir Türk, mahkemede şikayetini anlatırken şikayetçi olduğu Alman tarafından onlarca kez bıçaklanarak öldürülürken, Avrupa bunu "ırkçılık değil adi suç" olarak niteliyor, olağan karşılıyordu da; Antalya'da 18 yaş altı genç turistin 18 yaş altı genç turist kıza tecavüzü sonrası gözaltına alınıp tutuklanmasını *"Türkiye'de insan haklarının yokluğu"* ve *"Türkiye'de hukukun yokluğu"* kampanyasına dönüşerek gazetelerinin manşetlerine çıkarıyordu.

Uyan Ey Türk Gidiyoruz

Avrupa resmi organlarında, Avrupa Meclisi'nde, Brüksel'deki vb. önemli yerlerdeki Avrupa Kurum Binalarında her gün bir PKK'lıya ödül veriliyor ve komisyonlarda, konferanslarda *"insan hakları savaşçısı"* olarak konuşturuluyordu. Avrupa Parlamentosu ve başka birçok batılı kurumda, PKK terörünü (onların tabiriyle Bağımsızlıkçı Kürt Hareketi) desteklemek için belli sayıda milletvekili, bürokrat ve STÖ üyesi, istihbari ve teknik yönden eğitilip, teröre destek ve Türkiye'nin başına bela olmak üzere salınıyordu. Onlar da daha sonra Türkiye'den gelen kişileri eğitip örgütlüyorlardı. Pek çok Avrupalı "yetkili" Türkiye'ye karşı espiyonaj faaliyetlerinde ve örgütleme faaliyetlerinde başı çekiyordu.

Mustafa Yıldırım gibi değerli birkaç yazar, topluma gerçekleri anlatmak adına kitaplar yazıp (Sivil Örümceğin Ağında-2004) fikir savaşımı verip, Türkiye üzerinde sallanan demokrasi kılıcını deşifre ediyordu da, yine de hiçbir şey iyiye dönmüyordu. Batının manevi ajanları 4. kol faaliyeti göreviyle basın yayında, 5. kol faaliyetleriyle de halkın içinde büyük bir iştahla görevlerine devam ediyordu.

04 Nisan 2010'da Türkiye, yine gücünden güç kaybediyor, "terör yandaşlarına/potansiyel teröristlere" hoşgörüyle yaklaşıyordu! Devlet, hukuksuzluğu ve terörü hoşgörüyordu! Terör örgütü PKK'nın lideri Abdullah Öcalan'ın doğum gününü onun Şanlıurfa'da doğduğu evde kutlamak isteyen binlerce kişilik gruba kolluk güçleri müdahale etmiyor/ettirilmiyor, "Valiliğin" uygun görmesi ve "İçişleri Bakanlığı"nın onayı ile tam beşyüz kişilik grubun Apo'nun evine gitmesine izin veriliyordu. Sözün bittiği noktadayız.

Tevfik BİR

İnterpol tarafından kırmızı bültenle aranan terörist Gülabi Dere, Avrupa Meclisi'nde sol tarafta yer alan bir salonda konferans verirken, hemen sağ tarafındaki diğer bir salonda da dönemin Dışişleri Bakanı Ali Babacan "AB'li dostlarına Türkiye'den haberler ve gelişmeler" sunuyordu. Türkiye'de, toplumdan yöneticisine kadar herkes her düzeyde kayıtsızlaştırılıyordu.

* * *

Türk tarih ve ders kitaplarında, toplumu çocukluk çağından itibaren uyutmak adına "ölü doğan Sevr antlaşması" deniyor ancak Sevr bugün dahi en canlı biçimde yaşatılmaktadır.

Yunan devleti dini açılardan, Yunan anayasasında yazdığı üzere ve Yunan Bayrağı'ndaki haçın temsil ettiği üzere, İstanbul'daki Rum Ortodoks Patrikhanesi'ne bağlıdır. Patrikhane Lozan Antlaşması'na aykırı olarak Ekümenikliğini ilan ediyordu.

Öte tarafta Ağrı Dağı, Ermenistan Devlet Forsu'nda yer alıyor. Türkiye toprakları içerisinde yer alan birkaç ilden oluşan bölge, Ermenistan anayasasında Batı Ermenistan olarak ifade ediliyor, halbuki burası Türkiye'nin doğusudur. Ermeni marşında ise *"Topraklarımız işgal altında, bu toprakları bağımsızlığa kavuşturmak için ölün, öldürün"* biçiminde ırkçı ve kindar ifadelere yer veriliyor. Sistem, Ermenistan'a sahip çıkmaktadır.

Irak'ın kuzeyinde ise Özerk Kürt Bölgesi kurulacaktı. Ayrı bayrağı, marşı, para basma izni, yönetimi, meclisi, bakanı, başkanı olan bir özerk yönetim.

Kürdistan Özerk Bölgesi'nin yöneticilerinin makam odalarında Kürdistan Bayrağı ve Sistem üretimi haritalar asılıdır.

Bu haritalarda Irak'ın kuzeyi Güney Kürdistan ve Türkiye'nin pek çok ilini içine alan hatta bir bölgeyi ve fazlasını içine alan, merkezinin Diyarbakır olarak gösterildiği büyükçe bir bölge de Kuzey Kürdistan olarak gösteriliyor.

Haritaların sınırları önce zihinlerde çizilmişti. O sınırlar artık zihinlerden taşmış, makam odalarındaki haritalara bir hedef olarak yansımıştır. İlk hedef Türkiye'dir.

Halbuki tarih, Kürtleri ve Batılıları yalanlıyordu. 17. yüzyılda Avrupalılar tarafından çizilmiş Kürdistan haritasında, özellikle Diyarbakır ve günümüz Türkiye topraklarının neredeyse hiçbir kısmı Kürdistan içinde yer almıyordu. Süleymaniye, çevre yöre ve biraz da İran'ı içine alan dar bir bölgeydi. Başta CIA, Batılılar ve Kürtlerin savunduğu ve kullandığı günümüz Kürdistan coğrafi ve siyasi haritası, gerçekleri yansıtmayan emperyalist paylaşım haritasıdır.

Komşumuz Suriye'ye gelelim. Uzun yıllar, özellikle Cumhurbaşkanı Hafız Esad döneminde bir devlet politikası olarak Türkiye'nin Hatay ilini kendi sınırları içinde gösteren haritaları kullanmaktan ve bunu devlet dairelerine asmaktan çekinmemişti. Herkes sınırın bir tarafından diş gösteriyordu.

Echelon istihbarat sisteminin bir ayağını ve İngiltere'nin askerini üssünü topraklarında barındıran, kıta sahanlığı ve civar uluslararası sularda petrol yatakları/denizi bulunan Kıbrıs Adası'nın güney yakası da, Kıbrıs Cumhuriyeti adı altında yavru vatan KKTC'nin varlığını hukuksuzca tehdit ediyor, Rum Kesimi bütün Kıbrıs'ı bayrağı altında göstererek Kıbrıs'ın tamamının egemenlik haklarını elinde bulundurduğunu iddia ediyordu. Yavru vatan ve haliyle anavatan Türkiye'yi tehdit ediyordu.

Dünyada petrolün bitmesine en fazla elli yıl kalınan bir dönemde, bu petrolün çıkması için Kıbrıs Adası'nın tamamının Sisteme entegre edilmesi yani KKTC'nin varlığının ve Türkiye'nin haklarının/meşru savunma hattının-algısının fiilen ortadan kaldırılması amaçlanıyor. Bölge, ileride yaşanacak bir savaşa gebedir. Dış gücün amacı, KKTC'nin ve Türk Deniz Kuvvetlerinin bir biçimde tasfiyesini sağlamaktır!

Bir de komşumuz İsrail var! İsrail bayrağında yer alan altı köşeli Yahudi (Davut) yıldızının üstünden ve altından birer mavi şerit geçiyor. Bayrağın "Tallit"ten alıntılandığı iddia edilse de, o şeritlerden birinin Fırat diğerinin ise Dicle nehrini temsil ettiği apaçık biliniyor, Tevrat'a göre Fırat ve Dicle ve arasındaki bölgenin kutsallığı vurgulanıyordu. Tevratik Kutsal Büyük İsrail Devleti'nin (Erez İsrail) toprakları içindeki Fırat ve Dicle arasında kalan bölge çok kutsaldır.

Türkiye denilince komşuların ve birçok ülkenin ağzının suyu akıyor. Türkiye, adeta bir leziz çikolatalı pasta. Herkes o pastadan bir dilim kesip kapma derdinde.

Yunanistan, Güney Kıbrıs Rum Kesimi, Ermenistan, Irak, İsrail ve diğerleri anayasa, bayrak, marş gibi resmi araçlarla bir şekilde Türkiye topraklarını kendi topraklarının, coğrafyalarının, dinlerinin, tarihlerinin bir parçası olarak görüyor; eğer yaşanırsa Türkiye'nin güçsüz döneminde Türkiye'yi değerlendirilebilecek bir hedef olarak görüyorlar.

Türkiye, bunca yaşayan tehdide karşı kendisini demokrasiyle mi yoksa güçlü bir istihbarat yapısı-ağı ve aktif silahlı güçle mi koruyacaktır? Her ikisi birden, en ideali olsa gerek.

Türkiye Gitsin Diye

Avrupa Birliği'nin "Kürdistan ve Sevr hayalinin" yansımaları, eurokratların (yurokrat) ve diğer elemanların faaliyetlerinde görülebileceği gibi Birliğin resmi metin ve bildirilerinde de görülebilmektedir.

Türkiye, Avrupa Yerel Yönetimler Özerlik Sözleşmesi'ni Kasım.1988'de imzalamış, 1991 yılında 3723 sayılı yasa ile onay kanununu çıkartmış, 1992 yılında Resmi Gazete'de yayımlanmış ve Sözleşme 01 Nisan 1993 tarihinde yürürlüğe girmişti.

Uyan Ey Türk Gidiyoruz

Türkiye, bu sözleşmenin bazı hükümlerini benimsemiş bazılarına çekince düşmüştü. AB ise, bu şerhlerin kaldırılmasını ve kabul edilen maddelerin uygulanmasını istiyordu.

AB Komisyonu, *"AB'nin, Türkiye ve bölge ülkelerle ilişkilerinde, Türkiye'de ve diğer bölge ülkelerinde bulunan Kürt azınlıkları dikkate alacağını"* açıklıyordu. Komisyon, terörist lider Abdullah Öcalan'ın yeniden yargılanmasını ve Demokratik Açılım kapsamında da gördüğümüz "Kürt güçleriyle uzlaşma sağlanmasını" istiyordu.

Avrupa Yerel Yönetimler Özerklik Sözleşmesi, Fırat ve Dicle nehirlerinin, kurulacak "uluslararası yönetime" devredilmesini de istemektedir.

Montrö Sözleşmesi ile Türkiye'nin egemenliğine geçen "İstanbul ve Çanakkale Boğazları" avrupalıda derin bir yara açmış olmalı ki; boğazların yönetimini kaybettiklerinden, yeni yer arayışında olmalarından ötürüdür ki, hem işgal ve potansiyel işgal altındaki coğrafyaya akan hem büyük ve temiz tatlı su kaynağı olan hem de İsrail Devlet Bayrağı'nda işaret edilen akarsular olan Fırat ve Dicle nehirlerinin yönetimi ele geçirilmek istenmektedir.

Tabi bu nehirlerin ve kollarının ve yapılan/yapılacak barajların sularının Güneydoğu'yu sulayacak ve bölge halkını kalkındıracak olması Sistemi derinden rahatsız etmektedir, bunu da not ediyoruz.

AB, Türkiye'nin İkiz Sözleşmeler diye bilinen sözleşmelerdeki çekincelerini kaldırmasını ayrıca Fransa'nın imzalamadığı Yunanistan, Hollanda, Lüksemburg, Belçika gibi birkaç ülkenin daha imzaladığı ancak yürürlüğe koymadığı Ulusal Azınlıkların Korunması Sözleşmesi'ni "tüm maddeleriyle" imzalamasını koşul sürmektedir. Bu sözleşmelerde *"self determinasyon hakkı"* ile *"bölge kaynaklarının bölge insanına ait olması"* koşulları yer almaktadır.

Fırat ve Dicle gibi tatlı sular, maden ve mineral zenginlikleri ile şu an göremediğimiz-bilemediğimiz ne gibi zenginlikler var ise, bu bölge Kürdistan adı altında ayrılıp bölge/eyalet halkına ait olacaktır, proje budur. Merkezden yönetilen ulusal devletlerle "anlaşma" yapmak yerine "küçük devletçiklerle/eyaletlerle" anlaşma (özellikle ekonomik anlaşma) daha kolaydır. Bunlar Sistem tarafından daha kolay ikna edilip, yönetilebilir.

Günümüzde petrol çıkarma anlaşmaları için "ulusal/merkezi" devletler %50-50 ile ikna edilebilirken, petrol gelirleri açısından federe devletler/eyaletler gelirin %90-98 çıkaracak firmaya, %2-10 eyalete pay edilmesine ikna olmaktadır. Ülke zenginlikleri-varlıkları sömürülerek Sisteme aktarılmaktadır.

Bir dönem başbakan bir dönem de başbakan yardımcısı sıfatıyla ülkemizi uzun yıllar yönetmiş bir siyasetçi (Mesut Yılmaz), bunların ve dahasının olacağının sinyallerini çok önceleri verecekti "*Avrupa Birliği'ne giden yol, Diyarbakır'dan geçer*".

Yine o başbakan yardımcısı (AB'den sorumlu olması münasebetiyle) 2001 yılında anayasada, yasalarda ve devlet ideolojisinde köklü değişiklikler yapılmasına neden olan AB uyum yasalarını, diğer partilerin de "evet" oylarıyla meclisten geçirmişti (hangi partilerin evet oyu verdiğine dair, dönemin meclis tutanaklarına bakılabilir).

Özgürlükler konusunda ve diğer bazı konularda AB mevzuatının da ötesinde haklar iç hukuka sokulacak, özgürlük-demokrasi kefesi adalet-hakkaniyet-güvenlik unsuruyla dengelenmeyecekti. Avrupa Birliği ülkelerinin Terörle Mücadele, Kaçakçılıkla Mücadele gibi suçla mücadele konularındaki mevzuatı pas geçilecekti. Bu denge günümüzde halen kurulamamıştır. Bu bir Sistem operasyonudur.

* * *

Uyan Ey Türk Gidiyoruz

Süreç Türkiye aleyhine ilerliyordu. Hiçbir etnik talebi olmadan, hiçbir ayrımcılığa uğramadan ahlakıyla hayatını yaşayan Kürt kökenli vatandaşlar dış istihbaratlar marifetiyle, Kürt ayrılıkçısı yıkıcı terör örgütü PKK kanalıyla bir şeyler talep eden mutsuz kişiler haline dönüştüler. PKK hiçbir zaman Kürt kökenli vatandaşlarımızın tamamının temsilcisi olmamıştır ve olamaz da. Ancak PKK'nın legal görünümlü kanadı HEP, DEP, HADEP, DEHAP, DTP ve BDP, Kürt kökenli vatandaşlarımızın yaşadığı bölgelerden yerel seçimlerde %50'ler ve üstü seviyelerde oy alabilmektedir.

BDP'li milletvekilleri ve yöneticileri "bizim tabanımız pekeke'dir" diyebilmektedir. Kapatılan partinin hemen ardından yenisi "anayasaya aykırı olmasına karşın" devamı niteliğinde kurulabilmektedir. Devlet ve Anayasa Mahkemesi, hukuk önünde ve toplumu rahatlatmak adına "parti" kapattığını söylese de kapattığı yalnızca onun kurumsal/tüzel kişiliğidir.

Terör yanlısı partiler faaliyetlerine aynı hızla devam etmektedir. Türkiye Cumhuriyeti'nde "devletin ve milletin bölünmez bütünlüğüne aykırı" suç ve eylemlerin odağı olan partiler aslında kapatılmamaktadır..!

Devlete taş atan çocuklar ağır cezalarla yargılanabilmişken, aynı meyanda eylemlerin odağı olma suçuyla kapatılan partilerin yöneticileri, sorumluları ceza mahkemelerinde yargılanmamaktadır. Peki parti ve tabelaları, demirbaşı, canlanıp mı bölünmez bütünlüğe aykırı faaliyetler yapıp, odak olmuşlardır?

Partililere, örneğin Ahmet Türk'e güya siyaset yasağı cezası verilmektedir. Peki neden bir odak olarak bölücü terör faaliyeti yürüttüğü anlaşılan ve kapatılan partilerin sorumluları-yöneticileri terörle mücadele yasası çerçevesinde yargılanıp, hürriyeti bağlayıcı cezalarla yaptırıma uğratılmamaktadır? Çok açık, parti kapatmalar millet aldatmadır.

Toplumun gazını alma faaliyetleridir. Kağıt üstünde kararlardır, caydırıcılık etkisi sıfırdır. Siyaset yasağı (ceza değil yasak) alan kişiler bile, partilerini kağıt üstünde olmasa da alenen yönetmeye devam etmektedir.

PKK terör örgütü söylemleriyle, Kürt kökenli vatandaşlarımızın ne yazık ki ciddi miktarını kandırmış, inandırmış ve "tetikçi dış istihbaratlar" ile "azmettirici Sistem" için maşa konumuna sokmuştur. Türkiye Cumhuriyeti bu olumsuz gelişmelerle, daha doğru bir söyleyişle gerilemelerle iç ve dış şoklara daha açık hale gelmiştir, etkin önlemler almamaktadır.

Terörist başı Abdullah Öcalan'ın emriyle Türkiye'ye getirilen teröristler Habur'da, Devlet-i Ali tarafından (MİT Müsteşarı, mahkeme heyeti ve üst düzey bürokratlar) kapılarda karşılandılar. Mahkeme adliye binasında-adalet sarayında değil sokak ortasında çadırlarda görüldü. Tövbe etmeyenler affedildi. Türkiye kabile devletleşmeye doğru gidecekti. Devlet bunu yaparken millet çaresizce izliyor, utanıyordu.

Demokratik Açılım projesinin İçişleri Bakanı Beşir Atalay *"Habur bir yol kazasıdır. Ama onun olmaması için iki gün önceden Ahmet Türk ile görüştük. Tarım Bakanımız Mehdi Eker Bey'in, Orman Çiftliği Genel Müdürlüğü'ndeki makam odasında görüştük. 'Ne olur bu süreci tahrip ettirmeyin' dedim. Sonuna kadar çaba gösterildi, ama önlenemedi"* diyebilecek, bir Türk İçişleri Bakanı aciziyetini itiraf edecekti.

Bakanın bu açıklamasından şu yanlış sonuç çıkıyor: "Türk Devleti'nin gücü Habur'daki bu gövde gösterisini engelleyebilecek güçte değildi. İçişleri Bakanlığı ve devlet kurumları bu süreci kontrol edemeyecekti/edememiştir. Bu durum ve bölge, devletin gücünü ve kontrol alanını aşmıştır.

Devletin içişleri bakanı, başka bir bakanın makamında, PKK'nın eski partisi kapatılan DTP'nin siyasi yasaklı Genel Başkanı, dönemin BDP'sinin örtülü lideri Ahmet Türk'ten yardım istemektedir."

Devlet acınacak hale düşürülecek, devlet egemenliği gölgede kalacak, egemenlik belli topraklardan çektirilmeye başlayacaktı.

Halbuki Türk Devleti, her şeye yetecek, her şeyi yapabilecek güce sahiptir. Önemli olan, başta, o gücü kullanmak isteyen yöneticilerin-devlet adamlarının olmasıdır. Devlet, PKK'lıları bir gecede yataklarından alabilecek güce sahiptir. Habur ise bir gösteriydi. Habur bir PKK gösterisiydi, bir ABD gösterisiydi, bir İsrail gösterisiydi, bir Sistem güç gösterisiydi. Devlet yöneticilerinin aciziyetinin tasdikiydi. Ak Parti, tarihte kara yerini alacaktı.

Şaşırmıyoruz. Tayyip Erdoğan'ın, Mehmet Metiner için *"beynimin yarısı"* dediğini hatırlıyoruz. Mehmet Metiner, Tayyip Erdoğan'ın, İstanbul Büyükşehir Belediye Başkanı iken danışmanıydı. Metiner, PKK'nın kapatılan partisi HADEP'te Genel Başkan Yardımcılığı yapmıştı. Kasım.2002 sonrası Adalet ve Kalkınma Partisi iktidarı döneminde de Başbakan Erdoğan'ın çoğu zaman fikirlerine değer vererek danıştığı bir dostuydu.

Demokratik Açılım süreci içinde Mahmur Kampı'ndan getirilmek istenen binlerce kişiye ev ve iş/maaş verileceği "fısıltıları" alenen söylenmeye başlamıştı. Irak hükümetinin sınırları içinde yer alan Mahmur Kampının sonsuz yokluğunda ve yoksunluğunda yaşayanlara "ne istediklerine dair" bir anket düzenlendi. Anket sonucunda isteklerinin ilk sırasında "Abdullah Öcalan'ın tecritinin kaldırılması ve affedilmesi" talebi yer alıyordu. Beyni yıkanmış ve terör örgütü yandaşı yapılmış binlerden söz ediliyordu.

TRT ekibi bir haber bülteninde kamptan canlı yayınla bilgi aktarırken, muhabir ve kameramanın etrafında merakla toplanan halk bir anda "Biji Apo" sloganları atmaya başlıyordu.

Canlı yayınla haberini aktaran muhabir konuşmasını hemen yarım dakika içinde toparlayıp sözü Türkiye'ye bırakıyordu. Toplumun her şeyden haberdar olması gerekmezdi!

* * *

Önceleri PKK'ya dağa oğlunu kaptıran analar-babalar bu çocuklarını evlatlıktan reddeder, biraz daha okumuş olanları daha doğru bir yöntem izleyerek çocuklarını kurtarmak için ellerinden geleni yapmaya çalışırlardı. "Ah evladım keşke gitmeseydin" diye göz yaşı dökerlerdi. Şimdi ise bu aileler terörist evlatlarını "*oğlumu/kızımı şehit verdim*" söylemleriyle belediyelerin sözde PKK bayraklı araçlarıyla, sözde bayraklı tabutlarıyla sözde PKK şehitliklerine gömmektedir.

Değişim, Kürt kökenli vatandaşlarda da başlamıştır. Bölge insanını değiştiren, bölgede etkin olan devlet değil terör örgütü ve onun ardındaki Sistem'dir.

Dünyada köklü değişiklikler olacağının sinyalleri geliyordu. İçte ve dışta değişim hızlanmıştı. Yeşil Kuşak rengini ve ismini kaybetmiş, BOP ve GOP proje adlarıyla somut olarak Ilımlı İslam'a dönüşmüştü. Projenin hedefinde, isminde yer aldığı gibi "İslam" coğrafyası yer alıyordu.

ABD'nin resmi ideolojisine (Sistem'in işgal projesi çerçevesinde yürüttüğü propagandaya) göre; üniter devlet hantaldır, daha küçük parçalar halindeki bir yönetim ise çok kültürlülüğe değer verir, daha demokratik ve iç barışçıldır. Gerçek ise böyle değildir. Çok kültürlülük, ortak toplumsal kültürün yıkılmasına, kültürel ayrışma ile toplumun ayrışmasına neden olmaktadır.

Tarih, ders alanlar için tekerrürden ibaret değildir. Çünkü zamanlar, mekanlar, kişiler, olaylar ve durumlar farklılık göstermektedir. Tarih ders alabilenedir, tarihi okuyamayanlar onu yeniden ve eski olarak yaşayacaklardır.

Uyan Ey Türk Gidiyoruz

Bu bir derstir, Yugoslavya bu neo liberal görüşler temelinde, Bilderberg kararıyla/tebliğiyle parçalanmıştı. 2011 Türkiye'si ve onun öncesiyle başlayan dönemde görülenler, zamanında Yugoslavya'da gerçekleşmişti. Son olarak asker ve polis karşı karşıya getirilecek, düğmeye basılacak ve iç savaş çıkartılacaktı. Sonra barış gücü gelip tarafların çatışmasını engellemek adına(!) ülkenin kaynak içeren yada stratejik noktalarına konuşlandılar! Yugoslavya'nın duraklama, gerileme ve yıkılış (gidiş) dönemleri ile Türkiye'nin son dönemi mukayese edilerek okunmalıdır. Birbirine paraleldir!

Eskinin büyük gücü Yugoslavya, şimdi ise esamesi okunmayan Bosna-Hersek, Hırvatistan, Sırbistan, Karadağ, Kosova... gibi, adı hemen aklımıza gelmeyen, tek tek bir çırpıda sayılamayan küçük devletler. ABD'nin dünyaca ünlü ajan ekonomisti F.Fukuyama'ya göre *"zayıf devletler kolaylıkla bölünme tehlikesine maruz kalabilmektedir"*. Uyarıdır!

Uyutma - Uyuşturma

Önce Büyük Ortadoğu Projesini (BOP), ardından revize ederek (yeni coğrafyalar ekleyerek) Genişletilmiş BOP projesini hazırlayan beyin takımından birkaç isme bakmakta yarar var:

Graham Edmund FULLER: Yeşilkuşak projesinin fikir babası, eski CIA Ortadoğu İstasyon Şefi. 1964-1967 yılları arasında CIA Türkiye istasyon şefliği yaptı. Eski CIA Ulusal İstihbarat Kurulu Başkan Yardımcısı ve Başkanı. RAND isimli düşünce kuruluşunun kıdemli analizcisi. Çok uzun yıllar resmi olarak Türkiye'de bulundu.

Morton Abromowitz: ABD'nin Ankara eski Büyükelçisi (1989-1991). Carnegie adlı düşünce kuruluşunun başkanı. Uzunca bir dönem Türkiye, İsrail ve ABD arasındaki ilişkileri güçlendirmek ve bu üçünü Ortadoğuda etkin kılmak adına mekik diplomasisi yürüttü. Aslen Yahudi kökenlidir.

Eric EDELMAN (lakabı mikser/karıştırıcı): ABD'nin Ankara eski Büyükeliçisi (2003-2005). Ukrayna kökenli Yahudi bir ailenin çocuğu, annesi İstanbul Yahudilerinden. Bu nedenle Türkçeyi anadili seviyesinde bilmektedir.

Genişletilmiş BOP'u hazırlayan beyin takımının neredeyse tamamı Türkiye'de görev yapmış üst düzey Amerikan diplomatları ve istihbarat mensuplarıdır. Amerika'nın Türkiye büyükelçilerinin büyük ağırlığının Yahudi kökenli olması gibi, bu beyin takımının da çoğu Yahudi/İbrani kökenlidir. Türkiye'yi ve coğrafyayı yakından tanıyan isimlerdir. Çoğu Türkçe'yi ve Türkiye'yi, Arapça'yı ve Arap ülkelerini bilir.

Bu zeki ve kurnaz isimler bize başka bir ismi hatırlatmalıdır. Görüşleri bize ve barış isteyen dünyaya ne kadar farklı gelirse gelsin o gerçekten deha bir isimdir, Yahudi kökenli **Samuel Huntington**, yani Sam Amca. Medeniyetler Çatışması adlı eseriyle (proje/tebliğ) tüm dünyada tanınırlığını en üst noktaya çıkartmıştır.

Huntington'un bu coğrafya açısından yani Türkiye açısından farklı bir önemi vardır. Çünkü, medeniyetler çatışmasının ilk kıvılcımının çıkacağı, kırılma noktasının ilk yaşanacağı yer olarak Türkiye coğrafyası gösterilmektedir! ABD'nin bir devlet politikası olarak uygulamaya koyduğu ve 2003 yılında Condoleezza Rice'ın açıkladığı *"Ortadoğu'da 22 ülkenin sınırları değişecek (Türkiye dahil)"* tebliği "Medeniyetler Çatışması"ndan ayrı okunabilir mi?

Uyan Ey Türk Gidiyoruz

Huntington'a baktıysak onun fikirlerinin kaynağı, hocası olan; Türkiye'de özellikle Atatürkçü ve cumhuriyetçi görünen çevrelerde yakından tanınan ve pazarlanan bir isim, **Bernard LEWIS**'e bakmakta yarar vardır. Soyisminden de anlaşılacağı üzere (Levi'nin versiyonu) bir Yahudi'dir. İslam araştırma profesörlüğü yapmıştır. Çok iyi derecede Türkçe bilmektedir. İslamofobi'nin ve haliyle BOP/GOP'un en üst mimarlarındandır. ABD'li üst düzey yöneticilere ve bakanlara uygulayacakları projeler-planlar için İslam'ı, Lewis anlatmıştır. Bugün ise öğrencileri onun yolunda yürümektedir.

Aradan yıllar geçmiş, isimler değişmiştir ama Lawrence'lar ve onlara verilen emirler değişmemiştir.

Bu kişilerin ilintili olduğu birimlerin başında ise (ABD Savunma Bakanlığı ve ABD Genelkurmayı'nın ortak çalıştığı binaya atıfla) "Pentagon" yer alır. ABD'de Yahudi kökenli bunca diplomat ve asker varken, bunun isme/işarete yansımaması düşünülebilir mi? Pentagon, Yunanca kökenli bir kelimedir ve anlam itibariyle beşgen demektir. Peki neden dünyada örneği (herhalde) olmayan bir mimariyle, beşgen bir yapı inşa edilmiştir?

Tevrat 5 kitaptan oluşur ve buna Musa'nın beş kitabı denir. Aslen bu da Yunanca kökenli Pentatefhos sözcüğünden gelmektedir. Penta-beş, tefhos-cüz/fasikül anlamına gelmektedir. Pentagon isim olarak Pentatefhos sözcüğüne atıftır ve binanın her bir kenarı/tarafı Musa'nın bir kitabını işaret etmektedir (Yaratılış, Mısırdan Çıkış, Levililer, Sayılar, Tesniye).

Pentagon, Vaşington D.C. / A.B.D.

* * *

Türkiye'yi bölmek isteyen dış gücün (Sistem), taşeron PKK aracılığıyla Kürt kökenli vatandaşlarımıza empoze etmeye çalıştığı bazı görüşler vardır.

Bunlar:

1-) Pan-Kürdistan (Sevr Kürdistan'ı) için Türkiye'de özerk bir Kürt yönetimi kurulması. Yani başkenti Diyarbakır olan Kürdistan eyaletinin (kimi zaman bağımsız Kürdistan) kurulmasıdır. Bunun yolu da Federal Türkiye'den geçmektedir.

2-) Anadilde yani Kürtçe ve diğer dillerde eğitim-öğretim (ilköğretim, lise).

3-) Anayasada Kürt ifadesinin geçmesi; yani Türkler ve Kürtler bu ülkenin kurucu unsurlarıdır, anlamı çıkacak bir ifade kullanılması. Bir başka deyişle Kürt ayrımcılığının anayasal güvenceye alınması. Vatandaşlık tanımının ırksal tabana indirgenmesi.

Uyan Ey Türk Gidiyoruz

4-) Koşulsuz, yargısız genel af. BDP tarafından yıllardır yüksek tondan "lider" denilen PKK'nın kurucusu bebek katili terörist başı Abdullah Öcalan dahil tüm terörist kadroların affedilmesi ve şehirlerde yaşayabilmeleri için Türkiye Cumhuriyeti Devleti tarafından güvence verilmesidir. Bu afla birlikte Öcalan büyük olasılıkla Belçika'ya, İsviçre'ye yada NATO üyesi olmayan bir ülkeye gidecektir. Genel af yargısız ve koşulsuz istenmektedir; çünkü PKK yönetici kadrosu, Türkiye içinde sözde kurulacak Kürdistan eyaletinde çeşitli kademelerde yönetici olma hülyaları taşımaktadırlar.

Madde 2 ve 3'te yer alan görüşlere paralel istekler, Prof. İbrahim Kaboğlu'nun başkanlığında hazırlanan Başbakanlık Azınlık Hakları Raporu'nun sonuç kısmının ikinci maddesinde yer alıyordu. Madde, Kürt kökenli Türk vatandaşlarını asil-asli statüden azınlık statüsüne indirme, küçültme operasyonunun bir yansımasıydı.

Maddede *"Eşit haklı vatandaşlık temelinde, farklı kimlik ve kültüre sahip kişilerin kendi kimliklerini koruma ve geliştirme hakları (yayın, kendini ifade, öğrenim gibi) güvence altına alınmalıdır"* deniliyordu.

Yaman bir çelişkidir ki biz yine; ülkenin gidişatından kaygı duyduğunu her fırsatta dile getiren, üniter yapıya, cumhuriyete ve Atatürk'e sıkı sıkıya bağlı olduğunu vurgulayan Çağdaş Yaşamı Destekleme Derneği'nde (ÇYDD) eskiden 2. Başkan olan ve bugün Onur Kurulu Asıl Üyesi olan Prof. İbrahim Kaboğlu'nu görmekteyiz. Türkiye bugün çelişkiler, paradokslar ülkesidir. Türkiye'nin her yanı çelişki içindedir. Bunu görmekteyiz, üzülmekteyiz ve daha üzüleceğiz.

* * *

(1978)1984-bugün arasında dönem dönem orta yoğunlukta dönem dönem ise düşük yoğunlukta yaşanan ama gündemden hiç düşmeyen, PKK terörüdür. 2001'de ve onu izleyen birkaç yılda, AB'ye uyum adı altında yapılan, ancak AB'de bile eşi benzerine rastlanmayan bir dizi hukuksal değişiklikle, terörle şehirde mücadelede zorluklar yaşanmaya ve bugünün fotoğrafı oluşmaya başlıyordu.

Bunların en önemlilerinden; düşünce ve ifade özgürlüğü kapsamında, bir kişinin görüşü başka kişilere ne kadar ters, ne kadar kabul edilmez gelirse gelsin (mesela Türkiye'yi 40'a bölüp 40 ayrı eyalet kurmak gibi), düşünce ve ifade şiddet içermiyorsa, bunun suç olarak kabul edilmemesi; 4422 sayılı yasanın yürürlükten kaldırılması; terörle mücadele yasasının terör gerçeğini yaşayan Türkiye'nin koşulları değerlendirilerek tekrar yapılandırılmaması; her yasa alınırken "terörle mücadele yasalarının" AB ülkelerinden alınmaması; terör zanlısına susma hakkının verilmesi gibi maddeler sıralanabilir.

Bunlar ve daha niceleri mevcut yasalarda da esnemelere yol açtı. Bu hukuksal değişiklikler, düzenlemeler ve "düzenlememeler" bilinçli olarak Sistemin Türkiye'ye dikte ettiği ve kabul ettirdiği taktik içerikli operasyonlardı.

2001 öncesi herhangi bir güneydoğu şehrindeki belediye aracına sözde PKK bayrağı asıldığında toplumda güçlü bir tepki, güçlü bir kamuoyu baskısı oluşurdu. Bugün ise, güneydoğunun türlü kentlerinde, köylerinde her gün elinde terör örgütü PKK/Kongra Gel'e ait paçavralar ve Öcalan posteriyle PKK lehine sloganlar atılmakta, sanal parti BDP'nin milletvekili olan olmayan türlü yöneticileri "suç olmasına karşın" suçluyu suçundan ötürü övmektedir. Her türlü isyana ve kalkışma hareketine teşvikler yapılmaktadır.

Uyan Ey Türk Gidiyoruz

"*Bizi dağa çıkartmayın*" tehdidine karşın, bu düzensizliği ve anarşiyi durduracak, önleyici kolluk müdahalesi yada caydırıcı bir yargılama ve ceza mekanizması yoktur. Devlet, kendisine yönelik tehditleri hukuk zemininde anında imha edememektedir. Bunun sorumlusu ne polis, ne asker ne de devletin diğer güç unsurlarıdır. Sorumlu, yalnızca Meclis ve elbette hükümettir, iktidardır.

Televizyonlarından her gün bu neviden olayların haberlerini izleyen PKK'nın maşası olmamış vatansever Türkler ve Kürt kökenli Türkler ise artık tepki vermemekte, teröre lanet mitingleri yapmamakta, kamuoyu baskısı oluşturmamaktadır.

Bu, süreç içinde gelinen en tehlikeli noktadır. Toplumun refleks vermemeye başladığı an, o topluma her türlü operasyon (siyasi, idari, psikolojik vb.) yapılabilir, bir anda olmamak kaydıyla -kurbağanın tencereden kaçmaması için kaynar suya atılmayıp, soğuk suya konulup yavaş yavaş pişirilmesi gibi- her istenilen kabul ettirilebilir.

* * *

Burada bu başlık altında anlatılanları kısaca toparlayıp konuya devam edelim. İngilizler ciddi biçimde ilk olarak Atatürk döneminde ulusal bağımsızlık mücadelesini engellemek, Türkiye'nin Musul'u ve Hatay'ı almasını engellemek adına Kürt kökenlileri kullanarak isyan çıkarttırıyor ve amaçlarına büyük oranda ulaşıyorlardı.

1937-1984 yılları arasında Kürt kökenli vatandaşlar sıradan bir TC vatandaşı kadar mutlu ve zengindi. Neredeyse dünyadaki bütün ülkelerde olduğu gibi; coğrafyanın zorluk çıkardığı, dağlık arazinin çetin şartları ve konumu (ihracat ve ithalatın yapıldığı zengin Batı'ya, Avrupa'ya uzaklık) yüzünden yatırımların pek de yapılmadığı doğu karadeniz gibi geride kalmış bir bölgeydi. Tıpkı İtalya'nın güneyi, Rusya'nın daha soğuk kısımları gibiydi.

İki kutuplu dünyada kendisi dışındaki kutupla, SSCB ile uğraşan, yedi kıtada ideolojik soğuk savaş ve çeşitli ülkelerde de sıcak savaş veren ABD, bir başka emperyalist güç SSCB'nin yavaşlayan gücüyle birlikte neo liberal politikalarını dünyaya BM, IMF, Sivil Toplum Örgütleri ve Pentagon, darbe ve operasyonlar aracılığıyla ihraç etmekle meşguldü. Ülkelerin hem siyasal-ekonomik rejimleri değiştirilip neo liberal dünya piyasasına dahil edilmekte, hem de yönetim biçimleri değiştirilip küçültülerek kontrol edilebilirlikleri artırılmaktaydı.

Devletler, çevre devletlerin rejimlerinden ve yönetsel yapısından etkilenirler. Bu belli dönemlerde "hissedilir düzeye" çıkar belli dönemlerde de "hissedilmez etkisinde" devam eder. Devletin rejimi ve yönetsel yapısı ne derece muhteşem ve çağın gereklerine uygun olursa olsun, insan yaşamındaki değişimler (insanın her geçen gün fikir üstüne fikir, beğeni üstüne beğeni koymasından) rejim ve yönetsel yapıda da değişimleri gerektirir. Şu an için muhteşem algılanan bir yapı belki bir sene sonra yetersiz görülebilir.

ABD bunu bilmektedir ve üniter devletin yerine federal-yerelci devlet yapısını "yeni olarak" dünyaya sunmaktadır. Halbuki yeni diye sunulan şey, bir o kadar eskidir. İnsanlığın, tarihte tatbik ettiği ve sonu yıkımla biten bir rejimdir. Tarih tekerrür ettirilmektedir. Yeni olarak alınan yapının sonu, yine tekrar edecek tarihle yani yıkımla bitecektir.

Türkiye, dünyanın tek Müslüman demokratik laik ülkesi sıfatını koruduğu iddiasıyla yada bir o kadar uzaklaştığı iddiasıyla; değişmeye, gelişmeye bazı alanlarda da kalkınma hamlesi yapmaya çalışan, potansiyel zengin ve güçlü bir ülkedir. Kontrol edilebilir sürekli kaos ortamı yaratılması düşüncesiyle 1984'te PKK terörünün karanlık bir biçimde eylemlerine artık tamamıyla başladığını görüyorduk. 1984-2001 arası binlerce şehidin verildiği kanlı yıllardı.

Uyan Ey Türk Gidiyoruz

* * *

Türkiye kaynağını, insan gücünü ve gündemini yıllar yılı azalmaz bir biçimde teröre karşı askeri, yönetsel, siyasi, ekonomik, toplumsal önlemler almak derdiyle ve belki de alamayarak boşa harcayarak geçirdi. Toplumun şehir meydanlarında bomba patlatılmasına alışmaya başladığı ve krizlerin yadırganır olduğu dönemlerde, dış kaynaklı değişim adımları atılıyor, 2001 anayasa değişiklikleri kabul ediliyordu.

Ardından 2002'de, *"Kürdistan'ın kurulması savaş sebebidir"* diyebilmiş; öte yandan toplumun ekonomik kriz, yolsuzluklar, başbakanın sağlık durumu, af kanunu, Kemal Derviş bunalımları dolayısıyla "yeter artık" diyerek tasfiye ettiği DSP-MHP-ANAP hükümetinin, kırk yıllık siyasetin çöküşünü; ışıldayan, ampül gibi parlayan ve arkasına dördüncü kuvvet medyanın desteğini almış bir partinin, Adalet ve Kalkınma Partisi'nin siyaset sahnesine çıkışını görüyorduk.

2003, ABD'nin bağıra bağıra Irak'ı ele geçirdiği ve Türkiye'ye sınır komşusu olduğu yıllardı. BOP/GOP çerçevesinde Kürt yönetimi destekleniyor ve ardından Irak'ta resmen Kürdistan bölgesi kuruluyordu.

1990'lı yıllarda TRT'de dağda elinde kaleşnikofla Türkiye yaltaklığı yapan Talabani işgal altındaki Irak'a cumhurbaşkanı ve Barzani de işgal altındaki Irak'ta kurulan Kürdistan Bölgesi'ne başkan yapılacaktı. İzledik... Ama yalnızca izledik. BOP ve GOP'un ilanı, Afganistan ve Irak'ın işgali ile Türkiye'ye sıçrayacağı apaçık olan bu süreçte, Türkiye ne yaptı?

* * *

Parantez açalım. Irak'ta bunlar olurken PKK; Abdullah Öcalan'ın yakalanması ve İçişleri Bakanı Sadettin Tantan'ın PKK, Hizbullah gibi terör örgütlerine karşı şahin politikalar izlemesi ile DSP-MHP-ANAP koalisyonu döneminde hissedilir düzeyde etkisini yitirmiş, adeta bitmişti.

1999 yılındaki 203 şehit, 2000 yılında 22'ye düşüyor ve 2001 yılında teröre hiç şehit verilmiyordu. 2002 yılında ise bu sayı 6 oluyordu. 2003 yılında 21 oluyor, PKK Türkiye'de tekrar eski gücüne ve kavuşmaya başlıyordu. 2004 yılında şehit sayısı 73'e çıkıyor, 2005'te 92, 2006'da 121, 2007'de 118, 2008'de 150 ve 2009'da 135 şehit veriliyordu. Kimi zaman baskın başına şehit sayısı 8-10'lara çıkıyordu. Abdullah Öcalan, artık hapishaneden örgüt yönetiyordu...

* * *

MGK olağan toplantı aralığı bir aydan iki aya çıkarıldı. Bu, savaş ve terör coğrafyasında Türkiye'nin refleksini biraz daha yavaşlattı.

Irak Kürdistanı'nın kurulma döneminde Irak'ta Türkiye'nin başına çuval geçiriliyordu ancak bunu yapan ABD'ye nota bile verilememişti, çünkü bu bir müzik notası değildi! Duyarsızlaşmaya başlamış toplum ABD'ye karşı tepkisini en sert biçimde(!) ortaya koyacak, Kurtlar Vadisi Irak filmini izleyecekti. Biz sürekli izliyorduk.

Kamu Yönetimi Reform Yasa Tasarısı mecliste kabul ediliyor ve dönemin cumhurbaşkanı Ahmet Necdet Sezer tarafından üniter yapıyı yıkacağı savıyla Meclise geri gönderiliyordu. Bu yasanın içeriğinde neler vardı?

Yasa taslağının özü, federal bir yönetime geçişi kolaylaştıracak pek çok yenilik bünyesinde barındırıyordu. Bunların dikkat çekenlerinden; zabıtaya silah taşıma yetkisi ve genel asayiş hizmeti (kolluk gücü) yetkisi verilmekte, adeta belediye başkanının etrafında ona hizmet edecek ve belediye yönetim bölgesini özerkleştirecek ordular yaratılmak isteniyordu.

Uyan Ey Türk Gidiyoruz

Türkiye belirli bölgelere ayrılacak ve her bölgenin geliri o bölge belediyelerine devredilecekti. Böylelikle valilik ve il özel idaresi etkinliğini kaybedecek, belediyeler ise federalleşecekti. Bunun zemini, temeli idi. Olmadı. Türkiye henüz ısınamamıştı, daha ısıtılması gerekliydi.

* * *

Başbakan Recep Tayyip Erdoğan Kanal D'de 14 Şubat 2004 tarihli Teketek programında ilan ediyordu *"Tabi ben özellikle Diyarbakır'a çok farklı bakıyorum. Yani Diyarbakır'ı istiyorum ki şu anda yani Amerika'nın da hani düşündüğü Büyük Ortadoğu Projesi var ya, Genişletilmiş Ortadoğu, yani bu proje içerisinde Diyarbakır bir yıldız olabilir, bir merkez olabilir".*

Başbakan Tayyip Erdoğan 04 Mart 2006'da malumun ilanını yapıyordu *"Türkiye'nin ortadoğuda bir görevi var. Nedir o görev? Biz Genişletilmiş Ortadoğu ve Kuzey Afrika Projesinin Eş başkanlarından bir tanesiyiz ve bu görevi yapıyoruz biz".*

Irak Kürdistan'ı kurulurken Türkiye'yi tehdit eden, PKK'lılara açıkça silah, üs ve lojistik sağlayan Barzani *"Türk askeri gelirse Kürdistan onlara mezar olacak"* demesine karşın Türkiye'den hiçbir ciddi yaptırımla karşılaşmamıştı. Artık MGK'nın basın bildirilerinde yer alan *"terörle mücadelemiz kararlılıkla sürecektir"* gibi ifadeler olağanlaşmış, etkisini yitirmişti. Laf vardı ancak yaptırım yoktu.

Terör sorununun çözümü için ABD'den, Irak'tan ve Türkiye'den terörle mücadele koordinatörleri atanıyordu. Ancak bu yapının terörle mücadele edemeyeceğini, aslında bu uygulamanın Türkiye'nin güvenliğini başka ellere bırakacağını ve bunun kabul edilemez olduğunu, bu uygulamanın Irak'ta Kürdistan'ın kurulmasına ve kabullenilmesine zaman sağlayacağını, o gün vatansever aydınlar bas bas bağırmıştı. Bunun haklılığı bugün daha net ortaya çıkmıştır.

Başbakan Tayyip Erdoğan tarafından atanan Org. Edip Başer daha en başta gelen uyarılara karşın, bunları dinlemeyerek bir yıla yakın bir zaman bu görevi sürdürecek ve sonrasında *"Bu yapı Türkiye'yi oyalıyor"* diyerek istifa edecekti. Türkiye böylelikle bir yılını daha kaybediyordu.

Sonrasında; Kuzey Irak, PKK üssü olmuşken ve Türkiye dağlarında her gün su gibi şehit kanı dökülürken, Kuzey Irak'taki PKK terör kampları bombalanamadı çünkü TBMM askere, sınır ötesi hareket ve harekât için yetki vermiyordu çünkü *Türkiye'deki dağlarda 5.000 terörist vardı, bu 5.000 terörist bitmiş miydi de Irak'taki 500 teröristle uğraşacaktık!* Bir gün genelkurmay açıklama yapıyordu, bize meclisten yetki verilsin ilk fırsatta sınır ötesi terör kamplarını vururuz diye, ertesi gün hükümetten karşı ses, BDP'den sesler, sesler...

Bu sesler sırasında Türkiye yine aylarını kaybediyor, hain karakol baskınları ile çift haneli sayılarda şehitler verilmeye başlanıyordu. DTP'li (bugün BDP'li) milletvekilleri çıkıp *"Türkiye'de barış gerekli"* diyordu da dökülen kanların Türklere ait olduğu unutuluyordu. DTP'li milletvekilleri sürekli *"Pekeke barışa katkı sağlamak adına ateşkesi 6 ay daha uzatma kararı verdi"* diyorlardı da, ertesi gün terörist saldırılarda 3-4 şehit verilince sesleri çıkmıyordu. İnsan hakları dernekleri, barış vakıfları, uluslararası af örgütü "gıkını" dahi çıkartmıyordu. Ama bir PKK'lı terörist öldürülse ortalık bu kuruluşlarca ayağa kaldırılıyordu.

Ses çıkarmaya ne gerek vardı? Çünkü 2000'lerin başında Türkiye için (Osmanlı'nın son dönemi gibi) hasta adam benzetmesi yapılmaya başlanmıştı. "Gidiyor" deniliyordu. Türkiye'nin refleksleri duyarsızlaştırılmıştı. Adeta beyne uyarı veren sinirlerinin çoğu ameliyatla alınmıştı.

Uyan Ey Türk Gidiyoruz

İstanbul'un göbeğinde çoğunluğu Karadenizli vatandaşlarımızın yaşadığı Güngören ilçesinde 2008 yılında PKK terör saldırısında 17 vatandaş can vermişti de, aynı akşam televizyonlarımız eğlence dünyasının kapısını sonuna kadar halka açmaktan eksik kalmamıştı. Toplum da şehit ve gazi askerine, insanına ağlamak yerine eğlenceye devam etmişti. Ateş düştüğü yeri yakıyordu, acısı artık etrafa yayılmıyordu. Terör mitinglerle lanetlenmiyordu artık. Süreci anlatmaya devam ediyoruz.

Anayasaya uygun olmamasına karşın, Kürtçe yayın yapan TRT-6 kurulmuştu.

Kamu alanlarında devlet memurlarının devletin resmi dilini yani Türkçeyi kullanma ve hizmeti Türkçe verme zorunluluğu vardır. Devletin resmi dili Türkçedir. Bu anayasanın değiştirilemez hükümlerindendir. Buna aykırı bir biçimde güneydoğu ve bazı doğu anadolu bölgesi camilerinde hizmet veren devlet memuru statüsündeki imamların görevleri sırasında Kürtçe'yi kullanmaya başlamaları, çok manidardır.

Eskiden Türkiye'nin 81 ilinde Arapça ve Türkçe hutbe, dua ve Kur'an okunurken şimdi bir bölge Türkçe'den koparılıyordu. Bu anayasaya aykırıydı. Buna karşın yine de ilgili yasalar değiştirilerek yapılsaydı bu, iktidarın takdiri olarak algılanırdı ve olumlu değerlendirmeyenler tarafından bile saygıyla karşılanabilirdi.

Ancak anayasa hükmü açıkken, devletin hizmetkarı memurlar her kademesinde hukuksuzluk içine batmıştı. Kürtçe Kur'an meali/çevirisi elbette yapılabilir ancak devlet memurları Kürtçe hizmet veremezler. Buradaki amaç, toprak/yurt ve millet arasındaki bağların dil maarifetiyle koparılması olarak algılanabilir.

Artık teröristlere övgü düzmek, terör örgütüne aleni destek vermenin de korkulacak bir tarafı kalmamıştı. Çünkü devlet caydırıcı önlemler almamakta, müeyyideler uygulamamaktaydı.

Aksine, "Açım, iflas ettim" diyen vatandaşını üç beş kolluk görevlisi canını alırcasına dövüyordu da, güneydoğudaki PKK yandaşı şehirli teröristler sözde bayraklarıyla sokaklarda cirit atmalarına karşın çoğu bir yaptırım ile karşılaşmıyordu. Polisin hukuki yetkileri kendisini kayıtlıyor, idare kendisini sınırlıyordu. Polis, polisliğini yapamaz hale gelmişti.

Türkiye'de 40.000 insanın ölümünden sorumlu terör örgütü PKK'nın ölen teröristlerine, kaymakamın, valinin, askerin, emniyet müdürünün her türlü devlet görevlisinin yanında, hatta Millet Meclis'inde *"özgürlük şehitleri"* denilerek saygı duruşlarında duruluyordu.

Ne büyük tesadüftür ki, tam bu sıralarda RTÜK, aldığı kararla televizyonlarda şehit cenazelerinin yayınlarına sansür getiriyordu. Toplum bir yandan teröre karşı verdiği haklı mücadelesinden ve şehitlerinden uzaklaştırılmaya çalışılırken bir yandan da şehitlik kavramı yozlaştırılmaya çalışılıyor, öldürülen PKK'lıların cenazeleri DTP/BDP'lilerin "özgürlük şehidi" sözleriyle televizyonlarda uzun uzun gösteriliyordu.

Bu operasyonun bir devamı olarak, 1999 depreminde ölen vatandaşlarımıza bile artık anlamsızca "deprem şehidi" deniyordu. Şehitlik kavramı genelleştirilip değersizleştirilmek isteniyordu. Neredeyse artık, trafik kazalarında ölenlere bile "şehit" denilecekti. Halbuki şehitlik, hem hukuki hem de dini bir kavramdı. Büyük Ortadoğu Projesi her gün bir adım daha ileri gidiyordu. Ülkede bazı şeyler sanki talimat gelmişçesine baş döndürücü hızla değişiyordu.

Uyan Ey Türk Gidiyoruz

Hıristiyan milletlerle savaşmış ve çoğunda onları bozguna uğratmış ve günümüzde de varlığını sürdüren en büyük Müslüman millet, Türkiye ve Türklerdir. Kudüs'ü ellerinden almış, gönderdikleri haçlı ordularının canını okumuş, Doğu Roma'yı yıkmış, Hıristiyan batıyla yaklaşık 1000 sene savaşarak topraklarının bir kısmını kendisine almış, tam bitirdik diye sevinirlerken küllerinden yeniden doğup Türkiye'yi kurmuş, yakın geçmişte 1974'te bile Türklere katliamlar yapan, soykırıma doğru yol alan Hıristiyan Rumlara barış operasyonuyla müdahale edip yenmiştir. Türkiye Türkleri dışında dünyada bu denli savaşçı ve başarılı başka bir Müslüman millet yoktur.

Hıristiyan batının ve ABD'nin yüzyılların birikmiş kini, sinsi planları ortaya çıkmaktadır. Savaşla alınmasını olanaksız gördükleri coğrafyayı ve kaynakları ve tatmin etmek istedikleri ödeşme duygusunu bugün; satın alarak, beyin yıkayarak, çikolata paketinde zehir sunarak yapmaya çalışıyorlar.

O paketin içinde çikolata görünümlü zehir çok yakın bir geçmişte yendi. Bu yüzdendir ki bugün devletin bir özür borcu vardır. Bu özür neo-terörist başı Murat Karayılan'ın hainlikle dediği gibi PKK'lı terörist ve yakınlarına değil; bir dünya masalı olan Ermeni soykırım yalanı için de değil; devletin şehit Türk asker ve polislerinin ailelerine bir özür borcu vardır.

Kendi milletine ihanet eden, farklılıkları arasına hamaset sokmak isteyen, binlerce insanı öldüren, birçok nesli terör belasıyla meşgul eden bir adam, vatan haini Abdullah Öcalan'ın asılmadığı, hapis kararının birilerinin baskılarıyla ağırlaştırılmış müebbete çevrildiği, idamın kaldırıldığı gün; devletin şehit ve gazi yakınlarına, terör mağdurlarına ve terörden duygusal olarak etkilenen bir millete, vatandaşına özür borcu doğmuştur! Ve Habur rezaleti için de, AKP iktidarının tüm Türkiye'ye karşı bir özür borcu doğmuştur.

Çünkü kundakta öldürülen o herkesin bildiği resimdeki bebek Kürttü, çünkü dağda şehit olan Mehmetçik kimi zaman Türk kimi zaman Kürttü, çünkü kimi zaman dağda askere yardım eden özel harekatçı polis kimi zaman şehirde şehadete ulaşan polis Türktü, Kürttü. Onlar bu vatanı seven, ırk ayrımcılığına gitmeden bir bütün içinde yaşayan Türk Milleti'nin evlatlarıydı.

Ayrıca 1.5 milyon Müslüman Iraklı'nın işkencelerle ölümüne neden olan, camilerin yakılıp yıkıldığı zulmü/işgali Amerikan askerleri daha rahat gerçekleştirsin diye TBMM'de ABD'ye tezkere çıkarmak için çaba gösteren, bu zulme bir biçimde ortak olmaya çalışan, daha sonra başka türlü bu tezkereyi çıkaran, ABD savaş uçaklarına geçiş izni veren, başta Tayyip Erdoğan ve ekibi, Adalet ve Kalkınma Partisi olmak üzere, o gün Meclis'te "evet" diyen herkesin insanlığa, dünyaya ve tüm İslam alemine ve elbette Türkiye'ye bir özür borcu vardır.

* * *

Ve bugün... Başlangıçta İngiliz, günümüzde de ABD-İsrail destekli oluşturulmuş ve halkın beynine, konuşma literatürüne eklenmiş bir tabir "Kürt sorunu" karşımızda. Olmayanı sorun kılarak milleti önce psikolojik sonra da idari sınırlarla bölmeye çalışan Sistem, bunu başarabilecek midir? Sevr'in milenyum versiyonu Genişletilmiş BOP bu toprakları, Türkiye'yi içine alabilecek midir? Türkiye gidecek midir?

Kendi ağzından duymasak asla inanmayacağımız şekliyle Başbakan Tayyip Erdoğan BOP ve GOP eş başkanı olduğuna göre, Diyarbakır'ı BOP ve GOP kapsamında bir yıldız yapmak istediğine göre, bu projeler bu coğrafyayı ABD'ye (Sistem) biat eden üniter olmayan kontrol edilebilir küçük devletlerden oluşturmak ve İsrail'e özgür sınırlar yaratmak istediğine göre, sözde Kürdistan coğrafyasında kurulacak (Irak Kürdistan'ı kuruldu)

Uyan Ey Türk Gidiyoruz

özerk Kürdistanlar istendiğine göre, ülkede diplomatik trafik hızlandığına ve görüşülmesine olanak olmayan kişilerle bile normalmiş gibi görüşüldüğüne göre, kimlikte Türk, özde batının manevi elemanı gazeteciler Kandil'e gidip terörist başlarıyla görüşüp Türkiye'ye mesajlar taşıdığına ve sanki kapalı kapılar ardında terörle müzakere masasına oturulduğu izlenimi yaratıldığına göre, Demokratik Açılım Projesi'nin masumane ve ülkenin kendi iç dinamiklerinin oluşturduğu gerçekçi bir proje olma olasılığı nedir, bizim buna inanma olasılığımız nedir, bir de ortada David Philips'in raporu varken? Ay gibi güneş gibi kocaman bir "sıfır".

Dünyada son sürat gelişmeler olurken, komşularımız işgal edilir, diğerleri de işgal/savaş tehlikesi yaşarken, dünyada hem ekonomik hem siyasi açılardan yeni bir "dünya düzeni" oluşturulurken, bölgemize yönelik yeni haritalar hazırlanırken, milletimizin bu gelişmelerden bihaber olması, haberdar olanların da konuya duyarsız kalması, yıllar yılı saçma sapan iddialarla, gündemlerle ikiye bölünmeye çalışılması...

Artık cesur ve geçmişi temiz halkın siyasete girmesi ve elini taşın altına koyması, bir yerlerden seçildiği izlenimi veren siyasetçiler tarafından yönetilmemesi ve bunun için aktif siyasetin ve katılımcı demokrasinin bir aktörü, yöneticisi olması, hukuk ve demokrasi zemininde bu kirli zihniyeti tasfiye etmesi gerekiyor. Çünkü şikayet ederek bu ülke sıkıntılarından kurtulmayacak.

Eğer işler bu şekilde devam ederse, tabanından yöneticisine kadar bu millet daha hâlâ kulaklarını tıkamaya, gözlerini kapamaya devam ederse, bırakın çağdaş medeniyetler seviyesini, Lut Gölü seviyesini bile yakalayamaz, sürünür gider, sonunda da yerin dibine geçeriz. Uyarıdır, gidiyoruz!

SABETAY SEVİ VE SABETAYİZM

"Ya olduğun gibi görün, ya göründüğün gibi ol"

Mevlana

Türkler gerçek Türklüğü, Türk vatandaşları gerçek Türkiye'yi öğrensin diye; Türk tarihi ve cumhuriyet daha iyi anlaşılsın diye; Atatürk sonrası ve özellikle '80 sonrası dönemin yıkıcı siyasi çekişmeleri ve kurumsal çekişmeleri daha iyi anlaşılsın diye; kim kimdir bilinsin diye; gerçekler tüm çıplaklığıyla artık açığa çıksın diye bu bölüm yazılmıştır.

Yazar Yalçın Küçük şu sözünde *"Hep masonizm ile ilgilenmiş ve şimdi tapınak şövalyeleri ile ilgili en küçük bilgi kırıntısından büyük bir heyecan çıkaranların, İbrani isim-bilimi (onomastique) düşman saymaları şaşırtıcıdır. Herhalde bunların, isim-bilim düşmanlarının, gizli İbrani olduklarını düşünmeye zorlanıyoruz"* demektedir.

Ayrıca şu üç sözünde de *"İsimbilim bizde, çok bastırıldığı ve çok karartıldığı için, aydınlığı, göz kamaştırıcı olabilmektedir"* ve *"Benim söylediğim, Onomastique verilere başvurmadan ve mezar taşları okunmadan tarih biliminin gelişmeyeceğidir.*

Uyan Ey Türk Gidiyoruz

Buna artık şunu ekleyebiliyorum; onomastique, Türkiye'de kasıtlı olarak geri bırakılmıştır. Çünkü onomastique bulgular, mevcut tarih yazımında depremler yaratıyor" ve *"Tarih'i ise, kendimizi bilmenin kaynağı olarak da görebiliyoruz"* demektedir. Bunlar önemli saptamalardır.

Biz bu bölümü devlet tarihinden, resmi tarihten öteye geçmek adına, gerçek tarihe ulaşmak adına, gerçek tarih yazımına katkıda bulunmak ayrıca bugünü anlamak adına ve sürekli sorulan sorulara gerçek yanıtlar sunmak adına yazıyoruz. Büyük bir cüret ve iddia ile tarihi kişilikleri ve olayların gerçek yüzünü açığa çıkartmak adına Onomastik'le ve mezar taşlarıyla ve analizlerle, güncelin ve biraz da tarihin yazımına başlıyoruz.

Konu derin ama bir o kadar da basit bir konudur. Ülkedeki çoğu olayın perde arkası daha farklı ve mantıklı bir zemine oturmaktadır. Sabetayizm meselesi projektör gibidir, uğraşanı sürekli diri tutar, baktığını net görmesini sağlar, gözünü açar. O nedenle gelin önce kavramlarla meseleyi tanımaya çalışalım.

Bir not olarak: Sabetayizmi yazmak, Sabetayist kişileri ve bunların ilişkilerini deşifre etmek, kişilerin Müslüman olduklarını söyleseler dahi İbrani/Yahudi olabilme olasılıklarını açıklamak asla dinsel, ırksal, mezhepsel yada kültürel bir ayrım yapmak, aşağılamak vb. olumsuz nitelemelerde bulunmak amacıyla yapılmamakta, yazılmamaktadır.

Bu ülkede yaşayan herkes hukuka uygun hareket ediyor ve elindeki olanaklar ölçüsünde evde, özelde yada kamuda işini en iyi şekilde yapmaya çalışıyor ise, dürüstse, milli yada dini kökeni ne olursa olsun hepsi bu ülkenin aynı derecede onurlu birer vatandaşıdır.

Burada amaç Sabetayist kökenli olduğu iddia edilecek kişilerin din-ırk kimliklerini, bu gizli kimlikleri ve gizli cemaat ilişkileri dolayısıyla siyasi bakışlarının yansıttıklarından farklı olduğunu, bazı sorunların nedeninin bu mesele olduğunu ortaya çıkarmak; biraz da toplumun gözünün içine baka baka dini takiye yapanların analizini, deşifresini sunmaktır. Günümüzde takiyeyi artık yalnızca dinci cenahta değil, sağda solda ve her yerde göreceğimizin işaretidir. Ve buna mukabil, Sabetayist olduğu iddia edilecek her kişi (özel/tüzel) %100 Sabetayist olmayabilir. %1 hata payı/rastlantı payı, olasılık olarak aklımızın bir köşesinde bulunmalıdır.

Sabetay Sevi ve Türk Yahudileri

Sabetay Sevi ismi, İbranice söylenişle aslen "Şabbetay Zvi"dir. Ancak Türkçe karşılığı "Sabetay Sevi" olmuştur. Sabetay ismi bazen "Sabatay" bazen de "Sebatay" olarak kullanılmaktadır.

1626 - 1675/1676 yılları arasında yaşamış, İzmir doğumlu bir Osmanlı Yahudisidir. Arnavutluk'un Ülgen (Ülken, Ülgün) kentinde uzunca bir süre yaşadıktan sonra "Berat" kasabasında ölmüştür. Peki nedir Sabetay'ı bu kadar meşhur yapan olay?

Sabetay Sevi, 22 yaşında bir gençken Mesih olduğunu iddia etmiştir. Bu yaşa gelene kadar Yahudi/Musevi din adamlarından ciddi eğitimler almıştır, dini bilgisi sağlamdır. Kutsal İsrail'i kuracağını, dünyadaki bütün Yahudileri İsrail'de toplayacağını, İsrail'i kurması beklenen Mesih'in kendisi olduğunu öne sürmüştür. Büyük bir kısım Yahudi kendisine inanacaktır.

Çeşitli nedenlerle (inancını yaymak, kaçmak, sürgün) İzmir, İstanbul, Selanik, Kudüs, Mısır, Gelibolu, Edirne ve Arnavutluk'ta bulunmuştur. Sabetay'ın gittiği bu yerlerde inananlarının sayısı artacaktır. Bir kısım Yahudi ise, Sabetay Sevi'ye inanmayacak ve onun bu Mesih'lik iddiasından rahatsız olacaktır. Hahambaşılık Sabetay Sevi'nin Mesih'lik iddiasını kabul etmemiştir.

Uyan Ey Türk Gidiyoruz

Sabetay Sevi'ye inananlar ile inanmayan Yahudiler arasında bir ayrım yaşanmıştır.

Osmanlı İmparatorluğu'nda daha önce hiçbir azınlık sorun yaratmadığı için ve bir Osmanlı toprağı olan Kudüs'te bir azınlığın İsrail Devleti kurma söylemlerine giriştiği için bu durum endişe ile karşılanmış, İzmirli hahamlardan gelen şikayet üzerine de, Sabetay Sevi 4. Mehmet'in huzuruna, saraya getirilmiştir. Sevi, İsrail topraklarının kendisine verilmesi gibi bir kısım kabulü mümkün olmayan taleplerde bulunmuştur. Bunun üzerine bir dönem tutuklanır, hapis yatar, çıkar. Ancak Sabetay söylemlerinden vaz geçmez, nihayetinde tekrar Saraya, divanın karşısına getirilir.

Divan'da Sevi'ye mealen "Madem Mesihsin, ölmezsin. Ya senin üzerine ok atacağız, ölüp ölmediğini göreceğiz ya da Müslüman ol, tövbe et" denir. Sabetay Sevi de tövbe eder. Görünüşte Müslümanlığa geçer, Aziz Mehmet Efendi adını alır. Sevi, görünüşte Müslüman olsa da sinagoglarda, evlerde gizli ayinler düzenlemekten, kimi zaman baskın yemesine karşın dualarını, öğretilerini yaymaktan vaz geçmez.

İşte konunun en önemli yeri de burasıdır. Sabetay Sevi'nin "sözde Müslüman olup özde Yahudi kalmasıyla" birlikte ona inananlar da aynı şekilde Müslüman isimleri alıp, görsel olarak bir Müslüman gibi davranmaya başlarlar. Aynen Sabetay Sevi gibi inananları da, dışarıdan görenler için asla Yahudi denmeyecek ve hatta bazen "sıkı Müslüman" bile denebilecek kişiler olmuşlardır.

Sabetay Sevi'ye inananlara, onun yolunda yürüyenlere Sabetayist yada Sabetaycı denilmektedir. Sabetay ismi yabancı bir isim/sözcük olduğu için, sözcüğün kendisine uygun olarak yabancı ek kullanarak Sabetayist diyeceğiz. Bunlar Osmanlı kaynaklarında Dönmeler ve Avdediler/Avdetiler olarak da geçmektedir. Bunlara bir Müslüman gibi muamele edilirdi. Çünkü bunlar Müslüman zannedilirdi.

* * *

Sabetay Sevi'yi ve yaşantısını öğrendik. Şimdi de günümüz Sabetayistlerini, isimleriyle, yaşantılarıyla, olaylarıyla ve çalıştıkları işleriyle deşifre etmek adına bazı Musevi din bilgi ve terimlerini aktaralım. Kabbala da bunun bir parçasıdır.

Kabbala nedir? Oxford sözlüğünde Kabbala/Kabbalah yada Kabala, "*Tanah'ın mistik bir şekilde yorumlanışı esasına dayalı antik Yahudi öğretisi*" olarak bildirilmektedir. İbranice'de Kabbalah, "*alma, kabul etme*" kökünden "*gelenek*" anlamlarına gelir. Kabbala bir yöntem ve kitap olarak türlü hesaplama yöntemi ve işaretler, simgeler, "*aydınlanma felsefeleri*" içerir. Bunun bir kısmı, biraz şekil değiştirilerek "Ebced hesabı" olarak İslamiyet'e monte edilmeye çalışılmıştır. Kabbala, Sabetayizmin, Masonluğun ve Moon tipi tarikatların dayandığı kitaptır, öğretidir. En değerli bölümü Zohar'dır (Zehra). Zohar da, "*Tora üzerine yazılmış yorumların koleksiyonudur*".

Peki Tanah ne demektir? Yahudiler'in kutsal kitabı Tevrat olarak bilinir, yanlıştır. Yahudiler için üç önemli kitap vardır:

1- Tanah: İçinde 24 kitap ve 3 ana bölüm barındırır. Bu üç ana bölümlerin isimleri Tora(Tevrat), Neviim ve Ketuvim'dir. İşte Tevrat bu bölümlerden yalnızca biridir. Kitabın tamamının adı Tanah'tır. Tanah için söylenen şu söz önemlidir "*Tanah olmasa Yahudi milleti olmazdı*". Ancak biz kitabımızda kafa karıştırmamak adına, toplumumuzda söylendiği şekliyle, Tanah'ı işaret ederek "Tevrat" sözcüğünü kullanacağız.

2- Talmud: Yahudilerin (ve bilhassa Sabetayistlerin) sosyal yaşam ve zihinlerini, bilgi arşivlerini oluşturan kitaptır. Medeni yasalarını, tören kurallarını, efsaneleri vs. içerir. 2000 yıldır değişmediği iddia edilen kitaptır. Sabetay Sevi, Mesih olduğu iddiasıyla değiştirmiştir.

3- Sidur: Dualar ve dini şiirler kitabıdır. Bayram günleri dışında her gün okunması gerekir.

Musevilik ile Yahudiliğin farkı nedir? Musevilik, o inanca sahip olmayı, Musa'nın kitabına inanmayı, "Musa taraftarlığını" ifade eder. Yahudilik ise İsrailoğullarının soyundan gelen Musevilere verilen, din+soy belirten bir kavramdır.

Soru ve yanıtlarla devam edelim. Osmanlı'da bu kadar çok Yahudi'nin/İbrani'nin ne işi vardı, gerçekten bu kadar çoklar mıydı? Bunlar nereden gelmişlerdi?

Evet, Yahudiler Anadolu'da her zaman sayıca yüksek rakamlarla yaşamışlardır. Birinci grup, sayısı diğer gruplara göre daha az olsa da "**Romanyot Yahudiler**"dir. Yani, Roma hükümranlığı döneminde Anadolu topraklarında yaşayan Yahudiler. Bu topraklardaki tarihleri, diğer gruplara göre daha eskidir.

İkinci grup, "**Aşkenaz Yahudileri**"dir. Aşkenaz, bugünkü Almanya ve civar ülke topraklarının bir kısmı içinde yaşayan o dönemin Yahudilerine verilen isimdir (Aşkenaz, Tevrat'ta Nuh'un torun çocuğu olarak geçmektedir), ama asıl olarak Alman Yahudilerini anlamamız gerekir. Aşkenaz Yahudileri'nin Yidiş denilen Almanca kökenli, içine çokça İbranice sözcüğün karıştığı, İbrani alfabesiyle yazılan ve dışarıdan duyulduğunda Almanca sanılabilen bir özel dilleri de mevcuttur.

Aşkenaz kelimesi Türkçe'de çok farklı şekillerde söylenmiş ve hatta isim/soyisim olarak kullanılmıştır: Aşkenaz, Aşkenas, Aşkenaze, Askenaz, Askenaze, Askenazi, Eşkenaz, Eskenaz, Eskinaz, Eskinazi, Eskimazi, Eskenazi, Eskenaze ve Eskinaze. Aşkenaz Yahudileri, Avrupa'daki katliam ve baskılardan kaçarak 14. yüzyılın ikinci yarısıyla birlikte akın akın Osmanlı topraklarına gelmeye başlarlar. Böylelikle Romanyot Yahudilere, Aşkenaz Yahudileri de eklenmiş olur.

Üçüncü grubumuz da **Sefarad (Sefardi) Yahudileri**'dir. Sefarad'lar, İspanya'da yaşayan Ladino Yahudilerdir. Yani Latin kültürü ile harmanlanmış, İspanyolca ile dillerini birleştirmiş Yahudilerdir. 1492 ve takip eden yıllarda (bir kısım da öncesinde) İspanya'da ortaya çıkan Yahudi soykırımı ve zorunlu göçü sonrasında bir kısım yaya bir kısım da gemilerle yüzbinlerce Yahudi dünyanın dört bir tarafına (Avrupa, Afrika, Asya) ve elbette Osmanlı'ya gelmişlerdir. Türkiye'deki açık Musevi cemaat esas olarak Sefarad, Aşkenaz ve İtalyan Yahudileri'nden oluşmaktadır.

Moğol İmparatoru Timur'un Osmanlı Padişahı Bayezid'i yenmesi, Osmanlı'da "fetret devri" denilen başı boşluğun oluşmasını, bununla da pek çok Aşkenaz ve Hazar Musevisi'nin ve ilk kovuluşlarını yaşayan Sefaradlar'ın sorunsuzca Anadolu topraklarına yerleşmesini sağlamıştır. Gidecek yeri olmayan ve Avrupa'nın da Yahudilere nefretle baktığı bir dönemde, Timur'un zaferi sayesinde Anadolu, Yahudilere açılmıştır. Ayrıca engizisyona karşı bugünkü tabirle "ultimatom" yayınlayan Sultan Bayezit sayesinde, pek çok Sefarad Yahudisi, Osmanlı coğrafyasına akın etmiştir. Timur kadar Bayezid/t/Beyazıt ismi de önemlidir.

Hazar Musevileri kimlerdir dersek; Hazar Devleti'nde yaşayan Musevi Türk halkıdır diyebiliriz. Hazar Devleti, Musevi inancına sahip Türklerin kurduğu 7. ve 10. yüzyıllar arasında yaşamış büyük bir devletti, başkenti İdil/İtil idi. Burada yaşayanlara, pek önemli olmasa da, yanlış bir isimlendirmeyle Hazar Yahudileri de denilmektedir.

Bazı Avrupalı, ABD'li ve Türk yazarlar dünya Yahudi nüfusunun %90'ının Hazar Musevi Türk ırkından geldiğini iddia etmekteler. Hazar Musevi Türkleri, dönem dönem Müslüman Araplarla, Doğu Roma İmparatorluğu (Bizans) ile ve Moğollarla savaşmış ve barışmıştır.

Uyan Ey Türk Gidiyoruz

Bir Hazar Devlet Hakan'ı, Arap istilasini durdurabilmek için Müslümanlığa geçtiğini ilan etmiştir, bu sözde bir din değiştirmedir. Sabetay Sevi'nin yaşamındakiyle benzerlik taşımaktadır. Hakan, kısa süre sonra tekrar Musevi inanca döndüğünü belirtmiştir.

Hazar Devleti'nin kurucusunun ismi Sabriel'dir. Diğer hakanları/kağanları sırasıyla Obadiah, Hizkiya, 1. Menaşe, Hanuka, İshak Hazar, Sabulon, 2. Menaşe, Nişi, 1. Aaron (Harun), Menahem, Benjamin (Bünyamin), 2. Aaron, Yasef (Yusuf), David (Davut) ve Georgius Tzul'dur.

Bir de Karay Türkleri'nin/**Karaylar**'ın varlığını biliyoruz (aslen Romanyot Yahudisi oldukları iddia ediliyor). Bunların asıl yaşadıkları yer, anayurtları Kırım'dır. Değişik bir Musevi mezhebidir. Bu Karay Türkleri de bir dönem Türkiye'ye (Türkiye kavramı cumhuriyetten çok önce, bu topraklara verilen addır) gelmişlerdir. Karaköy civarına yerleşmişler ve bu nedenle buraya Karay-köy, değişerek Karaköy denmiştir. İzmir'e yerleşmişlerdir. Kırım'daki bir Musevi eski mal pazarı olan Çufut Çarşısı, karışıklığı nedeniyle, dilimize bunu belirten bir anlamda "Çufut/Çıfıt çarşısı" olarak geçmiştir. Biraz da küçümseyici bir tarafı da vardır. Karaylar, Türk toplumunu çeşitli yönlerden etkilemişlerdir.

Karaylar nesilleri tükenmekte olan bir topluluktur, sayıları tüm dünya toplamında binlerle ifade edilmektedir. Karaylar hakkında 5-8 Nisan 2010 tarihleri arasında Bilecik ve Sakarya Üniversiteleri'nin işbirliği ile Türkiye'de Uluslararası Karay Çalışma Sempozyumu düzenlenmiştir.

Türkiye'de işte bu Yahudi/Musevi gruplar yani Sefaradlar, Aşkenazlar, Romanyotlar ve Kırım-Kafkas üzerinden gelen Hazar Musevileri, Karaylar ve de İtalyan Musevileri yaşamaktadır. Bu Yahudi grupların hepsinin içinden Sabetay Sevi'nin Mesihlik iddiasına inanan, Sabetayist olan kişiler çıkmıştır.

O yüzden Sabetayizm, bu farklılıkları Sabetayist öğreti/inançta birleştirmiş bir hamurdur, yeni bir hamurdur.

Şimdi artık Sabetay'ı tanıdığımıza, Türkiye'de yaşayan Musevilerin/Yahudilerin ayrımına vardığımıza göre, Sabetayizm'e giriş yapabiliriz.

Sabetayizm

Sabetayistlerin, Sabetay Sevi'yi takip eden inananlar demek olduğunu ve aslen Yahudi olduklarını söylemiştik. Buna karşın Musevi Hahambaşılığı'nın Sabetay'ın Mesihlik iddiasını kabul etmediğini de belirtmiştik.

Artık Sefarad, Aşkenaz, İtalyan, Romanyot Yahudi ve Hazar Musevisi ayrımına gitmeden, kafa karışıklığı yaratmamak adına, bunların tümünü Yahudi-İbrani nadiren de Musevi olarak nitelendireceğiz. Çünkü toplumumuzda ve dünya genelinde kullanım açısından Yahudi tabiri, Musevi tabirinin önüne geçmiştir.

Devam edelim. Sabetay Sevi'nin öğretisi Yahudilik'ten biraz farklılaşmıştır. Bazı Yahudi geleneklerini reddetmiş, bazı dini emirlere karşı çıkmış ve bazı günahları "helalleştirmiştir". Temel Yahudi emirlerinin ve kurallarının bir kısmını alt üst etmiştir. Örneğin, eşe sadakat ve monogami kuralını kaldırmış, aldatmanın önünü açmış hatta buna kutsaliyet kazandırmıştır. Ayrıca kendisi de pek çok dua metni yazmış ve bunları ezberlettirerek ayinlerde okutturmuştur.

Anlaşılacağı üzere Sevi, biraz kendi ekseni etrafında bir oluşuma gitmiştir, çünkü iddiasına göre kendisi Mesih'tir. Kabbala'dan ve onun mistisizminden, gizemliliğinden pek çok öğeyi dini öğretisinin içine yerleştirmiştir. Bu nedenle dönem dönem Yahudiler ile Sabetayistler arasında anlayış, inanış ve güç/çıkar çatışmaları yaşanır.

Uyan Ey Türk Gidiyoruz

Sabetayizm, yaklaşık 400 yıllık bir Yahudi tarikatı/mezhebidir. Bazı Yahudiler ise Sabetayizm'i, Yahudilik dışında sahte Mesih'in uydurma dini olarak görürler ve Sabetayistleri "kafir" olarak addederler.

Sabetayistler, Sabetay'ın yaşamında gördüğümüz olayların bir sonucu olarak, bildiğimiz Yahudi/Musevilerden farklı bir biçimde kimliklerini, inançlarını açıklamazlar ve bildiğimiz anlamda Yahudi değillerdir. Müslüman görünümlü, Yahudilik temelli, gizemli Kabbala öğretilerine inanan, Talmud'a aşırı önem atfeden, Sabetay Sevi öğreti ve dualarına iman etmiş ve Sevi'yi Mesih olarak gören kişilerin dinidir Sabetayizm.

Aslında Sabetayistler, Sabetay Sevi'nin Tevrat'ta vaadedilen Mesih olduğuna inanan Yahudiler'dir. Bazıları İslami metinleri, ayetleri, sureleri, dua ve Tanrı'ya yakarış amacıyla okuyabilir. Bazıları ise (cemaatlerine göre değişiklik gösterir) İslami hiçbir ritüele girmez, uzak durur.

Sabetay Sevi öldükten sonra, Sabetayistler kendi içlerinde 3 ana cemaate, kola ayrılmışlardır: **Karakaş**lar, **Kapancı**lar (Kapaniler) ve **Yakubi**ler (Yakupçular). Şahinileri ise bir kol olarak göremiyoruz.

Bu ayrılıkların çeşitli tarihsel nedenleri vardır. Farklılaşma isim vermede, mezarlık seçiminde, bazı dini uygulamalarda, geleneklerde, cemaatleşme ve dayanışmada çeşitli farklılıklara yol açmıştır.

Örneğin, "Osman" adını vermek, özellikle ilk doğan erkek çocuğa Osman adını vermek bir Karakaş geleneğidir, ancak elbette diğer cemaat üyeleri de bu ismi kullanabilir. Örneğin, Maçka Mezarlığı'na gömülen Sabetayistler Yakubi koldandır. Örneğin, Yakubiler'de isteyenler, gelenek olarak, başlarını tıraş ederler. Bu örnekler, önemsiz bazı geleneklerdir.

Ayrıntılarda boğulmamak adına, mezhep ayrılıklarını ve örneklemeleri burada kesiyoruz. Ancak bu saç-sakal örneklerini yansımalarını özellikle "finans-iş" dünyasında da çok görüyoruz, gözden kaçırılmamalıdır.

Bu farklı üç cemaat arasında tarihin taşıyıcılığı dolayısıyla bir çekişme mevcuttur. Bu çekişmenin, günümüzde en alt düzeye indiği görülmektedir.

Karakaş-Kapancı evlilikleri ve aile hısımlıkları, bu iki cemaatin yakınlaşmasını sağlamıştır. Ancak hâlâ Kapancılar Karakaş'lara "tepeden" bakmaktadır. Aslında Kapancılar tam olarak ayrılmamış ve bu özel cemaat ismine sahip olmamışken (18. yüzyıl) Yakubiler'e yakınlaşmaya çalışmışlardır, ancak bu girişim başarılı olamamıştır.

Her bir Sabetayist kolun (Karakaş, Kapancı, Yakubi) bir lideri vardır. Liderin altında cemaat üyelerinden kurulmuş konsey mevcuttur. Konsey, görüş alış verişi ve kararlarıyla Lider'e ve cemaate projeksiyon tutmaktadır. Lider, cemaat içinde ciddi saygı ve otorite sahibidir. Bu üç kolun lideri de, çok hassas konular gündeme geldiğinde Sabetayist cemaat adına buluşup ortak karar alabilmektedir.

Sabetayist cemaat de, diğer cemaatler gibi cemaat yapısının tüm karakteristik özelliklerini taşır. Bu kapsamda kapalılık, dayanışma, devlet sistemiyle birebir ilişki değil cemaat organizasyonları, kurumları kanalıyla ilişki kurma, kendi adamını kayırma ve bu kapsamda konumlandırma, yerleştirme gibi karakter ve uygulamaları görebiliyoruz.

* * *

Sabetayist emirler içinde yer alan *"Türklerin gözlerini örterek ... gözün gördüğü her şey kusursuz olarak yerine getirilmelidir"* öğretisi ile kişi kendisinden kuşku duyulmayacak ölçüde İslami pratikleri ve ibadetleri yerine getirmektedir.

Ramazan'da oruç tutmak, cuma namazlarını kılmak, beş vakit namaz kılmak, kurban kesmek, hacca gitmek, cenaze namazlarına katılmak ve tabi ki öldüğünde cenaze namazı eşliğinde defnedilmek. Bunlar aykırı gelebilir, şaşırtıcı gelebilir ancak takiyede sınır tanınmamaktadır.

Türkiye'de Sabetayist olduğunu açıklayan yalnızca iki kişi vardır. Çünkü kişinin kendisinin, soyunun Sabetayist olduğunu açıklaması, Sabetayist yapılanmanın çözülmesine, cemaatin deşifre olmasına neden olabilecektir. Sabetay Sevi'den sonra geleceğine inanılan ve kıyameti haber verecek olan son Mesih gelene kadar gizli kalacaklar, bu son Mesih gelince de dünyadaki tüm Sabetayistler Yahudi olduklarını açıklayacakladır. Kişinin kendisi ifşa etmesi bu nedenlerle büyük tehlike ve cezası "şiddetli cehennem azabı" olacak bir günahtır.

Böyle olunca da bir kişiye Sabetayist misin denildiğinde yada Sabetayist olduğu iddia edildiğinde, kişi Sabetayist değilse haliyle *"hayır değilim"* diyecektir. Sabetayist ise de yine *"hayır değilim"* diyecektir. Bu nedenle bir türlü olumlu yanıt alınamamaktadır. Aynen bir kişiye *"istihbaratçı mısın"* demek gibidir. Olumlu yanıt alınamaz.

Buna karşın kendisinin (haliyle ailesinin de) Sabetayist olduğunu açıklayan iki kişi çıkmıştır, Ilgaz Zorlu ve Cemil İpekçi. En son itiraf Cemil İpekçi'dendir. Aralık.2009'da Haber Türk televizyonunda bir programda, bazı "yüzeysel" gerçekleri birincil kaynak olarak ekranda açıklamıştır. Bu olumludur.

İpekçi, köklerinin geldiği Sevilla'dan bahsediyor, oradaki evlerin üstünde yer alan ve görenin anlayacağı türden gizli motiflerden, Sabetayistlerin kapalı bir cemaat olduğundan, kesinlikle dış görünüş itibariyle Müslüman gibi davrandıklarından, kendisinin her iki dine de inandığından bahsediyordu.

Kudüs'e ağlama duvarına gittiğini ve ne okuyacağını bilmediği için "*3 Kulhu 1 Elham*" (3 İhlas, 1 Fatiha) okuduğunu; Hacca yada Umre'ye de gitmek istediğini ama bunun olmadığını (büyük olasılıkla cinsel tercihi ve dış görünüşü nedeniyledir), bu olmayınca da Mescid-i Aksa'ya gidip ibadet ettiğini, günlük yaşantısı içinde zaman zaman Kur'an-ı Kerim de okuduğunu bildiriyordu. Babası kendisine Sabetayist olduklarını, kendisinin ileri yaşlarında söylediğini ve Sabetayistler arasında genel uygulamanın da bu yönde olduğunu ekliyordu. (İpekçi'nin baba tarafı Sabetayist, anne tarafı Bektaşi'dir. Bu, tezat oluşturmamaktadır).

Biz bunları biliyorduk ancak birincil ağızdan ekranlarda teyidi ilktir, tarihidir. İpekçi'nin canlı yayında söylemediği, görenin anlayacağı "gizli motifleri" de deşifre ettik, ileriki sayfalarda göreceğiz. Bazı Sabetayistlerin İslami pratikleri Müslüman görünme adına, kamuflaj mahiyetli yaptığı; bazılarının ise artık ailede ve kişide iki dinin karışmaya başlaması nedeniyle her iki inancın pratiklerini de samimiyetle yaptığı, iki dine birden karma bir biçimde inandığı görülmektedir.

Sanatçı Özdemir Erdoğan ise eşinin Sabetayist olduğunu evliliklerinden tam otuz yıl sonra öğrendiğini basın yayında şöyle açıklıyordu "*Eşimin ailesinin Sabetayist olduğunu, evliliğimizin 30. yılında öğrendim. İlişkilerimiz hiçbir zaman eskisi gibi olmadı tabi. Bende çok büyük bir düş kırıklığı oluşturdu. Hayatımdaki en büyük üzüntülerden bir tanesini yaşadım. Bu durum benim çok ağırıma gitti. Çünkü evlilik içerisinde bir kültürel çatışma ortamı oluşturuyor. Bu durum benden niçin gizlendi çok merak ediyorum. Sabetayizm'de bir önyargı var, bir ön hedef, gizli bir yapı var. Böyle bir şey aile içerisinde kabul edilemez. Özellikle mütedeyyin (dindar) insanlara karşı bir önyargı var*".

Uyan Ey Türk Gidiyoruz

Özdemir Erdoğan bunu yaşayan ne ilk kişidir ne de sonuncu olacaktır. Sabetayistler dini gelenekleri gereği, Sabetayist bir eşle evlenirler. Eskiden görücü usulünün yaygın olması nedeniyle kolaydı, ancak artık bu çağda aşk evlilikleri ile bu yapı gitgide bozulmaktadır. Bu nedenle cemaat dışı evliliklerde Sabetayizmi gizleme zorunluluğu doğuyor. Bunu öğrenen eşler ise çoğu zaman "gizlilik, yalan, güvensizlik" duygularıyla, aldatılmış hissiyle eşlerinden soğuyorlar.

Sanatçı Özdemir Erdoğan bir televizyon sohbetinde ise, Türkiye'de en yüksek satış rakamını yakalamış caz albümünü kendisinin yaptığını ancak her yıl görkemli kampanya ve organizasyonlarla gerçekleştirilen caz konserlerinin hiçbirisine çağrılmadığından yakınıyordu. Bunun nedenini görememiş belli ki. Sabetayist cemaatin elinin uzanmadığı, gölgesini düşürmediği bir yer var mı?

* * *

Sabetayizm o kadar gizli bir yapı ki, Cemil İpekçi örneğinde de gördüğümüz üzere çocuklara Sabetayist oldukları ve bu dinin/mezhebin kuralları, şifreleri yetişkinlik döneminde, evlenirken bazen de evlilik sonrası çocuk sahibi olurlarken açıklanıyor.

Ve günümüzde, artık internet çağıyla birlikte, Sabetayist kuralları anlatan kitapların yayınlanmasıyla birlikte kişiler Sabetayist olup olmadıklarını buralardan öğrenebilecek duruma geldiler. Bu nedenledir ki, çocuklara Sabetayist kökenden geldikleri vs. artık daha erken yaşlarda (ama en erken, ergenlik sonu) anlatılabilmektedir. Konu her geçen gün daha çok ve yeni yönleriyle ifşa olmaktadır.

Türkiye Musevi Cemaati ileri gelenlerinden Harry Ojalvo'nun 23-29 Mayıs 1998 tarihli Aksiyon Dergisi'ne verdiği röportajda kullandığı *"Ülkemizde 1,5 milyon Yahudi kökenli Türk vardır"* ifadesi, alenî Musevilerin sayısının 23.000 civarında kaldığını düşündüğümüzde geriye kalan ortalama 1.4 milyon kişinin, Sabetayist kökenli kişi olduğu sonucunu vermektedir.

Şahsen biz, büyük bir iddia ile Türkiye'yi, Sabetayistlerin sayısı açısından etraflıca düşündüğümüzde, ve başka kaynaklarla, bugün Yahudi kökenlilerin sayısının bu ifadeye paralel olduğunu öngörebiliyoruz. Bu sayıya, Müslümanlığa geçmiş olanlar, soyunun Sabetayistliğini bilmeyenler dahildir. Bu gizlilikten ve sıkıntıdan kurtulması için, evlatlarına köklerini ve Sabetayist dinlerini öğretmeyen aileler de yani çocukları Müslümanlaşmış aileler de mevcuttur. Ama yine de bu rakamın çoğunun aktif Sabetayist olduğu tahmin edilebilir.

Kişi kendisinin Sabetayist Yahudi olduğunu genç yaşta, örneğin 18 yaşında öğrense ve o güne kadar da Müslüman yetişmiş bir kişi olsa, babası/annesi ona inandıkları dinlerini ve köklerini söylese, Sabetayist olduklarını ve Sabetayizmi anlatsa, o çocuk bir anda dinini mi değiştirecektir? Bunun yanıtı büyük olasılıkla "hayır" olurdu. Ancak bu tam olarak öyle değildir.

Zaten bu çocuklar küçükten itibaren "sözde" Müslümandır ama öyle dinlerine bağlı çocuklar değillerdir. Doğru düzgün bir "Fatiha"yı dahi okumayan, daha açık söyleyişle dinen zayıf olan, belki her dolunayda annesiyle birlikte aya bakıp dilek dileyen ve çocukluktan itibaren gece yatağına yattığında uyumadan önce Arapça sandığı "duaları okuyan" (Sabetay Sevi'nin duaları ve Sevi'ye dualar) çocuk, yetişkin olsa ve aileden yada dışarıdan birisi ona Sabetayist olduğunu söylese, çocuk tepkilenmeden kabul verecektir. Çünkü, o ortam ve temel içinde yetiştirilmiştir.

Sabetayist bir ailenin çocuklarını inancı kuvvetli bir Müslüman olarak yetiştirmesini kimse beklemez. Böyle olursa çocuk, yetişkin olunca aileye karşı gelir ve Sabetayist olmaz.

Bu nedenle Sabetayizme uygun yetiştirilmiş dini zayıf gencimiz, kendisine durum açıklandığı gün itibariyle de artık "Müslümanlığı" samimiyetsizdir ve "yalancı" Müslümandır.

Uyan Ey Türk Gidiyoruz

Din kamuflajcısıdır, takiyecidir. Müslüman olması bir maskedir, aslına özüne dönerek Sabetayist Yahudi olmuştur. Bu dakikadan itibaren her türlü takiyeyi uygulayabilir. Buna cevaz veren Sabetay'ın emrini belirtmiştik.

Bu konuda yazar Soner Yalçın, çok fazla "hacca" giden Sabetayist'in olduğunu "Efendi" kitaplarında belirtmiş, gizli büyükelçilik yazışmalarıyla, her türlü delille sunmuştur. Osmanlı İmparatorluğu zamanında İzmirli çok zengin Müslüman görünümlü bir Sabetayist'in, Ramazan ayında 30 gün boyunca konağında tüm mahalle sakinlerine iftar yemeği verdirdiğini, yemek sonrası getirtilen hafızların iftar sakinlerine Kur'an okuduğunu ve yine getirtilen hocaların ahaliye teravih namazı kıldırdığını aktarmaktadır.

Bu bilgi inanılması güç ve uç gelebilir, gelmemelidir. Tarihte ve bugün bunların varlığını biliyoruz. Hacca giden, orucunu tutan, kurbanını kesen, beş vakit namaz kılan hiç olmazsa cumasını kılan dindar yada dine her açıdan uzak duran Müslüman görünümlü Sabetayistlerin varlığını, tepedekileri isim isim, halk içindekileri de araştırdıkça biliyoruz, buluyoruz. Avrupa'da bazı Hıristiyan görünümlü "kripto Yahudilerin" Başepiskopos olduğu, din Rektörü olduğu tarihte kayıtlıdır. "Hacı ve hafız" Sabetayistlerin olduğu da vakıadır.

Bir Sabetayistin hacı olmasını, kuşkuya yer bırakmamak adına anlayabiliriz de "hafız" olmasını ve hatta yüksek "İslam din alimi" Sabetayistlerin çıkmasını anlamak, insan aklına mantığına çok zor gelmektedir. İslam'a İsrail-i müdahale, Tevratik müdahale amacıyla olabilir. İslami anlayışın ilerlememesi maksadıyla da olabilir. Hadislerde ciddi ağırlıkla İsrailiyat olduğu gerçeği karşımızda en açık örnektir. Bu mantıkla demek ki artık "hacı hafız Sabetayistlerin" varlığına şaşırmıyoruz.

Sabetayist olduğunu tespit ettiğimiz bazı kişilerin mezar taşlarında "hacı" sıfatı yer almaktadır. Peki bu "hacı" ibaresi bizi yanlışlamakta mıdır? Hayır. Bunların çoğunun, İslami Hac kapsamında Kabe ibadeti değil, Yahudilik kapsamında İbrani Hac olduğunu anlayabiliyoruz. Mezar taşlarında gördüğümüz her "hacı" ibaresi bizi yanıltmamalıdır, bu İslami hac olarak anlaşılmamalıdır. Hac, İslamiyette vardır ve fakat bugünkü Hıristiyanlık ve Yahudilikte de vardır. Mezar taşındaki bilgiyle kişinin hangi dinin hacısı olduğununun delilini bize yurtdışı/pasaport giriş çıkış kayıtları verecektir.

Mezar taşlarındaki yada ölüm ilanlarındaki "Hafız" ibaresi, "Kur'an hafızlığı" olabileceği gibi "Tevrat hafızlığı" da olabilir. Hafız sözcüğü, İslami bir kavramdır ancak Türkçe'de diğer dinin kitaplarını ezbere bilenler için de geniş anlamla kullanılmaktadır. "Hafız" ve "hacı" ibareleri, bizlere kişinin peşinen Müslüman olduğunu gösterici bir işaret olarak okunmamalıdır. Kuşkuyla yaklaşılıp, sorgulanmalıdır. Bazen altından çok farklı sonuçlar çıkabilmektedir.

* * *

Kişiler, bazen kendilerinin Sabetayist geçmişten ve kökten geldiklerini az önce de belirtildiği gibi bilirler, bazen de bilmezler. "Gizli bir el" onları yükseltir. Gelmeleri gereken yerlere, mevkilere yükseltir. Oturmaları gereken koltuklara, "kırmızı koltuklara" oturtur. Günü geldiğinde bu güç, kişiye, aslında ne olduğunu açıklar. Küresel Krallığın/Sistemin yada en basitiyle hukuksuz çıkar ilişkilerinin adamı olan Sabetayist kişimiz artık eskisinden farklı bir gözle Sisteme hizmet etmektedir. Bundan sonra kendisi de Sisteme Sabetayizm yoluyla hizmet eder ve Sabetayist kişiliğini/kökünü bilen yada bilmeyen Sabetayistleri Sisteme kazandırma yoluna gider.

Bu nedenle dürüst, çalışkan, açığı olmayan bir Sabetayist kökenli Müslüman kişinin, Sistem tarafından yükseltildiğinde ve sonra Sabetayist olduğu için bu mevkilere yükseltildiği kendisine söylendiğinde, bunun bir işe yaramayacağı büyük olasılıktır, aşikardır. Eğer kırmızı koltuktaki kişi, Sabetayist olduğunu sonradan öğreniyorsa ve zaten çıkar ilişkileri içinde, hukuksuz ilişkiler içinde yeşermişse, Sabetayist olduğunu öğrenmesi kendisine avantaj sağlayacaktır, adeta talih kuşudur, şans yıldızıdır. Sabetayist / "iyi insan" olduğunu önceden bilen ve bu nedenle yükselen kişi için ise denecek pek bir şey yoktur. Bunları daha sonra inceleyeceğiz.

"İyi insan" dedik, bunun anlamını da söylemek gerek. "İyi insan" tabiri konuşmalarda, ölüm ilanlarında ve uygun düşen yerlerde kullanılan ezoterik işarettir, kişinin Sabetayist olduğunun üstü kapalı söylenişidir. Eski tabirle "faziletli insan" günümüzde "iyi insan" tabirinin kullanım alanlarını göreceğiz, göstereceğiz.

* * *

Sabetayizm'den gayrı bir de "kripto Yahudilik" (yani gizli Yahudilik) vardır. Kripto Yahudiler, Sabetayist değillerdir. İspanya'da, İngiltere'de, Rusya'da ve tarihin çeşitli zamanlarında, farklı yerlerinde gerçekleşen Yahudi düşmanlığı ve katliamları neticesinde Yahudiler, kendilerini korumak için, içinde yaşadığı toplumun dinini kabul etmiş gibi görünerek Yahudi inançlarını korumuşlardır. İşte bunlara kripto (gizli) Yahudi denilmektedir. Bunlar ABD'de, Fransa'da, Almanya'da, Rusya'da, Türkiye'de... Neredeyse tüm dünya ülkelerinde mevcutturlar. Özel isim koyma yöntemleri ve diğer bazı yöntemleri Sabetayistlerle aynı olsalar da bunlar Sabetayist değillerdir.

Türkiye'deki kripto Yahudilerin oluşumuna kabaca bir göz atalım. Osmanlı'da Yeniçeri ve Bektaşilerin en büyük müttefiki Yahudiler ve Sabetayistlerdi. Ne zaman Yeniçeri Ocağı kaldırıldı, Yeniçeri ve Bektaşiler idam edildi, aynı vakit zengin (genellikle kuyumcu) Yahudilerin de büyük kısmının "kellesi uçuruldu". 17. yüzyıl başlarında da İstanbul'da, Yahudilerle ilgili ölümler gerçekleşti.

Türkiye'de kurulmuş Türk devletleri yine de her zaman için, dünyadaki örnekleriyle karşılaştırıldıklarında, Yahudilere en saygılı ve hoşgörülü yaklaşan ve hatta onları özümsemiş devletlerdir. Ancak yine de Türkiye'de ve ondan öte Avrupa'da, kripto Yahudiliğe geçmek için yeteri derecede neden vardır. Her dönemi kendi koşulları içinde değerlendirmek gerekir. Kriptolaşmalarının amacına bakarsak, dinlerini yaşamak, toplumdan dışlanmamak, hiçbir zaman toplumsal yada yasal bir engelle karşılaşmamaktır. Bizim konumuz Sabetayizm, kripto Yahudiler bu kitabın kapsamı dışındadır. Devam edelim.

SABETAYİZMİN SIRLARI

"Hakikati konuşmaktan korkmayınız."

Mustafa Kemal ATATÜRK

Coğrafyamızda Sabetayistler

Sabetayizm, Sabetay Sevi'nin bulunduğu kentlerdeki Yahudiler arasında ileri derecede yayılmıştır. **İzmir** ve **İstanbul** bu konuda en ileri kentlerimizdir. Hem bu coğrafyanın insanı olarak Romanyot Yahudi kökenli Sabetayistler, hem Aşkenaz ve Sefarad kökenli Sabetayistler, hem de daha sonra Balkanlar'dan gelen Sabetayistler bu illerde toplanmışlardır, önemli sayıdadırlar.

Ayrıca Sevi'nin Balkanlarda bulunması, Balkanlarda da Sabetayizmin çok büyük kesimlerce kabulüne neden olmuştur. Osmanlı İmparatorluğu döneminde ve sonrasında çeşitli nedenlerle Balkanlar'dan Türkiye'ye göçler yaşanmış, mübadeleler olmuştur. Bu göçlerde ve mübadelelerde Müslümanlar kadar, Müslüman zannedilen Sabetayistler de gelmiştir. Göçle gelenlerin özellikle **Bursa**'ya yerleştiklerini, mübadillerin de kimi sahil kentlerimize yerleştiklerini biliyoruz.

Bursa, Romanyot Yahudiler açısından da önemlidir. Orhan Gazi döneminde Bursa'da "Yahudi mahallesi" kurulmuş ve Osmanlı'nın/Türkiye'nin ilk Sinagogu, Efza Hayim Sinagogu, Orhan Gazi'nin izniyle inşa edilmiştir. Bu, Bursa'da Yahudilerin çokluğu açısında bilgi vermektedir. Büyük olasılıkla Bursa'da Yahudi nüfusunun çok olmasından dolayıdır ki, Türkiye'ye yapılan geri dönüşlerde/göçlerde muhacirler hep Bursa'yı tercih etmiştir. Devlet burayı işaret etmiştir belki ama devlette burayı işaret eden yöneticilere de bakmak gerekir. Romanyot Yahudiler ile muhacirler arasında ve bugün Bursa'da Sabetayizm çok yaygındır.

Kazan, Kırım ve Türkiye'nin kuzeyindeki coğrafyadan, bugünkü Rusya-Ukrayna-Moldova ve çok az bir kısım Gürcistan taraflarından gelen Türkiler (biz günlük ağızda hepsine toptan Tatar diyoruz) arasında Sabetayistler çoktur. Bunların da özellikle **Eskişehir**'e, **Ankara**'ya ve **Çorum**'a yerleştiklerini biliyoruz.

Aynı zamanda cumhuriyetten önce, yakın tarihimizde, Rusya coğrafyasından baskılar nedeniyle kaçan Sabetayistler ve kripto Yahudiler, göçecekleri ve artık "yeni evleri" belirleyecekleri yerleri seçmek adına gemilerle Karadeniz sahillerini gezmiş ve beğendikleri bölgelere yerleşmişlerdir. **Giresun** ve **Rize** diğer Karadeniz kentlerine nazaran öndedir. Karadeniz kökenli, sosyete dünyasının zenginlerine, işadamlarına bakmakta yarar var. İçlerinde elbette Sabetayistler vardır.

Sevi'nin kaldığı ve yine Balkan göçlerinden nüfus alan Trakya ve onun en büyük kenti, eski Osmanlı başkenti **Edirne** de önemlidir. İzmir, İstanbul ve Bursa kadar olmasa da Edirne'de de Sabetayistlerin varlığı diğer kentlerimize göre epeycedir. Bir dönem Yahudi nüfusunun da yoğun olduğu kentte cumhuriyet öncesi dönemde Alliance Israelite Okulu ve bitişiğine Sinagogu yapılmış, buradan mezun öğrencilerin çoğu dünyada yüksek pozisyonlara gelmiş ve hatta İsrail Devleti'ndeki üst düzey devlet adamları olmuşlardır.

Uyan Ey Türk Gidiyoruz

Bugün burası İnönü İlköğretim Okulu'dur. Alliance Yahudi okulunun Bursa'da bir şubesi vardı. Türkiye 3. Cumhurbaşkanı Celal BAYAR bu okuldan mezundu.

Selanik kenti Yahudilerin ve Sabetayistlerin kutsal olarak addettikleri kentlerin başında gelir, çok önemli bir merkezdir. Osmanlı İmparatorluğu topraklarında Yahudilerin en çok bulunduğu kent Selanik'ti. Ve bunların büyük çoğunluğu Sabetayist'ti. İstanbul Üsküdar'daki Sabetayist Mezarlığı diyebileceğimiz Bülbüldere Mezarlığı "Selanikliler Sokağı"nda yer alır!

Yunanistan ile Türkiye arasında 1924 yılında yapılan nüfus mübadelesi ile Türkiye'ye güya Müslüman diye 25.000 kişi gelmiştir. Bunların tamamına yakını Sabetayist'tir. Bu Sabetayistler arasında gizli bir kavramın, işaretin doğmasına da yol açmıştır. Kişi Selanik kökenli olmasa bile, "biz Selanikliyiz" diyebilmektedir, bu onun Sabetayist olduğunun üstü kapalı işaretidir.

* * *

Bir Yahudi hikayesi: *"Harun, babası Simon'a ayakkabısının eskidiğini ve yenisini almak istediğini söyler. Babası da 'Oğlum sen bilmezsin pazarlık yapmayı, satıcı ne fiyat söylerse sen onun yarısını söyle' diye tembihler. Harun, ayakkabıcıya gider. Sorar 'Ayakkabı kaç para' diye, ayakkabıcı da '40 lira' der. Harun da bunun üzerine hemen '20 lira' der. Ayakkabıcı önce kem küm eder, ardından 'Tamam' der, '20 lira olur'. Bu sefer Harun '10 lira' der. Ayakkabıcı söylenir 'Bu fiyata olmaz' diye. Sonunda Harun'un ısrarına dayanamayıp 'İyi tamam 10 lira olur" diye kabullenir. Bu sefer çocuk '5 lira' diye diretince, bakmış ayakkabıcı çocuktan kurtuluş yok 'Al o zaman, para mara istemez. Al git ayakkabı bedavadan senin olsun' der. Harun babasından öğrendi ya pazarlığı, bu sefer de ne desin 'Bir çift daha almadan gitmem"*. İşte bu, Yahudi ticari zekasını anlatan çok güzel bir hikayedir, öğreticidir.

Yahudilerin en bilinen özellikleri akıllarının ticarete, paraya çok iyi çalışmasıdır. Bu nedenle Türkiye'de nerede ticaret aklı yüksekse, ticari kabiliyet fazlaysa orada İbrani kök aramak gerekir. Hemen karşımıza iki kent çıkmaktadır. Birincisi **Kayseri**'dir ve Kayseri'de Sabetayist çoktur, pek çoktur. En basitinden Üsküdar'daki Bülbülderesi Mezarlığı'nda oldukça büyük bir aile mezarlığı bulunan ve Bülbülderesi Mezarlığı'ndaki pek çok mezar taşını (ve tabiki taşlardaki gizli Sabetayist motifleri) yapan Kayserili mermer fabrikatörü aile dikkatimizi çekmektedir. Müslüman dindar Kayserililer kadar asla olmasa da "Sabetayist Kayserililer" de çoktur, zenginlikleri nedeniyle de etkindirler. Kayseri'nin yeri, konumu önemlidir, büyüktür.

Ticari zekanın ileri ve haliyle İbrani kökün sayıca fazla olduğu bir diğer kentimiz ise Antalya'nın **Akseki** ilçesidir. **Antalya**'da da Romanyot Yahudi kökenli Sabetayistler ve mübadil Sabetayistler çoktur.

Osmanlı'ya hep alim, yüksek devlet yöneticisi kazandırmış, Antalya'nın İbrani kök açısından yüksek olduğu bir diğer ilçesi, isminden de kendini belli ettiği üzere **İbradı**'dır. İbradı ismi bile kendi başına bazı şeylere işarettir.

Türkiye'nin 81 ilinde de Sabetayist (İbrani köklü) aile bulunur. Günümüzde iş kurma-bulma, çalışma, evlilik vb. nedenlerle iç göçün fazlaca yaşandığı görülerek ve bu etkenler arındırılarak bu "kent" tespitleri yapılmıştır. Ailelerin Osmanlı'dan gelen kökleri baz alınmıştır. "Aslen nereli" oldukları baz alınmıştır. Yerelde ve buradan da genelde ağırlıkta oldukları kentlere bakıyoruz. Devam edelim.

Denizli ve **Buldan** gibi onun birkaç ilçesinde de tarihsel İbrani kökler biliniyor. Denizli de önemlidir. Denizli ayrıca sanayi kentidir, zengini fazladır. Zengin fazla ise şüphelenmek gerekiyor.

Uyan Ey Türk Gidiyoruz

'93 harbinden sonra Ruslar'ın Kars ve çevresine kendi nüfusunu taşıdığı biliniyor. Ancak bu bölgeye getirilen Ruslar hep Yahudi kökenliydi. Kars'tan, doğuya ve etraf bölgeye ufak çaplı da olsa yayılma ve kültürlerarası alış veriş olmuştur. Bunlar daha çok kripto Yahudilerdir. Kars'ta bugün Sabetayistlerin pek fazla olduğunu görmüyoruz.

Gemilerle Karadeniz'in kuzeyinden Türkiye'nin karadeniz sahillerine gelen Sabetayistler'den ve diğer Yahudiler'den bahsetmiştik. Benzer bir biçimde, Kuzey Afrika'da yaşayan çoğu Sabetayist inançlı Yahudiler de, gemiler vb. araçlarla, daha gelişmiş gördükleri Akdeniz sahil kesimine yerleşmişlerdir. **Mersin ve Tarsus** burada dikkatimizi çekmektedir. Mersin'in diğer bazı ilçelerinde de hatırı sayılır miktarlarda oldukları dikkatimizi çekmektedir. Mersin, Sabetayistlerin yoğun olduğu kentlerimizdendir.

Suriye'de, özellikle Şam'da yaşayan Sabetayistlerin çoğu, bölgenin Osmanlı toprağı niteliğini yitirmesi, işgal edilmesi sonrasında **Adana**'ya ve diğer Akdeniz bölgesi sahil kentlerine göçmüşlerdir. Daha sonra bunlardan bir kısmı İzmir ve İstanbul'a taşınmıştır.

Hatay'da da Sabetayistler vardır, Kudüs'e diğer kentlerimize nazaran daha yakındır, bunun etkisi yadsınamaz. Ayrıca Hatay'ın verdiği kültürel bir rahatlık da söz konusudur. Suriye ve Irak coğrafyasından gelen Sabetayistlerin bir kısmı da Hatay'a yerleşmiştir.

Konya'da da İbrani kökenliler hayli fazladır, sayıca yüksektir. Konya'nın İslami ağırlığı ile boy ölçüşemez asla ama İslami cemaat arasında dahi Sabetayistlerin varlıkları ve etkinlikleri mevcuttur. Samimi Müslümanların bunları bildiklerini zannetmiyoruz. Tarihte, Balkanlara ve Kıbrıs'a yerleştirilen Türkler, Konya'dan (Karaman dahil) gitmedir. Konyalı asi ve savaşçıdır. Balkanlarda ve Kıbrıs'ta Sabetayist ağırlık yüksektir.

Mason kayıtlarında, mahvil listelerinde yer alan isimlerin (kişilerin) kökleri, aslen nereli oldukları şehir şehir, köylere kadar saptanmalı ve İbrani ağırlıklı köyler/ilçeler/kentler bu yolla da tespit edilmelidir. Hiç şüphe yok ki o zaman yukarıdaki kentlere yenileri eklenecektir. Tabi yalnızca Mason derneği değil, içinde genelde İbrani kökenlileri yani Sabetayistleri ve/veya Yahudileri ve/veya Musevileri barındıran yada bunları yönetici yapan diğer benzer derneklere, örgütlere de bakmak gerekir.

Yukarıdaki kent tespitlerini ve yazmadığımız diğerlerini ancak ciddi birkaç araştırmacı, elbette Sabetayist Cemaat liderleri ve mensupları, ve belki (şayet devlet sırrı niteliğinde belgelerin saklandığı özel devlet arşivlerinde yer alıyorsa) devlet bilmektedir. Artık araştırmalar ve sonuçlar, yani Sabetayist Sistem türlü kanallarla halkımızla paylaşılmaktadır. Milletimiz yaşadığı coğrafyayı, insanları, yöneticilerini, ülkesini, tarihini daha iyi tanıyacaktır. Bilme hakkı her şeyden önce gelir, bilme hakkı Allah'ın emridir, ayrıca bu demokrasinin gereğidir.

* * *

Müslüman görünümlü İbranileri, bugün Türkiye'de ve geçmişte Osmanlı'da bulabiliyoruz. Peki ya öncesinde?

Hazar Musevi Devleti'ni görüyoruz. Bundan başka yazar Yalçın Küçük'ün İsimlerin İbranileştirilmesi kitabı sayfa 274'te, Selçukluların (**Büyük Selçuklu Devleti**) Musevi olabilecekleri olasılığını temellendiriyor. Önemli bir bilgi olarak Selçuk Bey'in babası Dukak'ın, Hazar Devleti sarayında komutan olduğunu ve ölünce de oğlu Sultan Selçuk'un Hazar Devleti'nde önemli görevler aldığını bildiriyor.

Selçuk Bey'in çocuklarının isimleri de bizleri hayrete düşürmeye yetmektedir. İsmi "Arslan Yabgu/Arslan Bey" olarak Türk tarih kitaplarında geçen ve öğretilen Selçuk Bey'in büyük oğlunun gerçek adı (birçok kaynakta) İsrail olarak geçmektedir.

Bu çok çarpıcıdır. Selçuk Bey'in diğer çocuklarının isimleri de İbrani'dir. İsrail (Arslan Yabgu), Musa, Mikail, Yusuf İnal ve Yunus. Yada İbrani söyleyişle İsrael, Moshe (Moşe), Mikha'el, Yosef ve Yona. Onomastik bilim açısından bu iddia ciddiye alınmalıdır. Çünkü hiçbir Müslüman oğluna İsrail adını vermez.

Kur'an-ı Kerim'in Arapça aslında, bazı ayetlerde, "İsrail" peygamberden bahsedilmesine karşın, Diyanet'in Kur'an-ı Kerim Türkçe Meali'nde "İsrail peygamberin" adı "Yakup" olarak çevrilmiştir. Bu elbet tartışmalı bir uygulamadır ancak "İsrail" sözcüğünün İslami algıda yarattığı rahatsızlığı ve tepkilenmeyi ortaya koymasında, iddiamızı destekler niteliktedir.

Meleklerin isimlerini doğan çocuklara koymak da, İslamiyet'te ender görülen ve pek de hoş karşılanmayan bir durumdur. Bunun yerine "Melek" ismi ikame edilmiştir. Aksine Yahudilikte ve Hıristiyanlıkta ise Melekler'in özel isimlerinin kullanımı yaygındır. Mişel, Michael ismi Mikail demektir. Gabriel, Gabriella, Gavri'el ise Cebrail'dir...

Kur'an'a göre bir İslam peygamberi olan Hz. Musa'nın isminin, çocuğa verilmesi Müslüman toplumlarda pek karşılaşılan bir durum değildir. Asla Hz. Musa, Hz. İsa, Hz. Süleyman, Hz. Yakup, Hz. Harun gibi peygamberleri reddetmek adına değil; İsrail ulusunu, bugünün bozuk Hıristiyan ve Yahudi dinleri çağrıştırdığı için, pek tercih edilmez. Diğer peygamber/resul isimleri yerine örneğin Türkiye'de, Muhammet ve onun varyasyonları Mehmet'in, Mahmut'un konulduğunu görüyoruz. Hz. Muhammet'e olan saygıdan ötürü Muhammet ismi de pek kullanılmaz, varyasyonları daha çok tercih edilir.

Selçuk Bey'in oğlu İsrail'in oğlunun adı da Süleyman'dır. İşaretler devam etmektedir.

Anadolu Selçuklu Devleti'nde ise bazı komutanların, yöneticilerin Müslüman görünümlü kripto Musevi/Yahudi oldukları yavaş yavaş ortaya çıkacaktır.

Ve hepsinden öte, Vikipedi internet sitesinin yabancı bir kaynağa atıf yaparak yayınladığı **Karamanoğulları Beyliği** ve **Candaroğulları Beyliği**'nin bayrakları şaşkınlık vericidir. 6 köşeli Davut Yıldızını/Yahudi Yıldızını/Süleyman Mührü'nü bayraklarında taşıdıklarını görüyoruz. Bu iddianın tarafsız tarihçiler tarafından teyit edilmesi gerekmektedir.

6 köşeli yıldızı kimse, Hz. Davut'un bir İslam peygamberi olduğu bilgisiyle, onun kullanımına atıfla kullanıldığını, İslami bir yanı olduğunu iddia etmemelidir. Sembol ve motifler, her dönemde farklı anlamlara gelebilir. Yahudiliğin bozulmasıyla birlikte ve günümüzde 6 köşeli yıldızı kimse İslam yıldızı olarak göremez. Bu yıldız, ne Davut Yıldızı ne de Süleyman Mührüdür, İsrail'i ve Yahudiliği işaret, sembolize etmektedir.

Eski Türklerin her yıl 21 Aralık'tan sonra birkaç gün boyunca, gündüzün geceye karşı galip gelmeye başlamasını (gecelerin kısalıp gündüzün uzaması) kutlamak adına, yaşadıkları coğrafyanın ağacı olan "çam ağaçları" altına, Tengri'lerine/Tanrılarına sepetler içinde armağanlar koyduklarını, kötü ruhlara karşı ağaçları renkli ve özellikle de kırmızı kurdelerle süslediklerini, ünlü Sümerolog Muazzez İlmiye Çığ'ın bilimsel açıklamalarından öğreniyorduk.

Bugün bunun birebir uygulamasını, her yıl aynı tarihte ve aynı ritüellerle, Hıristiyan dünyasında Noel Bayramı adı altında görüyoruz. Peki bu adeti bugün uygularsak bu Türklük adeti mi olur/algılanır yoksa Hıristiyan adeti olarak mı? Semboller, motifler kullanıldıkları dönemlerde, kendilerine atfedilen değere göre algılanırlar, anlamlandırılırlar. Bu yıldızı yüzyıllardan bu yana ve bugün Yahudi yıldızı olarak görüyoruz, tıpkı Noel'in artık Hıristiyan adeti olarak görülmesi gibi.

Uyan Ey Türk Gidiyoruz

Karamanoğulları Beyliği Bayrağı (mavi-beyaz renkli)
http://tr.wikipedia.org/wiki/Karamano%C4%9Fullar%C4%B1_Beyl
i%C4%9Fi

Candaroğulları Beyliği Bayrağı (kırmızı-beyaz renkli)
http://tr.wikipedia.org/wiki/Candaro%C4%9Fullar%C4%B1_Beyli
%C4%9Fi

Sabetayizm Üstüne "Özel İsim Bilim" (Onomastik)

Sabetayistlerin, yaşadıkları toplumun içinde son derece başarılı yöntemlerle gizlenebildiklerinden bahsettik. Peki bu kadar iyi gizlenebiliyorlarsa birbirlerini nasıl tanıyorlar? Bu işin formülü nedir?

Birbirlerini tanımak adına belirli yöntemleri var ki bunların dini temelleri de mevcut.

Yahudi inanca göre kişinin cennete girebilmesi için koşullardan biri kişinin Tevrat'ta geçen yani Tevratik bir isme, cennetteki isimlerden birine sahip olması gerekliliğidir (Şem HaKodeş). Genellikle 2 isim ve soyisme sahip olunur ve bu iki isimden en az biri Tevratik isimdir. Ayrıca mezarlık seçimi, belirli sözcüklerin kullanımı, semboller, motifler gibi farklı birçok yöntem daha kullanılmaktadır.

Burada yapacağımız işe Onomastik (özel isim bilim) deniyor. Dünyada metotları kabul edilmiş, Türkiye'de ise sayılı kişinin profesyonelce bildiği bir bilim dalıdır. Onomastiği, Sabetayizm'e uygulayacağız. Ayrıca farklı ailelerden farklı pek çok Sabetayist kişi ile gerçekleştirdiğimiz sohbetlerimizdeki izlenimlerimizi ve bilgilerimizi de kullanacağız.

* * *

Bu bölüm okunurken şunlar asla aklımızdan çıkmamalıdır. Yoksa büyük yanılgıya saplanılır. Kuşkusuz, bu kitap dahilinde sunulacak ve bu sistem içerisinde yer alan isimleri "her kullananın" İbrani asıllı olduğu, Sabetayist olduğu sonucuna varılmamalıdır. Muhakkak ki tesadüfler çıkacaktır. Bu isimleri konuyla uzaktan yakından ilgisi olmayan, anlamından yada söylenişinden hoşlandığı için koyan gerçek Müslümanlar yada başka dinden insanlar da olabilir.

Uyan Ey Türk Gidiyoruz

Biz Müslüman Türkler, Türkçe'deki ve bir kısım da Arapça-Farsça'daki ve de başka dillerdeki tarihi karakterlerin isimlerini herhangi bir kayıt olmadan koyabilmemize karşın (ve özellikle soyisim seçiminde), Sabetayistler belirli kurallar çerçevesinde soyisim almışlardır ve isim koymaktadırlar.

Örneğin Sabetayist bir kişi çocuğuna Muhammet ismini vermez; verse bile ikinci, İbrani kökenli bir isim vermesi gerekir. Ama bir Müslüman Türk'ün, Muhammet ismini verip vermemesinde bir koşul/engel yoktur. Sabetayist kişi çocuğuna İbrani isim olarak Alper'i verebilir. Albert isminden ve de Halpern isminden "ses benzeşmesi" yöntemiyle isim Alper olmuştur. Bunu Türkiye Musevileri de çok kullanmaktadır. Halbuki bir Türk (Müslüman) da Alper ismini tarihi bir yakıştırma ile çocuğuna verebilir. Yani bazı isimler müşterek kullanılabilir, bunda Müslümanlar açısından değil Sabetayistler açısından koşullar vardır.

* * *

Kişinin ismi İbrani onomastik tekniklerine uygunsa hemen kişinin baba-anne-dede-nine-kardeş-yakın akraba ve varsa eş ve çocuklarının isimlerine, çalıştığı iş yerine (kamu-özel), okuduğu okullara, kayden nereli olduğuna ve aslen nereli olduğuna, yakın arkadaş isimlerine, kişi ölmüş ise kişinin yada akrabalarının gömüldüğü mezarlıklara ve ada/parsel bilgilerine, mezar taşlarındaki (varsa) motiflere, sembollere bakıyoruz. Tespiti yalnızca isim-soyisimlerle değil diğer tüm yöntemlerle birlikte (eldeki imkanlar çerçevesinde) yapmak, isabetli sonuç elde etme açısından daha yüksek başarı sağlar.

Eğer hepsi de tesadüfse, literatüre geçecek derecede büyük bir tesadüfe ulaşmışız demektir, takdir edilmeyi bekleriz!

Tevfik BİR

-ABD'deki bir Yahudi mezarlığından-
G. HALPERN (G. HALPERN)

* * *

Türkler Anadolu'ya Hazar Denizi'nin kuzeyinden değil, Hazar'ın güneyinden bugünkü İran topraklarından geçerek geldiler. Devletler kurarak, yöneterek geldiler. Bunun içindir ki Türkçe'ye Farisi ve coğrafyaya yakınlaşma itibariyle Arabi etki büyük olmuştur ve Türkçe isimlerin bir kısmı unutulmuştur. Bunun İslam'a geçişimizle de ilgisi vardır.

Dilimizde bugün kullanılan "öz Türkçe" isimlerin çoğu, çok sonraları Kırım-Kazan bölgesinden Türkiye'ye gelenler tarafından taşındılar. Ki bunların büyük bir kısmı koyu Müslüman oldukları gibi bir kısmı da Sabetayist inançlı Yahudiler, kripto Yahudiler ve Karay Musevileri'dir.

Günümüz Türkçesi'nde Hazar denir, bu Arapça söyleyiştir. Arapça'da <K> harfinin yerini <H> harfi alır. Örneğin "Christian" kelimesi "Kıristiyın" diye okunur ancak Arapça'da bu sözcük Hıristiyan olarak söylenir. Aynı şekilde bu denizin adı dilimize Arapça üstünden Hazar olarak geçmiştir. Aslen Türkçe bir isimdir ve Kazar'dır. Kaz (kaz hayvanında da olduğu gibi) "Gez" demektir. Kaz hayvanına da, sürekli uçup göç ettiği için "gez" anlamında öz Türkçe kelime olan "kaz" denilmiştir. Yani Kazar Denizi, Gezer Denizi demektir. Bugün kaz sözcüğünü yalnızca kazmak anlamında emir kipi olarak kullanıyoruz. Sabetayistler ise her anlamıyla kullanıyor.

Yahudiler, bir devletleri olmamasından dolayı sürekli oradan oraya sürüldükleri, zorunlu olarak göçtükleri adeta gezdikleri için, bu sözcüğü Sabetayistler soyadı olarak buna atıfla taşımaktalar. Bir nevi göçebeliği, göçü anlatan bir sözcüktür. Gez-kaz, Gezen(T)-Kazan(T)-Hazan(A), Gezek-Kazak, Gezer-Kazar-Hazar karşılıklarını görebiliyoruz. Buradaki "kaz"ı, kazmak anlamında görmemeliyiz.

Bu nedenle genelde, dilimizdeki anlamı ve kullanımı unutulmuş öz Türkçe sözcükleri soyisim ve isim olarak taşıyanların, Sabetayist olabileceğinden kuşkulanıyoruz. Aynı zamanda daha önce belirttiğimiz gibi eski Moğol İmparator isimlerini ve özellikle "Timur" isminin önemini vurgulamalıyız. Timur, Osmanlı Devleti'ni fetret devri denilen yıkıntı ve sıkıntı dönemine sürüklemişken, Türklerin bugün Timur adını kullanmalarındaki sakatlığın kaynağını anlatmıştık. Timurlenk (aksak Timur) denmesi gerekirken, günümüzde asil bir isim olarak kullanılmaktadır. Timur-Tamer-Demir eş anlamlı sözcüklerdir. Buna ilişkin de bir fotoğraf sunacağız.

* * *

Öncelikle "özel isim bilim" yani onomastik ile, Sabetayistlerin çocuklarına koydukları isimlerdeki şifreleme ve isim seçme yöntemleriyle başlayalım.

Bir internet sitesinde yazar Yalçın Küçük'ün isim kuralları teorisi numaralandırılmış ve Sabetayistlerin isim belirleme kuralları şu altı madde ile açıklamıştır (http://tr.wikipedia.org/wiki/Sabetayc%C4%B1l%C4%B1k):

1- İbranice ve Türkçe arasındaki ses benzeşmelerini dikkate alarak.

2- Tevratta geçen ismin Arapça/Farsça ve Türkçe karşılığını alarak.

3- İbranice ve Türkçe'deki aynı sessiz harflerden oluşan isimleri yakıştırarak.

4- Kadınlarda, kızlık soyismi, çocuğa isim olarak verilerek.

5- Ladino ve Yidiş dillerindeki Musevi isim ve soyisimlerin Türkçesi kullanılarak.

6- Tevrat'ta var olan isimlerin sonuna -zade, -gil, -han, -oğlu vb. ek getirilerek.

Bu maddelerle "Sabetayist isim koyma yöntemlerini" deşifreye başlamış oluyoruz.

Bir numaralı maddeye örnek, İbranice "Peride" ismi yerine Türkçe ses benzeşmesiyle "Feride"; Tevrat'ta "Yudit" başlığı altında "İsrail'e Karşı Seferbelik" bölümünde geçen, kentin ileri gelenlerinden olan "Uzziya" ismi Türkçe'de ses benzeşmesiyle Ziya (ışık) olarak; aynı bölümde geçen "Uzziya"nın halkına verilen "Betulya" ismi de, Türkçe'de Betul/Betül olarak kullanılabilmektedir. Normal kullanımda bu gibi sözcükler/isimler Türkçe'ye, genelde farklı anlamlarla Arapça'dan geçmiştir. Arapça ve İbranice, Sami dil ailesinin bir üyesi olması nedeniyle, pek çok sözcük yakın telaffuzlu ve anlamlıdır.

İki numaralı maddeye bakarak ve maddeyi açarak devam edelim. Tevrat'ta geçen tüm kelimeler isimleştirilebilmektedir. Türkçe özel isim kurallarında "fiil isim" yer almamaktadır. Örnek olarak, "Yüce" ismi normaldir ancak fiil-isim olması nedeniyle "Yücel" ismi Türkçe özel isim bilime uygun değil, aksine Sabetayist sisteme uygundur. Fiil-isimleri genellikle Sabetayistler kullanmaktadır ve bugün artık Müslüman Türkler arasında da etkileşim ile kullanılmaya başlamıştır.

Yine Türkçe'de isimlerde cinsiyete dayalı farklılaşma, adeta isimlerde cinsiyet vardır. Ancak bu iki kuralın da Tevrat'ta geçen sözcüklerin isimleştirilmesi nedeniyle Sabetayistler tarafından yıkıldığını görüyoruz.

Belirli bir aileyi çağrıştırmaması, yakıştırma yapılmaması için uydurma bir cümle ile örneklersek, Tevrat'ta örneğin "oturan adam yerinden kalktı" gibi bir cümle geçiyorsa, bu "oturan" sözcüğünü Sabetayistler soyisim olarak kullanabilmektedir. Yada daha uygun olursa "isim" olarak seçebilmekteler.

Özellikle bugünkü Rusya topraklarından gelen İbrani kökenlilerde ve genel olarak tüm Sabetayistlerde kuş isimlerine, astronomik ve meteorolojik isimlere aşırı bir ilgi vardır. Bu, en yaygın kullanımlardan biridir. Şahin, Doğan, Seyfi, Balaban gibi yırtıcı kuş isimleri ve varyasyonları kullanılmaktadır. Ayrıca Kaya ve Gazi ismini de sıklıkla isim ve soyisim olarak taşımaktadırlar. "Kara"yı da soyisimlerde dikkat çekici sıklıkla görüyoruz.

Yıldırım, Şimşek, Fırtına, Rüzgar, Ay, Kamer, Güneş, Yıldız, Evren, Bulut, Kar, Yağmur, Gök, Stare, Işık, Işın, Işıl, Parlak, Aydın, Fer, Tan gibi gök ile ilgili her isim, ayrıca "özel yıldız isimleri" ve bu neviden isimler kullanılmaktadır. Bunlar hem soyisim hem de isim olarak taşınmaktadır. Hem erkekte hem kızda taşınmaktadır.

Örneğin, Yağmur ismi kıza konulduğu gibi, İbranice'de isimlerde cinsiyet olmamasından, erkeğe de konulabilmektedir.

Sabetayistlerin bu isimleri seçmelerinin ana nedeni, bunların Tevratik isimler olmalarıdır. "Azarya'nın Duası ve Üç Genç Adamın Ezgisi" bölümünde tek tek bu isimler sayılmaktadır. Örnekler,

35. *"Tüm evren, Rabbi kutsa, O'nu yücelt, sonsuza dek öv."*

40. *"Güneş ve ay, Rab'bi kutsayın, O'nu yüceltin, sonsuza dek övün."*

41. *"Gökteki yıldızlar, Rab'bi kutsayın, O'nu yüceltin, sonsuza dek övün"*

Baştan 68. ayete kadar bu ve benzeri isimler tek tek sayılmaktadır. Bu nedenle Sabetayistlerimiz, kendilerini hem diğer Sabetayist cemaat mensuplarına işaret etmek adına hem de "cennete girişi riske atmamak" adına bu isimleri, isim ve soyisim olarak taşımaktalar. Bunlar Tevrat'ta geçen İbranice sözcüklerin/isimlerin Türkçe karşılıklarıdır.

Üç numaralı maddemize gelelim. Yahudilerle ilgili Türkçe yayın yapan www.sevivon.com internet sitesinde de *"Onurlandırmak istediğiniz kişinin* **gerçek İbrani ismini** *veya en azından o isimde bulunan harf sayısına eşit bir isim kullanın"* ve *"Çocuğunuzun isminin pozitif yan anlamları olduğuna emin olun"* demektedir.

Hemen örneklendirelim. Sevivon sitesinde "Rafael = Tanrı iyileştirir" örneği gözümüze çarpmaktadır. Burada isim pozitif yan anlam taşımaktadır, bu açıdan kural tamamdır.

İbranice'de (Arapça'ya benzer bir biçimde) sözcükler sessiz harflerden oluşur. Sözcüğün kökü sessiz harflerdir. Rafael ve onun varyasyonu Rafi isminin "R" ve "F" harflerinden ibaret olduğunu görüyoruz.

Burada da Yahudiliğin, öğütlediği gibi gerçek isim kullanılamıyorsa (ki Türkiye'de Rafi ismini kullandığı zaman kökeni anlaşılacak, Sabetayistliği deşifre olacaktır) "o isimde bulunan harfleri kullanın" öğüdüyle, Refi ismi karşımıza çıkıyor. Yazar Yalçın Küçük, Sabetayist kişi cesursa "Refi" adını kullanır, mahcupsa (daha temkinliyse anlamında) Refiğ/Refik ismini kullanır diyor. Çok doğru bir saptamadır. Bu yöntem de çokça uygulanmaktadır.

Dört numaralı maddedeki kurala gelelim. Kadınlarda, kızlık soyismin çocuğa verilmesi uygulaması bir Yahudi geleneğidir, Sabetayistlerde de uygulanmaktadır.

Örneğin, "Aliye Işık" isminde bir kişi olsun. Aliye, evlenince doğacak çocuğuna kız yada erkek fark etmez "Işık" ismini yada belki Nur ismini verebilir. Bu, İbrani bir uygulamadır. Hem dini uygulamadır, kutsaldır; hem de diğer Sabetayistlere karşı bir işarettir. Hatta Işık/Nur isminden dolayı, dışarıdan, ailenin "Nurcu-Gülenci" olduğu bile düşünülebilir. İlgisi yoktur. Örnek uydurma ailemiz, Müslüman görünümlü Sabetayisttir.

Gerçek bir örnek verirsek de, Bloomberg TV'lerinin sahibi, Nev York Belediye Başkanı, kendisini reformist Yahudi olarak tanımlayan Michael Rubens BLOOMBERG'in anne kızlık soyismi Rubens'tir. Annesi kendi kızlık soyismini oğluna isim olarak koymuştur.

Beş numaralı madde gayet açıktır. Geniş kapsamda, Musevi isim ve soyisimlerin anlamlarının Türkçe karşılıklarına denk gelen yada benzeştirilen Türkçe isimlerin kullanımıdır. Örneğin, hem Sefarad Yahudilerin neredeyse anavatanı olan İspanya/Sevilla'nın adına atfen hem de Sabetay'ın soyadının Sevi olmasına atfen, Sevi ve Sev kökenli sözcükler çok tercih edilmektedir.

Fiil isim olarak Sevil (Sevilla'nın kırpılmış hali, Sabetay'ın soyadına işaret ve Türkçe "sevmek" kelimesiyle maskeli durumda), Sevilay (hem Sevil hem ay), Sevim, Sevigen, Sevican, Sevingen, Seviman, Sevgi, Sevtap gibi isimler ve varyasyonlar oluşturulabilir.

Türkiye'de parfümeri-kozmetik sektörünün büyük çoğunluğu açık Yahudi yada Sabetayistlerindir. Burada örnek olarak Sevil Parfümeri'ye bakıyoruz. Sevil Parfümeri'nin resmi internet sitesinde *"Yusuf Sevilla ve eşi Lüsi Sevilla'nın markalaştırdığı SEVİL'in adımları 1959 yılında Yusuf Sevilla'nın babası Leon Sevilla 'nın..."* demektedir. Türk Sefarad Yahudileri'nden olduklarını görebiliyoruz.

Türkiye'de ekranlara yani televizyona çıkabilecek yada bir haber içinde geçebilecek derecede yükselmiş kişiler arasında (sivil, resmi, ünlü vs.) bayanlarda Sevil başta olmak üzere Sevi'li isimleri; yüksek kişi erkek ise de eşlerinde bu tür isimleri görebiliyoruz. İlgi çekicidir. Arada tesadüfler de çıkacaktır.

Altı numaralı maddeye ekleme yaparak başlayalım. Han, zade, gil gibi eklemeler yapıldığı belirtilmiş. Bunlar kadar belki bunlardan daha çok kullanılan, -man ve -men ekleridir. Man/men bilindiği gibi Türkçe'de ve doğuda değil, Batı dillerinde karşılık bulan "erkek/adam" anlamına gelen bir sözcüktür. Bu ek'in Sefarad, Aşkenaz ve İtalyan Yahudilerinin Türkiye'ye gelişleriyle, Avrupa'dan dilimize taşındığı düşünülmektedir. Osmanlı'da da devşirme denilen yada başka isimlerle anılan Yahudi kökenli ve güya Müslümanlaşmış kişilerin/paşaların/müdürlerin/kadıların vs. soyisimlerinin sonunda bu -man, -men ekleri olurdu ve onların çoğu Sabetayistti.

Türkiye'de bu kural dört dörtlük işlemektedir. İddia edebiliriz ki Türkiye'de soyisminin sonunda -man, -men eki taşıyan kişilerin çoğunun soyu İbrani kökenlidir ve bunların büyük çoğu bugün Sabetayisttir yada son bir-iki nesildir Sabetayist inancı kaybederek Müslümanlaşmıştır. Bu men/man işareti ve bir noktadan sonra takıntısı o kadar ileri düzeye çıkmıştır ki, Abdurrahman, Neriman gibi bazı isimlere bile Sabetayist aileler merak salmıştır.

Ayrıca Ferman gibi üstü örtülü kelimeler de tercih edilmektedir. Çocuğuna "Ferman" ismini koyan bir ailenin Osmanlı'ya ithafen bu ismi koyduğu düşünülür. Halbuki Ferman ismini, Fer (parlaklık, aydınlık) ve man eki ile ezoterik bir biçimde anlamamız gerekir. Günümüzde Sabetayistlerin yaygın olduğu okulların yönetimlerinde, zengin işadamları arasında yada küresel şirketlerin Türkiye müdürleri arasında "Ferman" isminin yaygınlığı dikkat çekicidir.

* * *

Yahudilerin sahibi olduğu küresel şirketler içinde görev alan üst düzey Türk patronlar ve bu şirketlerin varsa Türkiye bölümlerinin genel müdürleri de (ve üst yönetim kadrosu) genellikle, Yahudi kökenli oldukları için Sabetayist kişiler arasından seçilmektedir. Dini bir dayanışma söz konusudur, normaldir.

Tevrat'ta "ulu" kelimesi büyük "U" ile Ulu biçiminde yazılmakta ve Tanrı anlamına gelmektedir. Ulu, Uluğ, Uluman, Ulukan, Ulucan gibi soyadları oluşturulabilir.

Yine aynı biçimde "Ata" ismi ve soyismini bizler Atatürk'e atıf olarak algılarız. Ata'yı, Türkçe'deki "baba" anlamıyla alamayız, çünkü kimse çocuğuna "baba" ismi koymaz. Elbette Atatürk'e sevgi ve saygıdan dolayı konulmuş örnekleri çoktur. Örneğin meşhur kaynana Semra Hanım'ın oğlu Ata Türk'teki Ata ismi buna atıftır. Ancak bu, Sabetayistlerin Ata ismini kullanmalarına engel değildir.

Ata, Tevrat'ta ve Yahudilikte iki anlamda kullanılmaktadır. Birisi, soylarının atası olan İbrahim peygambere atıftır. Yani Ata, İsrail halkının atası İbrahim anlamına gelmektedir. Tek.1:26-27

Ata'nın Tevrat'ta ve dualarda geçen bir diğer anlamı ise, Tanrı demektir. Aslı Atah'tır. Manalı bir biçimde Tanrı anlamında kullanılır. *"Baruh Ata Ad. Elo-enu Meleh aOlam..."* gibi pek çok duada kullanımı mevcuttur.

Bu nedenle Ataman, Atacan, Ataç, Ataş, Atazade, Ataizi, Atalı, Ataklı, Atasay, Atasaygı, Atasagun, Atasaygun, Atakaya, Atabay, Atasoy, Atatür, Atabek, Ataberk, Atay, Atayolu, Atakul, Atalay, Atahan... gibi içinde "ata" geçen, genelde Türkçe anlamları da bulunan olası Sabetayist/İbrani soyisimleri türetebiliriz, örnekleri mevcuttur. Böyle bir soyadı gördüğümüz zaman "bu Sabetayist" demek çok yanlış olur. Diğer yöntemlerle de teyiti gerekir. Aksi, haddi aşma, iftira ve hatta "ayrımcılık" olur. Onomastik bilimini yaptığımız ve bunun da sağlamasını yaptığımız sürece sorun yoktur.

Bülbülderesi Mezarlığı İsim Listesi

İsimleri taramaya ve Türkiye'deki tepedeki, yukarıdaki kişileri daha yakından tanımaya ve hepsi bitince de bazı soru işaretlerini, olayları aydınlatmaya çalışacağız.

Bunun için burada, İstanbul'un Üsküdar ilçesi Selanikliler Sokağı'nda yer alan ve genellikle Karakaş ve bir kısım da Kapancı Sabetayistlerin gömülü olduğu mezarlığa bakmakta yarar var. Bu mezarlığı gezdik, önemli ailelerin isimlerini ve soyisimlerini not ettik, önemli görülen mezar taşlarını ve ezoterik sembolleri, motifleri fotoğrafladık. Burada bir kısım saptalamalarımızı paylaşacağız.

Uyan Ey Türk Gidiyoruz

Ezoterik/içrek (*sf. fel.*) "*Belirli bir insan topluluğunun dışında kimseye bildirilmeyen, yalnızca sınırlı, dar bir çevreye aktarılan her türlü bilgi, öğreti.*" demektir.

Bu mezarlıkta yatan herkes kesin olarak Sabetayist yada İbrani kökenli demek yanlış olur. Arada görünürde değil özde Müslümanlar elbette vardır. Ama burası cemaatin en bilinen ve özellikli mezarlığıdır. Soyisimleri listesini vererek başlayalım. -man - men'liler, Ata'lılar, -er'liler, Alp'liler, gökle kuşlarla ilgili olanlar, Kaya'lılar, Kara'lılar, Can'lılar, konuşma dilinden düşmüş öz Türkçeler ve İbrani köklüler dikkatlerden kaçmasın.

Bülbülderesi Mezarlığı Soyisimlerinden

Kazmirci, Erşen, Ülgen, Akyol, Alpgiray, Yenal, Gençoğuz, Okay, Ger, Atay, Özören, Özdal, Özerman, Çelikkol, Zorlukol, Kent, Bölükbaşı, Erler, Bayraktar, Pakoy, Edis, Felek, Yaltı, Sunam, Arı, Arısal, Birced, Şengül, Güratay, Antman, İmre, Özatay, Erçman, Narter, Bildacı, Aytun, Atuk, Başkurt, Arman, Günkut, Birsin, Erbirer, Süslü, Salma, Erdık, Kızıltuğca, Şensoy, Gönç, Somer, Karaakın, Sürel, Beller, Yıldırımöz, Usluer, Tuncelli, Karakaş, Dündar, Özenli, Okay, Şencan, Acuner, Laleli, Kalyoncu, Ortaç, Sandalcı, Akçil, Birder, Yönter, Beykont, Tolu, Öndoğan, Koyuncu, Mestçioğlu, Yuvalıoğlu, Tunuslu, Dolunay, Doğanay, Büyükdoğanay, Özdoğan, Zeybeker, Evren, Arasıl, Törüsel, Tangöze, Uğurel, Zeybek, Sirman, Ataman, Gürdal, Biler, Eresen, Başar, Erkun, İyibilek, Ulusoy, Uluman, Uluöz, Ulutaş, Esgeç, Türkcan, Derviş, Güventürk, Duhani, Egemen, Argot, Yücesan, Akoy, Tüfekmen, Rakim, Akkanat, Tabuman, Sütmen, Ergüç, Şahinalp, Atamer, Ürer, Sevinç, Gürsan, Baysal, Saygun, Okay, Somay, Çubukçu, Özçubukçu, Balcı, Tankaya, Erşahin, Başaraner, Ger, İşmen, Çankaya, Çankayaoğlu, Pakay, Ayaz, Gökçem, Onur, Edgüer, Rindar,

Tevfik BİR

Şuhubi, Sirman, Toker, Işık, Gürışık, Kibar, Göymen, Sun, Özant, Gen, Bilen, Aykut, Ersunay, Ermansoy, Gürener, Bleda, Kafadar, Kanuni, Altıner, Kökmen, Voltan, Babacan, Özbabacan, Moran, Aykoler, Gürdemirel, Etan, Aykan, Ayzit, Ergay, Beri, Uşen, Pakelli, Alsancak, Atiker, Alever, Toner, Öge, Denizmen, Sürel, Kermen, Öget, Kunal, Bekir, Balcı, Baydar, Ergay, İlkin, Bilkur, Tolunay, Narter, Uğurel, Erşen, Besim, Karaokçu, İpekçi, Tuzcuoğlu, Moran, Ulcay, Emil, Emilli, Hürol, İyibilek, Gürdemirer, Eresen, Baran, Arcan, Erginler, Gerçel, Evrenk, İdemen, Uluskan, Tangı, Erbiber, Göker, Etkin, Selam, Örer, Özver, Erginler, Antmen, Pekin, Pekinağ, Ünlüsoy, Kireççi, Tüyel, Dilber, Özaltan, Ayfer, Akbay, Ezel, Onbiner, Özbilek, Sezerman, Görüngeç, Önder, Kunal, Erkorkut, Çakır, Suntay, Tüzün, Tüzüner, Ertüzün, Nilli, Şamlı, Mısırlı, Misirli, Şamlıoğlu, San, Edis, Barda, Gözen, Duhani, Günsav, Erdal, Aka, Altuncu, Horata, Karanfil, Harmancı, Süslü, Firdes, Özgüneyin, Yazgan, Tuğtekin, Kaymak, Kurtaran, Sevinç, Gülsün, Eralp, Başaran, Kubilay, İnce, Tamer, Susmuş, Susmuşoğlu, Gözen, Olcay, Önür, Güzekin, Acar, Balcı, Ata, Atam, Atatür, Atak, Atuk, İçözü, Göksu, Erel, Birdar, Birol, Ereser, Bilget, Gürdoğan, Çokgörür, Ulukut, Kireççi, Akman, Şenbel, Ertetik, Sağ, Bilgili, Ürkmezin, Balkır, Şenbek, Özbiricik, Kösem, Alfan, Suntekin, Esrigün, Girgün, Çakır, Soner, Veral, Kaptan, Kaptana, Kaptanoğlu, Ahmetneyir, Esin, Gürsel, Atamen, Yeşildal, Huriser, Türüdü, Başer, Başol, Özen, Üstüngör, Yenen, Adar, Sezerler, Nedret, Bengisu, Kocaoğlu, Ekemen, Bayer, Acerol, Saibe, Nezih, Eratak, Kavrem, Eren, Köknel, Abduşoğlu, Nebiye, Horata, Cümbüşel, Berber, Germen, Mestçi, Fevzi, Koçer, Tuğlay, Bürsin, Esrigün, Boysan, Hısım, Birincikonuk, Evin, Zeren, Onuk, Nurtopu, Kor, Sezen, Günay, Nazlı, Nazlıgil, Nida, Seval, Sevil, Ertan, Peker, Pekerman, Erhat, Kapancı, Soysal, Büke, Akçelik, Saraylı, Avcı, Emsen, Ölçer, Topçu, Topçumen, Sancakter, Sancaktar,

Uyan Ey Türk Gidiyoruz

Şaker, Sarıer, Turaç, Eresin, Turhan, Tüzcan, Dural, Evrengöl, Oşan, Birben, Öztaş, Erbelger, Serez, Akba, Ziver, Berksen, Yassıtepe, Canlısoy, Türksever, Onbaşıoğlu, Erkman, Akaltun, Tanju, Eriş, Ambarcı, Koyun, Talu, Serpen, Oray, Günsel, Günseli, Erpul, Şeker, Akkın, Baycal, Denel, Orta, Gencer, Gençer, Erbütün, Meriçtan, Karul, Şişli, Değerli, Söğüt, Tamtürk, Öztürk, Ertürk, Çelebi, Akbörü, Sonal, Seynur, Gülen, Kinet, Karaca, Onartan, Akoba, Asçamlı, Tınar, Özkoç, Erdeğirmenci, Erigür, Unutulmaz, Girgin, Telimen, Türel, Oflas, Doğusel, Uyumaz, Olcan, İncecik, Bilhan, Kayhan, Özarman, Aliye, Karaduman, İsvar, Yenicioğlu, Yemençe, Ocak, Akbasan, Öğütmen, Açkalmaz, Balkanlı, Aksel, Geymen, Çeliksu, Ünalp, Alpkaya, Karakaya, Dermanel, Ağmış, Öz, Erem, Hodaman, Türkay, Turun, Turan, Kurucan, Kıstak, Bellikan, Kalkan, Kutbay, Yalabaç, Özaltay, Taylaş, Sak, Cengil, Özmete, Yıldırım, Uçman, Çokşen, Zatı, Zekâvet, Gökerin, Çağdaş, Gökçen, Argat, Ernas, Pervin, Baler, Düş, Akduran, Yanal, Yaver, Tansu, Kocareşit, Ürkün, Özgen, Töredi, Akagün, Koray, Özeren, Öder, Tangüner, Aker, Hascan, Baydın, Palcan, Temel, Bulan, Kara, Ciyavil, Sümer, Taşçıoğlu, Büyükutku, Sevencan, Çapri, İçer, Egeli, Gündoğdu, Pekcan, Kozan, Kılıç, Kesme, Dayıoğlu, Günaydın, Elöve, Andmen, Kanca, Gerşal, Kadı, Kırşan, Arel.

Mezarlıkta oldukça fazla geçen isimler: Aliye, Atiye, Rukiye, İpek, Süleyman, Leman, Talat, Rifat, Ayten, Gür, Edip, Enver, Adalet, Osman, Rabia...

Ailelerin hepsi birbirleriyle bir biçimde akrabadırlar. Örneğin Beller, Uğurel, Susmuş, Şamlı, Şamlıoğlu, Kermen, Koyuncu ve Er aileleri evlilikler yoluyla akrabadır, hısımdır.

Şamlı, Şamlıoğlu, Kapancı, Kibar, İnce, Mısırlı, Kermen, Yükseker, Erbay, Akerson, Karanfil, Göksun, Atak, Özberk, Gençer, İlkin aileleri de akrabadır.

Şamlı'lar ve Kermen'ler nedeniyle bir üst satırdakilerle bu satırdaki aileler de bir biçimde akrabadır, hısımdır.

Ataman, Yaltı, Özbabacan, Babacan, Baykal, Tankaya, Topçu, Sükan, Ohri, Şiper, Alp, Özdemir, Konuralp, Atacan, Ünlü, Doluca, Gazioğlu, Altay, Arna, Tunçman, Gülbaba, Kontacı aileleri evlilikler yoluyla hısımdır, akrabadır.

Evlilikler hep Sabetayist cemaat arasından kişilerledir. Günümüzde görücü usulünün kalkması ve aşk evlilikleri nedeniyle, cemaat içi evlilik kuralı gitgide daha zor uygulanır hale gelmiştir. Karakaş ve Kapancı ailelerin evlendiğini görüyoruz. Bazı kurallar, katılıklar değişmeye başlamıştır. Bu nedenle bazı noktalarda Karakaş ile Kapancı'lar karışmaya başladılar.

Çoğunun cenaze namazı Şişli-Teşvikiye Cami'nde kılınır, Üsküdar-Bülbülderesi'ne gömülür. Sanki Anadolu yakasında ve Üsküdar'da cami yokmuş gibi! Bunun anlamı, bilenleredir. Teşvikiye'nin kutsallığındandır(!) On milyonu aşkın kişinin yaşadığı günümüz İstanbul'unda, günde onlarca cenazenin kalktığı düşünülürse Teşvikiye, İstanbul için önemlidir ancak artık bir koşul değildir. Diğer camiler de artık kullanımdadır. (İstanbul'da Teşvikiye, eşdeğeri İzmir'de Alsancak Hocazade Cami vd.)

Ölüm ilanlarında genelde ezoterik bir sinyal olarak, ölünün isminden hemen önce "iyi/iyiliksever/faziletli/eşsiz insan" yada "yüce insan" yazılır, ki bu çok büyük bir işarettir. İlanların çoğunun altında "*Çelenk göndereceklerin, TEV'e yada Feyziye Mektepleri Vakfı'na bağışta bulunmaları rica olunur*" yazar. Ölü kişi, Feyziye Mektepleri'nde okumamışsa bu kısım yazmaz elbet. Bazılarında da ilanın en üstünde "Selanik eşrafından / Selanikli (isim) ahfadından" yazar. Selanik, kutsaldır, işarettir.

Ölüleri için, "Allah rahmet etsin/eylesin" gibi geleneksel İslami dualar yerine daha çok "Işıklar içinde yatsın/uyusun" veya "Tanrı rahmet etsin" tabirleri kullanılır, işarettir. "Işıklar içinde yatsın" sözünün özellikle televizyonlar kanalıyla topluma bulaştırılmaya çalışıldığını görüyoruz.

* * *

Ali ismi yüce/yüksek/ulu anlamına gelmektedir. Buna karşın İslam dünyasında "Aliye" ismi, kadın ismi olarak neredeyse hiç kullanılmamaktadır. TDK sözlüğünde "Aliye" var olsa da, dünya genelinde Müslümanlar arasında kullanılmadığını tespit edebiliyoruz. Alia/Aliya ismine karşılık geldiğini görüyoruz. Ancak, Aliya/Aliye'nin bundan çok öte bir anlamı var.

Tevrat okuma, okuma kolaylığı açısında 7 bölüme, cüze ayrılmıştır. İşte her bir cüze İbranice'de Aliya/Aliye denilmektedir. Türkiye'de yer alan Aliye'lerin pek çoğunda İbrani kök bulunabilir. Bu ismin, Bülbülderesi Mezarlığı'nın her bir yanında yer alma nedenini saptamış oluyoruz.

Talat, çok yaygın bir İbrani isimdir. Sabetayistler arasında kullanımı çok yaygındır. Mason ailelerin kullandığı isimlerdendir. İbrani kökü "Tal"dır ve yağmur anlamına gelir. Sabetayistler Arapça anlamıyla taşımazlar. Kullanımdaki yaygınlığı ve ismin ezoterik tipikliği Asaf'a benzer. Asaf ismi de "Süleyman peygamberin vezirinin" ismidir. Sabetayistler ve Yahudiler için kutsaldır.

Rifat ismi de Tevrat'ta geçen isimlerdendir. Yaratılış 10:3'te, Nuh'un oğlu Yafet'in oğlu Gomer'in oğulları (yani Nuh'un torun çocukları) Aşkenaz, Rifat ve Togarma'nın olduğu bildirilmektedir.

Osman ismi, Karakaş cemaatinin kurucusu "Osman Ağa"ya (Baruhya Ruso/Osman Baba) atıftır, Tevratik ismin yanında kullanımı yaygındır.

Çelebi sözcüğünün, TDK sözlüklerinde farklı anlamları belirtilmiştir. Örneğin, TDK Gösterim Sanatları Terimleri Sözlüğü'nde anlamı *"İstanbul ağzıyla konuşan tip. Genellikle kibar ve mirasyedidir. Züppe, çıtkırıldım ve asalaktır. Güzel konuşmayı, şiir okumayı, eğlenceyi ve gezmeyi sever. Kadınlara düşkün ve onlara olan davranışlarında bencildir. Adının sonunda <zade> vardır."* diye yazılmaktadır.

Birebir Sabetayist kişiliği tanımlamaktadır. Kibar, Nazik, İnce soyisimli Sabetayist aileleri biliyoruz, Sabetayistlerin genel kişiliğini yansıtmaktadır. Mirasyedidir çünkü zengin ailelerdir. Züppedir, çünkü kendilerini üstün/üstün ırk görürler. Eğlence ve kadınlara düşkünlük (bugünün tabiriyle gece hayatı), o zamanlar, Müslüman gençlerde değil Sabetayist gençlerde çoktur. -Zade ekinden bahsetmiştik. Sanki sözlük, örtülü biçimde Sabetayistleri tarif etmektedir.

Sabetayistler arasında ve günümüzde Çelebi sözcüğü, Sabetay Sevi'nin "havarisi/din yayıcı yardımcısı" anlamında kullanılmaktadır. Soyisim olarak taşınmaktadır. Çelebi soyismini taşıyan çok büyük bir Sabetayist ailenin, bir kısmı Bülbülderesi'nde yatmaktadır. Gerçekten büyük aileler.

İsimlerin ve soyisimlerin, hepsinin "derinlerde" bir anlamı mevcut. Önem arz eden bir kısım ismi elimizden geldiğince ve kısa kısa anlatmaya çalışacağız.

Mezarlıkta yaygınlık bakımından en çok dikkatimizi çeken soyadları ise: İpekçi, Karanfil, Babacan, Dilber, Sezerman, Baykal, Mısırlı, Şamlı, Kibar, Koyuncu, Bleda, Ayaz, Tunuslu.

Pek çok Sabetayist aile, geçmiş yıllarda ve halen aldıkları aile kararları ile, Bülbüldere Mezarlığı yerine başka mezarlıklara gömülmeye başlamış, diğer mezarlıklardan aile mezar yerleri satın almışlardır.

Uyan Ey Türk Gidiyoruz

Bu değişikliğin nedeni, Bülbüldere Mezarlığı'nın deşifre olmasından ve diğer mezarlıklarda yatan Müslüman oranının yüksek olmasıyla kamufle olduklarını sanmalarındandır.

Çengelköy Mezarlığı

Odabaş, Sümerkan, Dermancı, Darcan, Seber, Nokay, Karasu, Karadağ, Dağlı, Yetkin, İşman, Azrak, Uzer, Işıksal, Hüdayioğlu, Ayyıldız, Atasayar, Togar, Demirgüç, Akad, Samanlıoğlu, Korgül, Özbatır, Arısan, Gerz, Sezen, Musul, Baran, Başağa, Sorana, Sami, Dayıoğlu, Ergenç, Ölmez, Çelebi, İşmen, Ülkümen...

Dayıoğlu, İşmen ve Çelebi soyadlarına Bülbülderesi Mezarlığında da rastlamıştık.

Ayrıca mezarlıkta, özellikle yeni gömülerin yapıldığı denize bakan taraftaki mezarlık taşlarında oldukça fazla fotoğraf bulunması, eğer mezarlık genelinde bir moda olarak bu fotoğraf koyma işi başlamadıysa, dikkat çekici ve şüphe uyandırıcıdır. Mezarlığın bu kesiminde genellikle hep üst düzey kişiler yatmaktadır! Şık ve temiz bir mezarlıktır.

Kanlıca Mezarlığı

Uluğ, Bayazıt, Kayabal, Alpay, Tunaman, Karagüllü, Aydınalp, Aydınoğlu, Nomer, Çebi, Sayınsoy, Erkman, Kendir, Akın, Saros, Tüzemen.

Çoğunlukla sanatçıların ve emekli paşaların, yüksek bürokratların gömüldüğü, üst düzey (halk arasında sosyete) mezarlıktır. Bazı soyisimleri yazmamız birebir o tanınan kişiyi çağrıştırabileceğinden, çoğu soyadına burada yer verilmemiştir.

Tevfik BİR

Karacaahmet Mezarlığı

Naksoy, Baysongar, Soyumoralı, Atun, Şen, Erkut, Altınçubuk, Altunçubuk, Altınkırbaç, Gündüz, Atatunç, Çatay, Tezcanlı, Zeybekler, Olcaş, Orhon, Halat, Berkmen, Berkcan, Canberk, Berkman, Mısırlıoğlu, Saran, Ruta, Şıkel, Abiş, Aşnük, Asena, Ünlütürk, Haznedaroğlu, Özarıkan, Arıkan, Arısoy, Arıtürk, Kamay, Aydoğan, Ferizcan, Oral, Kumbasar, Okan, Şimşek, Taşkın, Erden, Varış, Asutay, Yıldız, Çiçekçiler, Sütaş, Ateş, Eralp, Çağınalp, Ege, Noyan, Tansu, Mumcu, Atışkan, Gülener, Ergener, Tüfekçi, Alpgiray, Aşkıner, Evren, Çakantimur, Erkaplan, Barın, Aşkın, Ülgezen, Ungay, Özkan, Salmaner, Atalık, Kanderman, Kıvanç, Arseven, Palpas, Başmutaf, Kara, Ateşalp, Soner, Bülbülkaya, Erdağhan, Kaya, Saraçoğlu, Çiçekli, Güney, Canman, Algın, Aktan, Ülsever, Burçer, Akbaş, Gülgener, Yücebalkan, Karay, Üstüner, Demircan, Yüzgeç, Koçman, Berksin, Baran, Barantel, Sevengil, Güncan, Ağustos, Alpay, Özdemir, Erdem, Yuca, Aydost, Çağlayan, Kaplan, Kayaman, Koşalay, Kanıklı, Sümerkan, Düzgünman, Demironat, Öktem, Ündeğer, Güldeger, Omay, Ündegerrin, Basmacı, Teoman, Tayfun, Satıoğlu, Babacan.

Burada yatan kişilerden bir kısmının akrabaları, Bülbülderesi'nde yada başka mezarlıklarda "ezoterik işaretleriyle" karşımıza çıktı. Çocuk kardeş burada, ana-babası başka mezarlıkta gibi örneklerle aileler mezarlıklar arasında dağılmış. Kalabalık İstanbul'da mezar bulmanın bir sorun olması nedeniyle ve biraz önce yazdığımız gibi "kamufle olma gereksinimi" nedeniyle akrabaların mezarlıklar arasında dağıldığını görüyoruz.

* * *

Uyan Ey Türk Gidiyoruz

Ayrıca bu üç mezarlıktan ayrı olarak, İstanbul'daki adı bizde saklı olan bir mezarlıkta (aileleri deşifre etmemek adına) şu soyadlarını taşıyan mezarlar yanyana, arka arkaya toplamda 60 metrekarelik bir alanda bulunmaktadır. Bu çok büyük bir tesadüftür, eğer tesadüfse.

Tunaman, Kaplan, Kaya, Şimşek, Bulut, Demir, Alkım, Otman, Özcan.

Sabetayizmin ve Kripto Yahudiliğin Yüzlerce Yıllık Sırrı

Bülbülderesi Mezarlığı (asıl adı Bülbüldere Mezarlığı'dır), kayıtlarda Müslüman mezarlığı olarak geçmektedir. Ancak kapısından girildiği andan itibaren bunun böyle olmadığı anlaşılır.

Yüksek mezar taşları ve pek çok üstü kapalı, motifli kabir, Müslüman mezarlarından farklılaşmayı sağlar. İslami gelenekte kabrin üstü kapatılmaz. Dünya genelinde Yahudi mezarlarının üstü kapalıdır. Türkiye Yahudileri ve Sabetayistlerin de çoğu bu geleneğe/kurala uymaktadır.

Ayrıca İslami-Türk geleneğinde bilgilerin yazılı olduğu dikey başucu mezar taşı "isim-soyisim, (doğum), ölüm ve Ruhuna Fatiha" yazısını alacak kadar büyüktür. Burada ise Yahudi mezarlarındaki gibi büyük taşlar mevcuttur.

Kimisinde "Ruhuna Fatiha" yazar kimisinde yazmaz. İslami açıdan ölüye Kur'an/sure okunmaz, Kur'an rehberdir diriye hitap eder ancak mezara "Ruhuna Fatiha" yazmak Türk geleneğinde vardır. Özellikle Bülbülderesi Mezarlığı, deşifre bir mezarlık olduğu için, Sabetayistliği örtmek adına genellikle "Ruhuna Fatiha" yazılmıştır. Kişi "cesur" ise mezar taşında bu da yazmamaktadır.

Karacaahmet (özellikle 8. Ada), Çengelköy, Kanlıca, Nakkaştepe, Aşiyan Mezarlıkları ve diğer belli başlı mezarlıklarda gömülü Sabetayist kökenli kişiler, bu mezarlıklarda Müslümanlarla daha çok içiçe, karışık gömüldükleri için, kendilerini işaret etme isteğiyle mezar taşlarına çeşitli "şifreli yazılar/şiirler" yazmışlar, fotoğraflar koymuşlar, Sabetayist ahalinin bulunduğu memleketlerini işaret olarak yazmışlar, "Ruhuna Fatiha"ya genellikle yer vermemişler ve diğer yöntemleri uygulamışlardır.

Müslüman mezarlarında yine geleneğe göre fotoğraf yer almaz. Bülbülderesi Mezarlığı'nda ise pek çok fotoğraflı mezar mevcuttur. Kanlıca, Aşiyan ve Çengelköy Mezarlıkları'nda da fotoğraflı mezar taşları hatırı sayılır ölçüdedir. Mezar taşına fotoğraf/resim koymak bir Yahudi uygulamasıdır. Tüm dünyada örnekleri mevcuttur. Müslüman ve genelde Hıristiyan mezar taşlarına fotoğraf konulmamaktadır. Yalnızca büyük devlet adamlarının mezarlarına ve şehit mezarlarına fotoğraf koyma uygulaması vardır.

Ve yine İslami adetta bulunmamasına karşın Sabetayist mezarlarında şiirler, dörtlükler, yazılar mevcuttur. Bunların bir çoğu gizli anlamlar taşır. "Görenedir görene, köre nedir köre ne" misali, cemaattenseniz mesajı okur, yatanın Sabetayist olduğunu anlarsınız.

Mezarlıklarda birçok İbrani, Kabbalistik ve Masonik semboller de mevcuttur. Bunları fotoğraflarla göstereceğiz.

Özellikle **"akasya dalı"**, "**8 yapraklı çiçek**", "**16 yapraklı çiçek**", "Süleyman Tapınağı'nı simgeleyen **J-B** (Jakin Boaz) **sütunları**", "**ışık hüzmesi**", "**çerçeveli fotoğraf**", "mezar taşının üstüne örtülmüş **örtü** gibi duran **kabartma**", "**üçlü çiçek**", "**obelisk mezar taşı**" ve daha pek çok ezoterik işaretleri tespit edeceğiz.

Akasya dalı ve akasya dalından yapılmış çelenkler, Masonik ve Tevratik bir simgedir/motiftir, Tevrat'ın pek çok yerinde bahsi geçer. Güçlü bir işarettir.

Uyan Ey Türk Gidiyoruz

Dünya genelindeki Yahudi mezarlarında ve Sabetayist mezarlarında karşımıza çıkmaktadır.

8 yapraklı ve 16 yapraklı çiçek motifi de güçlü bir işarettir (biz buna 8'li çiçek ve 16'lı çiçek diyeceğiz). Dünya genelinde, Yahudilerin ve elbet Sabetayistlerin kullandığı işaretlerdendir. Bazı Sabetayistler, 8'li çiçeğe karşılık 8 köşeli Selçuk Yıldızı'nı da kullanmaktadır. Türkiye'de mezarlıklar dışında görebileceğimiz sekiz köşeli yıldızı, Selçuk Yıldızı olarak görmemiz ve bundan bugün için bir ezoterik anlam çıkarmamamız gerekir. Ancak 8'li ve 16'lı çiçekler her zaman ve her yerde işarettir.

Bir bu kadar güçlü işaret de, yelpaze biçimindeki "ışık hüzmesi"dir, kutsaldır. Kullanımı yaygındır. Mezarlıklarda, bina camlarında ve bina giriş kapısı üstünde, bina süslemelerinde kullanılır.

Obelisk, yani üstü üçgen biçimli dikilitaş da, dünya genelinde Yahudilerin mezar taşı olarak kullandıkları ve elbet Türkiye Yahudilerinin ve Sabetayistlerin de kimi zaman mezar taşı, kimi zaman da anıt olarak kullandığı işaretlerdendir. Yahudilik işaretidir. Türkiye'de ise Sabetayistlik işaretidir.

Jakin-Boaz sütunları, eski Yunan tarzı mimariden esinlenildiği anlaşılan, Süleyman peygamberin inşa ettiği Süleyman Tapınağı'nın giriş kapısının her iki yanında bulunan büyük sütunlardır. İkişer adettir. Mezar taşlarında bu sütunları göreceğiz. Süleyman peygambere ve elbette Yahudiliğe/Sabetayistliğe atıftır.

İbranilerin/Yahudilerin yaşadığı topraklarda, hem Firavun-eski Mısır etkisini hem de eski Yunan toplumlarının/mimarisinin etkisini görebiliyoruz. Yahudi sembollerini oluşturan ve Tevrat'ta da detaylı biçimde tarif edilen Süleyman Tapınağı ve J-B sütunları tipik bir Yunan mimarisidir. Aynı şekilde Obelisk dediğimiz üstü üçgen dikilitaş da, bir Mısır-Firavun yapıtı örneğidir. Ancak artık dünyada ve ülkemizde kullanımı, Sabetayistliğe delalettir.

8'li, 16'lı çiçekler, ışık hüzmeleri ve J-B sütunları Barok ve Rokoko mimarisinin/üslubunun en öne çıkan ayrıntılarıdır. Eski Yunan mimarisinin bir yansımasıdır. Ancak Avrupa'da Barok ve Rokoko mimarisinin temelini atanlar, bu üslubu ilk önce benimseyenler ve bu üslupla gösterişli binaları-sarayları, ülkemizde de camileri inşa edenler Avrupa'da açık ve kripto Yahudiler, Türkiye'de ise Avrupa'dan getirtilmiş açık/kripto Yahudi ustalar-mimarlardır-mühendislerdi, Osmanlı tarafında denetleyen yada yaptıran ise genelde Sabetayistti.

Bunların yansımalarını Türkiye'de saraylarda, camilerde ve çeşmelerde görebiliyoruz. Osmanlı'da Barok ve Rokoko mimarisine özellikle Lale Devri sonrasında yönelinmişti. Klasik Türk mimarisinin gelişimini baltalamıştır.

Yani 8'li 16'lı çiçek, ışık hüzmesi, J-B kullanımı bu mimari üslubun bir özelliği olduğu bilgisiyle kamufle edilmiştir, bahanedir. Yaptıranı da yapanı da genelde Yahudi kökenlidir. Bu mesele, bir tatmin ve gösteriş meselesidir. Sabetayist yada Yahudi kişiye bu bir yarar sağlar mı, hayır. Ancak TBMM'nin zeminindeki Masonik motifleri hatırladığımızda bunun kendilerini ve güçlerini, cemaatlerinden olanlara, kendilerinden yani (sözde) "üstün Yahudi ırkı"ndan olanlara gösterme çabası olduğunu anlıyoruz. Tatmin ve ezoterizm.

Fotoğraflar üstünde kişilerle işimiz olmadığı, onomastik açısından isim-soyisim kullanımına, Sabetayist mezarlık örneklerine, ezoterik sembollere, motiflere, mezar şekillerine bakacağımız için, fotoğraflardaki bazı bilgiler ve kişi fotoğrafları tarafımızca karartılmıştır.

Uyan Ey Türk Gidiyoruz

Burada yer alan mezarlıklar Sabetayist (Yahudi, Masonik, Kabbalistik) özellikler taşısa da, tabi ki kişinin Sabetayist yada Müslüman olup olmadığını bilemeyeceğiz, bu zaten Allah ile kul arasındadır, bizim şu aşamada kişilerle işimiz yok. Ayrıca mezarlıkta dikkati çekecek kadar şehit ve gazi yatmaktadır. Bunların vatansever olduklarından şüphe yoktur.

(BM)	: Bülbüldere Mezarlığı.
(KAM)	: Karacaahmet Mezarlığı.
(ÇM)	: Çengelköy Mezarlığı.
(KM)	: Kanlıca Mezarlığı.
(RM)	: Radar Mezarlığı.
(AŞM)	: Aşiyan Mezarlığı.

-Bülbüldere Mezarlığı Girişinden Genel Bakış-
Yüksek mezar taşları dikkat çekmektedir.

-Timur, Tamer ve Demir eşanlamlı sözcüklerdir- (BM)
Timur'a özel önem atfediliyor.
Timur yerine, Tamer ve Demir kullanılabiliyor.

Uyan Ey Türk Gidiyoruz

-İki akraba mezarlığında yer alan çiçeklere dikkat- (BM)

-Eski bir Yahudi parası örneği-
3 başlı çiçeğin duruşu, bir üst resimdekilerle aynı.
Çiçek aslında zambaktır, ancak laleye benzer resmedilir.

Tevfik BİR

-Gizli motifler ve kapalı mezarlar- (BM)
En sağdaki, en soldaki ve arkadaki mezarların üstü kapalı.
Soldaki mezarda, çiçekli dal ve el yazısı isim-soyisim dikkat çekiyor.
Arkadaki mezar çok kalın blok mermerden, değişik bir üslüpla yapılmış.
Arka sola tarafta duran J-B örneği sütunlar dikkat çekici.

-Süleyman Tapınağı modeli, Kudüs / İsrail Müzesi-
Tapınağın giriş kapısı ve iki yanındaki ikişer adet sütun (işaretli) dikkat çekici.
Yahudi/Musevi ve Sabetayist mezarlıklardaki sütunlar bunu sembolize eder.
Bu sütunlara Jakin(sağdaki) ve Boaz(soldaki) sütunları denir.
Jakin: *Pekiştirir-Sağlam*; Boaz: *Güç Tanrı'dandır*, anlamlarına gelir.

-"8 yapraklı çiçek"li mezarlar ve Işık Okulu- (BM)
Arka mezarda büyük çember içinde "Akasya Dalı" yer almaktadır.

-Kapancı soyadlı kişinin üstü kapalı mezarı- (BM)
Mezarın üstü ve yanları adeta anıt mezar gibi kapalı. Bir de Osman Kapani var, bu Osman Kapancı ile karıştırılmamalı. Pakize Suda'nın babasının kurduğu ve baş yazarı olduğu İzmir Demokrat Gazetesi'nin ilk yazı işleri müdürüdür Osman Kapani. Bakanlık yapmıştır.

-Mezarlar arasındaki en ilginç mezar taşı ve motifler- (BM)
Her bir kürenin(gezegen) altında bir soyadı yer almaktadır.
Çelebi sülalesi ve akraba sülaleler/aileler gösterilmektedir.

-Saksı içinden çıkan asma motifi- (BM)
Üstte soyismin ilk kısmı olan "Alp" ve altta "Eti" soyadı.
Sürekli karşımıza çıkan Atiye ismine örnek.

Uyan Ey Türk Gidiyoruz

-Aynı yapraklı asma motifini burada da görüyoruz-
Linden Hill Yahudi Mezarlığı NY-ABD

3. Makabeler-Yahudiler'e Karşı Saldırılar bölümü 29. kısımda, zorba hükümdar Yahudileri yaftalamak adına şu emri verir *"Kaydolanların bedenlerine ateş ile Diyonisos'un **sarmaşık sembolü** dağlanacak ve..."*. Diyonisos, antik Yunan'da "Şarap Tanrısı"dır. "Diyonisos'un sarmaşık sembolü" aslında "asma"dır. Ki asma da (üzüm) bir tür sarmaşıktır. Tevrat'taki bu öykünün ve bu öykü nedeniyle bir tür Yahudi simgesi olan "asma"nın mezar taşlarındaki yansımaları.

-El yazısı ile yazılmış isim soyisim ve çiçek motifleri- (BM)
Mimari açıdan örneğine az rastlanır türde iki mezar.
Çember içinde el yazısı ve çiçek motifi görülmektedir.

-Osman Nevres'in (Hasan Tahsin) anıt mezarı- (BM)
Sembolik mezar taşı içinde "kutsal vazo".

-"Atatür" soyadlı kişilere ait mezar- (BM)
Atatürk düşmanı kişiler, bu mezarlardaki soyadını "Atatürk" olarak aktarırlar ve "Atatürk Sabetayist" iddiasını ileri sürerler. Yalan söylediklerinin ispatıdır.

-"Atatür" ailesine ait bir diğer mezarlık- (BM)

-Mezar taşına işlenmiş asma yaprakları ve üzümler-

-Bir başka mezar taşında yer alan asma motifi- (BM)

-Bir Sabetayist (Yahudi) kutsal simgesi/motifi- (BM)
8 yapraklı (8'li) çiçek.
Mezar taşlarında, tabelalarda, süslemelerde
ve daha pek çok yerde kullanılan, en yaygın işaretlerden birisidir.

-Bir Sabetayist (Yahudi) kutsal simgesi/motifi- (BM)
16 yapraklı (16'lı) çiçek.
8 yapraklı çiçek gibi kullanımı çok yaygındır.

Tevfik BİR

-Mason Cemiyetinin amblemi ve Obeliks benzeri taş- (BM)
İsimler: Süleyman, Aliye, Adnan.
-man takıntısından bahsetmiştik,
Süleyman oğlu Abdurrahman.
Osmanlı'da "sütçüzade" diye geçerken, soyisim kanunuyla
"Sütmen" almışlar. -men/man eki.

-Bu sefer de Abdurrahman oğlu Süleyman- (BM)

-Lale ile nakşedilmiş motif- (BM)
Mezar toprağı üstünde durur halde.
Fatih Cami harizesindeki "üstü kapalı" mezarların
pek çoğunda ve daha birçok yerde bu motif mevcuttur.
Çok büyük bir işarettir, kullanımı yaygındır.

-İsrail Devlet arması-
7 mumlu/kollu (7'li) Şamdan.
İki tarafta akasya dalları.

-J-B sütunları, sütunların üstünde akasya dalları- (BM)
Soyadına yine -men/man eki konulmuş.
Alt ortada, Sabetay Sevi'nin ruhunun içinde olduğuna
inanılan "kutsal vazo".

Uyan Ey Türk Gidiyoruz

-Mezar taşının üst kısmındaki ilginç semboller, yakın çekim- (BM)
Üçgenler, 8'li çiçekler ve diğer değişik motifler.
J-B sütunlarının üstünde akasya dalları.

-Üst fotoğraftaki mezar taşının tıpatıp aynısı bir başka mezarda-
Bu sefer Çengelköy Mezarlığı.
Bu mezarda ek olarak 8 köşeli "Selçuk Yıldızı"da mevcut.

-J-B sütunlarının işlemesi, 8'li çiçekler- (BM)
Yine Atiye ismi karşımıza çıkıyor. İsmin üstünde yer alan "kutsal zincir" biçiminde Masonik sembol. Bu sembol BM'deki başka pek çok mezarda ve Aşiyan Mezarlığın'da da yer almaktadır.

-Ezoterik işaretler- (AŞM)
J-B sütunları, ün üstte iki lale ortası 8'li çiçek yelpaze biçiminde görünen "ışık hüzmesi".

-Sol tarafta "Lort" Ef.nin üstü kapalı mezarı- (BM) Sağ tarafta ise "Lort" lakaplı İbrahim Efendi'nin eşi "Aliye" Hanım'ın mezarı.
Fonda görünen garip mezar taşının benzeri altta.

-İki ayrı mezar taşı- (AŞM)
Sağdaki mezarın benzeri, yukarıda fonda BM'de.
Soldaki mezarda, tudor gülleri içinde meşale görülüyor.
Meşale, genelde Karakaş'ların kullandığı Kabbalistik işaretlerindendir.

-Meşale ve kutsal vazo- (BM)
Meşale motifli mezarlara örnek.
Bu meşale kimi zaman buradaki gibi bir çember içinde,
kimi zaman da bir üstteki fotoğraftaki şekliyle yer alır.
BM'de, onlarca meşale taşıyan Karakaş mezarı bulunmaktadır.

-"Sütun üstünde meşale" görünümlü mezar taşı- (AŞM)
Meşale: Kabbala'ya dayanan,
Masonların ve Tapınak Şövalyelerinin kutsal saydığı simgelerdendir.
Masonluk yemin kürsüsünün etrafında meşaleler bulunur.
Meşale ve Işık, Kabbala ve Masonlukta kutsaldır.

-6 köşeli Yahudi yıldızı- (BM)
Üstü kapalı, kalın blok taştan yapılmış, anıt mezar görünümünde.

-Tipik Yahudi görünümü veren bir mezar fotoğrafı- (BM)
Fötr şapka, geleneksel Yahudi giyim tarzının parçasıdır.

-Muallim Şemsi Efendi'nin mezarı- (BM)
Üstü kapalı. Asma dallı, üzümlü motifler. Sabetay Sevi'nin soyundan. Atatürk'ün hocası. Feyziye Mektepleri'nin kurucusudur. Bugün, Işık Okulları.

-Bir anıt mezar- (BM)
İki işaret veren isim "Alp" ve "Kaya"dan oluşmuş "Alpkaya".
Yine iki İbrani isim "Üsküdar PTT Müdürü Yakup Kenan Bey"
Bülbüldere Mezarlığında çok şehit ve gazi yatar.

Uyan Ey Türk Gidiyoruz

-Uçları püsküllü, örtü simgeli obelisk- (BM) Tepesinde "kutsal vazo".

-Beth David Mezarlığı NY/ABD-
Mezar taşının üstünde yine aynı örtü simgesi.

-2 üst fotoğraftaki örtülü obeliskdeki püsküllerin aynısı normal görünümlü bir mezarda- (AŞM)

-Mount Zion (Sion Tepesi/Dağı) Mezarlığı NY/ABD-
Örtü üstünde Yahudi Yıldızı, örtünün altında akasya dalı.
Mezar taşının iki tarafındaki J-B sütunları sembolize edilmiş.

-Faziletli İyi İnsan- (BM)
J-B Sütunları, içinde üçgen, isim Bahar soyisim -man'lı.
İsim, Gülfeza'dan öte, Gül ve Feza(gök) olarak okunabilir.

-Pamukkale/Denizli-
M.Ö. 2. yüzyılda kurulmuş Eski Roma Hierapolis Antik Kenti'nde bulunan bir lahit üstünde aynı kurdelalı çelenk mevcut.

-Çelenk ve ilginç sözler- (BM)
Tevrat'ta çelenk, çeşitli hikayeler içinde geçer, önemlidir, kutsaldır.
Çelenk'i eski Roma mezar taşlarında da görüyoruz.
Mezara daha sonra aile tarafından "Ponçiğimiz, Kaya'mız"
mermer plakası eklenmiş.
Kaya'yı, Sabetayistler isim ve soyisim olarak çokça taşıyorlar.
Özellikle burada "Kaya" özel bir anlam atfedilmiş, "mız" eki
kesme işareti ile ayrılmış.
"Petrus" isminin Türkçe karşılığı "Kaya"dır, Aramicesi "Kefas"tır.
Petrus'a (Şimon/Simon) atıf olabilir.
Yine Gaya, Yahudilerce kullanılan bir isimdir.

-Hierapolis Antik Kenti'nde, bir lahit üstünde yer alan işlemeler-
Neredeyse birebir Süleyman Tapınağı işlenmiştir. Sağda ve solda ikişer J-B sütunları (işaretli) vekapının üst tarafında yelpaze biçiminde duran "ışık hüzmesi".Din dışı tarihte (dini kitaplarda belirtilmeyen tarih)
Süleyman Peygamber'in M.Ö. 10. yüzyılda yaşadığı yazılmaktadır.
Yani Romalıların fotoğraftaki eseri,
Süleyman tapınağından birkaç yüzyıl sonrasına denk düşmektedir.

-Işıklarla nur olsun- (ÇM)
Çemberle işaretlediğimiz, saksıdan çıkan bir asma motifi.
Altı çizili kelimler, dikkat çekicidir, metin içinde geçirilmiştir.
"İpek", "altın", "yüksekliğin" ve "Işıklarla nur olsun".

-Çiçek motifi ve dilekler- (KM)
Soyadı Kara ve Er'den oluşmaktadır.
"Asil ve kibar ruhlu melek" gibi abartılı övgüler mezar taşına yazılmaz.
"Kabrin Nur Olsun".
Bu kadar şey yazılmasına karşın "Ruhuna Fatiha" yoktur.

-Değişik bir sembol ve Büyüka soyadının kökeni- (KM)
Büyüka soyadının, Abhazca kökenli "Beyguaa"dan dönüştüğüne rast geldik.
Sabetayist motif bulunmamaktadır.

-Aile mezarlığının çevre mermerlerine işlenmiş 8'li çiçekler- (KM)

-Obelisk ve üstü yarı kapatılmış bir mezar- (KM)
Soyadının "Alp" ve "Demir(Timur)" den oluşması manidar.

-7'li şamdan, saksıda çiçek, süs çiçekleri ve tokalaşan el-
Kanlıca Musevi Mezarlığı/İstanbul.
Diğer "Müslüman" mezarlarında gördüğümüz "saksıda çiçek" ve
Tudor gülü bu mezarlıkta da mevcut. Bunu açıklığa kavuşturmuş olduk.
Ayrıca kutsal "7 mumlu şamdan" mevcut.
Yahudi/Davut Yıldızının hemen altında tokalaşan eller var.
Tokalaşan eller, Tevrat'ta, Tanrı-peygamber arasındaki antlaşmayı
ifade etmektedir. Tevrat kaynaklı Kabbalistik ve Masonik bir işarettir.

-Tokalaşan el simgesi- (BM)

-Tokalaşan el simgesine bir örnek daha- (BM)
Eski Osmanlı mezarı. Tokalaşan eller, 8'li çiçek, ışık hüzmesi ve çelenk simgeleri.

-J-B sütunları, çerçeveli fotoğraflar, çiçek işlemesi- (KAM)
Gazi isminin Sabetayistler arasında kullanımı çok yaygındır. Kibar adlı merhum: Anne kızlık soyismi Kibar olabilir. J-B sütunlarını anımsatan sütunlu yüksek bir mezar. Bülbüldere Mezarlığı'nı hatırlatıyor.

-Yatanların isim-soyisimleri el yazısı ile işlenmiş- (KAM)
Çok ilginç şekillerle süslenmiş, yüksek mezar taşları.
Akrabalarının bir kısmı AŞM'de yatıyor.

-Ilginç motifli ve şekilli mezar taşı ve mesaj- (KAM)
16'lı ve 8'li Işık'lar. Aliye ismi yine karşımıza çıktı. "Ruhuna Fatiha" yok. Onun yerine "Oku, sev, hoşgör" mesajı yazılmış.

-Üstü kapalı mezar- (KAM)
Üstü kapalı mezarların hep Yahudilerde olduğunu görmüştük.
İslamiyette mezar üstü kapatılmaz. Gelenekte yoktur.
Yine ilginçtir başucu taşlarına 8 köşeli, bizim Selçuk Yıldızı diye
adlandırdığımız yıldız motifleri işlenmiş.

-Radar Mezarlığı / İstanbul-
Yugoslavya'dan göçmen gelen kişinin mezar taşında,
J-B sütunları sembolize edildiği görülüyor ve
çemberler içinde 6 köşeli Yahudi Yıldızları.
Bu işleme, Osmanlı'dan kalma binalarda, okullarda ve
günümüz camilerinde yaygın kullanılmaktadır.

-3 piramit mezar- (AŞM)
Üstü kapalı piramit mezarlar. Soyisim "Yalım".

-Mezar taşında bir ağaç simgesi- (AŞM)
Ağacın tepe/uç noktası sağa doğru eğik.

Uyan Ey Türk Gidiyoruz

-Obelisk'in üstünde bir ağaç simgesi- (BM)
Bu ağacın da tepesi/ucu sağa doğru eğik. Osmanlı'dan kalma, eski bir mezar taşı.

-Obelisk, fotoğraf ve 8'li çiçek- (BM)

-Obelisk mezar taşı ve akasya simgesi- (AŞM) İsim Demirhan (Timurhan).

-Obelisk mezar taşı- (AŞM)

Uyan Ey Türk Gidiyoruz

-J-B sütunlu, tudor güllü ve saksıda çiçekli büyük mezar taşı- (BM)
İsmin ve soyismin baş harfleri yukarıya işlenmiş.
Yahudi mezarlıklarında sık karşılaşılan bir işleme, gelenektir bu.
Benzer şekilli örnekleri yaygındır.

-Aynı tarz tudor gülü işlemesini burada da görüyoruz-
(Karışık) Concordia Mezarlığı - ABD

-Büyük bir mezar- (BM)
4 adet J-B, kutsal vazo, tudor gülleri.
Süleyman Tapınağı girişini andırıyor.

Uyan Ey Türk Gidiyoruz

-Süleyman Tapınağı ve çevresinin tahmini çizimi-
(Tevrat'taki tarife göre)

-Asma yaprakları, el yazısı isimler, meşaleler, kutsal vazo- (BM)
Bir üstteki resimde, Tevrat'a göre çizilmiş tahmini
"Süleyman Tapınağı yerleşimi" gösterilmişti.
Bu mezar toprağının üstünde de, o çizime uygun oluşturulmuş
mermerden çerçeveler ile yerleşim planı görülmektedir.

Tevfik BİR

-Bezm-i Âlem Valide Sultan Camii Dolmabahçe 1851-
İstanbul-Beşiktaş'taki caminin içinden. Dev mumlukların işaretli üst kısmında akasya dalları, işaretli alt kısımlarda da 16'lı çiçekler. Caminin dışında ışık hüzmeleri, J-B sütunları, içinde 8 köşeli Selçuk Yıldızları.

-Aynı caminin mihrabında J-B sütunları-
Selanik'teki, Karakaşların sözde camileri gibi.

Uyan Ey Türk Gidiyoruz

-Ortaköy Etz Ahayim Musevi Sinagogu-
Jakin-Boaz sütunlu giriş kapısı.

-İstanbul-Aksaray'da tadilat halindeki cami-(2010)
Pertevniyal Valide Sultan Cami.
Cami'nin restorasyonu için dışına kurulan iskelenin
üstü, birebir caminin resminin baskılandığı dev örtü ile kaplanmış.
Cami'de bulunan 6 köşeli Yahudi yıldızlarının ve ışık hüzmelerinin
(çember içinde gösteriliyor) olduğunu, bu çizimden anlıyoruz.

-Zihnipaşa Cami/Erenköy/İstanbul-
Cami bahçe girişindeki demir kapının üstünde 8'li çiçek.

-Aynı caminin çeşmesi-
Asmalar ve üzüm taneleri.

Uyan Ey Türk Gidiyoruz

-Zihnipaşa Cami'nin içi-
6 köşeli Yahudi yıldızları.

Zihnipaşa Cami'ni 1904 yılında, 2. Sultan Abdülhamit'in Ticaret ve Bayındırlık Bakanı Mustafa Zihnipaşa yaptırmıştır. Zihnipaşa Sabetayist değilse eğer, yapan usta bu kadar motifi kapısından, çeşmesinden içine kadar tesadüfen işlemiş olamaz. Ya yapan yada yaptıran, bilemiyoruz, birinde Sabetayistlik var.

6 köşeli Yahudi yıldızının, 8'li çiçeklerin vs. İstanbul'daki pek çok camide bulunması, bunların genelde dönemin Sabetayist paşaları ve mimar-mühendisleri tarafından yapılmış olması, bugün yetkililerin ve halkın 6 köşeli yıldızı ve diğer ezoterik işaretleri normal karşılamasına neden olmuş ve bu tüm ülkeye, camilere yayılmıştır, İstanbul başı çekmektedir. Camilerin mimarisi bugün Sabetayist ve İbrani motiflerin işgali altındadır. Kimileri kasten kimileri cehaletten yapılmaktadır.

Tevfik BİR

Henüz yeni yapılmış İstanbul-Bahçelievler'deki Bilali Habeş Cami'ndeki görece büyük 6 köşeli Yahudi yıldızları, bu mimari işgale örnek gösterilebilir, rahatsız edicidir. Dünyanın hiçbir yerindeki Kilise yada Sinagoglar'da İslami motif/simge görmek olanaksızsa, Camiler'de de günümüzde başka dinleri temsil eden simgelerin/sembollerin bulunmaması, İslami ibadethanelerin bu işgalden temizlenmesi gerekmektedir.

Camilere uzanan Sabetayist eller, elbette yalnız camilerle yetinmemiş, çeşmelere de el atmıştır. Onlarca örnek mevcuttur. Tek bir örnek sunduk, bu kitap kapsamında yeterlidir.

-Öz Valide Hanım Çeşmesi- Beşiktaş/İstanbul
J-B sütunları, akasya dalları, çelenk, meşaleler, 8'li çiçek.

Uyan Ey Türk Gidiyoruz

Türkçe İsim ve Atasözlerinde Sabetayizm-Yahudilik

Kuzguncuk Nakkaştepe Musevi Mezarlığı'ndaki mezar taşlarını, soyisimlerini ve soybağlarını incelediğimizde bazı yeni bilgilere ulaşıyorduk.

Behar adını ve soyadını gördük (Şişli İtalyan Musevi Mezarlığı'nın girişinde de bizi Behar soyadı karşılıyordu). Bazılarında Behar parantezle Bahar, bazılarında da Bahar parantezle Behar yazıyordu. Demek ki bu ikisi birbirinin yerine kullanılıyordu. B-H-R harflerini kök olarak alırsak İbranice-Arapça kökenli "Behira" ismi karşımıza çıkıyor, "parlayan, parlak" anlamına gelmektedir, son derece uygundur. Sabetayist isim listemize yeni bir isim katmış olduk.

Mezarlıkta "Öztürkkan" soyadını gördük. Öztürkkan, Türkkan, Türksever, Cantürk, Tamtürk, Ertürk, Türksoy gibi Türk olduğunu iddia etme, kanıtlama saplantısıyla oluşturulmuş soyisimlerinde, aslında Türk olmama olasılığını tespit ve bu mezarlıkta teyit ettik.

Soyadı kanunu ile birlikte aileler soyisim seçip alırken; genelde kendilerine hitap edilen, nesilden nesile aktarılan isimlerini yada lakaplarını soyadı olarak almışlardır. Türklük kavramı o tarihte bugünkü kadar popüler değildi ve bilinmiyordu. Ümmetçi bir Osmanlı'dan çıkılmıştı. Zaten Müslüman toplumun çoğu cahildi, Türk tarih bilgisinden uzaktı.

Sabetayist kökenliler genelde okumuş oldukları için ve milliyetçiliğin etkisini toplumun diğer kesimlerine göre daha erken hissettikleri ve öğrendikleri; Türk tarihinden haberdar ve Türk ulusu kavramına daha erken aşina oldukları için; gizli kimliklerini saklama gayesiyle de, içinde "Türk" sözcüğü geçen soyisimlerini tercih etmişlerdir.

Sabetay Sevi'nin sözde dönme/din değiştirme vakasından sonra adının Aziz Mehmet Efendi olduğunu belirtmiştik. Aziz adının hatrı sayılır bir önemi mevcuttur. Mezarlıkta "Aziz ismine" rast gelmeden öte mezarlık girişinin bulunduğu, Koç Holding binasının yan cephesinin baktığı sokağın adının "Aziz Bey" olduğunu görüyorduk. Aziz, İbrani kökenliler açısından yüksek bir isimdir.

Yine bu mezarlıkta Hızır, Güner (Gün-er) ve Gezer soyadlarını tespit ettik. Gezer/Hazar/Kazar bahsini ve nedenlerini açıklamıştık. Güner de, isimlerin İbranileştirilmesine çok uygun bir soyisim modelidir.

Nesim, Sara, Özdil, Cemila, Varol, Rifat, Ayten, Alev, Deneri isimleri dikkatlerimizi çekenlerden.

Mezarlıkta inanılmaz sayıda "Hekim" soyadı mevcut. Bunu ayrı bir yere kaydettik.

Ayrıca dikkat çeken Türkçe diğer soyadları Masa, Kızılsaç, Dana, Gündoğan, Şen, Kalel, Orta, Seviğ, Bitran, Çukran.

Sevi kökünden, Seviğ olarak maskelenmiş bir soyadı. Kalel soyadını "Kale" ve "Kaleli" olarak da görüyoruz. Kalel ile Karel sözcüklerinin telaffuzu yakın olabilir ancak farklı isimlerdir. Karel, bugün İsrail dahil tüm dünyada Yahudilerin kullandığı popüler isim/soyisimlerdendir.

Bitran ve Çukran isimlerinin birbirlerinin yerine anlamdaş olarak kullanıldığını gördük. Şükran, ses benzeşmesi yoluyla ve karşılık olarak Bitran-Çukran ikilisinin yerine kullanılmaktadır. İsim ve soyisim olarak görebiliyoruz. Şükran'ın erkek versiyonu da Şükrü'dür.

Ülkü isminin, İbrani ailelerde yaygın olduğunun farkındayız. Bu isim ayrıca "milliyetçi" kesimde de yaygındır, karıştırmamak gerekir.

Uyan Ey Türk Gidiyoruz

TDK büyük sözlükte "ülkü" sözcüğünün farklı bir anlamından söz edilmiş. "Ahit" ve "peyman/yemin/ant" anlamlarını taşıdığını belirtiyor. Ahit deyince akan sular duruyor. Eskiden, eski ahit denilirdi bugün Yahudiler antlaşma, Hıristiyanlar da eski ve yeni antlaşma diyorlar. Ahit/peyman/ant/ülkü sözcüğü Tevrat'a, antlaşmaya bir atıftır.

Hem Kuzguncuk Musevi Mezarlığı'ndaki Yahudi mezarlarında hem diğer gezdiğimiz mezarlıklardaki Sabetayist kabirlerde Şeker soyadının oldukça fazla geçtiğini gördük. Biliyoruz ki İsrail'de Shakar (telaffuzu "şakar") sözcüğü, soyadı olarak ve bazen de isim olarak kullanımı çok yaygındır. İbranice'deki Shakar sözcüğü "güçlü içki" ve "katıksız şarap" anlamına gelmektedir. Söylenişi benzetilerek Türkçe'de Shakar'a karşılık olarak "Şeker" soyadının alındığını, isim olarak da şeker anlamı taşıyan Şakir'in kullanıldığını tespit ediyoruz.

* * *

Yahudiler'de ve Sabetayistler'de bazı isimler çok önemlidir, kutsaldır ve yaygın kullanıma sahiptir, bize işaret verir. Bu isimler Yahudilik tarihinde ve dininde önem arz eden kişilerin isimleridir. Bu kişilerin çoğu İslamiyette'de peygamber olarak kabul edilmekte ve isimlerin bir kısmı İslam toplumlarında da kullanılmaktadır.

Burada bu isimler İslamiyet kapsamında İslami bilgiler çerçevesinde değil, Yahudilik kapsamında ve Musevi din bilgileriyle anlatılacağı için, kafa karıştırmamak adına kutsal kişilerin ve peygamberlerin isimlerinin başlarına "Hz." ibaresi konulmayacaktır. Burada yer alan bazı bilgiler İslamiyet'in kabul etmediği yada teyit etmediği bilgiler olabilir. Ancak biz bu kitap kapsamında Yahudileri ve Sabetayistleri inceliyorsak, onları anlamak ve deşifre etmek adına, onların kaynaklarına bakmak zorundayız.

* * *

İbrahim peygamber "Ata"dır. Irklarının atasıdır, dinlerinin atasıdır. Dil olarak "İbranice", ırk olarak da "İbrani" derken sözcük "İbrahim"e dayanmaktadır. İbrahim'in oğlu İsak'tır. Yahudi toplumu İsak'ın çocuklarıdır, İslam toplumu ise İbrahim peygamberin bir diğer oğlu, İsak'ın kardeşi Hz. İsmail'in çocuklarıdır. Yani kuzen iki ırk/toplum/din ve fakat bir o kadar da ayrı iki toplum.

İbrahim oğlu İsak'ın oğlu Yakup'u görüyoruz. Yakup'un diğer adı İsrail'dir.

Meşhur altı köşeli Yahudi yıldızının, İsrail yıldızının kaynağı İsrail Krallığı'nın ikinci kralı (İslam'a göre peygamber) Davut'tan gelir. 6 köşeli yıldız, İsrail yıldızı, Yahudi yıldızı yada Davut yıldızı da denir.

Yakup'un, ismi bilinen 12 erkek çocuğu bulunmaktadır. Bunlar: Ruben, Şimon, Levi, Yahuda, Dan, Naftali, Gad, Aşer, İssakar, Zevulun, Yusuf, Bünyamin. Bu isimler en yaygın kullanıma sahip isimlerdir. Bir de kız kardeşleri Dina vardır ancak o listeye dahil değildir. Yahudi kadınlar arasında Dina isminin kullanımı mevcuttur.

"Levi Strauss" marka pantolon, "Jacops" marka kahve, "Ariel" marka deterjan yada İsrail eski başbakanı "Ariel" Şaron, "Rubenis" marka klima, "Isaac" Singer'in ürettiği dikiş makinesi, İsrail 9. Başbakanı "Benyamin" Netanyahu, İsrail 9. Cumhurbaşkanı "Şimon" Peres, Harly "Davidson" marka motosiklet... günlük yaşamda karşılaştığımız isimlerdir, bir o kadar da kullanımı yaygındır.

İbranice kökenli isimlerin bir kısmına, bunların dünyada kullanımda olan türevlerine ve İbranice'deki anlamlarına/esas anlamlarına bakalım.

İbrahim isminin türevleri: Abraham, Ab, Abarran, Abe, Aberham, Abey, Abie, Abrahamo, Abrahan, Abrahim, Abram, Abrami, Abramo, Abrams, Abran, Avi, Avram, Avraham, Avrom, Brahm, Bram, Ebrahim.

İsak isminin türevleri: Isaac, Ike, Ikea, Ikey, Ikie, Isa, Isaak, Isac, Isacco, İshak, Issac, Itzak, Itzhak, Izaac, Izaak, Izak, Izik, Izsak, Yitzhak, Zack, Zak. Sözcük *"Kahkaha/gülüş"* anlamı taşımaktadır.

Ruben isminin türevleri: Rube, Rubi, Rubin, Robin, Robino, Robyn, Reuben, Robben.

Levi isminin türevleri: Levey, Levin, Levon, Levy. Sözcük *"Katıldı"* anlamına gelir.

Yahuda isminin türevleri: Judah, Jody, Jud, Judd, Jude. *"Övdü"* anlamına gelmektedir.

Dan isminin türevleri: Dann, Dana. Sözcük *"Hakim/Tanrı benim Yargıcım'dır"* anlamlarına gelmektedir.

Naftali isminin türevleri: Naphthali, Neftali, Nefthali, Nephtali, Nephthali. *"Mücadele/savaşım"* anlamına gelmektedir.

Gad isminin türevleri: Gadi. *"Servet/şans"* anlamlarına gelmektedir.

Aşer isminin türevleri: Asher, Ash, Asser, Ashur. *"Mutlu, suat, mesut"* anlamına gelmektedir.

İssakar isminin türevleri: Issachar, Isachar, Yisachar, Yissachar, Esseker. *"Ödül/ödülü gelecek"* anlamındadır.

Yusuf isminin türevleri: Joseph, Jessop, Jessup, Jo, Jodi, Jodie, Jody, Joey, Joop, Joss, Jose, Josef, Joseito, Josep, Josip, Josif, Josephe, Josephus, Joss, Josue, Joszef, Jozef, Osip, Pepe, Pepito, Peppi, Pino, Pipo, Sepp, Seppi, Yousef, Yusif, Yussuf, Yusup, Yuszef, Che, Giuseppe, Giuseppino, Iosef, Iosep, Iosif, Iosip. *"Yehova ürer/Yehova çoğalır"* ve *"inleyen/ah eden"* anlamlarına gelmektedir.

Bünyamin isminin türevleri: Benjamin, Ben, Benejamen, Beniamino, Benjaman, Benjamen, Benjamino, Benjamon, Benjee,

Benjey, Benjii, Benjie, Benjiman, Benjimen, Benjy, Benn, Bennie, Benno, Benny, Benyamin, Benyamino, Bibi, Binyamin, Binyamino, Jamin, Veniamin, Venyamin, Yamin, Yamino, Yemin. "*Yaşlılık dönemimdeki oğlum*" anlamını taşır.

Yakup isminin türevleri: Jacob, Jacop, Cob, Cobb, Cobby, Giacamo, Giacobbe, Giacobo, Giacomo, Giacopo, Hamish, Iacopo, Iacovo, Iago, Iakob, Iakobos, Iakov, Jaap, Jack, Jaco, Jacobo, Jacobi, Jacobus, Jacoby, Jackie, Jacko, Jacky, Jacques, Jacquet, Jaqo, Jaime, Jake, Jakeb, Jakie, Jakov, Jakub, James, Jamesie, Jamey, Jamie, Jamsey, Jay, Jayme, Jim, Jimmie, Seamus, Shamus, Yakov, Yaqub Yaakov. "*Takip eden, izleyen*" demektir.

Jack, Jacky ve varyasyonları, **Yakup** ismiyle birlikte aynı zamanda **John** isminin de türevleri arasında sayılmaktadır ve John "*Tanrı'nın lütfu*" anlamına gelmektedir. John isminin, pek çoğu Jacob (Yakup) isminin türevleriyle aynı olmak üzere toplam 85 türevi vardır. John, Jack, Ivan, Hans, Jim, Jacob ve türevlerinin aynı kökten geldiği aşikardır. Bilimsel kesinliğe kavuşmadığı için, Jacob (Yakup) ile John ismi ayrı tutulmaktadır.

Üzeyr isminin türevleri: Ezra, Esra, Azariah, Azur, Esdras, Ezer, Ezrah, Ezri. "*Yardımcı*" anlamına gelmektedir.

Eyüp isminin türevleri: Eyüb, Eyyub, Job, Joab, Jobe, Joby. "*Çok ıstırap çeken kimse*" anlamına gelmektedir.

Süleyman isminin türevleri: Solomon, Salomon, Salmon, Salomo, Salamone, Shalmon, Sol, Solaman, Sollie, Soloman, Suleiman, Sulaiman. "*Barış, huzur, sükun*" anlamlarına gelmektedir.

Davut isminin türevleri: David, Daffy, Daffyd, Dafydd, Dai, Dave, Davey, Davi, Davidde, Davide, Davidson, Davie, Daviel, Davies, Davin, Davis, Daven, Davon, Davy, Davyd, Davydd, Dayn. "*Sevgili, aziz, can*" anlamlarına gelmektedir.

Simon isminin türevleri: Shimon (Şimon), Simpson, Si, Sim,

Uyan Ey Türk Gidiyoruz

Simen, Simeon, Simmonds, Simmons, Simms, Simone, Simonson, Symms, Symon, Syms, Szymon. "*Duymak/duyulmak/şöhreti duyulmak*" anlamlarına gelmektedir.

Samuel isminin türevleri: Sam, Sammie, Sammy, Samuele, Samuello, Samwell, Shem. "Tanrı aşkına, *Tanrı istedi, Tanrı'nın kalbi*" anlamlarına gelir.

Harun isminin türevleri: Heron, Aaron, Aaran, Aaren, Aarin, Aaro, Aaronas, Aaronn, Aarron, Aaryn, Aeron, Aeryn, Aharon, Ahran, Ahren, Ahron, Airen, Airyn, Aran, Arand, Arek, Aren, Arend, Ari, Arin, Arnie, Aron, Aronne, Arran, Arron, Arun, Auron, Avren, Avron, Erin, Haroun, Ron, Ronnie, Ronny. "*Dağın gücü/parlayan*" anlamlarına gelmektedir. Meryem Ana'nın ve Musa peygamberin kardeşidir.

* * *

Sabetayizme küçük bir ara veriyor, İslam kapsamına giriyoruz. Kur'an-ı Kerim Meryem Suresi 27 ve 28. ayetlerde: 27- *Meryem, onu taşıyarak toplumuna getirdi. "Ey Meryem, dediler, şaşılacak bir iş yaptın!"* 28- "*Ey Harun'un kızkardeşi! Baban kötü bir adam değildi. Annen de bir kahpe değildi*".

Ayetlerde anlatılan; henüz yeni doğmuş/bebek olan İsa peygamberin, annesi Meryem'in kucağında getirilmesi ve halkın Meryem'e kahpe gözüyle bakmasıdır. Söz konusu ayetlerde önce "*Meryem*" sonra "*Harun'un kızkardeşi*" ifadeleri kullanılmıştır, dikkat çekicidir. Bize göre bu, vurgu amaçlıdır.

Kur'an'ın her ayeti belirli bir amaç ve öğreti/ders verme, bilgi verme adına indirilmiştir. "*Harun'un kızkardeşi*" tabiri, Meryem'e karşı olan halk tarafından söylenmiş ve Kur'an, geçen diyaloğu aynen aktarmış olmasına karşın, bu diyaloğun ve tabirin ayet olarak bizlere bildirilmesinde bir amaç aramak gerekir. Sonuçta arada geçen uzun konuşmalardan yalnızca bazı kısımlar ayet olarak indirilmektedir.

Demek ki o kısımlardan/ayetlerden belirli sonuçlar çıkarmak gerekir. Allah ayetinde bu *"Harun'un kardeşi"* söylemini bildirmiştir.

Kur'an-ı Kerim A'raf Suresi 142. ayette de: 142- ... *Musa, kardeşi Harun'a dedi ki: "Toplumum içinde benim yerime sen geç, barışçı ol, bozguncuların yolunu izleme!"*

Bize göre büyük olasılıkla, Musa peygamber, İsa peygamberin dayısıdır. Çoğu İslam bilim adamı bu görüşü kabul etmez. İki peygamber arasında çok uzun bir zaman farkı olduğu iddia edilir. Ancak zaman farkı net olarak bilinmiyor. Ayrıca bu iki peygamber birbirini görmemiş, aralarındaki yaş farkı çok da olabilir, uzun yaşamış olabilirler, çok zaman farkı varsa eğer bu karşı iddia ileri sürülebilir. Bu, soybağının varlığını ortadan kaldırmaz.

Meryem Ana'nın kardeşi Harun'un, peygamber olan Hz. Harun olmadığı, bunun isim benzerliği olduğu da iddia edilir. İyi kimselerin ve peygamberlerin isimleri, alt nesillerde insanlar arasında kullanılıyordu, İsrailoğulları'nda bu bir gelenekti deniliyor.

Buna yakın bir yorum olarak da, Meryem'in peygamber olan Harun'un soyundan gelmiş olması münasebetiyle kendisine böyle hitap edildiği görüşü savunuluyor.

Ancak bilinen şu. Hz. İsa'nın annesi Meryem Ana hazretleridir. Meryem Ana'nın kardeşi Harun, isim benzerliği değil de Hz. Harun ise, Hz. Musa'nın kardeşi Meryem Ana olur. Bu akrabalığı reddeden bilim adamlarından bazılarının (uç) görüşüne göre de, iki Meryem birbirinden farklıdır.

Ancak Meryem ismi, o dönemlerde yalnızca erkeklere konulan, spesifik bir erkek ismiydi. Annesi, erkek doğacağı inancıyla daha doğmadan erkek ismi olan "Meryem"i bebeğine koymuştu. Meryem kız olunca da isim bebeğe adandığı için doğmadan verilen Meryem adı değiştirilmedi.

Uyan Ey Türk Gidiyoruz

Meryem ismi erkek adı olduğuna göre, rastlantı eseri(!), hem Hz. Harun'un ve Hz. Musa'nın kardeşi erkek isimli "Meryem", hem de Hz. İsa'nın annesi yine Harun'un kardeşi erkek isimli "Meryem". Söz konusu dönemde iki tane erkek adlı ve yine ikisinin de kardeşi Harun olan Meryem'ler. Son üç iddiayı dikkate almaya gerek yoktur.

Tek bir Meryem olduğu açıktır. Diyanet ve tefsirler de bunu teyit etmektedir. Bizim muhalefet ettiğimiz husus ise Harun'ların iki tane değil bir tane olma olasılığıdır. Bunların hepsi iddia düzeyindedir elbette. Ancak biz yorumlardan öte, ayette bu tabir kullanılmışsa, Kur'an'da peygamber olmayan kişilerin isimlerinin geçirilmesi nadir olduğuna göre, bu ayeti işaret olarak görüyor ve Harun'un tek olduğunu iddia ediyoruz, kanaatimiz bu yöndedir.

Bize göre, Hz. Harun'un kızkardeşi Hz. Meryem, Hz. Harun'un bir diğer kardeşi (ağabeyi) Hz. Musa'dır. Yani Musa peygamber, Meryem Ana ve Harun peygamber, üçü de kardeşler. Meryem Ana'nın oğlu Hz. İsa'nın dayısı, Hz. Musa ve Hz. Harun olmaktadır. İddiamız bu yöndedir. Şimdi Sabetayizme geri dönelim.

* * *

Yahudi inanca göre **Meryem**'in lakabı "**Meral**"dir. Bu nedenle Musa peygamberin kızkardeşinin adı Sabetayistler'de genellikle Meral, Meyrem yada bazen de Meryem olarak taşınır. Meral ve Meyrem adı bilhassa Bülbüldere Mezarlığı'nda çokça yer alır.

Tevrat'a göre Musa'nın babası "İmran" annesi Yocheved'tir. Kur'an-ı Kerim'e göre de (Ali İmran Suresi) İmran, Hz. Musa'nın babasıdır. Yani İmran bir erkek ismidir. İmran ismi Türkiye'de de **İmran** ve **İmren** adıyla taşınmaktadır.

İlginçtir İmren AYKUT kadındır. Günümüzde çoğu İbranice isimde cinsiyet ayrımının olmadığını belirtmiştik. Ayrıca İmren Hanım'ın soyadı "Ay" ve "Kut"tan oluşmaktadır, uygundur.

Sabetayistler **Aykut** ismini çok severler. İmren Aykut, Tarsus/Mersin'lidir. Ve İmren AYKUT yüksek birisidir. Kenan EVREN'in Milli Güvenlik Konseyi'nin Danışma Meclisi üyesi olmuştur. 3 dönem İstanbul, 4. dönem de Adana milletvekili olmuş, Türkiye'nin "**ilk kadın bakanı**" yapılmıştır. Biz burada tesadüf avcılığı yapıyoruz, hepsi birden tesadüf olabilir.

* * *

Yusuf peygamber, "on kabilenin kahini" Safenat ile Paneah'ın kızı Asenat ile evlenmiştir. Manaşşe (Menaşşe) ve Efrayim (Efraim (verimli)) adında iki oğlu olmuştur.

Tevratik "Safenat" ismini Sabetayistler ses uyuşması yoluyla "Safenaz" ve "Safinaz" ismiyle Türkiye'de kullanmaktadır. Günümüzde bu isim artık pek kullanılmamaktadır.

Asena ismi, Türkçe'de "kurt" anlamına gelmektedir ve kız ismi olarak genellikle milliyetçi ailelerin çocuklarında görülür. Erkekte Bozkurt ismi, kızda Asena ismi kullanılır. İşte Tevrat'ta geçen "Asenat" ismi de ses benzeşmesi yoluyla Türk Sabetayistler arasında "Asena" olarak kullanılmaktadır.

Bir ailenin bir kız bir oğlan, iki çocuğu olsun ve isimlerini Alper ve Asena koymuş olsunlar. Bu isimleri duyunca ailenin hemen "ne kadar milliyetçi" olduğunu düşünürüz. Halbuki bu isimler Halpern/Albert ve Asenat isimlerine atıf olarak konulmuş olabilir ve aile Sabetayist olabilir. Sabetayist isimler günlük hayatta bizlerin kafasını karıştırmaktadır ve bizleri ayakta uyutabilmektedir.

Yine Tevrat'ta peygamberler "Büyük peygamberler" ve "12 küçük peygamber" olarak ayrılmıştır. Bu isimler de önemlidir.

Büyük peygamberler: Yeşaya (İşaya), Yeremya (İremya), Hezekiel (Hezekyel), Daniel (Danyal). Danyal'ın da üç arkadaşı var: Hananya, Mişael ve Azarya.

12 küçük peygamber: Hoşea, Yoel, Amos, Ovadya, Yunus, Mika, Nahum, Habakkuk, Sefenya, Hagay, Zekeriya, Malaki.

Türkiye'de açık Museviler arasında sık kullanılan Ester ismine dikkat çekelim. Yaygın Yahudi isimlerinden biridir. Mezarlıklarda çok karşımıza çıktı.

-san ekiyle biten Türkçe soyadları da dikkat çekicidir. Sanki "Sanayi"nin kısaltması, bir şirket ünvanı gibi durmaktadır, aslı öyle değildir.

Örnek olarak **Gürsan** yada **Berksan** isimlerine bakabiliriz. Burada -san eki, Cermen dillerindeki "son" yani oğul/oğlu sözcüğü yerine kullanılmaktadır. "Son" Cermen dillerinde, özellikle İngilizce'de "san" olarak telaffuz edilmektedir. "*Son*", Türkçe'de "*san*" telaffuz biçimiyle ve de "san" yani "*ün/şöhret*" sözcüğüne yakıştırılarak "san" olarak kullanılmaktadır. Sabetayistler arasında kullanımı yaygın ve oldukça örtülü bir ektir.

Somer ismini Bülbüldere Mezarlığı'nda ve diğer mezarlıklarda gördük. İlk önce kelime olarak "som" ve "er"den oluştuğu düşünülür. İki kelimenin anlamlarını birleştirerek "katışıksız erkek, has erkek" anlamına gelmektedir, TDK'ya göre de "*Doğru, güçlü kimse*" demektir. Ancak bunun ses benzeşmesi yöntemiyle İbranice'den gelme olasılığı yüksektir. Çünkü "Şomer" İbranice'de "Bekçi" demektir. Büyük peygamberler listesinde yer alan Hezekiel'in lakabıdır. Tanrı, Hezekiel'i bekçi olarak görevlendirmiştir. Şomer'den ötürü Somer, Tevratik bir isimdir ve Hezekiel'e atıftır.

Kenan ismi de önemlidir, çok önemlidir. Cenan'ın kullanımda yarattığı işaret, Kenan'dan (Canaan, Kenaan, Keenan, Kain) daha yüksektir. Kenan, Tevrat'ta çokça adı geçen antik Filistin topraklarının/ülkesinin ismidir. Kenan ismi Yahudiler ve Sabetayistler için önemlidir. Türkiye'de karizmatik isimler arasındadır, Sabetayist olmayanlar tarafından da taşınır. Ancak popüler/yüksek Kenan'ları biraz daha İbrani düşünmemiz gerekir.

Gelelim **Yalım** ismine. Yalım kelimesi bazı Sabetayist dil uzmanları tarafından anlamlarına anlam katılmış, yapay olarak yeni anlamlar kazandırılmış bir isim olabilir. Pek çok Sabetayist ismin tek bir isim altında toplanması gibidir, ilginç! Tesadüfi olmayacağı kanaatindeyiz.

TDK Büyük Türkçe sözlükte Yalım isminin anlamı "1-Alev, ateş. 2-Kılıç, bıçak vb.nin kesici yüzü. 3-Kaya. 4-Sarp yer. 5-Şimşek. 6-Kuvvet, kudret. 7-Onur. 8-Çalım, gurur." Bir isimde bu kadar çok anlam olması ve iki numara dışında kalan hepsinin Sabetayistlerin çokça kullandığı isimler olması şaşırtıcıdır. Yalım ismini, çok önemli isimlerin başına kaydediyoruz.

Türkiye'de Yalım ismini taşıyan ünlü iki kişi aklımıza geliyor. Birincisi diplomat Yalım ERALP. Er ve Alp isimlerinden oluşmuş, Sabetayist isim listesine son derece uygun bir soyisim. Tesadüfi olabilir. Ancak Yalım ERALP'in ailesinin Selanik göçmeni olması; Büyükelçilik, NATO İşleri Genel Müdürlüğü, Avrupa Güvenlik ve İşbirliği Teşkilatı'nda Büyükelçilik, Çiller ve Yılmaz'ın Dışişleri danışmanlığı görevlerinde bulunması, TESEV Dış Politika Kurulu üyesi olması ve CNN Turk'te yorumculuk yapması dikkat çekicidir. Kültür Üniversitesi'nde de diplomasi dersleri vermektedir.

Bu ismi taşıyan ikinci kişi siyasetçi Yalım EREZ'dir. Erets Yisrael, "Erez İsrail - İsrail Toprağı" demektir. Biz Türkçe'de Erez İsrail'e, Kutsal/vaadedilmiş topraklar diyoruz. İsrail'deki Erez sınır kapısını hatırlıyoruz. Yalım Bey'in soyadındaki Erez'i *"baş dönmesi yapan bir tür bitki"* anlamıyla görebilir miyiz? Erez soyadı kuşkulu diyelim, iki anlamada gelebilir. O halde isminin Yalım olması, TOBB Başkanlığı yapmış olması, çeşitli koalisyonların kurucusu olması ve Sanayi Bakanlığı yapabilmiş olması, Büyük Kulüp üyesi olması, kendi iddiasıyla Tansu Çiller'i politikaya kazandırmış olması da mı tesadüftür? Olabilir. Tesadüfler ülkesindeyiz.

Kunter ismi de önemlidir. TDK Kişi Adları Sözlüğü'nde Kunter ismi yer almamaktadır. Ancak ayrı ayrı kunt ve er olarak bakarsak, Kunt (Farsça): *Dayanaklı, sağlam, sert* demektir. Kunter ise "*Dayanıklı asker / dayanıklı erkek*" anlamlarına gelmektedir. Ancak, Türkçe'de böyle bir isim yoktur. Zaten Kunt'un anlamını bilen yada duymuş bugün kaç Türk vardır? Bilenlerin ve bu ismi koyanların çoğu Sabetayisttir. Sabetayistler arasında yaygın kullanıma sahiptir.

Sabetayistlerin sevdiği ve kullandığı bir diğer isim olarak **Erman**'ı görüyoruz. Türkçe'de baştaki, ortadaki yada sondaki <h> harfi yutulabiliyor. Gökhan yerine Gökan diyebiliyoruz. Trakyalılar baştaki <h>'lerin çoğunu yutuyor, Hasan'a Asan diyebiliyorlar. Yada sondaki <h> harfi atılıyor, örneğin Teravih yerine Teravi diyoruz. İşte burada da Herman'dan <h> harfi atılmış ve Erman olmuştur.

Herman, Almanca'da "ordu adam" yani "asker" demektir, Almanca ve İngilizce kökenli bir sözcüktür. Orijinali "army man" yani Arman'dır. Türkçe ordu, İngilizce army, Almanca heer'dir. Hermann olmuştur. **Herman**, **Erman** ve **Arman** türevleriyle, Türkçe'de genellikle Sabetayist kökenliler arasında kullanılmaktadır. Bülbülderesi'nde Erman isimliler ve Arman soyisimliler ile karşılaştık, olağandır. 25 Mart 2010 günü Türkiye Musevi Cemaat Başkanlığı'na Sami Herman, Başkan Vekilliği'ne de İshak İbrahimzade seçildi. Güzel bir örneklemedir.

Sabetay Sevi'nin sürüldüğü, yaşadığı ve öldüğü kentin adı Ülgen'dir (bugün Arnavutluk sınırları içinde). **Ülgen** ve versiyonları Sabetayistler tarafından taşınmaktadır. Ülgen'in, eski Türk inancında özel bir Tanrı ismi olduğunu, Yaratılış destanında zikredildiğini biliyoruz. Ancak Türkler, İslamiyeti, soyadı kanunundan yaklaşık 1200 sene önce kabul ettiklerine göre, İslamiyet öncesi inançtan kalma Tanrı isminin, soyisim olarak alınması anlam taşımamaktadır.

Ülgen'lerin/Ülken'lerin çoğu, türevleriyle, Sabetayistliğe işarettir. Bay-ülgen diye bir isim, soyisim türetebiliriz. Örneğin Bay Isparta denirse herkes bunun Süleyman Demirel'i yada Bay Malatya denirse bunun Turgut Özal'ı yada Bay Marmaris denirse herkes bunun Kenan Evren'i kastettiğini anlar. Bazı "büyük" isimler doğdukları-yaşadıkları kentlerle özdeşleşmiştir. Bay-ülgen diyerek, Sabetay Sevi'yi kastetmek olasıdır.

Bay-demir sözcüğünü de türetebiliriz, isim ve soyisim olarak kullanılabilir. **Baydemir** sözcüğünün ilk bakışta anlamı yoktur. Demir'in bayı bayanı olmaz çünkü. O zaman demir ile eş anlamlı olan Timur kelimesini ve Timur'un Sabetayizm içindeki kutsallığını hatırlamamız gerekiyor. Timur yerine eş anlamlıları Tamer ve Demir kullanılabiliyor. Bay-Demir yani Bay-Timur olarak okuduğumuz zaman, bunun, kişinin Sabetayistlik olasılığını vurguladığını, ezoterik bir işaret olduğunu anlayabiliyoruz.

Tesadüfen şimdi aklımıza geldi. Kürdistan bir Yahudi projesidir, yazmıştık. Kürt Açılımı da, Kürdistan'ın kurulumu ve entegrasyonunun projesiydi, Yahudi David Philips'in yazdığı bir projeydi. Yahudi üretimi Yahudi kontrolünde bir Kürdistan dedik, Irak Kürdistan özerk yönetiminin (sözde güney kürdistan) başında Yahudi Barzani ailesi var. Peki sözde Kuzey Kürdistan'ın sözde başkenti Diyarbakır'ın başına, sözde Amed Eyalet yöneticisi olarak kim konulmuştur?

(Amed: Asurlar'da ve Bizans'ta Amed deniyor, Amed Kürtçe yada Rumca bir sözcük değildir. Kürtler bunu Kürtçe zannederler. PKK sempatizanı Kürtlerin ırkçı bakış açısı ve Türklük düşmanlığı onların bu isme sarılmasına yol açmaktadır. Cahilcedir, üzücüdür).

Barzani ailesinin Yahudiliği, bir iddia değil gerçektir. Bunun bilgisi Türk ve Osmanlı devlet arşivlerinde mevcuttur. İstihbarat arşivinde mevcuttur.

Uyan Ey Türk Gidiyoruz

Zaten Barzani ailesinin Yahudiliği hakkında kanıt niteliğindeki fotoğraflar internete, konunun araştırmacıları tarafından konulmuştur.

Selanik ismi de kutsaldır, isim ve soyisim olarak kullanılabilir. Selanik'in, Sabetayizmin bir dönem merkezi olduğunu ve Yahudiliğin önemli kentlerinden olduğunu yazmıştık. Tesadüfen, Temmuz 2010'da DHA'nın geçtiği haber basın-yayında yer alıyordu *"Sağ olarak yakalanan PKK'lı Cihan ÖNER'in, Mardin'in Kızıltepe İlçesi BDP'li Belediye Başkan Yardımcısı Selanik Öner'in kızı olduğu ortaya çıktı."* Baba Selanik, kızı Cihan (eş anlamlısı Evren).

Yahudi Sistemin Kürdistan projesi içinde; Yahudiler, kripto Yahudiler ve Sabetayistler çokça var.

* * *

Biraz da dilimizdeki Yahudileşmeyi görelim.

"Alnım açık, başım dik." ve "Alnım açık, yüzüm ak." diye iki deyiş vardır. TDK Büyük Türkçe Sözlük'te *"Alnı açık: Hesap verebilecek durumda olan, dürüst"* anlamında verilmiştir. Ne demektir alnı açıklık?

Her ırkın belirli bazı tipolojik özelliği vardır. Bunu inceleyen bilim dalına da tipoloji denir. Bu bildiğimiz anlamıyla ırkçılık değildir. İnsan tipleri üzerinde yapılan yararlı bir bilimsel incelemedir. Yer altından toplu kemikler çıkartıldığında, tipoloji ve bazı diğer bilimlerin uzmanları çıkan kafataslarına ve kemiklere bakarak vahşete uğramış kişilerin hangi milletten olduklarını %80-90 isabetle söyleyebilirler. Bu, çokça kullanılan bir yöntemdir. Elbette DNA testlerinden önce.

Tipolojiyi biraz örneklersek, Karadeniz insanının burnu büyüktür. Almanların kafaları büyük ve iri yarı vücutludur. Çin, Moğol ve Orta Asya Türk insanı ise kısa boyludur. Siyahi insanların dişleri beyaz tenli insanlardan farklıdır. İngilizlerin burnu diğer Avrupa ırklarına göre daha uzundur, burunları büyüktür.

Gerçekten de "İngilizler, burnu büyük milettir", her iki anlamıyla da. Her milletin, ırkın biz fark etsek de etmesek de belirli bazı "tip" özellikleri vardır. Allah, insanları kavim kavim yaratmıştır.

Yahudilerin ise genellikle "alınları geniştir, açıktır" ve "çeneleri kıvrıktır". "Alnı açıklığın" anlamı dürüstlük anlamına geldiği gibi Yahudilik anlamına da gelir. Daha doğrusu "alnı açıklık" Yahudilerin tipini tarif ettiği için, Yahudilik anlamına gelir; Yahudilik üstünden de "dürüstlük" anlamına gelir.

Her millet ve toplumda yaşanan ahlaki yozlaşma etkisini sıfır kabul edersek, Yahudiler dürüsttür, en azından söylemde böyledir. Yahudiler binlerce yıldır hem kafalarının sayısala çok iyi çalışmasından ötürü hem de dürüst olmalarından ötürü hep "hesap, kitap" yani para işlerine bakmışlardır.

İşte "alnı açık" demek Yahudi demektir, yani onun karakteristik özelliğiyle "dürüst" demektir. Dilimizde mecazi anlamıyla "dürüst" olarak kullanıldığı gibi, isim olarak taşınarak "örtülü" bir biçimde "Yahudi" anlamında da kullanılmaktadır.

Berktay-Berk isminden sonra yeni bir "Yahudi" anlamı taşıyan "örtülü isim" tespit etmiş bulunuyoruz: **Açıkalın, Alnıaçık, Alnıgeniş**. Berk ismini taşıyan herkesin Yahudi olamayacağı gibi bu isimleri taşıyan herkes elbette Yahudi değildir. Ancak bu isimler Sabetayistler tarafından sıkça isim ve soyisim olarak taşınmaktadır.

Dilimizde kullanılan bazı atasözleri ile Tevrat'ta geçen özdeyişler / Süleyman'ın özdeyişleri adeta birlikte yazılmış gibidir. Örnek olması açısından bir iki şaşırtıcı benzerliği sunmakta yarar var.

Tevrat'ta geçen: Başkasına pusu kuran, kendi kurduğu pusuya düşer.

Türkçe'deki benzeri: Ava giden avlanır.

Tevrat'ta geçen: Çok konuşanın günahı eksik olmaz. Haksız kazanılan servetin yararı yoktur.

Türkçe'deki benzeri: Çok laf yalansız, çok mal haramsız olmaz.

"Sağ kol" sözcüğünü cümle içinde kullanırsak "Harun benim sağ kolumdur". Kişinin en yakın birinci adamı, ilk yardımcısı anlamını taşımaktadır. Eski çağlarda önemli birinin sağında oturmak büyük onur sayılırdı. Günümüz protokolünde de amirin birinci yardımcısı, ilk astı üstün sağında durur.

"Sağ kol" Tevratik bilgiyle: *"Tanrı'nın sağında oturmak, Tanrı'nın huzurunda en onurlu yere sahip olmak"* demektir.

Mutfağımıza aslen yabancı bir yiyecek ile, "kaşar" peyniri ile devam edelim. Türkler süt, yoğurt, ayran, peynir gibi sütten yapılan gıda ürünlerinde tarihsel olarak ileridir ama kaşar peynirini bilmezler. Türkiye'de en iyi kaşar peyniri, bunu mutfağımıza kazandıran ilde, Kars'ta yapılır. Türkiye, kaşarı Kars ile öğrenmiştir.

Gelelim kaşarın Türkiye'deki tarihine. Daha önce de bahsettiğimiz gibi Kars'ı ele geçiren Ruslar bu bölgeye hemen kendi nüfusunu, ancak Yahudi kökenli Rus nüfusunu koymuştur. Bunların çoğu Aşkenaz Yahudisi'dir. Karslılar bu peynir türünü, bu Ruslar'dan ama aslen Aşkenaz Yahudisi olan Ruslar'dan öğrenmiştir.

Yahudilik'te ette ve sütte (İslami tabirle) helal-haram meselesi vardır. Bunun için teferruatlı kurallar uygulanır. İşte Yahudilik'te bazı gıdalarda geçerli olan Tevrat kaynaklı kurala göre, yiyecek helal ise ona "Kaşer" (Koşer, Kaşar, Kosher, Kasher) denilir. Kaşar sözcüğü İbranice'dir, *"temiz/helal"* anlamına gelir.

Kars bölgesindeki Türkler bu peyniri Rus vatandaşı Aşkenaz (Alman) Yahudileri'nden öğrendikleri için, hem ismini İbranice'den helal anlamına gelen "Kaşar" olarak almışlar hem de bu peyniri en güzel şekliyle yapmayı öğrenmişlerdir.

HER YOL SABETAYİSTLERE ÇIKIYOR

> *"En büyük gerçekler ve ilerlemeler,*
> *fikirlerin serbest ortaya konması*
> *ve karşılıklı söylenebilmesi ile*
> *meydana çıkar ve yükselir."*
> Mustafa Kemal ATATÜRK

ABD, İsrail ve Türkiye

ABD'de her din, mezhep-tarikat ve milletten, ırktan insan yaşamaktadır. Popüler tabirle "72 milletten insan" yaşamaktadır. Ucuz mazot, tüketim ve televizyon-internet üçgeninde esir alınmış cahil bir halktır.

ABD iyi ellerde kurulmamıştır ve iyi yönetilmemektedir. Çoğunluğu Hıristiyan olan bir toplumu, Yahudilerin zümre çıkarı çerçevesinde yönetmesi adilane değildir. ABD'nin kuruluşu, gelişimi ve yönetimi bunun düzelmesine olanak vermeyecek derecede olumsuzdur. ABD, Sistemin merkezinin konuşlandığı Yahudi yönetiminde bir Hıristiyan ülkedir/devlettir.

Yahudi demek de aslında tam olarak doğru değildir. Çoğunluğu Yahudi, Mason, Evangelist... gibi din/tarikatlara ve türlü mezheplere mensup kişilerdir.

Uyan Ey Türk Gidiyoruz

Bu kişilerin inançları temelde Tevrat'a, Kabbala'ya, İncil'in eski ahitine dayansa da; tarikatları, inandıkları değerlerin adı görüldüğü gibi küçük farklılıklar gösterse de Tanrıları birdir, o da Para'dır.

Bu gruba, belli bir "Sistem" çerçevesinde toplanıp müşterek hareket eden "Yönetici Elitist Grup" yada daha avam tabirle "Paraya Tapanlar Topluluğu" denebilir. Ama yine de esas ağırlık Yahudiler'den oluşur.

Sistem/Küresel Güç içerisindeki Yahudiler ve Yahudi kökenliler eğer ABD yada İsrail vatandaşı ise, kimliklerini genelde saklamazlar. Eğer başka bir ülkenin vatandaşı iseler, din farklılığının ve Yahudi düşmanlığının etkisinden sıyrılmak adına yaşadıkları ülkenin dinini almış gibi görünürler. Bu Fransa'da, İngiltere'de, Türkiye'de, Mısır'da, Rusya'da, Yunanistan'da ve hatta Afrika'da, Çin'de bile böyledir.

Sistemin ve ABD'nin yönetici elitist grubunu: Resmi devlet yöneticileri, gayri resmi devlet yöneticileri, özel sektör patronları, bankerler ve akademisyenler oluşturur. Sistemin yöneticilerine örnek verelim, bu isimler bilinsin: Rockefeller ailesi ve Rothschild ailesi.

Bu, Tevrat-Kabbala temelli tarikatlara/dinlere mensubiyet, kişinin maymuncuğa dönüşmesi gibidir. Kişi, her kapıyı açabilen bir mertebeye yükselir. Açtığı her kapı aynı zamanda Sisteme (Küresel İmparatorluğa) hizmet için açılan yeni bir yoldur.

Dünyada, Tanrı ve kutsal kitap inançlı nüfusça 3 büyük dinin olduğu söylenir: İslamiyet, Hıristiyanlık ve Yahudilik. İslamiyet'in dünya genelindeki nüfusu ve toplumlarının yaşadığı ülkeler bellidir. Keza Hıristiyanlık için de aynı şey söz konusudur. Ancak Yahudilik bunca eski bir din olmasına karşın -din yayma amaçlarının olmamasıyla birlikte- Yahudilerin dünyada kurdukları yalnızca tek bir devlet vardır ve o devletin de nüfusu 7,5 milyondur.

O yedi buçuk milyon içinde de hatırı sayılır Müslüman ve Hıristiyan nüfus olduğu hatırlanmalıdır.

Bilinenin dışına çıkıyoruz. Yahudilerin (her türlü mezhep ve tarikatıyla, bir bütün olarak, Sabetayizm dahil) yaşadıkları zaman kendilerini "evlerinde" hissettikleri, devlet ve ülke yönetiminde diğer ülkelere göre daha etkin oldukları 3 büyük ülke vardır.

Birincisi ABD'dir. İkincisi İsrail'dir. Üçüncüsü Türkiye'dir.

ABD'yi Yahudiler kurmuştur, Yahudiler yönetmektedir. En hafifinden Hıristiyan olanları bile Yahudiliğe ve Kabbala'ya inanan Evangelist (Evanjelik) mezheptendir. (Evangelion: İyi haber, müjde. Eski Yunanca'dır. Arapça'da İncil denir). Tabi Hıristiyan bulabilirseniz.

CIA'sinden, Dışişleri'nden, Pentagon'undan, FED'ine kadar her türlü stratejik kurumdadırlar. Başkan olarak, yönetici olarak, alt pozisyonlarda personel olarak... Üniversitelerde öğretim üyesi ve tabiatiyle asistan, öğrenci olarak. Sivil ve askeri bürokrasinin ve siyasi yönetimin büyük ağırlığı Yahudiler'dedir. Ülke ekonomisini yürüten ve "götüren" patronları saymaya gerek yok. İçlerinde bir tane "Katolik Hıristiyan" yada "Ortodoks Hıristiyan" bulursanız, büyük bir buluş yapmışsınız demektir!

Acıdır, bu İbrani yapı Türkiye'ye çok paraleldir. Türkiye'ye birazdan geleceğiz. Türkiye'yi anlamak için önce ABD ve İsrail'i bilmeliyiz.

ABD'nin simgesi, Sam Amca'dır. Sam ismi aslında Samuel isminin kısasıdır, türevidir (bizlerin Süleyman'a Sülo dememiz gibi). ABD'nin simgesi olan isim, İbranice kökenli Yahudi ismidir. Bu bile çok şeyleri ifade eder.

Görsellik açısından, Beyaz Saray'ın hemen karşısında duran o büyük Obelisk (dikilitaş), ABD Başkanları'na ve yöneticilerine her zaman için neye hizmet ettiklerini hatırlatmaktadır. Bu çok da önemlidir.

Uyan Ey Türk Gidiyoruz

TBMM'nin zeminine masonik işaretleri koyan zihniyet, ta o yıllarda, 1800'lerin başlarında "Barok mimarisi" adıyla (örtüsüyle) Tevratik binayı inşa etmiştir. Yahudilikte, Tevratta ve Kabbala'da işaretler çok önemlidir. Sayılar, motifler, ezoterik işaretler çok önemlidir. Bunları her yerde görüyoruz. Göreceğiz.

Obelisk yalnızca Beyaz Saray'ın karşında yoktur. ABD'nin en önemli kenti Nev York'un en büyük parkı olan Central Park'ta da vardır. Nev York'ta bugün en az 2 milyon Yahudi yaşamaktadır. CFR üyesi Bloomberg kanallarının ve pek çok küresel şirketlerin sahibi, dünya zengini, Nev York Belediye Başkanı Rubens Bloomberg bir Yahudi kuruluşu olan Heritage Affinity Services'a verdiği açıklamada *"İsrail'in özgürlüğü için savaşan kahramanları dua ve düşüncelerimle destekliyorum. Nev York ve İsrail özel bir bağ ile bağlı, milyonlarca Nev York'lu İsrail için dua ediyor"* demiştir, önemi vurgulamıştır.

Fransa Triomphe önünde ve diğer pek çok ülkede, meydanda, Yahudi mezarlarında Obelisk'ler vardır.

İstanbul Sultanahmet Meydanı'nda da yer almaktadır. Bizans zamanında 390 yılında Mısır'dan getirtilmiştir. Yahudiler eski Mısır'da yaşadıkları için, Obelisk onların tarihlerinde önem arz etmektedir. İstanbul'daki Obelisk'in varlığı, coğrafi yakınlık nedeniyle görülüp getirtilmesi olarak anlaşılır ancak diğer bütün ülkelerdeki obelisklerin en önemli merkezlere konulmasının altında yatan neden nedir?

Peki ya Beyaz Saray Kuzey Kapısı'nın, Süleyman Tapınağı'nın girişini sembolize etmesine ne demeli? Tesadüf mü acaba?

-Beyaz Saray Kuzey Kapısı- Vaşington, ABD

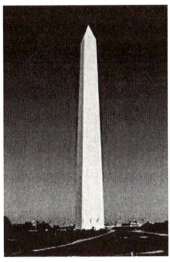

-Beyaz Saray yeşilliğinin devamında yer alan yaklaşık 170 m. uzunluğundaki dev Obelisk.

Uyan Ey Türk Gidiyoruz

-Yol üstünde Osmanlı'dan kalma bir Obelisk-
İncirli Cad. Bakırköy – İstanbul

ABD Başkanları'nın çoğu kripto Yahudi'dir ve bu gizlenmeye çalışılır. Başkanların neredeyse hepsinin, güncel isimlerinin dışında bilinmeyen Tevratik-İbrani bir isimleri daha vardır.

Albert Einstein (Yahudi), atomu ve atom bombasını bulmuştur. ABD Başkanı Harry Truman (Yahudi) ise atom bombasını Japonya'ya karşı kullanmıştır. Truman, bugünkü Amerikan İstihbarat Örgütü CIA'yi kurdurmuştur. CIA'in ilk başkanı olarak Allen Dulles GALCE'i atamıştır. Çok büyük olasılıkla Kripto Yahudi'dir.

Harry S. Truman diye geçer, S'yi asla açık halde yazmazlar. Çünkü aslında Harry Solomon Truman'dır. Solomon adı kendisinin Yahudi olduğunu ele verecektir. Dwight D. Eisenhower'daki D'nin açık halinin "David" olması ve bunun hep "D" olarak geçiştirilmesi gibi...

ABD halkının büyük çoğu Hıristiyan'dır. ABD halkının gözüne bu kadar Yahudiliği batırmamak gerekir.

Amerikan halkı diziler, şansla hızlı para kazandıran yarışmalar, ucuz mazot ve market tüketimleri ile uyutulmakta, cahil bırakılmaktadır. Dünyanın en büyük şirketi, ABD'li Wal-Mart marketleridir, tüketimin gücünü buradan görebiliriz. Cahil ve uyuşmuş halk hiçbir şeyi sorgulamaz. Yalnızca kendisine düşünmesi empoze edilen şeyleri düşünür ve "önüne atılan" hayatı yaşar.

Ucuz mazot değil ama diğer iki yöntem bizde de uygulanmıyor mu? 2011 yılındayız ve büyük televizyonlarımızın çoğunun başında ABD'li "danışmanlar" var. ABD'li danışmanlar Türk kanallarını yönetiyorlar, yönlendiriyorlar. Bunların hepsi "büyük projenin" ayaklarıdır.

Günümüzde bir yeni moda daha başladı televizyonlara paralel olarak. Artık siyasi partilere ve onların öncüsü "hareketlere", partinin/hareketin liderine yardım etmesi ve dış ilişkilerde eşgüdümü sağlaması için ABD'li danışmanlar tutuluyor. Umarız bu "moda" haline gelip genele yayılmaz.

Çünkü ABD'lilere hayranlık modasının yaygınlaştırılmaya çalışıldığı bir dönemdeyiz, 1950'lilerden beri. En ağır cinsel içerikli sözlerle dolu, Türkçesi söylense programı izleyen kimsenin bir daha kendine gelemeyeceği şarkıları söyleyen ABD'li "star"lar, Türk kanallarında bir "ilah" gibi sunularak "şov"lar yapılıyor. Kutularla ve ABD'lilerle Türkiye değişiyor.

Günümüz ABD yönetim kadrosundan da biraz örnekler sunarak ABD bahsini geçici olarak kapatalım.

Belki ABD Başkanı Obama değil ama onun kadrosunda, bakanları arasında Yahudiler çoktur. Aksi düşünülemez. (Obama'nın kripto Yahudi olduğunu iddia edenler var, şu an için bilemiyoruz).

En basitinden Dışişleri Bakanı Hillary Clinton'u görebiliriz.

Eski CIA Başkanı ve bugünün ABD Genelkurmay Başkanı Leon Panetta, kripto yarı Yahudi'dir. Baba tarafından İtalyan Yahudisi'dir.

FED Başkanı Ben Shalom BERNANKE, Shalom ismini kullanmaz (Şalom, İbranice selam demektir), Ben S. BERNANKE olarak kullanır. Para gücü doğurur, para aynı zamanda zeka gerektirir. Gücün ve haliyle de paranın olduğu her yerde Yahudileri ve zekayı bulabilirsiniz.

"Ekonomik krizi önceden bilen adam", "kriz kahini" olarak sürekli para (finans) kanallarında pazarlanan Nouriel ROUBİNİ, İstanbul doğumlu'dur. Ailesi İran Yahudisi'dir.

Robert Michael Gates, Başkan 2. Bush'un ve Obama'nın bundan önceki Savunma Bakanı'dır. Papa 2. Jean Paul yönetimindeki Vatikan'ın, ABD ile karşılıklı istihbarat paylaştığını ve tüm Vatikan istihbaratının ABD'ye aktığını yazmıştır. Misyonerlik faaliyetlerinin ve Vatikan'ın görünenden farklı konumda ve "görevlerde" olduğunu görmek açısından önemlidir. Gates, CFR üyesidir. İbrani kökenli olmayan ve Musevi ritüellere uymayan bir kişinin dünyayı yöneten üç kuruluştan biri olan CFR'de bulunmasına olanak yoktur.

Kurum Kurum, Meslek Meslek Sabetayistler

Yahudiler için ABD bir ise, İsrail iki ve Türkiye üçtür dedik. Türkiye, bu kadar karışmış insanın tek bir kimlikle yaşadığı ve kimliği ırk değil yurt bazında Türk olarak tanımlanmış güzel bir ülkedir. ABD'den de öte federal değil üniter bir yapıya sahiptir Türkiye.

ABD ve İsrail gibi demokratik geçinen ve faşizan uygulamalarda bulunan bir ülke değil aksine; toplumda hoşgörünün, devlet yönetimi açısından da eşit muamelenin yaygın kılındığı/kılınmaya çalışıldığı bir ülkedir Türkiye.

Ancak ABD, Hıristiyan bir ülke olarak geçer, Yahudiler her açıdan yönetir; Türkiye de, %99'u Müslüman bir ülke olarak geçer ve pek çok yerden Sabetayist Yahudiler tarafından yönetilmektedir.

Türkiye'yi yönetenler hep "Müslümandır", çünkü Türkiye'nin %99'u Müslümandır. Bunlar bazen inançlıdır bazen inancı zayıftır, bazıları cumaya gider oruç tutar, bazıları cumaya gitmez oruç tutmaz ama hep "Müslümanlardır". Kimisi dincidir Atatürk'ten nefret eder, kimisi Atatürkçü ve laikçidir dine soğuk bakar, kimisi ikinci cumhuriyetçidir ne Atatürkle ne dinle işi olmaz, kimisi de dindar ve Atatürkçüdür ama hepsi her zaman "Müslümandır".

Türkiye'de, öyle Avrupa meclislerinde yada ABD'de olduğu gibi ateist yada ülke dininden olmayan milletvekili, bakan, başbakan, cumhurbaşkanı, genelkurmay başkanı, yüksek yargıç, rektör, merkez bankası başkanı... kısacası devlet adamı olmaz, çünkü Türkiye'nin %99'u Müslüman'dır.

İşte bu en büyük yalandır. Sistem budur. Toplum uyutulur.

Çünkü Türkiye dediğimiz devletin önemli kurumlarının başında yada özel sektörünün başında, tüm kilit noktalarda yada sanat ve ışıltı dünyasında aynen ABD örneğindeki gibi İbrani asıllılar vardır, yönetirler, yönlendirirler. Bir farkla; ABD'yi Yahudiler yönetir; Türkiye'yi ise dışarıdan lobileriyle, antlaşmalarıyla Yahudiler ve içeride de onlardan farklı görüşteki ve hatta rekabet içindeki Sabetayistler yönetir.

Bu Osmanlı'da da böyleydi. Devşirme kökenli nazırların, paşaların, maliyecilerin, yüksek devlet adamlarının hep Müslümanlaştığı hikayesi anlatılır. Bugün, bunun aslında böyle olmadığını; bu adamların İslam'ı çok iyi bildiklerini, Osmanlı'ya büyük hizmetler verdiklerini ancak özlerinde Sabetayist Yahudisi olduklarını çok iyi görüyoruz.

Uyan Ey Türk Gidiyoruz

Sabetayist değilse Ermeni'dir, değilse Rum'dur değilse Müslüman Türk'tür. Osmanlı dönemi, başka bir kitabın konusudur.

Türkiye de, Osmanlı'nın devamıdır, yenisidir. Yeni bir felsefe, yeni bir rejim ancak Sabetayizmin ağırlığı hiç bozulmamıştır. Türkiye'nin kuruluşu dönemi öncesinde ve kuruluşunda Sabetayist ağırlık yoğundur. Cumhuriyetin ilk kurumlarını kuranlar, Müslümanlar kadar belki de onlardan daha çok Sabetayistlerdir.

Yeni bir devlet, yeni kurumlar, yeni bir yönetim... Bu yapıyı oluşturacak bilgili-eğitimli insanlar gerekiyordu. Osmanlı'da toplumun eğitim durumunu gösteren bir envanter oluşturulmamıştı, buna kaynak oluşturacak bilgi yoktu. Net olarak bir rakam verilemese de, eğitimden de öte okur yazarlığın bile oldukça düşük olduğu bir vakıaydı.

Bir de buna karşın yeni bir kurum kurabilecek ihtisasa sahip olmak, pek kolay değil ve pek bulunabilir bir şey değildi. Eğitim, elbette yaşanılan coğrafya ve maddiyatla ilgili bir hususdu. Osmanlı'da Yahudiler, Sabetayistler ve Rumlar her zaman için iyi eğitim alabilmiş (gerek yurt içi gerekse yurt dışında kalarak) ve geneli varlıklı kişilerdi.

Müslüman görünümlü Sabetayistler bu cumhuriyeti büyük ağırlığı ile kurmuşlardır. Elbette hiçbir şey için mesela üniversiteleri kuranların "tamamı" yada "generallerin" tamamı diyemeyiz. Realist bir yaklaşım ve gerçek bir saptama olmaz. Saptırma olur. Bunu bugün yapan çok kişi var! Biz "kurdu-yaptı-etti-vardı" derken "büyük çoğunlukla/hatrı sayılır oranlarda" anlamını kastetmiş olacağız. Bunu unutmayalım.

Akademi Dünyası - Üniversiteler: Türkiye'nin büyük üniversitelerini büyük çoğunlukla Sabetayistler kurmuştur. Ders sayısı, saati, sınavı belli batı tipi üniversitelerimizde Sabetayistler hoca oldular, profesör oldular. Aldıkları ve yetiştirdikleri asistanlar da

Sabetayistti. O asistanlar profesör oldular, onlar da aynı şekilde devam ettiler. Bu yapı, bugüne ulaşmıştır.

Günümüzde belli başlı bazı üniversitelerin mesela finans, işletme, iktisat, istatistik, hukuk, arkeoloji, tıp (hekimlik), fizik, matematik gibi belli başlı bölümlerindeki akademik kadrolar incelendiğinde bu apaçık karşımıza çıkmaktadır. Üniversitelerin seçilmiş hocalarından müteşekkil YÖK'ü de bunun dışında göremeyiz. Kenan Evren'in YÖK'ü!

Artık gözümüz açıldı, hiç kimse için "üzülecek, alınacak, ayıp olacak" diye düşünemeyiz. Hiçbir kurum için "kurum yıpranacak" hassaslığına giremeyiz. Gerçekler neyse açığa çıkarılmalı, paylaşılmalıdır. Anadolu insanı, Türk insanı nasıl bir ülkede yaşadığını bilmelidir. Allah'ın bildiği kuldan saklanmamalıdır. Devam edelim.

Siyaset Bilimi konusunda değerli kitapları olan ve yaşadığı dönemde bilimi hakkında belirli bir ağırlığı, söz hakkı olan, günümüz hocalarının hocası Münci Kapani'yi görüyoruz. Galatasaray Lisesi'nde okumuştur ve İzmir'lidir. (Kapani: Kapancı demektir). İstanbul Üniversitesi ve Ankara Üniversitesi'nin hukuk ve siyasal bilgiler fakültelerinin, fakülte-bölüm-kürsü kuran, kendi bilim dallarında çok ilerlemiş ve bugün pek çoğu vefat etmiş ilk hocaları da genelde Sabetayistti. İçlerinde 500. Yıl Vakfı üyesi olanlar dahi vardı.

Devletçi ve rejimden yanaydılar. Laik ve demokrat görüşleri ön plandaydı. Buna karşın kimi zaman Kenan Evren'in kimi zaman da 1960 darbesinin anayasalarını yapan kurulların içinde rol almaktan da kaçınmadılar. Sonuçta iki darbe de, bir biçimde kendi "cemaatlerinin" etkin rol üstlendiği operasyonlardı. Darbe kadrolarında ve darbecilerin atadığı kadrolarda Sabetayistler yoğundu.

Uyan Ey Türk Gidiyoruz

Işık Üniversitesi Mütevelli Heyeti'nin pek çoğunun soyadının "Bülbüldere Mezarlığı"nda geçmesi de bir tesadüf olmasa gerek. Kurucusu Muallim Şemsi Ef.'nin Bülbülderesi'ndeki kabrinin fotoğrafını koymuştuk.

http://www.fmv.edu.tr/ adresinde "tanıtım filmi" izlenmelidir. Tanıtım filminde geçen kişilerin isim-soyisimlerine dikkat edilmelidir. Tıpkı İMKB işlem salonuna benzer/yakın biçimde, okulda siyah-beyaz damalı yer döşemeleri (Süleyman Tapınağına atfen) iki farklı mekânda gösterilmektedir. Şarkıda "iyi insan" bahsi geçirilmektedir. Zaten okulun sloganı "Önce iyi insan yetiştirir"dir. *"İyi insan"* sözünün ezoterik bir söz olduğunu ve neyi ifade ettiğini belirtmiştik.

Tıp Dünyası: Nakkaştepe Musevi Mezarlığı'nda ve diğer İstanbul Musevi Mezarlıkları'nda çok fazla "hekim" soyadı geçmektedir. Osmanlı dönemi ve cumhuriyet döneminde bugünün tıbbını yani modern batı tıbbını bilen doktorların (hekimlerin) büyük çoğunluğu Musevi yada Sabetayisttir. Türkiye'nin kuruluşu döneminde mevcut olan ve yeni kurulan hastanelerdeki Başhekim ve doktorların geneli yine Sabetayisttir yada en hafifiyle İbrani kökenlidir.

Halk arasında, bugün aksi örnekler yaygın olmasına karşın, genel bir kanı ve söylem vardır; *"Doktorlar dinen zayıf olurlar"*. Aslında bu sözün çıkışına neden, geçmişte doktorların çoğunun Sabetayist olmasından kaynaklanmaktadır. Bu, nesillerce devam etmiştir.

Denizli Devlet Hastanesi'nin ilk başhekimi Dr. Mahzar GERMAN'dır. GERMAN'dan kasıt büyük olasılıkla Almanlığa, tarihteki Germania ülkesine yani Aşkenaz Yahudiliği'ne vurgu olabilir, bu nedenle bu soyisim alınmış olabilir. German soyadını taşıyan oldukça fazla Sabetayist aile vardır, bu da yüksek olasılıktır.

Hastanenin ilk ameliyat doktoru olarak Op. Dr. Hamdi BERKMAN'ı görüyoruz. Kadın Doğum doktoru Dr. Burhanettin USMAN.

Dikkat ederseniz hemen karşımıza "-man"lı soyisimleri çıkmaya başladı. Aynen Türkiye'de modern psikiyatrinin öncülerinden olan Mazhar Osman USMAN'daki gibidir. Aslında UZMAN'dır soyadı. Onun Tevratik ve İbrani kökeni "Uz"dur, Türkçe'de daha çok "Us" olarak taşınmaktadır. Mazhar Osman USMAN'ın annesi "Atiye Hanım" Bülbülderesi'nde gömülüdür.

Mazhar Osman USMAN'ın yakın arkadaşlarından ve meslektaşı eski İstanbul valisi, eski milletvekili Fahrettin Kerim GÖKAY'ı görüyoruz. Soyadı Gök-Ay'dan oluşmaktadır, sisteme uygundur. Türkiye'deki ilk Lions kulübü, 1963 yılında kurulan İstanbul Milletlerarası Lions Kulübü'dür ve kurucusu Fahrettin Kerim GÖKAY'dır.

İttihat ve Terakki Cemiyeti, dönemin tek modern tıp eğitimini veren Askeri Tıbbiye'de kurulmuştu. Bu, iddiamıza büyük bir destektir.

Hukuk Dünyası: Batı tipi Roma kaynaklı Kara Avrupası Hukuku'nun birer birer kabul edilmesi ile birlikte, batı tipi "adalet-yargı" sistemi Türkiye'de kurulmuştur. 1961 anayasası ile de Anayasa Mahkemesi kurulmuştur. Mahkemelerin, adli sistemin ilk başkanları/yargıçları ve onların halefleri genelde İbraniydi. Günümüzde elbette çok şeyler değişmiştir. Ama Sabetayistlerin etkinlikleri, varlıkları yadsınamaz. Bu asla komplocu-paranoyak bir yaklaşım değildir.

Ömer Lütfi SALMAN, 1923-1925 yıllarında bugünkü tabirle Yargıtay Başkanlığı yapmıştır. Salman Arapça kökenli bir sözcüktür, "*emniyet, güvenlik*" anlamı taşır. Süleyman ismi de "*huzur, barış, sükun*" anlamına gelmektedir, ikisi de aynı kökten türemiş sözcüklerdir (S-L-M-N, Salman ve Salamon (Süleyman)).

Uyan Ey Türk Gidiyoruz

Salman, İsrail'de ve dünya Yahudileri arasında çok yaygın bir soyadıdır. Sabetayist cemaat arasında Salman soyadlı çok kişi vardır. Bu örnek tesadüf olabilir.

Anayasa Mahkemesi'nin ilk 20 üyesinden bazılarının isimlerine bakalım "Ömer Lütfi AKADLI, Rifat Orhan GÖKSU, İsmail Hakkı ÜLKMEN, Mustafa Ekrem TÜZEMEN, Mahmut Celalettin KURALMEN, Sünuhi ARSAN. Soyadında bu kadar -man, -men eki taşıyan hukukçular, büyük bir tesadüfle aynı yerde buluşmuşlar.

Tevrat'a göre Rifat; Aşkenaz ve Togarma'nın kardeşidir. Akad ise Sami soyundan gelen bir kavimdir. Dünya genelinde genellikle Yahudilerde bir kısım da Araplarda taşınan bir soyadıdır. ARSAN'ı, Aroğlu olarak da okuyabiliriz, -san ekinden bahsetmiştik. Bu kadar -men, -man'ın arasında Rifat (Gök-su), Akadlı ve ARSAN da tesadüf olsa gerek.

Bir de 1987-1988 yılları arasında Danıştay Başkanlığı yapmış olan M. Orhan TÜZEMEN var. Erol ÇIRAKMAN'dan altı önceki başkandır. Yada bir başka deyişle İsmail Hakkı ÜLGEN'den üç sonraki. Görüyoruz ki Tüzemen soyadı yüksek yargıç yetiştiren zeki evlatlara sahip ama bir o kadar da şans getiren bir soyadıdır.

Bir de büyük hukukçu Turhan FEYZİOĞLU'na bakalım. Kayserilidir. Sabetayistler arasında Kayseri çok önemlidir, yaygındırlar. Soyadının sonu "-oğlu" olan bir Kayserili aile daha sonra kimbilir hangi nedenden ötürü, soyadı değişikliğine gidip "-oğlu" ekini kaldırmış ve onun yerine "-MAN" ekini soyadına ve o çok bilindik markalarına koymuşlardır.

Feyzioğlu'na devam edelim. Galatasaray Lisesi mezunudur. Sülalece hukukçu bir ailedir. Aileden, kaliteli ve değerli hukukçular çıkmıştır, çıkmaktadır. Bilenler Turhan FEYZİOĞLU'nu, dürüst ve iyi insan olarak tanımlıyorlar. Turhan Feyzioğlu "Bilderberg Toplantısı"na katılmıştır, bu önemli bir işarettir.

Feyziye Mektepleri'nde olduğu gibi "Feyzi" ismi Sabetayistler arasında önemlidir. CHP'den Genel Başkan olması kesin gözüyle bakılan ancak olamayan; milletvekilliği, bakanlık, başbakan yardımcılığı yapabilecek kadar yükselebilmiş bir kişidir. ODTÜ Rektörlüğü de yapmıştır.

Türkiye Barolar Birliği (TBB) Başkanlığı yapmış isimlere de bakmak gerekli. Bunlar arasında Eralp ÖZGEN ismi dikkat çekici. Bülbülderesi Mezarlığı'nda Özgen soyismi vardı, acaba akrabalar mı? 14. derece mason olan Yüce Katırcıoğlu, o dönem TBB Başkanı olan Eralp ÖZGEN ile defalarca İbrani "*Teşrin Bayramı Kutlama Ayinleri*"ne katıldığını (Masonlarla) bildiriyordu. Eralp ÖZGEN'in İbrani soyunu ifşa etmiş bulunuyor.

Bülbülderesi Mezarlığı'nda bazı Yargıtay üyelerinin ve yüksek yargıç kabirlerinin yer alması yada diğer Müslüman Mezarlıkları'nda yer alan yüksek yargıçların kabirlerinin pek çoğunda Sabetayist ezoterik işaretlerin bulunması, iddiamızı destekler niteliktedir.

Yargı ve adalet, daima reddedilen ve fakat güçlü bir örtüyle Sabetayistler tarafından sarılmıştır. Yada daha kibar bir ifadeyle, hukuk alanında Sabetayist kökenliler etkindir. Cemaatlerinden olanları desteklerler.

Gülen cemaatinin yargıda kadrolaşmaya çalıştığı nasıl açıkça söylenebiliyorsa, bugün, Sabetayistlerin de hukuk dünyası içindeki varlıkları ve seçimlerde kendi cemaatlerinden olanlara oy verdikleri, her türlü zeminde birbirlerini destekledikleri, yani güncel tabirle kadrolaştıkları rahatlıkla söylenebilmelidir. Yapı kendisini korumaktadır.

Son yıllarda yargı camiasında gördüğümüz, atama ve terfilerde gördüğümüz krizlerin nedeni bu iki cemaatin yargı içindeki güç savaşı mıdır? Yargının tam bağımsızlığa kavuşması adına ifşaatlarımız var, sorular soruyor ve yanıtlar arıyoruz.

Uyan Ey Türk Gidiyoruz

Dışişleri: Dışişleri, Osmanlı'da devşirmelerin/dönmelerin adeta kalesiydi. Bu yapı cumhuriyet döneminde ve hatta bugün de devam etmektedir.

Dışişleri Bakanları arasında Sabetayist soydan gelmeyen, Sabetayist olmayan bir elin parmaklarını geçmemektedir. Örnek olarak Sabetayistlerin Karakaş kolundan İpekçi ailesinden Cemil İpekçi, Rahşan Ecevit ve Abdi İpekçi'nin akrabası İsmail Cem İPEKÇİ'yi gösterebiliriz.

Dışişleri Bakanlığı kadar stratejik öneme haiz kurumumuz Milli İstihbarat Teşkilatı'nın da bünyesinde İbrani kökenlileri bulabiliyoruz. En meşhur örneği Hiram ABAS'tır. Örnekleri çoktur.

MİT Müsteşarı olarak 27.Mayıs.2010'da Hakan FİDAN atanınca, bazı İsrailli gazeteler, Hakan Fidan'ı hedef göstererek Türkiye-İsrail arasındaki stratejik öneme sahip gizli bilgilerin/sırların İran'a verilebileceğini iddia etmişlerdi, bu endişe dile getirilmişti. İsrail, Türkiye'nin bir bürokratına saldırıyordu. Demek ki Hakan Fidan Sabetayist değildir ve Sabetayist olmayan birinin MİT Müsteşarı olması, İsrail'i rahatsız etmiştir. Bu stratejik kurumumuzda, ismi açıklanmış personel arasında, İbrani kökenli yöneticilerden burada bahsetmeye gerek yoktur. Stratejik kurumlarımızı korumalıyız.

Ancak onlar da %99'unun Müslüman olduğu söylenen Türkiye'de, Müslüman görünümlü Sabetayistleri kurumlarına dahil etmemelidirler. Çünkü din konusunda takiyye yapan yalan söyleyen bir kişi, her konuda (kendi kurumuna bile) yalan söyleyebilir. Daha titiz davranılmalıdır.

Her dakika her konuda dürüstlükleriyle övünenlerin, Yahudilerin ve elbet Sabetayistlerin, din konusunda ve yaşamları boyunca bağlantılı her konuda döne döne yalanlar söylemeleri, milleti aldatmaları çok büyük tutarsızlıktır ve dürüstlüklerine halel getirecektir. Dürüst olmayanı, devletin kapısından içeri sokmamak gerek.

Bu kişiler yalnızca Sabetayist olmaları nedeniyle bakan, müsteşar, daire başkanı, şube müdürü ve benzeri pozisyonlara yükseltilmemektedir. Bu yalnızca seçilmelerinde ve yükselmelerinde "örtülü" bir etkendir. Muhakkak zeki ve başarılı olmaları gerekir. Aptal ve tembel kişileri bu iki önemli kurumumuz bünyesinde barındırmaz, barındırmamalı.

Dışişleri'nde konuyu yalnızca bakan düzeyinde düşünmemeliyiz. Diplomatlar ve özellikle büyükelçi olabilenler arasında da aramalıyız Sabetayistleri, dışişlerinin her yerinde aramalıyız.

Silahlı Kuvvetler: Güç nerede ise orada İbranilerin olduğunu söylemiştik. Para gücü sağlar o zaman orada Yahudiler var. Tüm dünyada... Silah gücü sağlar ise, o zaman orada Yahudiler var. Üretimde, pazarlamada, satışta. Tüm dünyada... Ordu gücü sağlar ise o zaman orada "olabildiğince" kripto Yahudiler var. İşgalde, savunmada, savaşta. Tüm dünyada...

Kripto Yahudiler ve Sabetayistler gittikleri, yaşadıkları ülkenin dilini, ismini, kültürünü belirli kalıplar ve ezoterik sistem dahilinde alırlar. Gittikleri ülkenin dinine uyar gibi görünürler, bukalemun gibidirler.

Dünyanın en büyük ve güçlü ilk 6 ordusundan biri Türk ordusu ise; Karadeniz'in en güçlü donanması, Akdeniz'in en büyük denizaltı filosu, dünyanın en başarılı pilotları, en gözü kara askeri Türk ordusunda ise, Türkiye coğrafyasının gizli Yahudileri, yani Sabetayistler, ordu içinde yok denilebilir mi? Bu gerçekçi olur mu? Hele ki İttihat ve Terakki Cemiyeti'ni içinden çıkarmış bir orduda.

Güçlü Ordu Güçlü Türkiye ise; her Türk asker doğar ise; ordu millet isek; ordu bizim gözbebeğimiz ise; bilinen ilk düzenli ordumuzun tarihi Mete Han'larla başlıyor ise, ordumuza ve TSK kurumuna saygıdan ötürü, ordumuzu tanımak adına onun iç yapısını ve zihnini okumamız gerekiyor.

Uyan Ey Türk Gidiyoruz

Belki buraya yazılacak bilgiler/gerçekler orduyu ve mensuplarını üzecek gibi görünecektir ama aslında yıllardır artarak devam eden, TSK'nın başını melanete sokma çalışmaları, türlü operasyonlar/dış kaynaklı ataklar bu gerçekleri bilenlerin projeleri üzerine kurulmuştur. Karşı koymak ve ordunun ve Türkiye'nin "gitmesini" önlemek adına bizlerin de bu gerçekleri bilmesi gerekiyor. Türkiye'nin kalbinden Mustafa Kemal'in bağımsız ruhunu silmek isteyenlere bir yanıttır.

* * *

Mustafa Kemal'in yakın arkadaşlarının ve omuz omuza mücadele verdiği silahtaş komutanlarının çoğu İbrani kökenliydi. Çoğu Sabetayist inancını ve ritüellerini devam ettirmişti. Bir kısmı bu özellikleriyle Mason olmuş, yükselebilmişlerdi. Mason olabilmek için İbrani soy aranır ama şart değildir. Yükselmek için ise şarttır. Aksi iddia edilse de!

Atatürk, arkadaşlarının ve çevresinin "farklılığının" farkındadır, kendisi de Selanik'te büyümüş ve o çevrede yetişmiştir. Atatürk daha sonra bu arkadaşlarının çoğuyla kırgın-küskün olmuştur, mesafeli olmuştur, o dönem çeşitli mücadeleler yaşanmıştır. Yargılamalar olmuştur.

Görünürde, anlatımda ve yazılı tarihte hep başkadır nedenler. Asıl nedeni bilenler söylemez, yazmaz. Bu ülkede Sabetay Sevi hakkında tek bir arşiv belgesi yoktur. Sabetayizmi gizlemek, arşivlerden yok etmek, cemaat üyelerini gizlemek, olaylara başka örtüler giydirmek "hastalıklarıdır". Hepsi aynı elin ürünüdür.

Atatürk ile arkadaşları arasındaki mücadele öyle yada böyle, Sabetayistlerin istedikleri modeldeki bir Türkiye'nin Atatürk tarafından kurulmamış olmasından, Atatürk'ün İslam'ı dışlamamasından kaynaklanmaktadır. Elbette başka nedenler de olayların-dargınlıkların tuzu biberi olmuştur.

Sistem, Sabetayist yapı, Fevzi Çakmak'ı cumhurbaşkanı yapmamıştır. Fevzi Çakmak, hırslı bir kişi değildir ama konumu, icraatleri itibariyle cumhurbaşkanı yada yüksek şiyasi konumda uzun yıllar olması gerekmekteydi, olamamıştır, yolu hep tıkanmıştır. Fevzi Çakmak neyin ne olduğunun, "who is who" yani "kim kimdir"in gayet iyi farkındadır. Mareşal Çakmak, Şükrü Kaya'nın cumhurbaşkanı olma isteğine destek vermemiştir, acaba neden? İzmir Belediye Başkanları, neden hep genelde Sabetayisttir ve Sabetayistliğin de Kapancı kolundan gelmektedir? (Kapancı: Kapani. Kapancı yerine "İzmirliler" de deniyor).

İttihat ve Terakki Cemiyeti (İTC), Masonik/gizemli bir yapı/örgüt olarak geçer. Bilebildiğimiz kadarıyla İTC, Sabetayistler tarafından kurulmuş, yönetilmiş ve cemaatin yapısına/dinine uygun hareketlerde bulunmuştur. Politikaları Sabetayizmin gelişmesine yada rahat etmesine asla karşı olmamıştır, bunu emin biçimde söyleyebiliyoruz.

Bütün üyeleri elbette Sabetayist/kripto Yahudi/Mason/İbrani değildir. Vatan için elbette çok yararlı pek çok icraat yapmışlardır ancak bu, İTC'nin organik yapısının farklılığını ortadan kaldırmamaktadır.

İTC'yi 5 öğrenci kurar. Birinin adı İshak Sükuti'dir. İshak/Isak, tipik bir Yahudi ismidir. TDK İshak'ı "*Kutsal kitaplarda adı geçen İbrani peygamberi*" olarak belirtmektedir. İslam inancına ve Kur'an'a göre de "İshak" bir peygamberdir ancak Müslümanlar İbrahim yada Eyüp gibi başka peygamberlerin isimlerini daha çok benimsemişlerdir, İshak adının Müslümanlar arasında kullanımı yaygın değildir. İshak ve Danyal gibi İbranice kökenli tipik Yahudi isimlerini ve türevlerini orduda görebiliyoruz. Kahraman Türk subayları olabilirler ama asker olmamaları, baştan orduya alınmamaları gerekir. Nedeni yeterince açıktır.

Uyan Ey Türk Gidiyoruz

Türkiye'nin üstüne ve çıkarlarına karşı "en çok yıkıcı proje geliştiren" ve bunu türlü yollarla, araçlarla örneğin günümüzde Kürt ayrımcılığı ile uygulayan ABD ve İsrail'dir. Bugün orduda nasıl tipik Yunanca isimli Yunan soylu bir subay/astsubay bulunamazsa, nasıl ki Rum, Ermeni ve Musevi'den yedek subay/asteğmen yapılmıyorsa, Sabetayist Yahudisi kimsenin de orduda olmaması gerekir.

Laik bir ülkeyiz ancak ordu kurumu da bir o kadar hassastır. TSK, Türkiye Devlet'inin güvenliğinin teminatıdır. Kimse istemez ancak olasılıktır, ileride bir gün Türkiye, İsrail ile savaşa girerse, bu askerler kimin tarafını tutacaktır? En azından pozisyonları şüphe yaratacaklardır, kafalarda "acabalar" oluşacaktır. Askerlikte şüpheye yer yoktur. Şüphe bir biçimde emir komuta zincirini ve o da disiplini korozyona uğratır.

İTC'nin tarihi karışık bir süreçtir, ayrılık ve birleşmelerle doludur. Üyelerinin kökeni genellikle Selanik'ten gelmiş, toplantılar Selanik'te yapılmıştır.

Örneğin Hasköy doğumlu (Hasköy, Yahudilerin İstanbul'da yerleştikleri ilk semttir ve Hasköy'de bugün büyük bir Musevi Mezarlığı vardır) Selanik'te bir dönem görev yapmış, Posta Vekilliği ve Mason Büyük Üstatlığı yapabilecek kadar yükselmiş Talat Paşa'yı görüyoruz; Osmanlı Hürriyet Cemiyeti'ni kurmuştur. Ermeniler tarafından şehit edilmiştir. "Talat" ismi tipik Sabetayist isimlerdendir ve genelde Masonik aile isimlerindendir.

Posta Genel Müdürleri içinde yazar Refik Halit KARAY'ı görüyoruz. Karay topluluğundan, Mudurna'ya göçen Karakayış ailesindendir. Babası da yapıya uygun bir biçimde "maliye başveznedarlığı" yapmıştır. Galatasaray Lisesi mezunudur. "Nilgün" adlı kitabı dikkat çekicidir. Nil ismini Sabetayistler çok severler, içinde "Nil" geçen isimleri taşırlar. Nil ve Gün'den oluşma bir isimdir.

Posta zabitliği, telgraf memurluğu, PTT Müdürlüğü, Posta Vekilliği gibi kadrolar o dönem neredeyse tamamen Sabetayistlerin elindedir. Bu, belli bir oranla günümüzde de devam etmektedir.

Türk Silahlı Kuvvetleri'nde, ciddi bir ceza almamış ve sicili normal bir subay erken emekli olmazsa, son rütbe olarak kıdemli albay; kurmaylık sınavını kazanır ve eğitimi başarıyla bitirirse kurmay kıdemli albay olur. Sicili normal ve çalışkan her subay için bu bir haktır. Günümüzde ilk örnekleri henüz verilmese de bu sistem olumlu yönde biraz değiştirilmiştir. Ve tabi general olmak, seçilmeye ve değerlendirmeye tabi tutulmak demektir.

Sicil notu yüksekliği, olumlu görüş, cezasızlık, başarı, ordunun gereksinimi ve diğer ölçütlerle, general olmaya aday kişiler arasından seçim yapılır. Peki İbrani kök yani Sabetayistlik bu süreçte bir ölçüt müdür?

İbrani kökün ve Sabetayistliğin TSK'da bir ölçüt, kıstas olduğu söylenemez.

Ancak Sabetayist bir yüksek rütbeli, karşısında iki aday var ve birinin Sabetayist olduğunu anlar diğeri Müslüman görünümlü ise, adaylar arasında koşullar eşitse, cemaatçilik dediğimiz olgu yüzünden Sabetayist adaya başka bahanelerle olumlu görüş verebilir, olasılıktır, şüphedir. Eskiden nepotizm vardı, Sabetayist ve İslam söylemli dinci yapılanma ile bu, "zümre kayırmaya" dönüşmüştür. Şüphe oluşmuştur.

Osmanlı'dan cumhuriyete geçişteki üst subaylar ve generaller arasında Sabetayistliğin çokluğunu gördük. Bunun biraz öncesinde ve sonrasında da görülüyor. Trakyalı kayırması olarak bilinirdi o dönemler, aslında Sabetayistler arası kayırmaydı, o dönemin tabiriyle *"dönmeler birbirlerini tutarlardı"*. Neden hep Trakyalılar yada İzmirliler subay yada paşa olur denirdi?!

Zümre kayırması, ister istemez generaller arasında bir Sabetayist yapının, sayının "artarak" oluşmasını sağlayabilir, olasılıktır, şüphedir. Olumsuzdur. Laik devletimizin laik ordusu, eğer maşası okyanus ötesinde bulunan dini görünümlü tarikata/cemaate (Gülencilik) karşı en titiz biçimde eleyici unsurlarla yaklaşıyor, eğitim görülen dershanenin bile nasıl olduğuna bakıyorsa, Sabetayizm konusunda da aynı koşulları getirmesi ve titiz davranması gerekmektedir. Dürüstlük, tarafsızlık ve hakkaniyet her şeyin üstündedir.

Her ne kadar ABD "*stratejik müttefik/NATO müttefiki*" olarak iltifatlansa da, TSK tarafından dile vurulmadan tehdit olarak algılanmakta ve ABD oyuncağı görülen, irticacı görülen Gülenci örgütlenme ordu içinde istenmemektedir. Aynı biçimde, bir ayağı mutlaka bugün yada bir gün İsrail'de bulunan, Sistem'de bulunan, bulunacak olan Sabetayizm/Sabetaycılık da ordu içinde istenmemelidir.

Osmanlı ile, tarihin taşıyıcılığı ile bu yapı günümüze kadar ulaşmıştır ama artık daha fazla sürdürülmemeli, TSK'nın bünyesinden Sabetayizm sökülüp atılmalıdır. Bu istek, ordu düşmanlığı değil vatanseverliktir, güçlü Türkiye için dürüstçe bir özlemdir.

Atatürk'ü ve onun zihnini düzgün okuyamamış, onu anlayamamış ve kabul etmeyen, toplumun genelinden olmayan "farklı" unsurlar ordudan temizlenmelidir. Her kurumdan olabildiğince temizlenmelidir.

Çünkü farklılıklar her zaman kullanılmaya en açık unsurlardır. Bir toplumun farklılığı o toplumun zenginliğidir, hazinesidir, herkesin gözü her an hazinenin üzerindedir.

Sabetayistleri Osmanlı'da fevkalade görüyoruz. Devşirme, dönme, avdeti gibi isimlerle onları, kendimizi mutlu kılmak adına sözde "Müslümanlaştırıyoruz". Özlerinde bir değişim gerçekleşmiyor, bunu göremiyoruz, artık göreceğiz. Cumhuriyete gelelim.

Milli mücadele komutanlarından, kurucu meclis üyelerinden ve daha sonra 1949-1950 yıllarında Genel Kurmay Başkanlığı görevinde bulunmuş A. Nafiz GÜRMAN'ı görüyoruz. Eşi Sabiha Hanım için Darüşşafaka Cemiyeti tarafından gazeteye verilen ölüm ilanındaki "*İyiliksever insan*" tabiri dikkat çekiyor.

Sabiha Hanım'ın kızlık soyadının Odabaşı olduğunu ve Odabaşıoğlu ailesi ile aynı dededen geldiklerini de tespit ediyoruz, Mustafa Paşa'dan. Aile üstsubay (şehit), ekonomi bakan müsteşarı gibi "askeri" ve "ekonomik" alanlarda okuyup ve üst düzey nesiller yetiştirmiş, bu ülkeyi kendi vatanları bilip çalışmış, yönetmiş hatta uğrunda şehit olmuşlar. Kimi akrabalarının mezar taşlarındaki ezoterik işaretler (ışık hüzmesi, çelenk ve çiçekler) bize artık ispatı sunuyor. Sabiha Hanım, Gürman ailesine gelin veriliyor...

Gürman ailesinin, Tapan ailesiyle evlilik yoluyla akraba olduğunu görüyoruz (Sabiha GÜRMAN'ın anne kızlık soyadı Tapan'dır). Tapan ailesi de evlilik bağıyla Sabancı'lardan kız almaktadır (Eran TAPAN-Sevil SABANCI). Tespit edebildiğimiz kan bağı şu an için olmasa da, yalnızca evlilik yoluyla hısım/akraba olsalar da Gürman ailesinin Sabancılara yaklaştığını, yükseldiğini görüyoruz.

Kimseyi yıpratmamak ve üzmemek adına, İbrani soydan gelen vefat etmiş TSK personellerini incelemeye devam ediyoruz. TSK, MİT, Dışişleri ve Emniyet konusunda hassasız, hassas davranıyoruz. Yoksa şu an için bile askerleri, polisleri, diplomatları, MİT mensup ve personellerini bir bir sıralamak işten bile değil.

Tümgeneral Halil SEDES'le devam edelim.

Uyan Ey Türk Gidiyoruz

-Sedes Aile Kabri- (Aşiyan Mezarlığı)

Çok büyük, adeta anıt mezar biçiminde yapılmış, üstü kapalı, çerçeveli resimli mezar. Soldaki kabir taşının üstünde boydan boya "Akasya Dalı", sağ kabrin üstünde de subaylığa işaret olarak boydan boya "kılıç" işlemesi mevcut. En üst kısmında çelenk ve 8 yapraklı çiçekler mevcut. En tepe noktasına da "ışık hüzmesi" yapılmış. Jakin ve Boaz sütunları belirgin. Sedes, İspanyolca'da *"merkez"* demektir. Sefarad Yahudisi kökenli Sabetayist olduklarını tahmin ediyoruz.

Amca çocukları Abdülbaki ile Samime'nin evlendiğini görüyoruz. Karşımıza şaşırtıcı akrabalık bağları çıkıyor. İkisinin de babasının babası olan dedeleri Taşlıca Mutasarrıf ve Komutanı Süleyman Hakkı Paşa. Süleyman Hakkı'nın oğlu Ali Rıza Paşa'nın oğlu Abdülbaki SEDES. Süleyman Hakkı Paşa'nın diğer oğlu Tümgeneral Halil Sedes'in (eşi Seniye Hanım) kızı Samime Hanım. Samime Hanım ile Abdülbaki Sedes evliler.

Aynı zamanda Samime Hanım'ın (Sedes) annesinin babası olan dedesi, meşhur Sadrazam Damat Ferit Paşa. Başka kardeşler, çocuklar torunlar da var. İşin daha ilginç yanı akraba Ayşegül Sedes'in ölüm ilanına *"Cem, Can, Sülay ve Sinan'ın büyük teyzesi, Mine TOKER'in manevi teyzesi"* yazılmış. Toker ailesi ile de şaşırtıcı bağları çıktı.

Son olarak TSK ile kolkola yürüyen, 2010 verilerine göre dünyanın en büyük 100 savunma şirketi sıralamasında büyük başarı ile 80. olan, stratejik ve "milli/ulusal" şirket ASELSAN'ı ve onun Kurumsal Yönetim Komitesi Üyesi Osman Kapani AKTAŞ'ı görüyoruz. Belli ki annesi, kızlık soyadı olan Kapani'yi oğluna isim olarak vermiştir. Kapani, Kapancı demektir.

Bunca isim, bağ ve mezar, hepsi birden tesadüf olabilir! Tesadüfler ülkesindeyiz.

İş Adamları ve Para Dünyası: Türkiye'de güç nerede ise orada Sabetayistlerin olduğunu söylemiştik. Para gücü sağlıyor, vergi verenin devlette söz hakkı oluyor ise, orada Sabetayistlerin söz konusu olmaması düşünülemez.

İşadamları deyince ilk olarak Türk Sanayicileri ve İşadamları Derneği (TÜSİAD) ile Müstakil Sanayici ve İşadamları Derneği (MÜSİAD) namı diğer Müslüman Sanayici İşadamları Derneği aklımıza geliyor. MÜSİAD, yapısı ve saklı ismi itibariyle Müslümanlardan oluşuyor iddiası var ise (içlerindeki istisnalarını biliyoruz), böyle bir yakıştırma-söylem varsa o zaman TÜSİAD kimlerden oluşuyor?

Mustafa Kemal yabancı okulları kapatmış, sömürge düzene karşı "bağımsızlıkla" yola çıkmıştı. 29 Ekim 1930 günü Associated Press muhabiri Mustafa Kemal'e *"Türkiye'nin ne zaman Batılılaşacağını, Amerikalaşacağını"* sorduğunda, Atatürk o meşhur yanıtı vermişti

Uyan Ey Türk Gidiyoruz

"Türkiye maymun değildir. Hiçbir milleti taklit etmeyecektir. Türkiye ne Amerikanlaşacak ne de Batılılaşacaktır. Türkiye yalnızca özleşecektir".

Mustafa Kemal bunları diyordu da, ölümünden yalnızca 144 gün sonra İsmet İnönü yabancı okulların açılması için antlaşmalara imza koymaya başlıyordu. Türkiye bu süreçle birlikte her geçen gün daha da fazla Batı kültürünü özümsemiş, kendi kültürünü küçük gören Sabetayist kadroların etkisine girmiştir.

Bu yabancı kökenli, isimleri Türkçe olmayan okullardan bazıları, hem kendi vatanı Türkiye'yi küçük görecek Avrupa kültürüyle bezenmiş nesiller yetiştiriyor hem de Sabetayist kadrolaşmanın, eğitim ve örgütlenmenin ayağını oluşturuyordu. Bunlar toplum tarafından yıllar yılı "Hıristiyonik" okullar zannedilmiştir ancak neredeyse İbrani kökenli olmayanların kadroya alınamadığı, Sabetayist ve Mason olmayanların yönetici yapılmadığı bir cemiyete dönüşmüştür.

İşte TÜSİAD dediğimiz; bugün üye sayısı tıpkı AB gibi, eleştirel bir biçimde hızla yükselmiş bir cemiyetin yöneticileri bu okullardan mezundur. Atatürk'ün kapattırmak için savaşım verdiği okullardan, kolejlerden mezundur! TÜSİAD, bu kitap kapsamında bir hedef değil yalnızca basit bir örnektir.

TÜSİAD'ın o çok bilindik üye isimleri arasında, "top" yani üst zenginleri arasında (ki bunlar Türkiye'nin en zenginleri listesindeki kişilerdir) acaba kaç tane İbrani soydan gelmeyen ve hatta biraz daha iddialı bir biçimde, kaç tane Sabetayist-Kripto Yahudi olmayan kişi/aile vardır. Bir elin parmaklarını geçer mi? Soruyoruz, yanıtlarını arıyoruz. Bilim ve keşifler, soru ile başlar.

TÜSİAD bir tarafta ise diğer tarafta iller bazında (elbette 81 ilde değil) sanayi odalarını, ticaret odalarını, İMKB'yi, TCMB'yi ve diğerlerini görmemiz gerekiyor.

Yan başlıkta "para dünyası" demişsek, devletin para ile ilgili kurumlarının başında olanlardan da bazılarını görmek gerekiyor. Para, maliye (finans), ekonomi, istatistik; bu konular dünya genelinde Yahudilerin, Türkiye'de de Sabetayistlerin elinde.

Sabetayistlerimiz, bu kurum-kuruluşlarda zaman zaman başkan, başkan yardımcısı, yönetim kurulu üyesi, meclis başkanı ve üyesi gibi pozisyonlarda görev almaktadır. Mutlaka her kurumda ve ilde ve her zaman değil. Sabetayist olanlar var, olmayanlar var. Ama tarihte örnekleri çok, çok, çok ve belki de bugün özellikle "bazı" kentlerde ağırlık Sabetayist kökenlilerde.

İş verenlere baktık, o zaman karşısında sendikaları görmemiz gerekiyor. İşçi sendikaları, memur sendikaları... Sendikalarda, genel başkan olabilmiş kişilerin çoğunun Sabetayist olduklarını yada en azından Sabetayist kökten geldiklerini, aralarında büyük Sabetayist ailelere mensup kişilerin de olduğunu görüyoruz. Demek ki patron olarak da sendika genel başkanı olarak da, çalışanın yönetimini ellerinde tutuyorlar.

Sanayi ve ticaret odalarına, devletteki ve özel sektördeki "parasal" kuruluşlara baktığımızda karşımıza bir anda Kaya, Erez, -Ata, Yıldırım, Işık, Gün, Ay gibi ve de -kara'lı, -berk'li, -man/men'li, -alp'li soyadları ve daha önce örneklendirdiğimiz ve sistemlendirdiğimiz soyadları çıkıyor.

Yakup, Kenan, Harun, Sinan, Yıldırım, Adnan, Rifat, Refik, Refiğ, Talat, Süleyman, Gazi, Abdurrahman, Rona gibi ve yine Ay'lı, Gün'lü, Işık'lı, Alp'li, Ata'lı vb. isimler karşımıza çıkıyor.

Yüzlerce-binlerce isimle karşılaştık, belki tesadüftür diye o yüzlercesinin-binlercesinin soy ağacına, hısımlarına, okullarına, şirketlerine ve olabildiğince mezar taşlarına baktık. Ama yine de iddiamız çok yüksek oranlarla doğru çıkıyor.

Bazen bir Rifat ismi, bir -man/men'li soyadı koskoca bir Sabetayist aileyi görmemiz için bir başlangıç olabiliyor. Karşımıza yine sisteme uygun isimler soyisimler çıkıyor. Kişinin belki soyu Sabetayistti ama kendisi dönmüştür, Müslümanlaşmıştır diye düşünüyoruz ancak çocuklarına koydukları isimler ve çocuklarını evlendirdikleri aileler de sistemin dışına çıkmıyor.

Aileler genellikle bugün okumuş, Osmanlı döneminde de okumuş, iyi yerlere gelmiş. Demek ki para aileden "ata"dan var, okumaya önem veriyorlar. Diplomatlık, askerlik, doktorluk, bankacılık, sigortacılık, gümrükçülük meslekleri ile zamanın TEKEL ve Sümerbank yöneticileri çok dikkat çekici.

İbrani kökenlilerin "İyi insan"lı vefat ilanlarında mezun olunan okul bir sefer Galatasaray Lisesi-Üniversitesi çıkarken bir başka sefer Feyziye Mektepleri-Işık Okulları, Işık Üniversitesi, Boğaziçi Üniversitesi, Vefa Lisesi, Kabataş Lisesi, Robert Koleji, Amerikan Kolejleri, Avusturya Lisesi, Darüşşafaka Okulları, TED Kolejleri, Saint'li okullar ve benzerleri çıkabiliyor. Demek ki aileler kaliteyi seçiyorlardı ve kaliteli çoğalıyorlardı.

Bir tesadüf eseri, herhangi bir iddia ileri sürmeden bir bilgiye rastlıyoruz. 1971-1972 yıllarında TOBB Başkanlığı yapmış Raif ONGER'i görüyoruz. Kendisinin Galatasaray Lisesi Okul ve Öğrencileri Koruma Derneği Başkanlığı yaptığını görüyoruz. Tümgeneral Seyfeddin ÇALBATUR'un kızı ile evlenmiş. Güzel bir tesadüf oluşturmuş.

Örnek bir kent ve rastgele bir tarih seçtik. Örneğimiz bu sefer Antalya'dan ve Osmanlı döneminden. Antalya Ticaret ve Sanayi Odası'nın kayıtlarında yer aldığı üzere, 1886-1898 yılları arasında adı Ziraat ve Ticaret Odası iken yönetim kurulunu oluşturan üyelerin isimleri sıralanmış, bakmakta yarar var, karşımıza "bey"lerden öte "efendi"ler çıkıyor, bir kısmı Rum kökenli:

Başkan Barutçuzade Abdi Efendi, Başkan Vekili Başçıoğlu Panayot Efendi, Üye Muhacir Nevfel Bey, Moralı Hacı Salih Efendi, Bordonyalı Mehmet Efendi, Zenailzade Hacı Vasil Efendi, Kahyaoğlu İstavri Efendi.

Para çalışanda, para ticari zekası yüksek olanda ve ticarete girebilende, para ailesinden kendisine kalanda. Para bazen de "üçü bir arada" olanda. Bu üçünün de, ülkemizin saklı Yahudileri Sabetayistler'de olduğunu görüyoruz. Çalışkan, ticari zekası yüksek ve Osmanlı'dan beridir de bireysel ve ailesel bazda zengin bir cemaat.

Zenginlik, eğitimi ve onun da kalitelisini, kaliteli eğitim ve "iyi insan" olmak yükselmeyi, o da yeniden parayı sağlıyor. Para olunca gazetelere büyük vefat ilanı verilebiliyor, para olunca çocuk özel okullara gönderilebiliyor ve çocuğun gittiği okulda herkes genelde yüksek gelir ve zenginlik sahibi ailelerin çocuğu olunca, cemaatten olunca, çocuğun arkadaş ve sosyal çevresi de kendi cemaatinden oluşuyor. Cemaat dayanışması iyi insanları hep yüksek tutuyor. Özelde, kamuda...

Bu Sabetayist cemaat de böyle, Nurcu cemaatte de böyle. Sabetayizmin zenginliği ve etkinliği/gücü ve gizliliği, bugün Nurcu-dinci cemaatlerin ötesindedir. Bugün Türkiye'de Sabetayist cemaatin etkinliğinin örtülü biçimde tasfiyesi operasyonu yürütülmektedir. İddiamız ve analizimiz bu yöndedir. Ergenekon bölümünde inceleyeceğiz.

Para güçtür. Paranın sahibi kişi, neredeyse bir kulun ulaşabileceği her şeye ulaşır. Son yüzyıllarda ve artık günümüzde para kişiye güç sağlıyor, bazen bizzat, bazen Sivil Toplum Örgütleri aracılığıyla iktidarın/yönetimin istenildiği yönde yönlendirilmesini, her şeyin Sisteme uygun gitmesini sağlıyor.

Uyan Ey Türk Gidiyoruz

Para, bazen onun kaynağına ulaşmak bazen de harcayarak yeniden kazanmak adına savaşlar başlatabiliyor, yerel yada küresel sorunlar çıkarabiliyor. Sistemin, bir Paraya Tapanlar Topluluğu olduğunu yazmıştık. Kabbalistik, Tevratik, Talmudik bir Sistem. Amaç ve araç para. Devam edelim.

Para, güç ise, insanlar para için her şeyini verebilecek kadar zavallılaşmışlarsa demek ki paraya sahiplik ve onun kontrolü, bilgisi de önem arz ediyor. Banka hesapları, harcama ve gelir bilgileri vs. özel istihbaratın konusudur. Büyük devletler bundan yararlanıyor, küçük devletler ve küçülmeye çalışan devletler ise özel istihbaratını yani bankacılık ve finans aktörlerini satıyor.

Bugün Türkiye'de sermayesinin %100'ü yerli olan bir banka yoktur (Ziraat Bankası, yakında halka arz edilebilir). Sermayesinin %100'ünün yerli/Türk olduğu iddia edilen bankalar (devlet bankaları dahil) bugün İMKB'de "halka" arz edilmiş olarak işlem görmektedir. Sürekli değişiklik göstermekle birlikte İMKB'nin %60-70'i yabancı "yatırımcılar"ın elindedir.

Ayrıca yabancı bankalara satılmış-ortaklığa girmiş bankalara yabancı yöneticiler, yönetim kurulu üyeleri atanmıştır. Demek ki özel istihbaratın bir ayağı Türk ve yabancıların müştereken elindedir. Özel istihbarat küreseldir, Sistemin elindedir.

Ama "Türk" bankalarımızdaki yönetim kurulu üyelerinin, yabancı ortaklarını temsil eden Türk vatandaşı olmayan yöneticilerin, parayı/piyasayı/maliyeyi/ticareti/istatistiği düzenleyen-takip eden resmi kuruluşlarının, sigorta şirketlerinin kısacası içinde para geçen devlet, özel ve kamu tüzel kişilerinin içinde Sabetayist aileden gelen ve Sabetayist inancını sürdüren kişiler yaygındır. Demek ki özel istihbaratın bir ayağı bugün Sabetayist cemaatin elindedir.

Tevfik BIR

"13. Mesih benim" diye bir kişi çıksa, Türkiye ve dünya Sabetayistleri, 12. Mesih olarak Sabetay Sevi'ye iman ettikleri gibi bu 13. Mesih'e de iman edip Yahudi olduklarını açıklasalar, Türkiye'nin özel istihbaratı o an itibariyle açıkça Yahudilerin ve başta ABD, İsrail olmak üzere Sistemin eline geçmiş demektir. Milli Güvenlik açısından sıkıntı arz edecek bir durumdur, risktir, tehlikedir.

Sanat – Ünlüler Dünyası ve Basın-Yayın: Üyelerinin tamamının Sabetayist olduğunu gördüğümüz örneğimiz, bugün okullarda Edebiyat ve Edebi Metinler derslerinde de okutulan *Yedi Meşaleciler* grubudur. Sabri Esat SİYAVUŞGİL, Ziya Osman SABA, Yaşar Nabi NAYIR, Muammer LÜTFÜ, Vasfi Mahir KOCATÜRK, Cevdet KUDRET ve Kenan Hulusi KORAY'dan oluşur. Grup öncelikle isim olarak Yedi Kollu Şamdan, Yedi Dağın Çiçeği, Yedi Veren Yedi Ses, Yedi Yıldız gibi isimler düşünmüşler ve Yedi Meşaleciler isminde karar kılmışlardır. 7 kollu şamdanın örtülü ifadesidir.

Servet-i Fünun edebiyatının üyelerinin de neredeyse hepsi Sabetayist kökenlidir.

Halit Ziya UŞAKLIGİL'i görüyoruz. Cumhuriyet Gazetesi kurucusu Yunus Nadi'nin kızı Leyla, Halit Ziya Uşaklıgil'in oğlu Bülent ile evlenmiştir. Yunus Nadi'nin diğer bir kızı Nilüfer de, NUN ailesinden Niyazi NUN ile evlenmiştir. Niyazi NUN'un kardeşi Feriha da, meşhur MORALI ailesine gelin gitmiştir.

Tevfik Fikret'i görüyoruz. Servet-i Fünun akımını izleyenler arasında Refik Halit KARAY'ı görüyoruz. Mehmet Rauf'un o güzel eseri "Eylül"de yer alan baş karakterlerden Suat ve Süreyya'yı görüyoruz. Ancak bunlar Suat Hanım ve Süreyya Bey'dir. İbranice'de isimlerde ve aynı bağlantı ve görgü ile Sabetayistler'deki isimlerde cinsiyet olmadığından bahsetmiştik. İddiamızı destekler niteliktedir.

Uyan Ey Türk Gidiyoruz

Yalnızca geçmiş edebiyatçılarda değil, günümüzde sanatın her alanında Sabetayist cemaatin etkin olduğunu tespit ediyoruz ve bunu çok olağan karşılıyoruz. Sanata yatkınlar ve dayanışmacılar. Sol dayanışmacı yada komüncü anlamında değil, zümre dayanışması olarak, tutucular.

Osmanlı dönemindeki eğitim sistemi ve toplum yapısı düşünüldüğünde, kızını tiyatrocu-şarkıcı veya oğlunu ressam-heykel tıraş yapacak bir ailenin Müslüman kökenli olmaması gerekirdi. Toplum yapısı ve aile içi ilişkiler günümüzden çok farklıydı ve Osmanlı toplum yapısındaki Müslüman aileler, sanatçı evlat yetiştirecek kadar "açıklığa" ve o eğitimi verecek isteğe ve paraya sahip değildi.

Yalnızca Sabetayist ailelerden çıkmamıştır sanatçılar, Rum kökenli ailelerden de çok sanatçı çıkmıştır. Bu yapı zamanında böyle oluşmuş ve yine yapı kendini günümüze kadar korumuştur.

Örneklendirmeye gerek yok, örnekleri başlı başına bin sayfalık kitap olur. Genellemek ise Sabetayist olmayanlara haksızlık olacaktır. Genellememek için, afaki iddialarda bulunmamak için büyük televizyonlarda yer alan, yani televizyon sahibi zengin sanayici iş adamı olan kanallarda 2009-2010 sezonunda yer alan raitingi yüksek dizileri tek tek analiz ettik.

Yapımcı, yönetmen ve oyuncuların çoğunun Sabetayist yada en azından Sabetayist kökenli olduğunu gördük. Yapımcı ve yönetmenlerin daha çoğu, oyuncular içinde ise başrol ve ekranda görünürlüğü yüksek rollerdeki oyuncuların daha çoğu Sabetayist. Rol küçüldükçe, Sabetayist kökenlilik de azalıyor.

İddiamızı bir tesadüfle örneklendirelim. ATV televizyonunda yayınlanan bir dizi vardı, *"Parmaklıklar Ardında"*. Özellikle de 92. bölümüyle dikkat çekicidir. Dizi karakteri Ahmet KAYACAN, babasının mezarı önünde durmaktadır.

Burada dikkat çekici husus ise babanın mezar taşının uzun uzun gösterilmesi, adeta anlayanlara işaretin verilmesidir.

Ahmet Kayacan'ın babasının mezarının başucu taşında sağ ve sol üst köşelerinde Sabetayist işaret olan 8 yapraklı çiçek motifi yer almaktadır! Dizide yer alan karakterlerin isimlerine bakıyoruz ve hayrete düşüyoruz. Çünkü bulunması zor bir "rastlantıyı" yakalamış durumdayız.

Sabetayist sisteme uygun isimler seçkisini, bazılarını soyisimleriyle sunuyoruz.

Kaya, Meryem KARA, Ziynet KARA, Beray DOĞAN (ŞAHİN), Gülten, Nurgül KURTEŞİ, Nazlı YILDIZ, Nur KURTEŞİ, Bekir ALTUN, Süleyman ŞAHİN, Kutsiye OGANKULU, Baran, Tansel GÖKTÜRK, Kevser KILIÇKAYA, Perihan MAZAL, Aylin ÖZGEN, Aysel, Şebnem GÜNER, Filiz DEMİR, Gülten ARAR, Aliye YALÇIN, Aşçı Yakup, Ceren KARADAĞ, Ümit KARAHAN, Ahmet KAYACAN.

Ne muazzam bir tesadüf.

İyi insanlar ve iyi televizyonlar... Televizyon ve sinema dünyasının yapımcıları, senaristleri, yönetmenleri, cast kuruluşları ve elbette oyuncularının çoğunun Sabetayist olduğundan bahsettik. Bunun benzer yansımasını Hollyvood'ta görüyoruz. Film ve dizi oyuncularının, yapımcılarının, yönetmenlerinin vs. çoğu Yahudi'dir. Orada Yahudi, bizde Sabetayist.

Müzik dünyasını, popçuları, rockçıları elbette bundan ayrı göremeyiz. Mankenleri bundan ayrı göremeyiz. Gece kulüplerinden binbir rezalet içinde çıkan, isimleri bir gün biriyle, öteki gün bir başkasıyla çıkan insanların, kendini sanatçı zanneden pohpohlu sanat üfürükçülerinin çoğunun Sabetayist olduğunu görüyor, İslam adına ve Türklük adına aslında seviniyoruz.

Uyan Ey Türk Gidiyoruz

Televizyon dünyasında her yanda İzmirlileri görüyoruz. Selaniklileri ve atası balkanlardan göçmüşleri görüyoruz. Bunların kanallarda program yapımcısı ve talk şovcu olduklarını da görüyoruz. Haber sunucusu olduklarını görüyoruz. Örneğin Bloomberg televizyonuna çıkan isimler, konukların isimleri, patron Bloomberg'i sevindirecek nitelikte. Hem para hem yayın dünyası ikisi bir arada olunca, İbraniliğin yokluğu düşünülemez. Zeki ve cemaatini tutan insanlar.

Televizyon dünyasından ve pohpohlu sanat üfürükçülerinden uzaklaşıp, gerçek sanatçılara bakalım. Batı tarzı müzik yapan sanatçıları, mesela opera sanatçılarını görüyoruz. Opera sanatçıları içinde ve tiyatro oyuncuları içinde Sabetay Sevi taraftarlığının yüzdesinin ağırlığını tespit etmiş durumdayız.

Hıncal ULUÇ'un Sabah Gazetesi'ndeki 26 Mayıs 2010 tarihli köşesinden bir satırı buraya aktaralım "*Bu gece burada sadece Semiha BERKSOY'un değil, Türk operasının da yüzüncü doğum gününü kutluyoruz' deyişi ne güzeldi Rengim GÖKMEN'in.*" Aynı makale içinden Ayşe SEZERMAN'ın da geceye soprano olarak katıldığını öğreniyoruz.

Berk ve Soy'dan oluşmuş harika bir soyadı. Berk'in ne anlama geldiğinden daha önce bahsetmiştik. SezerMan soyadlı hısım-akrabalar ise Bülbülderesi Mezarlığı'nda yatmaktadır. Rengim isminin de aslı Rengin'dir, Farsça'dır, Türkiye'de Sabetayist cemaat arasında Rengin isminin kullanımı yaygındır. Gök-men soyadı da Rengim ismine son derece uygundur. Hepsi birden, tesadüf olabilir.

Genelde Sabetayistler ve Sabetayist ses sanatçıları, Arabesk müziğe alerji duyuyorlar. Sevmek yada sevmemek tercihtir, zevk meselesidir anlaşılır ancak, arabesk müziği hor ve küçük görmek, onu ve dinleyenlerini elitist bir yaklaşımla fildişi kulelerden bakarak aşağılamak çok farklı bir kompleksin, "üstünlük-üstün ırk" kompleksinin bir yansımasıdır. Batı müziği en önemli müziktir deyip doğu müziğini bayağı görüp aşağılamak ve bunu dile getirmekten çekinmemek, büyük cürettir. Bunların kim olduğunu biliyoruz. Arap ve İslam özdeşliğinden gelen bilinç altının yarattığı bir tepki olsa gerek.

18. yüzyılın sonu ve 19. yüzyıldan beridir ve günümüzde Türkiye'de tiyatrodan sinema dizi oyunculuğundan müzik dünyasına şarkıcılığa, televizyon dünyasından gazete yazarlığına, popüler roman-öykü yazarlığına, edebiyatçılara kadar sanatın ve basın yayının (medya) her kolundaki kişiler arasında yaygın olan din Sabetayizm'dir. Tespittir. Malumun ilanıdır.

BİR BAŞKADIR BENİM MEMLEKETİM

Atatürk diyor ki, *"Dünyanın bize saygı göstermesini istiyorsak, önce bizim kendi benliğimize ve milletimize bu saygıyı hissen, fikren, bütün davranış ve hareketlerimizle gösterelim; bilelim ki milli benliğini bulamayan milletler başka milletlerin avıdır."*

Türkiye, memleket, memleketimiz. Bugün artık daha yalın bir biçimde ve kesin olarak görebiliyoruz ki, gerçekten de, bir başkadır bizim memleketimiz!

Tarihi boyunca hep Yahudilere ve Tayyip Erdoğan'a da ödül vermiş olan dünyanın en büyük Musevi örgütlerinden biri olan ADL'yi görüyoruz. ADL'nin 20 yıllık başkanı Amerikalı Yahudi "Abraham Henry FOXMAN"'dır. Tüm dünyadaki Fox TV'lerin sahibidir ve dünyanın sayılı zenginlerindendir.

Türkiye'de yayın yapan Fox TV, akşam haber bülteninin bitiminde kapanışı her akşam "Bir Başkadır Benim Memleketim" şarkısı ile yapıyordu, izliyorduk. Ve biliyorduk ki bu şarkının aslı, Yahudi Halk Müziği olan Rebe Elimelekh'ti
http://alkislarlayasiyorum.com/icerik/2973/rebe-elimelekh

Yahudi halk müziğinin bestesi aynen aşırılarak üstüne Türkçe söz yazılmış ve Ayten ALPMAN'a, adıyla soyadıyla şarkıya çok yakışan birine söyletiliyordu.

Bu şarkının İbrani/İsraili neo liberal '80 darbesini yapan Kenan EVREN'in inkar ettiği işkencelerde insanlara zorla dinletildiğini öğreniyorduk. Darbeyi yaptıran ve yapan İbrani, işkencelerinde söylenen şarkı İbrani... Günümüzde ise, İstiklal Marşı ve 10. Yıl Marşı'ndan sonra en çok sevilen-söylenen şarkılardan biri olan bu şarkı İbrani...

'80 darbesi akabinde kapatılmayan, faaliyetleri dondurulmayan nadir belki de tek öğrenci vakfı olarak AIESEC Vakfı'nı görüyorduk. Bunun kapatılması, Kenan Evren'in bünyesine aykırı olurdu. İzak/İshak isminin İngilizce'de "Isaac" olarak yazıldığını ve "Ayzek" olarak okunduğunu hatırladık. Tesadüf bu ya, telaffuz olarak AIESEC de, Isaac gibi "Ayzek" olarak okunmaktaydı.

01.Temmuz.2010 günü bir televizyon programında, Sadettin Tantan çarpıcı görüşler dile getiriyordu *"Eğer bir ülkede Genelkurmay Başkanı olmak isteyenler, belli yerlere müracaat edip kendisinin Genelkurmay Başkanı olmasını sağlıyorsa, alt kademeyi konuşmaya gerek yoktur. Türk evlatlarının/kurumlarının bundan kurtulması gerekiyor, başka bir şey konuşmaya gerek yok. Böyle olursa, iç ve dış tehdit algılamalarında değişiklik başlar".*

Kimleri kastettiğini bilemiyoruz. Ancak Tantan, kişiler üstüne değil genel yapı üstüne konuşuyordu. Demek ki yaygın bir uygulama idi bu. Aynı programda stratejik koltuklara oturanların, cumhurbaşkanı adaylarının ve hükümet olacak başbakan adayları dahil pek çok üst düzey kişinin, bu kırmızı koltuklara oturmayı sağlamak amacıyla ABD'ye gittiklerini bildiriyordu. Bunların arşivlerde yer aldığını bildiriyordu.

Kenan Evren Mart.2007'de, ne '80 darbesi hakkında ne de yaptığı yarı çıplak kadın tabloları hakkında konuşmuştu. KENAN Evren'in gündemi "bölücülüktü", Türkiye'yi bölmek istediğini, bölemediği için uykularının kaçtığını ifade ediyordu.

Uyan Ey Türk Gidiyoruz

Türkiye'nin 8 eyalete (Ankara, İstanbul, İzmir, Adana, Erzurum, Diyarbakır, Eskişehir, Trabzon) bölünmesi gerektiğini söylüyor, *"Aslında bu düşüncem yeni değil. Daha 1980'li yılların başında bunları düşündüm. Çünkü Ankara'dan 81 ile hakim olmak zor. Uykularım kaçıyordu."* diyor ve ekliyordu *"Mutlaka gelecek diyorum. Belki 10 yıl, belki 30, belki 50 yıl. Ben 90 yaşındayım. Belki ben görmeyeceğim. Ama Türkiye bir gün mutlaka bu adımları atacak. Yoksa huzur bulmamız mümkün değil."*

Kenan Evren, Türkiye sekize bölünmeden huzur bulamayacakmış! Tutsak alınmış bir zihniyet, İsrail ürünü 1980 darbesinin nedenlerini 27 yıl sonra açıklıyordu. Gerçeklerle yüzleşiyorduk. İbrani darbe zihniyetini, 27 yıl sonra görüyorduk.

* * *

Faili meçhul cinayetlerde yitirdiğimiz isimlere baktığımızda; demokrasinin, hukuki metinlerde yazılı olduğu ancak toplumun özümseyemediği anlaşılan Türkiye'de, fikirleri yüzünden öldürülen demokrasi kayıplarının çoğunun Sabetayist kökenli olma olasılığını tespit ediyoruz.

Yazar Küçük, şehit diplomatlarımızın çoğunun İbrani kökenli/Sabetayist olabileceğini/olduğunu bildirmişti. Bir ilave olarak biz de, demokrasi adına yitirdiğimiz, Türkiye için fikri mücadele vermiş o meşhur isimlerin çoğunun, hem de pek çoğunun Sabetayist olma olasılığı taşıdığını hatta bazılarının olasılığın ötesine geçtiğini bildiriyoruz. Ve anlıyoruz ki, **bu suikastleri planlayanların kesinlikle İsrail'le ve Sistem ile ilgileri var, bizzat içindeler.**

Türkiye için, cumhuriyet için fikri mücadele vermiş demokrasi kayıplarından farklı alanda hatta belki de tam tersi yolda fikri mücadele vermiş ve eylemlerde bulunmuş olan, bir faili meçhul cinayete kurban giden Musa ANTER'i görüyoruz.

Anter, Yahudilerin sıkça kullandığı soyisimleri arasında yer alıyor. Bugün Türkiye'de yaşayan Museviler arasında Anter soyisimli bir aile de mevcut. Yahudi soyadı taşıyan birinin Musa ismini alması da ilginç! Sabetayist yada kripto Yahudi olabilir.

Bir diğer tesadüf ise, Musa ANTER'in annesinin Türkiye'nin "**ilk kadın muhtarı**" olması. İlk olmak önemlidir. Mesela Atatürk döneminin "**ilk kadın milletvekillerinden**", dört dönem İzmir milletvekilliği yapmış olan ve kocası da Singer Genel Müdürlüğü yapmış olan, Benal Nevzat ARIMAN'ı görüyoruz. Diğer ilkleri biliyoruz.

Musa Anter, Avusturya Lisesi mezunu Ayşe Hanım ile evleniyor. Ayşe Hanım, Başbakan Erdoğan'ın bir numaralı diplomasi danışmanı Cüneyt Zapsu'nun halasıdır.

İlk olan kadınlardan bahsetmişken, Aşiyan Mezarlığı'nda merhum Mabeyn Başkatibi Ali Cevat Bey'in eşi Türkiye'nin "**ilk kadın kalp doktoru**" Hatice Aliye AÇIKALIN'ı görüyoruk. Obelisk benzeri bir kabir taşının altında ve mezarlık içinde etrafı çevrili özel bir bölümde başka obelisk mezar taşlarıyla birlikte yatıyordu. Obelisklere şaşırmadık, artık alıştık.

Osmanlı'nın son döneminde ve cumhuriyette, Türkiye'de, hangi konuda bir modernleşme ve batılılaşma isteği var, ilerleme isteği var ise, bir işin bir siyasi akımın önünde kim yürüyor ise, o kişide Sabetayizmi aramak gerektiğini öğrendik. Eğitimde modernleşmede Feyziye Mektepleri'nin öncü olduğunu ve Feyziye Mektepleri'nin kurucusunun kim olduğunu belirtmiştik.

Laikliğin de kesin savunucularının ve özellikle bizim "laikçi" dediğimiz, gerçek laik fikri savunmayan, laiklik iddiasını yanlış uygulamalar ve ideoloji yürüterek ülkeyi laik-dinci ayrımına sürükleyenlerin, laiklik üstünden din düşmanlığı yapanların Sabetayist kökenli olduklarını tespit ettik, burada rahatlıkla söyleyebiliyoruz.

Uyan Ey Türk Gidiyoruz

Laiklik, Mustafa Kemal'in altı okundan, altı fikrinden biridir ve diğer beşi kadar kıymetlidir. İslam yerine, İslam'ın adıyla dinciliğin, yobazlığın oluşmasına ve bunun, siyaseti ve ülkeyi çökertmesine karşı benimsenmiş bir rejimdir. Osmanlı'da dinci akımların ve nihayetinde gelişmemişliğin, ilerleyememenin, yenilikler üretememenin bir ülkeyi nasıl yok ettiği görülmüştü.

Mustafa Kemal'den önce, dindarlığın yerini dinciliğe bırakmasının yarattığı manevi ve maddi tehlikeleri Padişah 2. Osman da görmüş olmalı ki, Şeyhülislam'ın fetva vermek dışındaki yetkilerini elinden almış ve böylece ilmiye sınıfının devlet işlerine karışmasını engellemişti. **Laiklik, bu özelliğiyle Osmanlı İmparatorluğu döneminde başlamıştı.**

İlim bilimle uğraşmak yerine uçan ermişlerle, cinlerle uğraşmanın; bilinmezlik üstüne fikir yürütmeye çalışmanın; Kur'an-ı Kerim'i anlamadan okumanın; Kur'an'dan önce hacı hocaların sözleriyle ve kesinliği tartışmalı Hadislerle hareket etmenin bir sonucu olarak dindarlık dinciliğe ve din tüccarlığına dönüşüyordu. Cumhuriyet ile bu yapı kaldırılmaya, Müslüman olanlara gerçek İslam bilgisi sunulmaya çalışılmıştır. Bu kapsamda Mustafa Kemal'in, Elmalılı Hamdi Yazır'a Kur'an-ı Kerim Türkçe Meali/çevirisi yaptırtmış, yazdırmıştır.

Ancak laiklik aynı zamanda, Sabetayistlerin cumhuriyet içindeki varlıkları için güvenceydi. Tarihimizde laikliğin en şiddetli ve abartılı savunucuları genelde Sabetayistler olmuştur. Günümüz din tüccarlarının, Osmanlı pazarlayıcılarının "Şeriat'la yönetildiğini" iddia ettikleri Osmanlı İmparatorluğu'nda, mutlu mesut yaşayan ve hatta belli bir oranla da Osmanlı'yı yöneten Sabetayistler ve diğer İbraniler, laiklik ile yeni rejimdeki yerlerini korumuşlardır.

NATO'nun sahte İslamı, daha doğrusu NATO dinciliği, karşısında ilk önce, samimi Müslümanlar'dan bile önce Sabetayistleri bulmuştur. Dinciliğe karşı ilk tepkinin dindar kesimden verilmesi gerekirken, dindarların projeyi görememiş olmalarından ötürü, başka algılarla laik kesimin Sabetayist kısmı ilk tepkiyi koymuştur.

Bu tepkilere karşın, gereksinimin kat be kat üzerinde okulu olan ve mezun veren, asıl amacının artık bugün ne olduğu tartışmalı İmam Hatip Liseleri açılmaya, aslen geneli "Arapça telaffuzluğu kursu/Arap harflerini okuma ve sureleri anlamını bilmeden doğrusuyla yanlışıyla Arapça söylemeye/ezberlemeye çalışma kursu" olan ama resmiyette ve toplumda adı Kur'an Kursu olarak geçen kursların yayılmasına, gerçek İslam'ın, Kur'an İslamı'nın geride kalmasına yol açmıştır. (Dindar-dinci ayrımına dikkat etmeliyiz). Kur'an'ın kelamını anlatan gerçek Kur'an Kursu ve hocası, bugün çok azdır.

Dinci kesim ve özellikle de Sabetayist kesim nedeniyle Türkiye üst kadroları itibariyle, genel görünümde hiçbir zaman İslam'la yanyana yürüyememiş bir ülkedir.

NATO isteğine paralel yürüyen ve fakat çoğu taraftarı/tabanı bir şeyden habersiz olan dinci tarikatçı kesimler Sabetayist kesimdeki "türban" karşıtlığını şiddetlenmiştir. Başlarının Allah emriyle değil, ABD-Siyonizm tarafından örtülmeye başlamasıyla birlikte, Sabetayist kesimin *"laiklik elden gidiyor"* sloganı ile üniversitelerin başörtüsü yasağına gittiğini görüyorduk. Toplumda laik-türbanlı ayrışmasının neden yaşandığını bugün daha iyi anlıyoruz.

Dinci karşıtlığın türban düşmanlığına dönüşmesi, cemaatlere meşruiyet ve taraftar kazandırmıştır. Dini algıyla cemaat-tarikatlardaki büyüme ve daha iddialı-cüretkar davranma da tekrar Sabetayizm'in aşırılığa gitmesine ve bir kısır döngü içinde karşılıklı cepheleşmeye yol açmıştır.

Uyan Ey Türk Gidiyoruz

Dün, tabiri caizse, kızların başından türbanını çekip üstünde zıplayanların, bugün Sabetayist olduklarını anlıyoruz. Karşılıklı diyalog ve anlayışla çözülebilecek sorunların aşırılıklar ile üstünün örtülmeye çalışıldığını ve bunun çatışmaya, toplumsal ayrışmaya gittiği anlaşılıyor.

Sonradan sonraya "talimatla" yola çıkarıldıkları anlaşılan "aczimendilerin" Kadıköy ve bilimum çağdaş merkezlerde ortalara salınmaları ve ardından sürecin devamını, 28.Şubat'ı ve aczimendilerin aniden ortadan kaybolduklarını görüyorduk. '80 darbesinin İbrani özelliğini söyledik, 28.Şubat'ı farklı görebilir miyiz? O gün için, bunların uygulanmış ve başarıyla sonuçlanmış bir proje olduğunu bugün net olarak söyleyebiliyoruz. Aşırı laiklik, yani laikliğin kendi kendisini yıkıma doğru götüren bozuk versiyonu laikçilik, hep Sabetayist ellerde ve özellikle de onların Mason üyelerinin ellerinde yeşerdi. Bu bir projeydi ve farkedilmedi. 28 Şubat neo darbecileri, hiçbir biçimde, bugün dahi yargılanmadılar!

Şaşırtıcı Benzerlikler

Yahudiliğin kutsal simgelerinden olan aynı zamanda İsrail Devlet Arması olarak da karşımıza çıkan Menora'yı (Menorah) yani 7 kollu şamdanı görüyoruz. 7 kollu şamdanın her bir kolunda bir mum, toplamda 7 mum mevcuttur. 7 mum yakılır ve toplamda "7 Işık çıkar". Tanrı'nın dünyaya Işık saçması gibi dileklerle yakılır. Tüm sinagoglarda ve kimi Sabetayistlerin, Musevilerin evlerinde, iş yerlerinde bulunur. 7 kollu şamdan çok kutsaldır.

- Adalet ve Kalkınma Partisi Amblemi -

Şaşırtıcı benzerlik ise Adalet ve Kalkınma Partisi'nin amblemi olarak seçilen ampulden tam 7yedi Işık çıkmasıdır.

Bu ışığın tesadüfen çıkmadığını bildiğimiz yer ise, ABD'nin meşhur Özgürlük Heykeli'dir.

- Özgürlük Heykeli, ABD -

Heykeldeki "özgür kadının" kafasından "7 ışık" çıkmaktadır. Söylendiği gibi bu 7 ışık/ok, yedi kıtayı vs. temsil etmemektedir. Hıristiyan bir topluma gerçekler bu kadar rahat açıklanamaz. 7 ışık, Menora'daki gibi 7 ışıktır.

Bu heykeldeki bir diğer özellik, "özgür kadının" sağ elinde tuttuğu meşaledir. Olimpiyat meşalesi olmasa gerek..! Süleyman Tapınağı'nın girişindeki "meşale" sembolize edilmektedir.

Sol elinde tuttuğu kitabın üstünde ABD'nin bağımsızlık bildirgesinin tarihi kazınmıştır. Bu kitap gerçekten de, ABD bağımsızlık bildirgesini mi temsil etmektedir? Beyaz Saray'ın karşısında yer alan dev Obeliski hatırladığımızda yada kağıt 1 doların arka yüzünde yer alan o çok meşhur Mason işaretlerden *"üzerinde göz bulunan piramidi"* gördüğümüzde yada her ABD Başkanı'nın seçildikten hemen sonra Kudüs'teki ağlama duvarına gittiğini bildiğimizde (Obama dahil), "özgür kadının" elindeki bu kitabın aslında Tevrat olduğunu anlıyoruz.

Kadının giydiği, sarındığı kumaş ve onun alt kıvrımları, dünyadaki Musevi mezarlıklarında yer alan ve Türkiye'deki Bülbüldere Mezarlığı'nda da yer alan üstü örtü motifli mezarlarla aynı tiptedir, kıvrımlarıyla bire birdir.

Zaten heykelin üstüne konduğu yapıta dikkat edildiğinde Süleyman Tapınağı mimarisiyle, dört sütunlu olarak yapılmıştır. Peşinatı Osmanlı Devleti tarafından ödenen heykelin Mısır'a yada bir başka İslam coğrafyasına konulmaması gerçekten hayırlı olmuştur. Bu heykel ABD'ye çok yakışmıştır!

Devam edelim. Önceki sayfalarda 8 yapraklı çiçek (8'li çiçek) ve 16 yapraklı çiçekleri (16'lı çiçek), bunların tüm Yahudi toplumu ve elbette Sabetayist toplum için kutsal olduğunu ve mezarlıklarda ezoterik bir işaret olarak kullanıldığını, fotoğrafları ile birlikte anlatmıştık. 8'li çiçek daha yaygın kullanılmakla birlikte, 16'lı çiçeğin de hatırı sayılır bir önemi mevcuttur.

- Adalet ve Kalkınma Partisi Kadın Kolları Logo -

Adalet ve Kalkınma Partisi'nin Kadın Kolları'nın kullandığı logo ise 16 yapraklı çiçektir. Şaşırtıcıdır.

Bu amblemler bilinçli olarak mı seçilmiştir, yoksa logoyu/ amblemi tasarlayanların kurbanı mı olunmuştur, bilemiyoruz. Seçimlere saygılıyız.

Peki Adalet ve Kalkınma Partisi'nden ayrılıp Türkiye Partisi'ni kuran Abdüllatif Şener'in parti amblemi olarak seçtiği mavi zemin üzerine konulmuş tokalaşan elleri nasıl görmek gerek? Bunun Tevratik bir işaret olduğunu, Musevi mezarlıklarında kullanıldığını ve Masonik işaret de olduğunu bilmeyen var mıdır? Abdüllatif Şener emlakçı ofisi değil parti kurduğuna göre, bu amblem kendisine garip gelmemiş midir? Bilinçli midir, amblemi tasarlayanın kurbanı mı olmuştur bilemiyoruz. Seçimlere saygılıyız.

12 Eylül 2004 tarihinde Hürriyet Gazetesi'nden Yurtsan ATAKAN şaşırtıcı bir bilgiyi okuyucuya sunuyordu. Başbakan Erdoğan, Ali Kırca ile Başbakanlık konutunda bir röportaj gerçekleştiriyordu. Ancak konutta, Başbakanın misafirleriyle görüştüğü koltukların hemen yanında 7 kollu şamdanın ne işi vardı, bilemiyoruz.

Uyan Ey Türk Gidiyoruz

- Başbakanlık Konutu -

- HaberTurk'ten -

Başbakan Erdoğan'ın arkasında yer alan, duvara yansıtılan motifte **6 köşeli Yahudi yıldızının** içinde tokalaşan bir çift el mevcuttur ve yıldızın içinde tokalaşan ellerin alt ve üst kısımlarından bir kuşak halinde "mavi renkli" iki şerit geçmektedir.

İsrail Bayrağı'nın 6 köşeli yıldızı, İsrail bayrağı'ndaki iki mavi çizgiyi ve kutsal anlaşmayı sembolize eden "tokalaşan eller"i görüyoruz. Bu amblemin aynısı (bu sefer renk yok-tokalaşan eller yok), Eylül 2010'da ve Ağustos.2011'de Adalet ve Kalkınma Partisi Geleneksel İftar Yemeği Salonu'nda yine Başbakan Tayyip Erdoğan'ın arkasındaki duvarda boydan boya yer alıyordu! Neden? Soruyoruz!

* * *

Konya Adalet Sarayı da dikkatimizi çekiyordu. Adalet Sarayı'nın resmi internet sitesinde *"18.02.2008 tarihinden itibaren hizmete giren Konya Adalet Sarayı, Selçuk Üniversitesi Mimarlık Fakültesi öğretim görevlisi mimar Haluk Hüsnü Korkmaz tarafından Selçuklu mimarisini yansıtan Sivas'taki Gökmedrese'den esinlenerek projelendiren bina kente mimari açılardan pek çok artılar katacak özellikte..."* denilmektedir. Şaşırtıcıdır.

Çünkü, Selçuk Yıldızı'nın 8 köşeli olduğunu herkes bilmektedir. Azerbaycan Bayrağında ve Adalet ve Kalkınma Partisi Genel Merkez binasının üstüne bile 8 köşeli yıldız konulmuştur. Bir Selçuklu eseri olan Sivas Gökmedrese'de de hep 8 köşeli yıldız mevcuttur. Mimarın ve Konya Adalet Sarayı resmi internet sitesinde yazanların aksine, Gökmedrese'de hiç 6 köşeli yıldız yoktur. İşin şaşırtıcı yanı ise, Gökmedrese'den esinlenildiği söylenen, Selçuk'un eski başkenti Konya'nın Adalet Sarayı'nda, İsrail Bayrağı'ndaki meşhur 6 köşeli Yahudi Yıldızları kullanılmıştır.

Tarihte, Fatih Sultan Mehmet döneminde Konya ve Karaman bölgesindeki "asi ve mücadeleci" olarak nitelenen halkın Selanik ile Balkanlara ve yine Konya-Karaman'ın asi insanlarının Kıbrıs Adası'na gönderildiği biliniyor. Selanik, Balkanlar ve Kıbrıs'ın İbranisi meşhurdur. Hele ki Karamanoğlu Beyliği'ne ait olduğu iddia edilen "bayrak" akla gelince! Konya ve Karaman, acaba bazı şeyler

Uyan Ey Türk Gidiyoruz

için bir simge midir, merkez midir? Bu özellik, Konya'nın tasavvufi ve İslami niteliğinden ağır basmaya mı çalışmaktadır, kendisini ispat ve gösterme çabası içinde midir?

Ortada büyük tutarsızlık mevcuttur. Ya cehalet kaynaklı yada işin içinde mevzu bahis işler var!

- Konya Adalet Sarayı -

- Selçuklu eseri Gökmedrese - (Sivas)

Tevfik BİR

* * *

İşaretler başka kurumlarda ve yerlerde de karşımıza çıkıyor. www.soroptimistturkiye.org adresine girdiğimiz zaman Türkiye Soroptimist Kulüpleri Federasyonu yazısının tam ortasında, içinde "Soroptimist International" yazan bir logo karşımıza çıkıyor. Logo şahane! Ancak bu "international" logonun www.soroptimist.org adresli yurtdışı sitesinde yer almaması şaşırtıcı.

Logoda bir kadın elinde "soroptimist" levhası tutuyor. Kadının kafası, kolları ile levha arasında kalan boşlukta yelpaze biçiminde "ışık hüzmesi" mevcut. Logonun sağ ve sol içinden ise "akasya" dalları geçmekte. Buna belki "defne dalları" da denilebilir ama biz neyi gördüğümüzü ve onun neyi işaret ettiğini biliyoruz. Mezarlıklarda akasya dallarıyla sıkça karşılaştık, fotoğraflarda mevcut.

Bir küçük parantez açalım. Antik Yunan'da defne dalının yönetici tabakasında bir sembol olarak kullanıldığı bilinmektedir. Defne dalı ile akasya dalı görünüm ve çizim itibariyle aynı resmi vermektedir. İşin ilginç tarafı ise, Türk tarihinin bildiğimiz hiçbir döneminde defne dalı bir sembol olarak kullanılmamış olmasına karşın, büyük bir merakla Türkiye'nin kuruluşunda tüm stratejik kuruluşlarda bu defne dalları kullanılmıştır. Biz Türkler, Yunan adet ve sembollerine karşı bu kadar meraklı mıyız?

Yargı kurumları, emniyet, zabıta, ordu gibi stratejik kurumların tamamında defne dalı kullanılmaktadır. Yeni bir devlet, yeni kurumlar, yeni logolar ama hepsinde "defne dalı" logoyu iki yandan sarmıştır.

Kanunlarda bu dal "defne dalı" olarak geçmektedir ancak bunun "akasya dalı" hissiyle buralara konulmadığı bilinemez. Dünya Musevileri ve Masonların ve Sabetayistlerin "akasya dalı" dediği ve çizdiği şey, aynı çizimle Türkiye Cumhuriyeti'nde "defne dalı" olarak geçmektedir.

Tevrat'ta akasya ağacından ve dallarından yapılmış çelenklerden/ çerçevelerden söz edilmektedir. Tüm dünyada mimaride, logolarda, armalarda, paralarda akasya dalı veya çelengi kullanılmaktadır. Akasya dalı Türkiye'de, çizimi ve görünümü korunarak yalnızca isim değiştirerek (Sabetayistler gibi) "defneleşmiştir".

- Masonların eski damgalarından bir örnek -

TBMM'nin zemininde Masonik ezoterik işaretlerin yer aldığı hatırlandığında, bunun uzak bir olasılık olmadığı anlaşılacaktır.

Parantezi kapatıp devam edelim. Bu organizasyonun kurucularının ve yöneticilerinin (yurtdışı), Lions-Roteryan Kulüpleri, Büyük Kulüp yada Masonlar gibi geneli Musevi-Kabbalistik inançlı kişilerden oluştuğunu tespit ediyoruz. Yurtdışında bu böyleyse, bunun Türkiye'ye de yansıması olmuştur, olduğunu görüyoruz.

Zaten Soroptimistler, Rotary Kulüplerinin kadın versiyonu olarak görülmektedir. Tarihten günümüze Türkiye'deki Soroptimist başkanları arasında hatırı sayılır miktarda Sabetayist ve Musevi inançlı kişiler olduğunu görebiliyoruz. Faaliyet alanlarının kutsallığını görüyor, kişilere girmiyoruz.

Ancak bir dönem cumhurbaşkanı adaylığı bile gündeme gelen, solda birliği sağlaması için aday gösterilen Eskişehir'in meşhur Belediye Başkanı Yılmaz BÜYÜKERŞEN'in eşi Seyhan Büyükerşen Soroptimist üyesiydi, Soroptimist yapının Türkiye içinde ne kadar yükseldiğini anlıyoruz.

Yılmaz Büyükerşen ise, Uluslararası Lions Kulüpleri Birliği tarafından verilen en büyük ödül olan Melvin Jones Fellowship ödülünü İstanbul Büyük Kulüp'te alıyordu.

Bilderberg'i Rockefeller Vakfı'nın finanse ettiği biliniyor da, Mason ve diğer Tevratik/Talmudik/Kabbalistik organizasyonlarının nereden finanse edildiği tam olarak bilinmiyor, belirli tek bir kişi yok. (Rockefeller ailesi 2. Dünya Savaşı zengini bir ailedir. Aile, Bilderberg'ten öte IMF, Dünya Bankası gibi Sistem'in küresel kuruluşlarını da finanse etmektedir).

Elbette var oldukları ülkelerin kanunlarına dayanarak kurulmuş derneklerdir, gelir giderleri kayıtlıdır. Ancak Sistemin ne olduğunu bilenler için bu kuruluşların neye hizmet ettiği ve nereden finanse edildikleri, ne gibi operasyonlarda bulundukları bilinmektedir. Bu tip kuruluşların bir piramit biçiminde örgütlendiği ve piramidin üst katlarında çoğu şeyi ve her şeyi bilen az sayıda yöneticinin, alta doğru indikçe ise artan sayıda ve eksilen bilgide kişilerin olduğu görülmektedir.

Türkiye'ye bakarsak, bu tip kuruluşlarda Musevi vatandaşların, kripto Yahudilerin ve Sabetayistlerin başkan, yönetici ve üye oldukları görülmektedir. Ağırlıklı yapı bunlardan oluşmaktadır.

Uyan Ey Türk Gidiyoruz

Bu tip derneklere kabul edilmek için kripto yada açık Musevi yada Sabetayist olmak koşul değildir ama belli ki seçilmeyi kolaylaştıran bir unsurdur. Masonlarda ağırlıklı üye Sabetayistler'dir. Yükselmek ve yönetici olmak için ise Sabetayistlik yada İbrani köke sahip olmak neredeyse zorunluluktur.

www.mason.org.tr adresinde "Ünlü Masonlar" başlığı altında "Türkiyede" bölümü seçildiğinde Türk masonlarını, Şeyhülislamları dahi görebilirsiniz. Tevratik "Masonluğa kabul töreni"ne rağmen, Tevratik ortamlı Tevratik toplantılara rağmen (J-B sütunlu, yer döşemesi siyah beyaz damalı döşemeli vs.); akasya dallı, kitaba el koyup yemin etmeli törene rağmen (temsili olarak Tevrat) koskoca Şeyhülislam bunu nasıl kabul etmiştir, demek ki o Şeyhülislamlarda yanlış giden bir şeyler vardır.

En vatansever insan da, en milliyetçi insan da, enlerin enleri bile Mason olabilir de (ki büyük olasılıkla Sabetayisttir), bir yere kadar anlaşılır da; dinine bağlı-dindar bir Müslüman hele ki Müslüman din ilim adamı (imam, hoca, Şeyhülislam vs.) nasıl Mason olabilmiştir, bir söz vardır böyle adamın "dinine şaşarım" diye, uygun düşmektedir.

Bir Hıristiyanı Mason localarındaki Yahudi motif, simge ve ritüeller rahatsız etmeyebilir çünkü Hıristiyanlık ile Museviliğin din kitaplarında kabul ettiği ortak kısımlar var. Hıristiyanlar buna Eski Ahit diyor, Yahudiler'de eski tabiri bulunmuyor. Peki bir dindar Müslüman kişinin (eğer Müslümansa) bu konuda hoşgörülü olması, taviz vermesi beklenebilir mi, bu normal mi?

Türkiye'de, İslam adına geldiğini söyleyen dinciler genelde Siyonizme-Zionizme hizmet etmiştir. Türkiye'ye en büyük hizmeti verenler ise genelde Sabetayistler'dir. Öyle yada böyle, bir yanımızda hep İbraniler var. Her yanımızda takiyeciler var. Kimisi dinini saklıyor, kimisi siyasetini...

Bir ülkenin üst düzey yöneticisinin de (padişah, cumhurbaşkanı, başbakan, bakan, ordu yöneticisi, emniyet yöneticisi, üst düzey bürokrat vs.) Mason olabilmesi, şaşırtıcıdır.

Tarihçi Murat BARDAKÇI ise, Mason resmi internet sitesindeki mason listelerinin bir kaynağa dayanmadığını, Masonların kendilerini güçlü göstermek için listeye olmadık isimleri eklediklerini, bu Şeyhülislamların uydurma olduğunu, Osmanlı tarihinde bu isimlerde Şeyhülislam bulunmadığını iddia etmiştir.

Bir yanda üye alımında "dürüstlüğü" en ön koşullarından biri kabul eden bir örgüt diğer yanda Türkiye'nin en popüler arşiv tarihçilerinden Murat Bardakçı. İkisinden birisi yalan söylemektedir. Biz yalancıyı biliyoruz ve bu yalanı, "takiyecilik" geleneğinin verdiği bir alışkanlık olarak görüyoruz.

Mustafa Kemal Atatürk, 10 Ekim 1935 günü Mason Localarını kapattırmıştı. Masonlar ise kendilerini feshettiklerini iddia ettiler. Mustafa Kemal'in çıkardığı yeni yasayla kapanacaklarını bildikleri için, güya "lutfederek" kendilerini fesh ediyorlardı. Bu nedenle rahatlıkla, Mustafa Kemal "kapattırdı" diyebiliyoruz. İşten atılacağını anlayan personelin son anda "istifa ettim" demesi gibidir.

Mustafa Kemal, tehlikenin farkındadır. Ancak Mustafa Kemal'den sonra her şeyin değişmesi gibi, bu konuda da değişiklikler olmuştur. 1946'da Masonlar yeniden faaliyete başlamış ve 1948 yılında resmen Türk Mason Derneği'ni kurmuşlardır.

Atatürk Sabetayist Değildi

Mustafa Kemal ATATÜRK'ün yaşamında bazı Sabetayist kültürel etkilenmeleri yada yakın çevresinin Sabetayist etkinliklerini görebiliriz. Selanik'te doğup büyümüş ve bütün yaşamını, çoğunluğu Sabetayist kökenli arkadaşları, siyasi ve askeri çevresiyle geçirmiş bir kişinin bu dinden, kültürden etkilenmediğini düşünemeyiz.

Uyan Ey Türk Gidiyoruz

Fötr şapkanın kullanımının yasalaştırılmasını bu konudan ayrı tutamayız. Peki ya Mustafa Kemal'e o çok sevdiğimiz "Atatürk" soyadının verilmesinin Sabetayistler'deki kutsal "Ata" kavramıyla bir ilgisi var mıdır?

Ata, Türkçe sözlük anlamı itibariyle "Baba" ve "Kişinin geçmişte yaşamış olan büyükleri" anlamlarını taşımaktadır.

Ancak Tevrat'a atfen dünya Yahudilerinin ve Sabetayistlerin birebir İbranicesi de "Ata" olarak geçen sözcüğü Türkçe anlamının kamuflajıyla soyisim ve isim olarak taşıdıklarını biliyoruz. Bu hissiyatla Mustafa Kemal'e, Türkçe anlamı da gayet güzel yakışan, Atatürk soyismi konulmuş olabilir mi? Hemen yanıtı verelim, hayır.

Mustafa Kemal'e "Atabey" sözcüğüne atıfla Türklüğü, Türk ulusunu kurtardığı için Atatürk soyadı verilmiştir. Atabey, TDK sözlükte anlam itibariyle *"Kimi eski Türk devletlerinde, özellikle Selçuklularda şehzadelerin eğitimi veya bağımsız olarak bir eyaletin yönetimi ile görevli vezir"* olarak geçmektedir.

Atatürk soyadını bulan Konya milletvekili Naim Hazım Bey, Atabey sözüne atfen *"Beyin, emirin, şehzadenin, hatta hükümdarın ilimde, idarede, askerlikte mürebbisi, müşaviri, hocası demektir. Bu ünvanı taşıyan çok Türk büyüğü vardır. Türklüğü kurtarmış, özgürlüğüne kavuşturmuş olan büyük gazimize "Atatürk" diyelim"* demiştir.

Ayrıca iddia edildiği gibi Bülbülderesi Mezarlığı'nda yatan "Atatür" ailesinin Mustafa Kemal ile uzaktan yakından bir akrabalığı-hısımlığı da yoktur. Fotoğraflarla da Atatür'ün, Atatürk'ten farklı olduğunu göstermiştik. Demek ki soyadının içine "Ata" konuldu diye Mustafa Kemal'e Sabetayist diyenlerin birinci yalanını tespit etmiş bulunuyoruz.

Bu kitapta da daha önce bahsettiğimiz, Atatürk'ün Filistinli Müslümanlar'ı kurtarmak için sivilleşip, derinleşip, Müslüman kardeşleri için bölgeye, Yahudi ve Hıristiyan emperyalist işgalcilere karşı savaşmaya gitme isteği, Sabetayist olmadığına ikinci işarettir. Kurtuluş Savaşı sırasında Anadolu Türkleri'nin bağımsızlık mücadelesine karşı savaşan Yahudi örgütlerinin varlığı hatırlandığında, Mustafa Kemal'in bu isteğinin yüceliği daha iyi anlaşılmaktadır.

Mustafa Kemal'in, Mason örgütünü kapatması da Sabetayist olmamasının yine bir başka ispatıdır. Ciddi ve Müslüman kökenli bilim adamları tarafından (TSK'nın da arşiv ve Atatürk ile ilgili gerekli kayıtları açması koşuluyla) *"Atatürk'ü, Masonların emriyle Sabetayist kökenli mason doktorları yavaş yavaş öldürdü"* iddiaları araştırılmalıdır. Dünya ve Türkiye tarihi "Büyük işler yapmış" kişilere düzenlenen açık yada örtülü suikastler ile doludur. Bu paranoya değildir. Kim paranoya deyip bu iddia ile dalga geçiyor, geçiştiriyorsa, o kişide Sabetayistlik olasılığı aranmalıdır.

Ayrıca Mason örgütünü kapatan Atatürk'e "Sabetayist" diyenler neden kapatılan bu örgütü yeniden açanlara, açılmasına izin verenlere ve teşkilatlandıranlara bakmıyorlar, bunu sormak ve sorgulamak gerek.

Mustafa Kemal'in, İttihat ve Terakki'ye katıldığı ancak kısa bir süre sonra örgüt üyelerini "hem askerlik hem siyaset" yaptıkları için ağır bir dille eleştirdiği, ordu disiplininin içine cemaat-örgüt ilişkilerinin girmesinin, siyasetin girmesinin askeri disiplini bozacağını söylediğini görüyoruz. Bizim bu kitapta yazdıklarımıza paraleldir, yazdıklarımızın sağlaması Atatürk'tendir. Tarihe düşülmüş çok büyük bir nottur, uyarıdır. Tokat gibidir. Ders alınmalıdır.

Uyan Ey Türk Gidiyoruz

Bunun üzerine Mustafa Kemal'e karşı, İttihat Terakki Cemiyeti'nin öldürme kararı aldığını Patrick Kinross'un "Atatürk, Bir Millet Yeniden Doğuyor" kitabından öğreniyoruz. Mustafa Kemal, Sabetayist olsaydı, bu oluşumun organizmasına karşı çıkmayacağı ve kendisi hakkında İTC'nin ölüm emri vermeyeceği açıktır! Büyük yalanı ispatlarıyla bir bir söndürüyoruz.

Mustafa Kemal, Kur'an-ı Kerim'i dünyaya indiriliş amacına uygun olarak insanlar okuyup anlasın diye, Kuran'ın Türkçe'ye çeviri emrini Elmalılı Hamdi YAZIR'a vermiştir. Sabetayist bir kişinin, Türkiye'de İslam dininin yükselmesi ve halkın dinini öğrenmesi için böyle bir şeyi yapmayacağı açıktır.

Mustafa Kemal, Sabetayist olsaydı bunun yerine yapsa yapsa, Osmanlı'daki dönme yada devşirilmiş sanılan bazı Sabetayist paşalar gibi Jakin Boaz'lı, akasya dallı, sekizli çiçekli, altı köşeli Yahudi yıldızlı camiler yaptırır, sonsuza kadar da mümin zannedilir, her vakit ve cuma namazlarında camide adı geçirilir, dua alırdı.

Bir başka büyük kanıt olarak, Prof. Yurdakul YURDAKUL'un "Atatürk'ten Hiç Yayınlanmamış Anılar" adlı eserinin 107-108 sayfalarından Mustafa Kemal ve annesi Zübeyde Hanım'ın mezarı hakkında şu önemli bilgiyi öğreniyoruz *"Aradan birkaç yıl geçtikten sonra, bir gün annesi için galiba Latife Hanımefendi tarafından yaptırılan mermer sandukalı ve uzun kitabeli kabrin fotoğrafını görmüş, hiç beğenmemiş, hele kitabede, 'Türkiye Büyük Millet Meclisi Reisi Mustafa Kemal Paşa Hazretleri'nin Valide-i Muhteremleri Zübeyde Hanımefendi'nin...' diye başlayan cümleden hiç hoşlanmamışlardı.*

Bir gün genel Sekreter Hasan Rıza Soyak Bey'e, "İlk fırsatta İzmir'e gidersin, bu sandukayı ve kitabeyi kaldırtırsın, dağdan iki büyük ve uzun taş getirtirsin, birini olduğu gibi bir temel üzerine tespit ettirir, diğerini baş tarafına diktirirsin.

Bir yerini de biraz düzelttirerek, 'Atatürk'ün anası Zübeyde burada gömülüdür' diye yazdırırsın, altına da ölüm tarihini koydurursun, yeter." emrini vermişti".

Demek ki Latife Hanım Selanik cemaatinin Sabetayist geleneklerine uygun olarak mermerden sandukalı kapalı bir kabir yaptırmıştı. Atatürk bundan ve gösterişten rahatsız olmuştu ki bu sandukalı mezarı kaldırtmıştır. Atatürk, yalnızca yazılı kitabeden ve övgü sözlerinden rahatsız olsaydı kitabe kaldırılır, sanduka mezarlık kalırdı. Sabetayist gelenekte ve dünya Musevileri'nde kapalı mermer sanduka yada büyük J-B sütunlu mezarları yada obeliskleri görüyoruz ve bunlar gösteriş olarak değil dini gerek, ezoterik işaret olarak gerçekleştiriyorlar. Fotoğraflarla göstermiştik. Bu bile, tek başına büyük bir ispattır.

Bülbülderesi, Aşiyan, Zincirlikuyu, Karacaahmet, Çengelköy, Sahrayı Cedit vb. mezarlıklarda, ayrıca İzmir'de, Giresun'da, Bursa'da, Edirne'de ve Sabetayistlerin yoğun olduğu her yerde bu tarz kabirler çokça bulunduğuna göre, bir telgraf memurunun bile sandukadan mezarı olduğuna göre, cumhuriyet kurmuş Mustafa Kemal bu mezarlıktan mı rahatsız olacaktı?

Bu verilerle, Mustafa Kemal'in Sabetayist olmadığını bir kez daha tespit ve tasdik etmiş bulunuyoruz.

SİYONİST - SABETAYİST GÜÇ ÇATIŞMASI

Türkiye'de bir garip olaylar oluyor. Bir garip olay dediysek sözün gelişi, yoksa bir tane değil. Sanki hiç bitmeyecekmiş gibi, dizi halinde. Bu geçmişte de böyleydi, bugün de böyle. İnsan heyecanla, bir sonraki bölümde acaba ne olacak diye sabırsızlanmadan kendini alamıyor.

Bu oyunun asıl iki tarafı var. İyiler ve kötüler gibi bir ayrım yapılamaz. Bazen iki taraf da haklı bazen ikisi de haksız bazen de hem haklı hem haksız olabiliyorlar. Bu ayrımı bizim yapmamıza gerek yok, toplum bunu zaten her gün her dakika yapıyor. Birileri de kamplaşma adına bu iyi-kötü söylemlerini pompalıyor.

Türkiye, sürekli geçmişini suçlayan, küçümseyen nesiller yetiştiriyor. Demek ki yeni nesiller de iyi işler yapamıyor, olaylardan ders çıkarmıyor, Sistemin çarkından dışarı çıkamıyor ki, bugünleri dünleştiğinde kendileri de sorgulanır ve suçlanır oluyor.

Kitap kapsamında ve önceki bölümlerde Türkiye üzerine kurgulanan ve uygulanan projeleri ve çatışmaları, Sistemin yapısını, dünyayı yöneten gücü ve gücünü biraz da olsa göstermeye çalıştık. Sistemde Türkiye'nin ne kadar önemli olduğunu; geçmişten bu yana, Sistemin küresel çaplı en önemli projelerinin Türkiye üzerine yada Türkiye etrafına kurulduğundan örnekler sunduk.

Tevfik BİR

Şimdi Türkiye'nin iç siyasette ve bazen de dış siyasette büyük gerilimlerini oluşturan bazı olayları (türban meselesi, Ergenekon meselesi, vb.) daha iyi anlamak adına farklı bir konuyu sunmaya geldi.

Bu meselelerin arkasında yatan gerçekler ne? Bu gerçekleri Türkiye'de bilen var mı, varsa kaç kişi ve neden kimse açıklamıyor? Bunları açıklamak cesaret işi mi? Türkiye gerçeklerini açıklamak cesaret istiyorsa, bu ülkede gerçek demokrasi var mı?

Türkiye'deki bu şiddetli gerilimlerin ve kutuplaşmanın arkasında, bu iki büyük gücün satranç oyunu, savaşımı, savaşı yatmaktadır.

Bu iki güçten birisi **Siyonist Güç** (Yahudi Güç/**Sistem**/Küresel Krallık), karşıtı ise **Sabetayist Güç**'tür (yazıda Güç sözcüğü özel anlamlar yüklenerek, büyük G ile yazılacaktır).

Peki Siyonist Güç'ten kasıtla ne anlaşılmalıdır? Elbette CFR, Bilderberg, Trilateral ve aşağı tabaka örgütler yani dünya Masonlarını, elitlerin entegre yönetiminde Çok Uluslu Sermaye gücünü, Yahudi aktörlerin yönetimindeki ve hatta bizzat Siyonist Yahudilerin yönetimindeki Vaşington'u, Nev York'u yani ABD'yi ve de İngiltere'yi, İsrail'i ve yani Sistemi anlıyoruz. Daha doğrusu bunlar, Siyonist Gücün/Zionist Gücün/Sistemin merkezidir, beynidir. Siyonist Gücün ülkelere uygun binlerce piyonu, atı, fili, kalesi mevcuttur.

Sabetayist Güç'ten anlamamız gereken ise, Türkiye'de neredeyse her alanda büyük koltuklarda oturan, görünüş itibariyle Müslüman sanılan ve fakat gerçek kimliklerini kendilerinin bildiği ve artık bazı araştırmacılar ile bizlerin de bildiği Sabetayist kişilerin oluşturduğu yapıdır. Sabetay Sevi'nin "mesihliğine" iman etmiş ve Musevi uygulamalarının bazılarını terk edip Talmud-Kabbala ve Sabetay Sevi öğretilerine endekslenmiş Yahudilerin yani Sabetayistlerin yapısıdır.

Uyan Ey Türk Gidiyoruz

13. Mesih'in gelmesini ve Tevrat'ta müjdelenen kutsal İsrail'i kurmasını bekleyen, o gün itibariyle de maske kimliklerinden çıkacak ve Yahudi/Musevi olduklarını ilan edecek olan kişilerdir, Sabetayistler. O gün itibariyle artık Türkiye'nin bir Yahudi devletine dönüşebileceğini görebiliyoruz. Devlet, kurumlarıyla ve özel sektörüyle ve toplumuyla bir bütündür. Devlet kurumlarının çoğu ve zenginliği elinde tutan büyük işletmelerin/holdinglerin çoğu Sabetayistlerde ise, Türk toplumu o gün ne yapabilir?

Müslümanlar elbette 13. Mesih'in gelme olasılığına inanmazlar ve bunu bir tehdit olarak görmezler. Peki 12. Mesih Sabetay Sevi nasıl çıkmıştır ortaya? Birisi bir gün ortaya çıkıp ben 13. Mesih'im derse ve bir şekilde Sabetayistler ve belki de dünya Musevileri o adama iman ederlerse Türkiye'nin hali nice olacaktır?

Siyonist Güç ve Sabetayist Güç, özde ikisi de Musevi inanca sahipse neden anlaşamamaktadır, büyük bir çıkar savaşı içine girmişlerdir?

Siyonist Güç, Atatürk'ün kurduğu üniter, laik, milliyetçi, halkçı Türkiye Cumhuriyeti'ne karşıdır ve bu karşıtlığında yanında kimi zaman en büyük müttefik olarak dinci Türkleri kimi zaman da laikçi Türkleri bulmaktadır. Bu dinci Türkler; Türkiye karşıtlarıyla, neo liberal sömürücülerle, dünya yolsuzluk ve yoksulluk pompallayıcılarıyla yani Sistem ile işbirliği içindedir. Aslında bu Sistemin yani Siyonist Gücün projesidir, katı laiklik (laikçilik) ve katı irtica (dincilik).

Öteki tarafta; bazı konularda Sistem ile yada ABD-İsrail ile (kan çekiyor herhalde) ilişkilere karşı çıkmasalar da, dinci Türkler'den farklı olarak, Sabetayist kökenliler bahsettiğimiz niteliklere sahip Türkiye Cumhuriyeti'ni korumak adına, Türkiye'yi yükseltmek adına sürekli mücadele vermekte, çalışmakta, sermaye sahibi olmakta, üretmekte, icat etmekte, şehit dahi olmaktadır.

Biraz komplo teorisi üretelim, acaba 13. Mesih'in geleceği güne kadar vatanları bilecekleri Türkiye için çalışmaları, o gün Türkiye'yi, kurulacak kutsal İsrail'e bağlamak için midir?

Bir yanda Siyonizme, dünya Yahudilerine hizmet eden dinci Müslümanlar; öte yanda çoğu Türkiye aşığı, Sisteme karşı mücadele veren Sabetayistler. Her halukarda Türkiye sonuna kadar Yahudiliğin içine batmış durumda...

Buraya bir not açalım. Sabetayist dediysek, hepsi aynı siyasi görüş yada dünya görüşüne sahip değiller elbette. Hepsi Türkiye sevdalısı da değil. Dünya Yahudilerini takip eden ve Sisteme entegre Sabetayistler de var.

İşte bunlar siyasal arenada dönem dönem değişim geçirmektedir. Altı gün savaşlarından sonra soldan sağa geçişler yaşanmıştı.

Son yıllarda da, özellikle "milenyum" yani 2000 sonrasında eskinin Marksist solcusu bugünün liboşu Sabetayistler, eski görüşlerinden sıyrılıp sözde Ermeni soykırımı-Kürt soykırımı savunuculuğuna, ikinci cumhuriyet savunuculuğuna ve asker-cumhuriyet-üniter yapı düşmanlığına soyunmuşlardır. En yakın müttefikleri bu aralar dinci cenahtır. Bu tipteki meşhur isimlerin çoğu, Sabetayist kökenlidir. Malumun ilanıdır.

Faraza; bir liboş, gazetesindeki makalesi üzerinden Türkiye'nin üniter yapısına ve o kapsamda bir baro başkanına, yüksek yargıca saldırabilmektedir. Saldırgan liboş gazeteci de saldırıya uğrayan hukukçu da Sabetayist olabilmektedir.

Demek ki bir çatlak oluşmuş, Sabetayist saftan bazı kişiler Amerikan Yahudisi dostlarının ve Sistemin yanına geçmiştir. Sabetayist yapıda yeni bir dönüşüm başlamıştır. Sistem – Sabetayizm savaşında herkes belirlediği safına geçmektedir. Geçtiği safta uzun yıllar, savaş bir galip verene kadar kalacaklardır.

* * *

Siyonist – Sabetayist Güç Çatışması dedik. İlk olarak Siyonist Güce bakalım. Bu Gücün Türkiye'deki etkinliğini Yahudi Çok Uluslu sermayesi, Uluslararası Yahudi Lobisi, bir kısım Musevi işadamları, Vaşington'un bizzat kendisi ile Vaşington'un ve Brüksel'in Türkiye'deki manevi ajanları oluşturmaktadır.

Sistemin safında yer almaya başlayan solcu görünümlü neo liberalistler ile istisnai olarak birkaç Sabetayist güçlü aile, bu Siyonist Gücün yanında yer almaktadır. Sabetayizmin Kapancı kolunun diğerlerine göre para ile daha içli dışlı olmasından ötürü, Kapancıların siyasi görüşleri daha esnek ve Sisteme entegrasyonları daha erken olmuştur. Bu istisna burada kalsın, devam edelim.

Siyonist Gücün Türkiye üyelerine ve destekçilerine baktığımızda, bunların geneleksel olarak tipik bir biçimde Osmanlı taraftarı oldukları, Osmanlı'ya ayrı bir sevgi besledikleri görülmektedir. Cumhuriyet onlar için Osmanlı'nın gölgesindedir. İşte bu ayrımı yapanları Siyonist Gücün yanında görüyoruz.

Tarihin çeşitli dönemlerinde mesela İspanya zulmü döneminde gemilerle vs. kaçabilen Yahudilerin ciddi bir kısmını Osmanlı himaye etmiştir. Kudüs'te Osmanlı'nın muazzam bir yönetimi ve kalitesi olduğunu tarihçiler bildirmektedir. Yahudiler dünyanın her yerinde olduğu gibi Osmanlı'da da çalışmışlar, sermaye biriktirmişler ve zengin olmuşlardır.

Yahudilere yönelik hiçbir zaman dışlama politikası güdülmemiştir. Rahatça okullar kurmuşlar, tebalarını eğitmişler ve eğitimleri neticesinde üst düzey devlet adamı olabilmişlerdir. Yahudiler ve Müslümanlar birbirleri arasında, Yahudi-Hıristiyan ve Müslüman-Hıristiyan ilişkilerine göre daha iyi ilişkiler kurmuşlardır.

Bugün Siyonist Gücün empoze ettiği ve bunu "kendi projeleri" zanneden Müslümanların "Yeni Osmanlıcılık" faaliyeti de Siyonist Gücün projelerinden biri olarak karşımıza çıkmaktadır.

Zaten bu, Siyonist Güç taraftarlarının geleneksel Osmanlıcı görüşüne de aykırı değildir.

Sabetayist Güce baktığımız vakit, tam tersi bir anlayış mevcuttur. Sabetay Sevi'nin mesihlik ilanını "gayrimüslim kışkırma potansiyeli" olarak gören ve Sabetay Sevi'yi türlü defalar cezalandıran Osmanlı'nın, Sabetay'a mesihliğini yaymasında engel ve yaşamını acılar içinde yaşamasına neden olmak suçlamasıyla Sabetayistler tarafından sevilmediği bilinir.

Ayrıca Osmanlı İmparatorluğu'nda üst kadrolarda çok fazla sayıda dönme sanılan ancak yalnızca ismen ve görünüşte döndüğü görülen Sabetayistlerin bulunmasına karşın, cumhuriyet ile birlikte kadrolardaki sayıları daha da artmıştır. Bu nedenle cumhuriyet, Osmanlı'dan daha değerli görülmektedir. Bu sayısal artışı neden olarak daha önce belirttiğimiz zorunluluklardan başka, Sabetayist toplumun Türk milleti ile kaynaşmaya ve Türklüğü benimsemeye başlamalarının etkisi de vardır.

Sabetayistlerin, mesih olarak inandıkları Sabetay Sevi'nin yaşantısını ve söylemlerini önemle takip ettiğini ve ona karşı güçlü bir inanç beslediklerini belirtmiştik. Sabetayistlere göre İsrail; aynen, İsrail'de yaşamlarını sürdüren ve bugün küresel medya organlarınca "radikal Yahudi" olarak isimlendirilen Yahudiler gibi, İsrail'in mesih tarafından "kutsal-ilahi statüde" kurulmaması aksine BM-İngiltere-ABD gibi güçlerin önderliğinde Sistem tarafından kurulması nedeniyle, İsrail halkına müjdelenen devlet değildir. Sahte-vaadedilen olmayan olarak addedilir, sevilmez. Bu, Siyonist-Sabetayist ayrılığında önemli bir nedendir.

Ayrıca, Türkiye Hahambaşılığı ve Kudüs hahamlarının büyük çoğunluğu tarihin hiçbir döneminde Sabetay Sevi'yi mesih olarak görmemiştir, onun iddia ve ilanını kabul etmemiştir.

Hahambaşılığın, Sabetay hakkında ölüm emri ve iki kere "Herem/dinden çıkarma(aforoz)" kararı verdiği bildirilmektedir. Bu da Sabetayistlerin, Sabetay'a inanmayan Yahudilere karşı tepki-öfke duymasına ve bunun asırlar sonra bugün dahi devam etmesine yol açmıştır.

Yine de ticarette Türkiye'de, Yahudilerin en büyük iş ortakları, küresel yabancı (Yahudi) şirketlerin Türkiye müdürleri ve yöneticileri genelde hep Sabetayistler olmaktadır. İnançlarına göre, Yahudiler ticarette Yahudi olmayanlarla işbirliğine-ortaklığa gitmemektedir.

* * *

Bugüne baktığımızda Türkiye'de, gücü getiren alanlarda, işlerde, mesleklerde ve bilimde Müslümanlarla yarışacak hatta onları sollayacak düzeyde Sabetayistlerin varlığı görülmektedir. Cumhuriyetin kuruluş aşamasında, eğitimli adam bulma sorunu nedeniyle Yahudiler ve daha çok Müslüman görünümlü Sabetayistlerin kadrolarda yer aldığını belirtmiştik. Güçleri bunlardan da öte gizli, menfaat içerikli ve korunaklı cemiyet-cemaat yapılarından kaynaklanmaktadır.

Sabetayistler, açıkladığımız ve başka bazı tarihsel, dinsel tabanlı nedenlerle laiklik yanlısı politika izlemektedirler. Osmanlıcı değil Atatürk cumhuriyetinden yanadırlar.

Tek partili CHP dönemini konu dışı tutarsak, siyasi partiler kapsamında, fiili çok partili hayata geçişle birlikte 6 gün savaşlarına kadar yani 1967 yılına kadar Sabetayistler daha çok sol partilerde vardılar.

6 gün savaşları milat olmuştur, bu tarihten sonra solcu Sabetayistler sağcılaşmaya ve daha da liberalleşmeye-kapitalistleşmeye başlamışlardır. Sol-sağ dengesi sağlanmıştır. Bunun tarihsel nedeni, SSCB'de Yahudilerin devlete olan muhalefetleridir, Türkiye'de de bu solcu Sabetayistlerin sağa kaymalarıyla görülmüştür.

Resmi kurumlarda ve elbette yasama-yürütme-yargı erklerinin kadrolarında atanmış ve seçilmiş bir kişi olarak Yahudi-Musevi birini görmek neredeyse imksansızdır. Ancak Sabetayistler, Müslüman görünümlerinin avantajıyla ve cumhuriyetin kuruluş aşamasındaki zorunluklar nedeniyle iyi yerlerde görev yüklenmişler, selefler olarak bugünkü haleflerin temelini oluşturmuşlardır. Öz kimliklerinin gizliliği sayesinde dikkatlerden ve eleştirilerden uzaktırlar.

Bir Türk vatandaşının Sabetayist olması yada Yahudi olması, onun sırf bu inancı yüzünden tehdit olarak algılanmasını gerektirmez. Bu yazının amacı, Türkiye'de yaşanan gerilimin ve kaynaklarının gözlemi ve analizidir. Fotoğrafın okunmasıdır.

Sabetayist Etki

Karşısında düğme iliklenen kişiler arasında Sabetayist inançlıların olmasının önemi nedir ve bunun ülkemizde, toplumumuzda yarattığı travmalar nedir, biraz bundan bahsedelim.

x Görüyoruz ki toplumumuzu derinden etkileyen ve ayrıştıran meselelerin, sert üsluplu siyasi çatışmaların bir tarafında genelde hep Sabetayistler ve onların Sabetayizm temelli görüşleri oluyor. Elli yılı aşkın süredir ve özellikle son otuz yıldır din-laiklik eksenli gerilimlerin biri bitse ötekisi başlıyor.

Bunun bir nedeni NATO'nun-Siyonizmin, Türkiye'de dinci-yapay bir İslam anlayışı oluşturma çabasıdır. Bir diğer neden ise, Sabetayistlerin genel olarak başörtüsüne karşı alerjilerinin olması, bu konuda hoşgörü düzeylerinin sıfıra yakın olması ve başörtülüleri küçük görmeleridir. Dinini bireysel anlamda yaşamaya çalışan samimi yani dindar Müslümanları da o Amerikancı dinci yapıyla aynı kefeye koyup, hepsini birden küçümsemeleri, kin beslemeleri ve ayrıştırma yaratmalarıdır.

Uyan Ey Türk Gidiyoruz

Başörtüsü kullanımına belirli yerlerde yasal zorunluluğu neden gösterip izin vermemek başka bir şeydir, bunu yapıp üstüne başörtülülere kin kusmak ve onları aşağılamak, başörtüsüne topyekün bir karşıtlık içine girmek başka bir şeydir. Sabetayistlerde biz bu ikinciyi görüyoruz.

Bugün, belli yerlere iş başvurusu yapmaya giderken başlarını kapatan, yani Allah için değil para için başını kapatan insanlar görüyoruz. Allah ile aldatanlar... Dün ise bu, yine belirli yerlerde ve belirli pozisyonlarda çalışan erkeklerin cumaya gidememesiydi. İçki içmemesini, dindar olması nedeniyle değil "mide rahatsızlığı" olduğunu bahane ederek açıklamak zorunda kalmasıydı. Birinci örneği dincilere borçluysak, ikinci örneğin müsebbibi Sabetayistlerdir.

İşte bu neviden din üzerinden yapılan tartışmalar toplumun enerjisini tüketiyor, toplum uyutuluyor. Ağızlardan Mustafa Kemal düşürülmüyor da acaba onun söylem ve uygulamaları örnek alınıyor mu? Ağızlardan İslam lafı düşürülmüyor da, acaba Kur'an'ın emirlerine uyuluyor mu?

x Bir diğer hususa gelelim. Karşısında düğme iliklenen kişilerin Sabetayist inancı ve yaşam tarzlarının farklılığı; halkın, devletin üst kadrolarıyla samimiyet-gönül bağını tam olarak kuramamasına yol açmıştır. Para sahiplerinin/patronların, yargı üyeleriyle yada siyasetçilerle yada yüksek bürokratlarla yada istihbarat yöneticileriyle yada generallerle kimi zaman aynı sofralarda yer alması, yer alabilmesi, Fildişi Kulelerin oluşmasına ve halkın devletten görece uzak kalmasına yol açmıştır.

Türkler'de devlet kutsaldır. Bu eskilerden bir gelenek olabilir. Almanlardan bize yaklaşık iki yüzyıl önce bulaştığını iddia edenler de var. Ancak şurası kesindir ki devlet çoğumuzca hâlâ kutsaldır ancak bürokrasiden ve yolsuzluktan kırılan ve Kuleden bakan devlet, halkla yakınlaşamamıştır.

x Bir başka konuya geçelim. Yıllar yılı toplumun en çok güven duyduğu kurum TSK olmasına karşın (anket sonuçlarıyla bunu görüyoruz), son yıllarda bazı siyasi kesimlerden *"ordunun dine uzaklığı"* söylemiyle şiddetli bir ordu düşmanlığı pompalanmaktadır. Bu düşmanlığı pompalayanlar, kesinlikle Siyonizm'den talimat alanlardır. Masumane bir biçimde ordunun bazı generallerin ve subay-astsubayının dine uzak olduğu söylenir ise, bunu söyleyen kişinin Sabetayizmi bildiğini anlarız. İkisi birbirinden farklıdır.

Ordu içindeki Sabetayist kişiler/yapı bu söylemlere mahal vermiştir. Laikliği koruyoruz diye kimi zaman laikçi söylemler, 1960'tan günümüze gelen ve 28 Şubat Siyonist darbesi de dahil darbeler, ordunun siyaset hakkında çok konuşması (Atatürk'ün, ordunun siyasetten ve cemaatleşmeden uzak durması gerekliliğini savunduğundan ve bu paralelde gerçekleştirdiği eylemlerden kitapta bahsettik. Atatürk'ün İTC'den ayrılması olayını hatırlıyoruz.) bunlara vesile olmuştur.

Laiklik, kişinin bireysel hayatına ve dinine karışmaz, bireysel yaşamdaki tercihleri kamuda bir kriter olarak da algılamaz. Laikçilik de ise, nerede bulursa hemen...

Siyaset yapan bir ordu Atatürk'ün ordusu değildir. Dinci cemaatçiliğe ve Gülenciliğe karşı olduğu gibi Sabetayist cemaatçiliğe karşı olmayan bir ordu da, Milletin ordusu değildir. O zaman TSK'ya sürekli binbir koldan dezenformasyon yapılır, operasyonlar yapılır, itibarsızlaştırılmaya çalışılır ve bunun sorumlusu TSK'ninbizzat "Sabetayistçi" mensupları olur.

Ne zaman ki bu ülkenin generalleri ve orgeneralleri artık Kudüs'e gidip Yahudi kutsal mekanlarını ziyaret etmeyi bırakır ve daha da ötesi paşalarımız hacca gitmeye başlarlar, bu ülkede o gün Sabetayist yapılanma da Fetullahçı yapılanma da gücünü kaybeder, tarihe uğurlanır ve gerilim siyasetinin bitmesiyle toplum huzura kavuşur.

Uyan Ey Türk Gidiyoruz

x Sabetayist yapının yol açtığı bir diğer olumsuzluk, her yanıyla, doğu ve güney ülkelerinin hep aşağılanması, batının/avrupanın göklere çıkarılmasıdır; gerçeklerin örtülmesi ve ülkelerdeki olumlu ve olumsuz gelişmelerin belirli bir dengeyle topluma sunulmamasıdır. Sabetayistlerin kendi yaşam tarzlarına ve din yapılarına uygun olması nedeniyle "*Batı-her şeyiyle Batıcılık*" talebi toplumun genel talebiymiş gibi gösterilmekte ve toplum doğu-batı arasında gelgitler yaşamakta, benliğini bulamamaktadır.

Türkiye, batıya göre daha geri bir ülke değildir. Ekonomik gelir ve hukuksal altyapılar bazında aynı seviyede olmayabilir ancak ülkemiz toplumsal değerler, sosyal yapı bakımından da çok ileridedir. Sevgi ve bazı konularda saygı açısından ileridir. Bireysel değil sosyal bir toplumdur. Bunlar bize Türklüğün ve İslamiyetin kazancıdır, geleneğimizdir.

Emekli aylığı/maaşı uygulaması dünyada ilk nerede ve neden çıkmıştır? Avrupa'da çıkmıştır. Nedeni, Avrupalıların yaşlanınca kendilerine maddi ve manevi bakamamaları, parasızlıktan evsiz kalmaları ve yaşanan trajik ölümlerdir. Avrupalı yaşlanınca neden sokağa düşmektedir. Çünkü yaşlılara, üst soya saygı-sevgi, bizdeki insani duygular-algılama batı toplumlarında yoktur. Ne yaşlı kişinin evladının evinde kalması mümkündür ne de yaşlıya maddi yada manevi destek olunur. Yaşlı, yalnız bırakılır. Avrupa'da huzur-bakım evlerinin bu kadar gelişmiş ve sayıca çok olmasının da nedeni budur.

İşte Sabetayist yapı günümüzde ve özellikle '80 sonrasında, her şekilde her şeyiyle batıcılık-batı saplantısıyla Türkiye'yi daha hor-aşağı görmekte, doğu ve güney coğrafyayı da bizden daha beter görmektedir. Bu da dediğimiz gibi, toplumun benliğini bulamamasına yol açmıştır. Diğer Türk devletleriyle ve İslam coğrafyasıyla belirli konularda dahi olsa yakınlaşma sağlanamamıştır. Yakın ama bir o kadar da uzak toplumlar olarak kalmışlardır.

Tevfik BİR

x Bir diğer konu, Türkiye yüceltilirken Osmanlı'nın genellikle yerin dibine sokulması, tarihi bağların kesilmeye çalışılmasıdır. Sabetayist saplantıdır. Rejimimiz yada başka türlü bir yapımız Osmanlı'dan farklı diye, aradaki organik ve inorganik bağların kesilmesi, bir milletin geçmişini inkar etmesi gerekmez.

Nasıl ki anne-baba ile çocuk arasında, kuşak farkı nedeniyle görüş-anlayış farkı oluyorsa, İmparatorluk ve Cumhuriyet arasında da buna benzer bir fark vardır. Ne Sabetayistler gibi Osmanlı'yı karalayalım ne de Siyonist Gücün buyurduğu gibi Osmanlı'yı cumhuriyetin üstüne çıkarmaya çalışalım.

x Sabetayist etkinin görüldüğü diğer bir konuya bakalım. İsrail'i tanıyan ilk Müslüman(!) ülke Türkiye'dir. İsrail ile yakın ilişkiler ve işbirliği kurulması Sabetayistleri dindaşlık ekseninde bazı açılardan mutlu kılsa da, Türkiye'de Türklerin ve diğer ülkelerdeki Müslüman toplumların hiçbirinin hoşuna gitmemekte, yurtdışında özellikle İslam toplumları içinde *"Türkiye dinsiz, Yahudi bir ülke"* propagandasına yol vermektedir.

İsrail ile kurulan sivil anlaşmalar-antlaşmalar basın-yayında pek fazla duyurulmamakta ancak askeri tatbitak ve işbirlikleri hemen duyulmaktadır(!) İsrail/Yahudiler ile olan ilişkilerde TSK ön plana itilmektedir. Ne yazık TSK'nın da var olduğu bilinen bu İsrail dostluğu ve ilgisi de, Müslüman Türkler'de rahatsız edici bir his yaratmaktadır.

x Sabetayistleri hemen şurada da görebiliyoruz. Örnektir, ileriki zamanlarda İsrail ile bir gerilim yaşanırsa, bu örnek referans alınarak gözlem yapılabilir. 31 Mayıs 2010 tarihinde Akdeniz'deki uluslararası sularda gerçekleşen İsrail'in sivil yardım gemilerine yönelik öldürücü saldırısı, Türkiye-İsrail işbirliğinin gereksizliğini ve tezatlığını bir kez daha gözler önüne sermiştir.

Uyan Ey Türk Gidiyoruz

İsrail'in, Sistem'le birlikte üstüne projeler düzenlediği bir ülke ve o ülkenin yönetim kadrolarında yıllardır değişmez ve anlaşılmaz bir İsrail sevgisi, ülkesel ilişki kurma isteği. İsrail saldırısının (çuval geçirmenin kanlı versiyonu) ardından televizyonlarda ve köşe yazılarında *"Ama İsrail de kendi açısından..."* mealinde yapılan yorumlar, *"Yahudileri asla dışlamamalıyız"* gibi konuyu farklı yönlere çeken endişeleri ilk açıklayanlar, İsrail-Türkiye ilişkisinin kopmaması gerektiği iddiasında bulunanlar, Siyonist güdümünde hareket eden Müslümanlar'dan öte Sabetayistlerdi. Hepsini tek tek ekranlarda gördük. Panik olmuşlardı.

Sabetayist kökenli-inançlı iş dünyasının patronlarını, büyük Türk sermaye sahiplerini bu ayrım dahilinde biraz farklı tutmak gerekir. İş ve medya dünyası, hele ki küresel sistem içerisinde, çıkarları doğrultusunda Sistemin düzenine uymakta; CFR, Bilderberg gibi Sistem örgütlerine biatlerini sergilemektedir. Bunlar tam aksine Siyonist çevrelerle sıkı ilişki içindedir. Vaşington'un dümenine uygun rotada seyir izlemektedir.

* * *

Kaan Okan BAYÜLGEN'in dediği gibi *"İyi aileler, iyi çocuklar yapar. İyi çocukları, kötü kurtlar kapar. İyi çocuklar iyi okur. Okur okur adam olur. Okur okur müdür olur. Sistem budur"*.

Bir yakıştırma ile bu iddiayı, mevzu bahis "iyi insanlar" ve onlara kaliteli eğitim veren iyi okullar kapsamında görebiliriz. Daha sonra onları kötü kurt yani Sistem benliğine katmakta ve müdür yapmaktadır. Gerçekten de, sistem budur, Sistem budur.

Kişi kendisinin Sabetayistliğini bilir, bilenler aktif güç sahibidir, bunu kullanır, bilmeyenler potansiyeldir, günü geldiğinde aktif kılınır. O da aktif olduğu günden sonra düzeyine göre kendi Sabetayist cemaatine ve bazen de Sisteme, artık farklı türde hizmet eder. Sabetayizm, bu kutsal dayanışma olgusuyla yükselir.

Kapalı ve korumacı cemaat yapısıyla yükselir. Bu yüksek yapıyla da Türkiye toplum bazında bir ayrışmadan ötekine, siyaset bazında da bir bitmez tartışmadan ötekine savrulur gider... Giden Türkiye'nin yıllarıdır, Türk milletinin huzurudur, zenginliğidir, günümüzde de kendisidir. Siyonist – Sabetayist Güçlerin çatışmasında, Türkiye gitmektedir.

* * *

O kadar garip bir olgu ki; bir gazeteci, bir sanatçı, bir akademisyen, bir yüksek meslek erbabı, bir özel sektör yada kamu sektörü yöneticisi, yani zanaat-sanat-zeka yada parasıyla yada konumuyla yerelde veya genelde bilinen bir kişi, öne çıkmış bir kişi büyük olasılıkla Sabetayist çıkmaktadır. Sabetayist inanç taşımıyorsa dahi, soyu İbrani kökenli çıkmaktadır. Türkiye'de de gerçekten bu kadar çok İbrani kökenli, Sabetayist kökenli kişi vardır.

Belirli kentlerde ve onun alt yerleşim birimlerinde bu olasılığın yüzdesi artarken bazı kentlerde bu olasılık aşağılara düşmektedir. Bu nedenle bu iddia genellenemez ancak büyük olasılık da görmezden gelinemez. Batman'da, Nevşehir'de yada Erzincan'da bu oran düşükken Giresun'da, İzmir'de, Antalya'da, Kayseri'de, Eskişehir'de yada Çorum'da bu oran yükselmektedir. Sahil kesimlerde genelde yüksek olduğunu görüyoruz. Ayrıca göç almış (dış göç) bölgelerde mevcudiyetleri vardır.

Sabetayistleri nerelerde hangi meslerlerde bulabileceğimizden, maddi güçlerinden, mesleki güçlerinden, nerelerde daha çok yaşadıklarından, siyasal olarak hangi pozisyonda durduklarından, ezoterik işaretlerinden vs. bahsettik, analiz ettik, deşifre ettik. Bir kişiyi görünce adından yada soyadından şüphelenince, işine, yaşadığı kente, okuduğu okula, bulunduğu ortamlara, ailesine bakınca artık bazı kanılara varabiliyoruz.

Uyan Ey Türk Gidiyoruz

Belirli konulardaki hassasiyetlerinden ve erken tepkilerden kişiyi çözümleyebiliyoruz.

Bunu paylaşmak gerekiyor, olağan üstülükler kuşağındayız. Sabetayist olabileceği kuşkusuyla bir kişiyi araştırırken, akraba-hısımlık bağlarına bakarken karşımıza hemen tanıdık soyisimleri çıkıyor. Büyük olasılıkla araştırdığımız "bilindik" kişilerin dahi bu akrabalık bağlarından haberi yoktur. Bir soyismini araştırıyorsunuz, farklı alanda yükselmiş bir başka "ünlü" kişiyle karşılaşıyorsunuz.

Örneğin bir şarkıcının adından yola çıkıp soyadını bulup soybağlarını araştırırken akraba bir orgenerale ulaşıyorsunuz, o da akraba-hısımlık yoluyla bir bakanın akrabası çıkıyor, o da bir profesörün, o da bir genel müdürün, yüksek hakimin...

Başka bir örnek verelim, bu sefer somut olsun. Bülbülderesi Mezarlığı'nda yatan Karakaşlardan Bleda ailesinin akraba ve hısmı olan birkaç "öne çıkmış" isme bakalım.

- Bleda ailesinden Dr. Sefa BLEDA'nın mezar taşı -
Bülbüldere Mezarlığı.
Asma yaprakları ve üzüm taneleri.

Ailenin büyüğü Selanik doğumlu, Osmanlı Hürriyet Cemiyeti ile İttihat Terakki Cemiyeti'nin (İTC) kurucularından ve İTC'nin genel sekreterliğini de yapmış olan, Osmanlı'da Serez, Drama, Burdur ve cumhuriyet döneminde de Sivas milletvekilliği yapmış olan Mithat Şükrü Bleda'dır.

Mithat Şükrü'nün oğlu Sultan Reşat'ın ikinci mabeyncisi Turgut Bleda'yı görüyoruz. Aileden Büyükelçi Tansuğ Bleda dikkat çekiyor. Büyükelçi Kâmran GÜRÜN ve tiyatrocu Gencay GÜRÜN ile hısımlar. Hısım olarak Eski Adli Tıp Genel Müdür Muavini, Denizcilik Bankası Baş Enspektörü emeklisi ve Hürriyet Şehitlerini Anma Cemiyeti Başkanı Dr. Fahri CAN'ı görüyoruz.

Manastır Valisi Hıfzı Paşa'nın torunu, Selanik Belediye Başkanı Tevfik Bey'in oğlu, Nev York Üniversitesi hocalarından Prof. Kenan ERİM'in babası, Birleşmiş Milletler Hukuk Müşaviri Kerim Tevfik ERİM, Bledalar'a akrabadır.

Uyan Ey Türk Gidiyoruz

Kerim T. ERİM, Evrenosoğlu ailesinin akrabasıdır, Evrenosoğlu ailesine örnek J. Albay Faik EVRENOSOĞLU'nu görüyoruz. Evrenosoğlu ailesi üyeleri ve akrabaları-hısımları arasında: Kabataş Lisesi İngilizce öğretmeni Rıdvan Ali'yi, pek çok profesörü örneğin Prof. Bülent ÖZER'i, Dışişleri Bakanlığı Şube Müdürü Argun ÖZER'i, Ortaelçi Ali Refik İLERİ'yi ve onun kayınbabası Büyükelçi Ali Haydar AKTAY'ı; Akbil, Arım, Üstün, Saygun, Dino ailelerini görüyoruz.

Ressam, karikatürist, şair Abidin DİNO, Bleda'lara uzaktan akraba, hısım çıkmış oluyor. Abidin DİNO'nun, Nazım Hikmet RAN'ın iki kitabına kapak resmini çizdiğini hatırlıyoruz. Nazım Hikmet'in Sabetayist olduğu artık her yerde yazıldı çizildi. Acaba cemaat dayanışması mı, yoksa Mustafa Celalettin Paşa ailesi dayanışması mı? Eğer yaşamış olsaydı, Nazım Hikmet 1967'den sonra Sağ'a geçiş yapar mıydı? İlginçtir, Nazım Hikmet RAN'a hapis cezasını veren Hakim Kazım YALMAN'ın da Bülbülderesi Mezarlığı'nda kabrini görüyorduk.

Mesela Mehveş Bleda'nın eniştesi (kız kardeşinin kocası) Tekel Genel Müdürü Kenan ATAKOL'u görüyoruz. Saygımızdan, genelde vefat etmiş Bleda'ları ve akrabalarını örnekledik. Bleda'lar saymakla bitecek bir aile değil. Bugün bile televizyonda birkaç günde bir bazen her gün gördüğümüz çok yakından bildiğimiz kişilerle akrabalıkları, neredeyse her kurumdan, her yerden çıkan akrabaları var.

Bülbülderesi ailelerinin bireylerinin hepsi bugün bir yerlerde en üstlerde oturuyor. **Bu aileler, Türkiye'yi yöneten gizli Kraliyet mi?** Ki Bülbülderesi Mezarlığı genellikle Karakaş Sabetayisti ailelere ev sahipliği yapıyor. Sabetayist cemaatin bir de Kapancı ve Yakubi kolları var. Türkiye'yi kimler yönetiyor, halk demokrasisi var mı?

Tevfik BİR

Halktan sıradan bir Müslüman Türk okuyup yüksek koltuklara oturabiliyor mu, en azından fırsat eşitliği sağlanıyor mu? Üç Müslüman seçiliyorsa yedi tane de Sabetayist mi seçiliyor?

73 milyonluk bir ülke ama nasıl oluyorsa, herkes herkesin akrabası. Daha doğrusu toplumun bildiği, tanıdığı isimler birbiriyle akraba. Çünkü aile-cemaat içi evlilik yapılıyor ve bunların neredeyse tamamı Sabetayist kökenli.

* * *

Sabetayistler Türkiye'yi her yönden yönetiyorlar, hedef tahtasında da onlar mevcut. Uluslararası destekli Ermeni terör örgütü ASALA'nın şehit ettiği diplomatlarımızın yada fikirleri uğruna, demokrasinin ilerlemesi adına öldürülen yazar-fikir adamlarımızın (bunlara demokrasi şehitleri yada hürriyet şehitleri de deniliyor) çoğunun Sabetayist olması buna ispattır.

Kurtuluş Savaşı'nda, işgalci emperyalist İngiliz-Fransız-Yunan-Rus vs. askerine karşı kimi zaman çarpışan genellikle de komuta eden askerlerin içinde, subayların arasında Sabetayistler dikkat çekicidir, hayli fazladır.

Türkiye Cumhuriyeti'nin kuruluş aşamasında kurumları-devleti kuran, modernize eden, en ileri şekilde teşkilatlandırmaya çalışan, Polis-Asker-Jandarma-MİT personeli ve yöneticisi olup şehit/gazi olup bizleri koruyan, üniversitelerde ürettikleri bilimle bizleri ve hocalarımızı okutan ülkeyi yükselten, hastalandığımızda sağlığımıza kavuşturan, Türk tıbbını ileri götüren, sanayiyi, bankaları kuran ve geliştiren, sanatlarıyla ruhumuzu şenlendiren insanlarımızın Cumhuriyetin ilk yıllarında yarıdan fazlasının bugün hayli fazlacasının Sabetayist kökenli Türkler olduğunu görebiliyoruz.

Uyan Ey Türk Gidiyoruz

Doğu-batı çatışmasının yaşanması ve toplumun benliğini bulamaması, emperyalizme ve ABD-İsrail'e tam bir karşı koyuş yaşayamamamız, Sabetayist kökenlilerin oransal olarak daha çok yaşadığı bölgelere yatırımın ve kalkınmışlığın gitmesi daha az yaşadığı bölgelere gidememesi, Sabetayist Yahudi inancın haliyle İslamiyet'e göre farklı olması nedeniyle ahlaki yozlaşmanın daha ileri düzeyde yaşanması gibi olumsuzluklar da mevcut.

Bunlar Türkiye'nin, bizim gerçeklerimiz. İyisiyle kötüsüyle, olumlu ve olumsuz yanlarıyla Sabetayizmi-Sabetayist vatandaşlarımızı bilmeliyiz. Bu konuyu ve özel-tüzel kişileri son haddine kadar hallaç pamuğu atar gibi analiz ve deşifre etmeliyiz. Günlük siyasetimizi, dış politikamızı, ekonomik düzeyimizi ve kalkınmışlığımızı, bilimimizi, sanatımızı ve zenginliğimizi, dini yaşayış ve ahlakımızı birebir etkileyen Sabetayizm konusundan korkmamalıyız. İnsan, kendisini ve çevresini daha çok bildikçe, tanıdıkça yükselir, birey olur. Olaylara yabancı kalmaz. Yaşanan gerilim ve olayların arkasında yatan nedenleri bilir.

Sabetayist İsimler

Soyisimleri örneklendirmiş ve metodolojiyi aktarmıştık. Aynı şekilde bir kısım, kutsal Sabetayist ve Yahudi isminden de bahsetmiştik. Şimdi sıra geldi Türkçe isimlerden bir kısım örnekler sıralamaya.

Bundan önce, Türk Dil Kurumu'nun "yeni isim türetme" kısmında edindiği yanlış yöntemi daha doğrusu Sabetaycı yakıştırmayı aktarmak gerekiyor.

Fiilden isim türetmek için Türkçe'de fiilin köküne genellikle -cı, -çı, -ci, -çi ekleri getirilir.

Örneğin mezar kazan kişiye, kazmak fiilinin kökü "kaz" alınarak kaz-ı-cı ——> kazıcı denir. Yada eskiden talebe denirdi.

Tevfik BİR

Öğren-mek fiilinin kökü öğren'dir. Öğrenme işini yapan kişiye öğren-**ci** —-> öğrenci denir. Satış yapan kişiye sat-ı-**cı** —-> satıcı denir. Yöntem budur.

Ancak Türkçe dil kuralı bir yerlerde aniden değişmeye başlıyor. Siz hiç öğrenci yerine öğrenmen, satıcı yerine satıman, kazıcı yerine kazıman gibi sözcükler duydunuz mu? Ancak öğretici olması gerekiyorken, öğretme işini yapan kişiye öğretmen denildiğini görüyoruz. Danışılan yada danışçı yerine danışman ismi türetilmiş.

Halbuki Danış-**lı** yerine, kardeş ırkın dili Moğolca'nın <lı> anlamı veren -**tay** eki alınıp Danıştay yapılıyor; Danışman'da ise Türkçe ve kardeş dillerden çıkılıp Avrupa/Cermen takısı -man konuluyor. Aynı biçimde okutucu yerine okutman, sayıcı yerine sayman, eğitici yerine eğitmen gibi cumhuriyet döneminde onlarca yüzlerce uyduruk, yanlış sözcükler türetildiğini görüyoruz. Kurallar her gün değiştiriliyor. Dilde sağlamlık bırakılmıyor.

<-**men**, -**man**> mesela Aynalar türküsünde "eyletmen beni, ağlatman beni" de olduğu gibi "ağlatmayın beni" yerine yerel ağızla kısaca "ağlatman beni" denmiş ve tesadüfen sonu man olmuştur. Acaba burada "eyletici beni, ağlatıcı beni" mi demek isteniyor(!) Değil elbette.

Türkçe'de yabancı dillerden dilimize girmiş sözcüklerde "ombudsman"da, "şovmen"de olduğu gibi <-man, -men> yani "adam/kişi" anlamıyla yada özellikle Farsça'dan geçen "kahraman", "neriman" da olduğu gibi sonu tesadüfen <-man, -men> eki bulunabiliyor. Türkçe'de <-man, -men> anlam taşımamaktadır.

Elbette bu sözcükleri türeten dil uzmanları ve kurum TDK, "öğretme" işini yapana "öğretmen" dendiğini, onun "man/men" eki olmadığını "n" eki olduğunu yani "öğretme" fiilini isimleştirirken "-n" eki aldığını, bunun Türkçe'de olduğunu iddia edebilirler.

Uyan Ey Türk Gidiyoruz

Peki neden acaba cumhuriyet sonrası türetilen isimlerin bazılarında bu yöntem uygulanmışken, dilimizin aslında olan isimlerde hiç bulunmamaktadır.

Ancak Sabetayist bakış açısıyla bu yanlış üretim bir bakıma anlamlı oluyor. Sabetayizmin -man, -men takıntısından, yönteminden bahsetmiştik. Aslında tüm dünyada Museviler/Yahudiler soyadlarının sonuna ülkesine göre <-man, -men> yada <-mann, -menn> alıyorlar.

Biz Türkler -oğlu, -gil, -bey gibi ekler veriyoruz. Avrupalılar -son, -ov, -ski, -viç gibi ekler veriyorlar. Berberoğlu denir misal, berberman denilmiyor. Anlam olarak da yarı Türkçe yarı yabancı "berber adam" oluyor. İşte bu mantıkla "eğitmen", "eğiten adam" anlamına geliyor. TDK, yabancı bir takı ile -cı'nın yerine -men'i ikame etmiş durumda. Burada Sabetayist yöntem ve tatmin söz konusu. Aksi iddia edilse bile!

Soyisimlerine değil yalnızca isimlere bakacağız. Sabetayistlerin ezoterik bir mesaj ve kutsaliyet yükledikleri isimlere bakalım. Artık biliyoruz ki, isimler tek başına bir anlam ifade etmiyor. Başka unsurlara da bakmak gerekiyor.

Şimdi, Sabetayist ailelerin çocuklarına ezoterik ve ilahi amaçla sıklıkla koydukları isimlerden bir seçki sunalım. Asla isimlerin tamamı değildir yalnızca sıklıkla kullandıkları isimlerden bir kısmıdır.

Daha önce peygamber isimlerini türevleriyle birlikte belirtmiştik. Burada hepsini ve isimlerin türevlerini tekrarlamayacağız (Refi, Refii, Refiğ, Refik yada Harun, Aaron, Eron, Heron gibi).

Burada yer alan isimlerin eğer eşanlamlıları varsa, onlar da listeye eklenebilir. Ayrıca, örneğin Seyyare (gezegen) Osmanlı ve cumhuriyetin ilk yıllarında Sabetayistlerin severek kullandığı isimlerdendi. Bugün çağdaş karşılıkları kullanılıyor.

Günümüzde kullanılmayan, eski isimlere girmiyoruz. Burada yazan isimler, bu isimlere her sahip olan kişinin Sabetayist olduğu anlamına gelmez. Sabetayist kültürün-dinin sıkça kullandığı, kullanmaktan hoşnut olduğu isimlerin tespiti ve sunumudur.

Listelerde isimlerin sıralanışında, yakın ve aynı anlamda olanlar birlikte yazılmıştır. Önce **erkek isimleri**ne bakalım.

Musa, Yakup, Kenan, Cenan, İshak, İbrahim, Davut, Süleyman, Çelebi, Harun, Bünyamin, Osman, Aziz, Edip, Yalım, Sinan, Cem, Gazi, Abdurrahman, Teoman, Yaman, Yalçın, Sarp, Sarper, Kunter, İlker, Türker, Aytaç, Bilgin, Refi, Rafet, Ege, Egemen, Yıldıray, Yıldırım, Şimşek, Yağmur, Ateş, Kıvılcım, Aslan, Adnan, Cafer, Ferman, Derman, Erman (Herman), Arman, Armağan, Selim, Erhan, Erden, Aydın, Fahrettin, Fahri, Turgay, Süheyl, Gündüz, Işık, Ziya, Nur, Münir, Sakıp, Tarık, Ruşen, Pertev, Önder, Üstün, Hazım, Asil, Zeki, Onur, Eşref, Şeref, Bilgin, Efdal, Yüce, Yücel, Bülent, Ulu, Münif, Kemal, Recep (anlamı nedeniyle ilk isim olarak), Kıvanç, Selçuk, Şevket, Şakir, Şükrü, Şekur, Şahin, Şahan, Doğan, Erdoğan, Kartal, Seyfi, Seyfettin, Tayfur, Tuncer, Tuncay, Feyzi, Ayhan, Turhan, Ferhan, İlhan, Cengiz, Atilla, Kubilay, Timur, Timuçin, Ergun, Ergün, Gürer, Güneş, Güner, Gün, Oktay, Günay, Günhan ve içinde "ay" veya "gün" geçen isimler", Gürkan, Numan, Gürcan, Gürsel, Berk, Berke, Berkin ve -berk'li isimler, Reha, Alper, Alpay, Alpin ve alp'lı isimler, Can'lı isimler, Hayati, Can, Yaşar, Sunay, Talat, Talha, Süreyya, Özdemir, Demir, Tamer, Taner, Tansu, Tanzer, Tansel, Olcay, Oytun, Mithat, Haluk, Haldun, Sümer, Tarkan, Engin, Tahsin, Evren, Enver, Tevfik, Yusuf, Uğur, Şansal, Ercan, Caner, Kaner, Soner, Gönül, İlkay, Aykan, Cenap, Necip, Sabahattin, Samet, Sabetay, Mesih, Ersin, Altan, Ertan, Erkin, Erkan, Erkal, Altay, Tuna, Irmak, Yahya, Lütfü, Toyga, Toygar, Tolga, Gökay, Gökalp, Gökmen, Rana, Özge, Özgün, Samim, Hamza, Sabri, Kaya, Kayahan, Berat, İlter, İnal,

Uyan Ey Türk Gidiyoruz

İnan, Batuhan, Oral, Orhan, Hazar, Rauf, Uraz, Ural, Vural, Sina, Sami, Hami, Beyazıt, Kâmran, Koray, Koral, Korcan, Korhan, Okan, Okay, Rifat, Akat, Ata, Atakan, Ataol, Kutlu, Metin, İzzet, İzzettin, Ravil, Sabri, Avni, Pamir, Yunis, Ferruf, Ferhat, Danyal, Emre, Enis, Ezel, Candaş, Kaan, Halil, Feyyaz, Ekrem, Kerem, Semih, Nazım, Aksel, Nedim, Onat, Ülkü, Gökşen, Arcan, Baran, Çınar, Eldeberan, Ergiz, Asaf, Tuggın, Tamay, Rama, Sezer, Pamir...

İsim başında, ortasında yada sonunda gür, er, alp, berk, man, men, fer, ata geçmesi nedeniyle, o isimlerin kullanımı yaygınlaşıyor. Abdurrahman, Rahman, Teoman, Cafer, Ferman gibi örnekleri mevcuttur.

Kız isimlerine bakalım.

Aliye, Atiye, Leman, Eti, Neriman, İpek, Sevil, Sevilay, Sevim, Sevin, Sevinç, Sevtap, Sevgi, Rengin, Rengim, Tülin, Ayfer, Aysan, Aysen, Aysun, Ayşen, Ayten, Aysel, Ayşegül, Aygül, Gülay, Gülten, Gülbin, Gülçin, Gülin, Gülsevin, Gülsevil, Gülgün, Gülcan ve gül'lü isimler, Stare, Neyir, Yıldız, Ülker, Süreyya, Zühal, Seher, Pervin, Sepin, Rahşan, Işık, Güneş, Işıl, Işın, Işılay, Nur, Nuriye, Nuray, Nurcan, Nurten, Feraye, Ferihan, Feride, Perihan, Peri, Füsun, Ruhsar, Ruhat, Türkan, Suna, Güler, Tansu, Lale, Akasya, Nükhet, Renan, Renin, Duru, Sara, Lara, Leyla, Alev, İzel, Belkıs, Saba, Sabahat, Semiramis, Ayla, Aylin, Ayça, Alize, İlkay, Betül, Nilüfer, Nil, Nilgün, Nilay, Zerrin, Serra, Merva, Sibel, Pakize, İdil, Nalan, Meral, Meryem, Azra, Melek, Şükran, Bahar, Evin, Nevin, Asena, İlkim, Yüksel, Arzuhan, Aslıhan, Cansen, Berna, Melda, Erin, Suzan, Beren, Berra, Seren, Ufuk, Umut, Hikmet, Canan, Tuncay, Güzin, Havva, Onur, Rezzan, Adalet, Birsen, İlknur, Rengül, Rana, Beste, Neşide, Ülkü, Sabriye, Selman, Günseli, Tomris, Enise, Huriye, Rukiye, Rona, Lebibe, Jeyan, Aşkınaz, Vildan, Gizem, Nihan, Siret, Siren, Tijen, Bergüzar, Armağan, Seray, Selanik (hem kız hem erkek), Evren, Pamir...

Bu isimlerin hepsinin Kabbalistik yada Tevratik karşılığı var. Sabetayistler'den bahsediyoruz o nedenle Tevrat'a bakıyoruz. Örneğin kutsal kitaplarında Nehemya 10:2 kısmında daha doğrusu Nehemya 10 bölümünün tamamında yapılan antlaşmadan ve o antlaşmayı mühürleyen önderlerin, Levililerin ve kahinlerin isimleri geçiyor.

Kahinler kısmında **Seraya** ismi var, biz de **Seray** olarak taşınıyor. **Paşhur** ismi geçiyor. Bu günümüzde "pasha/**paşa**" olarak taşınıyor. Elbet, paşaya başka yan anlamlarda yüklenmektedir. "Enver Paşa'nın amcası Halil Kut Paşa"nın oğlu ihraç edilmiş Mason büyük üstadı Kaya PAŞAKAY aklımıza geliyor.

Tevrat'ta pek çok isim var; Ginneton, Şevanya, Meremot gibi bize bugün garip gelen isimler de var, bunların günümüze taşınmadığını sanıyoruz. Levililerin isimlerinde **Binnuy** var, bizde **Binnur** olarak taşınıyor. **Bani** ve **Beninu** var bunlar da **Banu** ve **Bennu** olarak taşınmaktadır. **Anan** ismini görüyoruz, **Annan** biçiminde soyadı olarak taşınıyor, bu güçle kişiyi BM Genel Sekreteri bile yapabiliyor!

Örneğin listemizde **Sami** adını yazmışız. Bizde Sami gibi isimleri taşıyanlar genelde Arap kökenli zannedilir. Dünya genelinde de Yahudiler, isimleri nedeniyle ilk başta hep Arap zannedilir. Türkiye'de de Yahudi soylular hep Arap zannedilir. Sami Ofer'i de ilk başta Arap kökenli sananlar çıkmıştı.

Tevrat'a göre peygamber Nuh oğlu Ham'ın oğulları Kûş, Misrayim, Pût, **Kenan** (Kenan ülkesinin isim babası). Mesela Kûş'un oğulları arasında Raama ve Nemrut'u görüyoruz. **Raama, Rama** olarak taşınıyor, biz bunu margarin markası olarak duymuştuk.

Cenap, Üstün, Asil, Hazım gibi "üst"lük belirten, ululuk belirten isimleri taşımayı severler. Çünkü Yahudi ırkı "üstün ırktır". Yükseklik kompleksi soyisimlerine ve isimlerine taşınmıştır.

Uyan Ey Türk Gidiyoruz

Turhan'ı bu kapsamda sıkça görüyoruz, Turan ile bir ilgisi yoktur.

Bir de isimlere durup dururken **-han** eki geliyor. Han kelimesini genelde, Aşkenaz soyundan gelen Sabetayistlerin taşıdığını düşünüyoruz. Yada bilmeden diğer Sabetayistler...

Sabetayistlerin taşıdığı "han"ın, Türkçe'deki -han ile ilgisi yoktur. Hans ismini görüyoruz. Tipik bir Alman ismi olduğunu hatırlıyoruz. Hans'ın altı türevi mevcuttur: Han, Hannes, Hanns, Hansel, Hanss ve Hanzel. Hans kelimesinin aslı İbranice'dir ve aslının yaygın türevi olarak John ismini görüyoruz. İbranice'de "*Tanrı'nın lütfu*" anlamına gelir. Türkçe'deki Lütfullah'ın karşılığıdır. **Paşhan, Kayahan, Arzuhan, Hanzade** gibi -han'lı isimler türetebiliriz.

Aynı zamanda sözlük anlamıyla -han, "*Kırım girayları için kullanılan san'dır*", Kırım'ın kutsallığı bir kez daha karşımıza çıkıyor. Han ile Osmanlı'ya bir atıf yoktur. **İlhan, Ayhan, Turhan** gibi Türkçe anlam taşıyan Türkçe isimler de, hans'tan gelme -Han ile sesteş oldukları için, üstü kapalı olarak, ezoterik olarak ve diğer yan anlamlarıyla, diğer nedenlerle taşınmaktadır.

Hamza, İslam'da Hz. Muhammed'in amcasının ismidir, İslam'da taşınan ve sevilen isimdir. Peki Sabetayistler neden bu ismi taşımaktadır, tanımadıkları bir peygamberin tanımadıkları tarihinde geçen bir isim!

Çünkü **Hamza** adı, **Ariel** isminin karşılığı olarak taşınmaktadır, eş anlamlılardır. Ariel tipik bir Yahudi ismidir. Türkçe'de bazen "Aryel" soyismini taşıyanları görebiliyoruz. Aryel, Ariel'e atıftır.

Şakir, Şekur, Şükrü, Şükran gibi Ş-K-R harflerinden oluşan isimlerin karşılığını hem Ş-K-R'den oluşan Şakar, Şeker'de hem de Musevi mezarlıklarında buluyorduk, Çukran-Şukran olarak.

Işıkla, parlaklıkla, yıldızla ilgili isimlere adeta hastalık düzeyinde ilgi olduğunu biliyoruz. *"Ruhun Işıklandırılması"* kavramı mevcuttur. Tevrat'ta ışık kutsaldır, Masonlar'da ve Kabbala'da da kutsaldır, büyük "I" ile Işık biçiminde yazılır.

Örneğin Masonlar yani Mason erkekleri ruhu ışıklandırılmış kişilerdir. **Sakıp, Ruşen, Ziya, Münir, Pertev** isimlerinin ışık, aydınlık ve parlaklıkla ilgili aynı anlamlara gelen isimler olduğu görülüyor. **Oral**, Türkçe sözlüklerde yer almaz ama *"Tanrı'nın ışığı"* demektir, kullanımı çok yaygındır, işarettir. Yada **Ülker, Pervin** ve **Süreyya**'nın aynı anlamlara geldiği görülüyor.

İsimlere derinine girmeyelim. Tevrat'ta yüzlerce isim geçmektedir. Ve o yüzlerce ismin pek çoğu günümüze aynen yada biraz değişerek ulaşmıştır. Arapça gibi İbranice'de de isimde geçen yalnızca sessiz harfleri aldığımız için farklı söyleyiş, türevleri olabilmektedir. Bir de eş anlamlıları kullanılınca ve Türkçe'ye benzerleri de kullanılınca, Sabetayist kullanımlı isimlerden bir kitap yazılabilir. Yazan çıkmazsa ileride yazabiliriz.

Ama yukarıda erkek ve kızlar için verdiğimiz listedeki isimler, günümüz Türkiyesi'nde Sabetayistlerin sıkça kullandıkları ve bizim kişileri deşifre etmemize yarayan, işaret verici isimlerdir.

ERGENEKONUN BİLİNMEYENLERİ

Ergenekon Tarihinin Bilinmeyenleri

M.Ö. 2637 yılında Türklerin, Ergenekon topraklarından çıktığı sanılmaktadır. O zaman için, Türk illerinden Türk oku ötmeyen, Türk kolu yetmeyen, Türk'e boyun eğmeyen bir yer yoktu denir. Şanlı Ergenekon destanını kısaca hatırlayalım.

Türkler hep savaşıyorlar ve üstün geliyorlardı. Derken bir gün gidişat tersine döner ve yenilirler. Kağan'ın çocuklarından biri dışında hepsi ölür. Yaygın saldırılara karşı hayatta kalabilen bir kısım Türk, engebeli, sarp, ulaşımı neredeyse olanaksız yollardan geçerek dağların arasına adeta gizlenmiş olan Ergenekon vadisine ulaşırlar. Bu vadide gelişirler, çoğalırlar, güçlenirler. İşte bu kalabalıklaşma ve eski güce kavuşma ile birlikte, bu dağların arasından çıkıp yeni yerlere, kaynaklara ulaşma, yayılma gereksinimi doğar. Ancak Ergenekon'dan çıkış mümkün görünmemektedir.

Bu sırada bir demirci, dağda yalın kat demir mağdeni bulur. Bu demir eritilirse dağın içinden geçiş için uygun bir yol açılabileceğini söyler. Çok büyük ve körüklü ateşler yakılır. Demirden dağ eritilir. Ardından yeleli bir Bozkurt görünür. Türkler bu kurdun yol göstermek için geldiğini anlamıştır. Bozkurt, Türklere yol gösterir ve Türkler Ergenekon'dan çıkar.

Ergenekonun hikayesi özetle budur. Bizim dikkat etmemiz gereken noktaları özetlersek: Yaygın, saldırgan ve başarılı Türkler bir seferinde yenilirler, sığınacakları bir yer olarak da içine girilebilen ancak çıkılamayan dağlar arası bir ova bulurlar, oraya göçerler.

Sonra o dağlar arasında eski güç ve kalabalıklığa ulaşılır, demirden dağ eritilip bozkurt kılavuzluğunda tekrar dünyaya, eski topraklara dönülür.

Bunu anlatan yazıtlar hem Türk hem de Moğol kaynaklarında mevcuttur. Moğollar bu destanın kendilerine ait olduğunu, Türklerin ise bunu kendilerine mâl ettiklerini; Türkler ve tarihçilerin geneli ise bu destanın orijinalinin Türklere ait olduğunu ve Moğolların bu destandan etkilenerek kendilerine mâl ettiklerini bildirirler. Hatta Moğollar'da kutsal hayvan köpektir, Türkler'de kurttur. Bu veri bile bu destanın Türklere ait olduğunu göstermektedir, denir.

Bu destanı ve öncesini Allah, kelamı olarak Kur'an'da bizlere bildirmekte midir?

Kehf Suresi 90-99 arası ayetlerde ve Enbiya Suresi 95-97 arası ayetlerde Ye'cûc(Yecüc) ve Me'cûc(Mecüc) meselesi anlatılmaktadır. Bu ayetleri birlikte ve iyi okumak gereklidir.

Önce, Kehf Suresi 90-99 ayetlerine bakalım. Sureye yarıdan girdiğimiz için bu bilgiyi vermek gerekiyor. Ayet-83'te *"83. Sana Zülkarneyn'den de sorarlar. De ki, 'Size ondan bir hatıra okuyacağım."* buyurulmaktadır. Ayetlerde geçen kişi, Zülkarneyn'dir. :

90. Bir süre sonra, Güneş'in doğduğu yere varınca onu, ona karşı kendilerine bir siper yapmadığımız bir topluluğun üzerine doğar buldu. **91.** İşte böyle! Biz onun yanında olan her şeyi bilgimizle kuşatmıştık. **92.** Sonra yine bir sebebi izledi. **93.** Nihayet, iki set arasına ulaştı. Setler arasında öyle bir topluluk buldu ki neredeyse söz anlamıyorlardı. **94.** Dediler: "Ey Zülkarneyn! Ye'cûc ve Me'cûc bu yerde bozgunculuk yapıyorlar. Onlarla bizim aramızda bir set yapman şartıyla sana vergi verelim mi?" **95.** Dedi: "Rabbimin beni içinde tuttuğu imkan ve güç daha üstündür. Siz bana bedensel gücünüzle destek verin de onlarla sizin aranıza çok muhkem bir engel çekeyim." **96.** "Bana demir kütleleri getirin!"

İki ucu tam denkleştirince, "Körükleyin!" dedi. Onu ateş haline koyunca da "Getirin bana, üzerine erimiş bakır/katran dökeyim!" diye seslendi. **97.** Artık onu ne aşabildiler ne delebildiler. **98.** Dedi: "Bu, Rabbimden bir rahmettir. Rabbimin vaadi gelince onu yerle bir eder. Ve Rabbimin vaadi haktır."

Enbiya Suresi 95-97 ayetlerinde ise:

95. Helâk ettiğimiz bir kente/medeniyete yaşamak haram edilmiştir. Onlar bir daha geri dönemezler. **96.** Ye'cûc ve Me'cûc'ün önü açıldığı zaman onlar, her tepeden akın ederler. **97.** Hak olan vaat yaklaşmıştır. İnkâr edenlerin gözleri birden donup kalmıştır. "Vay başımıza! Biz bundan gafil bulunuyorduk. Hayır, biz zalimlerdik!" derler.

Ergenekon'dan çıkışı M.Ö. 2637 yılı varsayarsak, Hz. Muhammet'e indirilen Kur'an-ı Kerim ile Ergenekon arasında yaklaşık 3250 senelik bir zaman farkı olduğunu görüyoruz. **Hz. Muhammet, yaşadığı dönemde bilinmeyen, henüz o tarihlerde Ergenekon yazıtları bulunmamışken/çıkarılmamışken Ergenekon yazıtları hakkında, hem de farklı bir coğrafyada bilgiler/mucizeler sunmaktadır.**

Gelelim bu ayetlerden ne anladığımıza. Yani Ergenekon destanı/tarihi ile ayetlerin karşılaştırmasına ve şaşırtıcı paralelliğe!

Kehf surelerindeki ayetlerle başlayalım. Setler arasında bozgunculuk yapan, söz dinlemeyen bir topluluktan, Yecüc ve Mecüc topluluğundan bahsediliyor. Bir topluluk içinde iki farklı ve yakın ırkın olabileceğini düşünüyoruz. Ki iki farklı ismin, Yecüc ve Mecüc isminin geçirilmesi bu nedenle olabilir. Belki Yecüc ve Mecüc kardeş de olabilir.

Setler arasında bir topluluk. Set derken, Çin seddi olabilir mi? Tarih olarak Çin seddi çok sonraları yapılacaktır. Doğal set olarak düşünürsek bunun dağ-dağlar olduğu anlaşılacaktır.

Bu toplumu durdurmak için Zülkarneyn ve mazlum topluluk dağlara demirden set yapıyorlar. Yapıyorlar ki bu Yecüc ve Mecüc çıkamasın diye.

Ancak Ergenekon destanında demirden dağların eritilip/delinip çıkıldığı anlatılıyor. O zaman bu ayetlerde Ergenekon destanından bahsedilmiyor olabilir mi? Bunun için şimdi Enbiya Suresi'ndeki ayetlere bakalım.

95. ayette helak edilen kentlerin/medeniyetlerin geri dönemeyecekleri bildirilmektedir. Burada kural ve kesinlik sunulmaktadır. 96. ayet ise adeta bunun "ancak"ıdır. 95. ayette bilgi verilmiş ve 96. ayette bunun istisnası sunulmuştur. 96. ayette Yecüc ve Mecüc'ün önünün açıldığını ve onların her tepeden akın ettiklerini bildirmektedir.

"... her tepeden akın ederler" denmektedir, "ettiler" dememektedir. Dil olarak geniş zaman kullanılmış ise, bunu nasıl "geçmiş, olmuş bir olayın aktarımı" olarak anlayacağız.

Kur'an'da, bir sureye aradan girerek okuyorsak anlatılan olayları ve ayetleri okumak, verilen bilginin ne olduğunu anlamak, "kullanılan zamanı/kipi" anlamak için ilk önce, bir önceki ve sonraki ayetlere bakılır, yetersiz ise daha önceki ve sonraki ayetlere doğru gidilir.

Biz de hemen bir sonraki ayete, 97. ayete bakıyoruz. Orada geçmiş zaman kullanılmıştır. 96. ayet geniş zaman, 97. ayet geçmiş zaman.

Türkçe'de bazen geniş zamanlı fiil kullanılarak geçmiş zamanlı bir olay anlatılabilmektedir. Örneklerini daha çok masalsı, destansı anlatımlarda görüyoruz. Örneğin "Fatih'in askerleri o gün İstanbul'a girerler." cümlesinde geniş zaman çekimli fiil kullanılmış ancak geçmiş bir olaydan bahsedilmiştir.

İşte burada Kehf-83'te de bildirildiği üzere bir hatıradan/olaydan bahsedilmesi, bir bilgi sunulması ve bir sonraki ayette geçmiş zaman kipi kullanılması dolayısıyla, 96. ayeti "Yecüc ve Mecüc önü açıldığı zaman onlar, her tepeden akın ettiler" biçiminde okunabileceği düşünülebilir. Daha doğrusu ayet değiştirilmez, o kısım "ederler" yazılır ve okunur ancak ettiler anlaşılır.

Bu okuma ile, 95-96 ve 97. ayetleri bir bütün içinde okuyoruz. Önce Allah, helak edilen/edilmiş medeniyetlerin asla bir daha geri dönemeyeceklerinden bahsediyor; ancak Yecüc ve Mecüc'ü helak etmediğini, yalnızca cezalandırdığını bildiriyor olmalı ki, Yecüc ve Mecüc'ün önünün açılıp tepelerden akın ettiklerini öğreniyoruz.

Orhun yazıtlarında bahsedilen, tarihi olarak yeni sayılabilecek bir dönemde bulunup deşifre edilen Asya topraklarının Ergenekon destanı ile Arap coğrafyasında yaşamış Hz. Muhammet'e vahyedilen bu olay. İkisini birbirinden ayrı tutup, bu Kur'an mucizesini görmezden gelebilir miyiz?

Kur'an'da, Bozkurt-Asena'ya dair bir bilgi yer almıyor. Ergenekon destanı içindeki Bozkurt'un gerçek mi kurgu mu olduğunu bilemiyoruz.

Yecüc ve **Mecüc**'ü, **Türkler** ve **Moğollar** olarak anlıyoruz.

Anlaşılan o ki Türkler ve Moğollar kanlarında, soylarında, huylarında adeta yazılı olduğu gibi sürekli akın etmişler, yağmalamışlar, bozgunculuk yapmışlar, etraf topluluklara fenalık getirmişler. Allah, onları helak etmemiş ancak şiddetli bir ceza vermiş. Yenilmişler, dağlar arasına hapsolmuşlar, çıkamasınlar diye de dağların geçitleri demirler körüklenerek kapatılmış, set yapılmış. Sonra orada Türk sözcüğünün anlamına uygun olarak "türemiş/ üremişler", çoğalmışlar. Dağı delip çıkmışlar ve akınlarına devam etmişler.

Irkların, medeniyetlerin adını genellikle komşu medeniyetler belirler. Komşularına bir isim takarlar. İşte ilkin Çin kaynaklarında gördüğümüz "Türk" kelimesinin üremek/türemek/çoğalmak anlamına geldiğini biliyoruz. Herhalde Ergenekon'dan çıkanları yeniden karşılarında görünce şaşırıp "bunlar yine geldiler, Türkler, Türemişler" anlamında Türk demiş olabilirler. İsabetli bir isimlendirme.

Dünya tarihinde, akın/savaş düzenleyerek ilk yüzbinlik ve milyonluk insan kaybı verdiren ırk Moğollar ve Türkler'dir. Bu da ayete uygundur, dağı delip çıktıktan sonra her tepeden akın etmek!

Destanın ve sonrasının, ayetlere paralelliğini/uygunluğunu gördük, Ye'cûc yani Yecüc Türkler ise, Me'cûc yani Mecüc kimlerdir? Neden Mecüc'ü Moğollar olarak anladık.

Bugünün özünü yitirmiş, mülga olmuş Tevrat ve İncil'inde, Yecüc ve Mecüc yerine Gog ve Magog/Mogog kavramları kullanılmaktadır. Tevrat ve İncil mülga ise, ondan referans alarak bir bilgi sunmak yanlış olur. Ancak din dışı batı kaynak ve yayınlarında da, Gog ve Magog/Mogog tabirlerinin kullanıldığını görüyoruz, işte bunu referans olarak alabiliriz.

Burada isim analizi yapıyoruz, iddiamız var, kesin demiyoruz ancak olasılık yüksektir diyoruz, bilimsel yanlışlamalara açığız. Ve fakat isimlerin nasıl değişikliğe uğradığını anlayabilecek, görebilecek noktadayız.

Moğol-Moğul ismini Mo-oğul olarak görebiliriz. Mo'nun oğulları şeklinde. Mooğul, Moğul olmuş, o da Moğol olarak dönüşmüş. Mo'nun oğulları Moğol'lar ve türemiş Türkler. İkisi de aynı yerden geliyor, üremek, türemek, oğul.

Moğol'a bugün Avrupa dillerinde Mogol ve Mongol deniyor. Avrupa gırtlak yapısına <ğ> uygun olmadığı için onu atıp yerine <g> koyup, okuyorlar. Mogol-Mongol bir yanda Mogog-Magog bir yanda. **Mogog**/Magog'un **Mogol**'lar yani Moğol'lar olmaması için hiçbir neden yok. Yazılı destanları bunu doğruluyor, Kur'an'da bir değil iki isimden Yecüc ve Mecüc'den bahsedilmesi, topluluğun iki ırktan/kardeşten oluştuğunu gösteriyor. Birincisi Türk ise ikincisi Moğollardır.

Moğolların da Türkler gibi hatta Türkler'den de öte tepeler aşarak, bugünkü Türkiye'nin kuzeyinde yer alan coğrafyadan batıya doğru akınlar düzenlemesi ve geçtiği bölgelerde "tarihsel tespitler ve bilimsel yayınlar doğrultusunda" yüzbinlerce, milyonlarca insanı öldürmesi de bunu doğrulamaktadır. Saldırganlığın şiddeti ve sürekliliği o dönem için caydırı ve karşı tarafı teslim kıldırıcı olmuştur.

Uyan Ey Türk Gidiyoruz

Türk ve Moğol ırkının her türlü yakınlığı, benzerliği de, geçmişte birlikte bir topluluk oluşturmalarındaki olasılığı yükseltmektedir.

Eski Mo'lar, konumuzun dışındadır. Biz yeni olanlarıyla, Moğollar ve Türkler ile ilgileniyoruz!

Ordu Millet; Her Türk Asker Doğar gibi bizim milletimizi niteleyen söylemler çok doğrudur, tarihsel tespitin günümüze yansımalarıdır.

Yada Yahya Kemal BEYATLI'nın şiirinde dediği gibi *"Bin atlı akınlarda çocuklar gibi şendik; Bin atlı o gün dev gibi bir orduyu yendik!"* Türklüğün yapısını ve tarihini yansıtan çok güzel bir saptama ve şiirdir.

Günümüzde diplomasi camiasında, yabancıların Türkiye Türkleri hakkında bir sözü vardır *"Türklerin ne zaman ne yapacağı belli olmaz"* diye. Gerçekten de, çok sakin, canayakın ve dayanıklı bir milletiz ancak bu sakinliğin ardından bir anda parlayabiliyor, tüm ilişkileri bir anda kopartabiliyor, kavga edebiliyoruz. Türk olmayan için korkutucu bir özellik.

İslam'a geçiş ise Türkler için bir dönüm noktasıdır. Akınlar farklı bir boyut, kutsaliyet kazanmıştır. Allah, bu milleti bunun için helak etmemiş, yalnızca cezalandırmış olabilir mi? Türkler, yanlış yapanın kafasına bir sopa gibi insin diye! Bugün belki pasif bir seyirdeyiz ancak birkaç yıl yada birkaç on yıl içinde her şey değişebilir, eski etkin ve etkenliğimize kavuşabiliriz.

Tüm dünya ve elbette Avrupa-ABD, örtülü bir biçimde Türkiye'den korkmaktadır ve korkularını bastırmak için sürekli Türkiye ve Türklere karşı nefret pompalamakta, terörü desteklemek gibi yavaşlatıcı, bölücü, yıkıcı faaliyetleri organize etmektedir. Ya Türkler eski hallerine dönerlerse yani belki Yecüc yani belki Gog olurlarsa korkusu yatmaktadır.

Bugün özel-tüzel kişiler ile Batı tarafından orduya karşı yapılan yıpratma ve aşağılama operasyonlarının nedeni olarak, Sistemin, Türklerin Gog olduğunu bilme ve onları risk olmaktan çıkarma amacını görebilir miyiz?

TSK gitsin diye yapılıyor olabilir mi? Ordu-millet yapılı Türklerin ordusu gidince/bitince ortada bir Millet kalır mı? Sorulara yanıt arıyoruz? Herkesi sorular sormaya davet ediyoruz.

İslam demişken, eski Türkler'de de Allah inancı vardı bunu belirtelim. Bir Oy Bil kavramında bunun yansımasını görüyoruz. Bir (Allah), Oy (İnanç), Bil (Hakimiyet).

Bir not olarak, Türklerin Yecüc (Hıristiyan-Musevi tabirle Gog) olma olasılığının yüksekliğine, adeta kesinliğine Arap dünyasından, Avrupa ve ABD'den uzmanlar inanmaktadır ancak Türkiye'de bu iddia kabul görememekte (iddia edebilen kişi çıkabilirse tabi), konuşulamamaktadır. Zaten bu konuyu ve benzerliği bilen azdır, yazan belki bir iki kişidir, belki de yoktur.

Kimse atalarının, soyunun Allah tarafından cezalandırılmış olması fikrinden hoşlanmamaktadır. Bu hoş bir şey olmasa da, gerçekleri görmezden gelmek de akla uygun değildir. Bunun gibi bugün, Sabetayizm gerçeğinin de görülmemeye çalışıldığını, saklandığını, önemsenmeyerek gizlenmeye çalışıldığını görüyoruz. Gerçeklere karşı biraz daha açık olmamız gerekiyor.

Ergenekon Operasyonunun Bilinmeyenleri

Demokrasi ve cumhuriyetin olduğu bir ülkede,
Adaleti saraylarda arıyoruz.
Adalet saraylara mahkum ise,
Yargılamayı Krallar mı yapacak?

Geçmişi kirli, devletin arşivlediği isimlerin; ayrıca kamuyounda tanınmış, belirli bir saygınlık edinmiş isimlerin; ve ayrıca devleti için safça, güven duyduğu birkaç sivil toplum örgütüyle demokratik yollarla bir şeyler yapmaya çalışan hiçbir şeyden habersiz yalın kişilerin aynı isimle, Ergenekon ismiyle, çuvala atılır gibi operasyona maruz kaldığını gördük.

Uyan Ey Türk Gidiyoruz

Yargılama sonucu beraat edebilecek, suçsuz bulunabilecek isimlerin onurları, o diğer kirli isimler nedeniyle kararmadı mı? Masumiyet karinesi nerede kaldı?

Üç senelik zaman içinde, gözaltılar dalga dalga, toplu toplu geliyordu. 1,2 .... 10, 11, 12... Neden sanıkların hepsi daha ilk aylarda toptan gözaltına alınmamışlardı yada delil bulundukça derhal bireyler tek tek gözaltına alınmıyordu da, bu kadar zaman farkıyla dalga biçiminde toplu olarak 30 kişilik 50 kişilik gruplarla alınıyorlardı?

Bu dalgaları gören kişi gelecek dalgaları da hesap ederek, suçlu ise yurtdışına kaçmaz mıydı yada delili karartmaz mıydı? Yanıt hayır ise o zaman neden tutuklu yargılandılar, yargılanıyorlar? Hangi iddia ile tutuklu yargılandıklarını bilmeden, aylarca mahkeme yüzü hakim yüzü göremeden, savunma hakkından mahrum bir biçimde...

Eski Ceza Muhakemesi Usul Kanunu'nda (CMUK) usul, izlenecek yol sanıktan delile ulaşmak iken yeni çıkarılan Ceza Muhakemesi Usul Kanunu ile bunun "delilden sanığa gidiş" yöntemiyle, çağdaş biçimde düzenlendiğini görüyoruz. CMUK madde 100 buna dayanaktır. Peki neden bu Ergenekon yargılamasında sanki eski CMUK kullanılıyormuş gibi bir hava verilmekte, hukuk dünyasında o yönde bir intiba oluşmaktadır?

Sanıklar yargılama sonucunda suçlu çıksalar dahi, hepsi birden suçlu bulunsalar dahi, bu onların adil yargılanma ve savunma haklarının, uluslararası hukuktan, anayasadan ve diğer mevzuattan doğan haklarının hukuksuzca ellerinden alınmasını, kullandırılmamasını meşru kılar mı? Hukuk devleti ilkesi buna cevaz verir mi? Hak yemek, Allah'ın bile affetmeyeceğini bildirdiği tek günah değil mi?

* * *

Kamuoyunda Ergenekon olarak adlandırılan operasyonun ilk dalgasının 2007 yılında başladığını hatırlayarak bunun biraz öncesine gidelim. Arslan BULUT'un Yeniçağ Gazetesi'nde 25 Ekim 2005 tarihinde yayınladığı "Sınıksız Misyoner" başlıklı makalesinden bir alıntı yaparak hafızalarımızı tazeleyelim.

Arslan Bulut makalesinde Fetullah Gülen'in sözlerine yer vermektedir: *"Ulusal cephe adı altında oluşturulmaya çalışılan dalganın sınırları belli değildir. Hedefi, niyeti ve çağrı yaptığı hassasiyetleri farklıdır. Kemiksiz, kimliksiz ve hedefsiz bir dalga. Her açıdan manipülatif bir organizasyon olduğu belli. Ama sancılar olacaktır. Bunlar aşılacaktır."*

Evet o dönemde, ulusalcılık diye yeni bir fikir akımı oluşmuş ve yayılmıştı. Peki nedir ulusalcılığın daha doğrusu ulusalcı insanların görüşü? Geçmişin kirli siyasetinin, yolsuzluklara karşı duramamış, adeta onunla içiçe yaşamış kırk yıllık siyasetinin ülkenin potansiyelini ve her yönüyle zenginliğini eritmesi sonucu, halk yeni bir umutla Adalet ve Kalkınma Partisi'ni iktidara taşımış ve eski siyaseti tasfiye etmişti.

Adalet ve Kalkınma Partisi'nin de, söylemlerine uygun hareket etmediğini gören halk, artık yeni bir arayışa girmişti. Sağ ve sol ayrımının bir anlamının olmadığı geçmişte acı deneylerle görülmüştü. Kürt sever ve Türk sever, sağ sever sol sever olmanın ötesine geçilmesinin vaktinin geldiğini görmüş ve yaşadığımız ülke, en büyük varlığımız Türkiye'yi sever yani "Yurtsever/vatansever" kavramı ile, ulusalcılık fikir akımı oluşup yayılmıştı.

Bu kavramla birlikte, Atatürk ve ulusalcılığı kullanan, ancak fiili çalışmalarında AB'yi destekleyen, Sistemin elemanlığına soyunan sahte ulusalcı vatanseverler de, yani çürük elmalar da türemişti. Bunların hedefi AKP üzerinden, hassasiyetleri aşırı yoklayarak laik-Müslüman gerilimi çıkarmaktı. Lübnanlaştırma operasyonunun parçasıydı.

Uyan Ey Türk Gidiyoruz

Bu plan yanlıştı. Çünkü Türk Milleti dinine bağlıdır ve laik yönetimi de kendisine uygun görür. İkisinin birbirinden ayrılması gerekmemektedir. Aksi, milleti ayırmaktır. İslamiyet ile laik devlet yönetimi bir arada çok güzel yürütülebilir.

Bunu Atatürk döneminde, dönemin koşullarının el verdiği ölçüde yürütüldüğünü görüyoruz.

İslamda ruhban sınıfı yoktur diyoruz. Bununla övünüyoruz. Ama bakıyoruz ki, şeyh var, "hoca" var. Fatiha Suresi'nde *"Yalnız sana ibadet eder ve yalnız senden yardım dileriz"* deniyor ama hocaları, şeyhleri dualara aracı kılıyoruz. O zaman artık ortada İslam yok. Onun yerine "Ilımlı İslam" var, dinci örgütlenmeler var, dinde yozlaşma var.

İşte bu İslam'ın özüne aykırıdır, laiklik buna güvencedir. Laik rejimde üniversitelere kızlar başörtüsüyle girebilir, okullarda din eğitimi elbette verilebilir, Diyanet İşleri Başkanlığı toplumdaki İslami hizmetleri düzenler, yürütür, din üfürükçülerinin eline bırakmaz, yetişmiş İslam bilim adamlarıyla kaliteli hizmeti sunar. Mustafa Kemal Atatürk, Kur'an-ı Kerim'i Türkçe'ye tercüme ettirmiş, dini halka hatırlatmıştı. Bugün bunu yapsaydı, "dinci" olarak suçlanması olasıdır. Dini algıyı, dini yaşantıyı, camileri ve laikliği yozlaştırma, bir Sistem operasyonudur.

İşte laik-din çatışması bunu gerçekleştirmiştir. Bir yandan NATO'cu tarikatçı din yada güncel adıyla Ilımlı İslam halka verilirken, bir yandan laik geçinen "din alerjistleri", laikçiler (laiklik tüccarları) türetilmiştir. Bu büyük operasyondur. Ilımlı İslamcıları tanıyoruz. Laikçiler ise, operasyon dahilinde genelde Sabetayist kökenli kişilerden seçilmiştir. Türkiye, çift taraflı yürütülen bu operasyonu görememiştir.

Türetilen laiklik tüccarı laikçiler, yani çürük elmalar üzerinden de topyekün "anti emperyalist, bağımsızlıkçı, vatansever" kişiler suçlanıyordu.

Dalgalar serisi olarak Ergenekon başlıyordu. Ergenekon'un ilk dalgasından **iki yıl önce** Fetullah Gülen ulusalcı, AB ve ABD'yi istemiyoruz diyen bağımsızlıkçı kişileri sürekli yaptığı açıklamalarla tehdit olarak gösteriyor ve "*Sancılar olacaktır. Bunlar aşılacaktır*" diyordu, dikkat çekicidir. Fetullah Gülen, operasyonların başlamasına neden olduğu iddia edilen Ümraniye'deki o evden iki yıl önce haberdar mıydı? Operasyonlarda göz altına alınacak ve tutuklanacak onca büyük isimli kişiden haberdar mıydı? Fetullah Gülen, Türkiye'yi yöneten gizli güçlerden birisi midir?

Ergenekon operasyonundan aylar önce Başbakan Erdoğan'ın "*Cesur savcı arıyorum*" dediği ve aradığı, tüm gazetelerde yazıldı, çizildi, söylendi.

Ergenekon Operasyonunu, yargının unsuru savcılık değil de acaba yürütmenin üst aktörlerinden, yasamanın önemli aktörlerinden başbakan Erdoğan mı başlatmıştır?

Başbakan Erdoğan ile Adalet ve Kalkınma Partisi'ne, basın-yayın dünyasındaki en yakın isimlerdendir Fehmi KORU. 01 Şubat 2008 tarihli Yeni Şafak Gazetesi'ndeki "Türkiye'nin Önü Açık" başlıklı makalesinde aynen şunları yazmıştır: "*5 Kasım 2007 tarihinde Beyaz Saray'da yapılan Tayyip Erdoğan – George W. Bush görüşmesi ile ergenekon operasyonu arasında bir irtibat olduğuna inanıyorum. O görüşme PKK terörüne karşı ABD'nin geleneksel tutumunu değiştirdi, biliyorsunuz. Aynı görüşmede, Türkiye'nin demokratikleşmesinin önündeki diğer engellerin de konuşulmadığını bilemiyoruz. Konuşulmuşsa, 'devlet içinde yuvalanmış çeteler' konusu da masaya getirilmiştir.*"

Bilgiyi Fehmi Koru'dan aldık. Bu Fehmi Koru'nun tezi gibi görünse de elbette bilginin üstü kapalı sunumudur, bu da bizim tezimiz.

Bir ülkenin içişleriyle ilgili, demokratikleşme çabası ile ilgili, organize suç örgütü ile ilgili sorunu başka bir ülke ile, hele ki demokrasi ve insan hakları söylemleriyle dünyanın jandarmalığına soyunarak milyonlarca insanı öldüren ABD ile Türk Başbakanı konuşuyor, görüşüyor, akıl alıyor, müzakere ediyor, destek alıyor

Uyan Ey Türk Gidiyoruz

yada buna ne denirse onu yapıyorsa, bu ülke yani Türkiye bağımsızlığını yitirmiş, varlığını dış ellere teslim etmiş demektir. Türkiye, gidiyor demektir.

Fehmi Koru'nun da Sistem ile bir anda nasıl içli dışlı olduğunu hatırlıyoruz. Fehmi Koru'nun Bilderberg toplantısına katılabildiğini, yani o derece onurlandırıldığını hatırlıyoruz. Bilderberg yüce bir makamdır.

Zamanında Bilderberg toplantılarına katılan isimleri düşünüyoruz, bugün Adalet ve Kalkınma Partisi karşıtı olarak, Bilderberg'li Fehmi Koru gibi isimlerin tam karşısında yer alıyorlar. Demek ki Sistem, her dönem belirli isimleri desteklemiştir. Her yerde yazıldı, çizildi yine Cüneyt Zapsu'nun ABD'li yetkililere Tayyip Erdoğan için *"deliğe süpürmeyin, kullanın"* dediği. Sistem, kullanır ve günü geldiğinde deliğe süpürür. Kazanan daima Sistem'dir/Küresel Krallıktır. Kaybeden ise uluslar, insalıktır...

Milletvekili Ali Rıza ÖZTÜRK, *"Başbakan Erdoğan ile Bush'un 2007'deki Oval Ofis'teki görüşmesi sonrası Türkiye'ye 35 ABD'li istihbarat ajanının/subayın geldiği"* iddialarını dile getirerek, bunun doğru olup olmadığını soru önergesi ile İçişleri Bakanı Beşir ATALAY'a yöneltiyordu. Bakan ise *"Bilmiyorum"* yanıtını vermekle yetinmiş, sorular karşısında ise sükutunu korumuştu. Devletin İçişleri Bakanı bilgisizdi! Halbuki bu soruyu belki Fehmi Koru'ya sorsa, yanıtını öğrenecekti!

Tayyip Erdoğan cesur savcı aradı, Tayyip Erdoğan - Bush görüşmesinde Ergenekon operasyonu konuşuldu iddiası Fehmi Koru tarafından sunuldu dedik, devam ediyoruz.

Fehmi Koru yazmıştı, Uğur Dündar ise ekran karşısında anlattı, aktaralım. Ümraniye'deki evde el bombaları çıktığı iddiasıyla ilk gözaltılar olunca, Uğur Dündar, muhabiri Hatice Demircan'ı bilgi alması ve haberi yapması için görevlendirmiş. Hatice Demircan, Zekeriya Öz'e gidip, haber yapacağını ve bilgi almak istediğini söyleyince savcı Zekeriya Öz *"Bekleyin, öyle ünlü isimler gelecek ki, o zaman haberleştirirsiniz"* demiş.

Bunca bilgiyi alt alta yazıp okuyunca anlıyoruz ki, Ümraniye'de bir evde el bombası ve silahlar olduğu ile ilgili ihbarın kolluk güçlerine telefon ile yapılması, aslında yalnızca bir rol icabı imiş. Deniyor ki, o ihbar ve o evde çıkan mühimmat ve belgeler üzerine bu operasyon bu noktalara geldi, bunca kişi göz altına alındı. Hatta ihbarın ses kayıtları bile yayınlandı. Tabi Ümraniye'deki evden sonra Tuncay Güney'in Kanada'dan yaptığı açıklamaların da yönlendirici olduğu iddia ediliyor. Soruyoruz, Tuncay Güney ne olarak ortaya çıkmıştı, "haham" olarak!

Operasyondan iki yıl önce Fetullah Gülen ulusalcılıktan şikayet ediyor ve bunun sancılı bir süreçle bertaraf edileceğini bildiriyor; Tayyip Erdoğan – Bush ile masada bu konuyu konuşuyor; Tayyip Erdoğan cesur savcı arıyor; Savcı Zekeriya Öz daha nice isimlerin gözaltına alınacağını en baştan söylüyor. Demek ki gerçekler ile topluma anlatılanlar farklı.

İşin ilginç yanı, her yeni dalga ile birlikte ABD'nin düşünce kuruluşlarından, üniversite hocalarından, ünlü köşe yazarlarından, Kissenger'ın adamlarından, mesela Yahudi inançlı Zbigniew Brzezinski isimli Kissenger öğrencilerinden destekler yağıyor; *"yeni bir dünya düzenine karşı çıkan herkesin, tüm unsurların enterne edilmesi, saf dışı bırakılması"* hakkında, dalgalarla örtüşen, paralel yürüyen yazılar yazılıyor, beyanatlar veriyordu. G-20 toplantılarında artık Yeni Dünya Düzeni kuruluyordu.

"Yeni bir dünya kurulur ve Türkiye orada yerini bulur" diyenler bir anda koltuklarından edilirken; Sistem tasarımı yeni dünyaya taraf olanlar kutsanıyor, kutlanıyordu.

* * *

Uyan Ey Türk Gidiyoruz

Ergenekon operasyonu diyoruz. Başka isimler takılan, Ergenekon kadar güncel, bağlantılı pek çok operasyonu da bu isim altında anlatmaya çalışıyoruz. Ergenekonu bir de şu yönüyle görmeye çalışalım. Suçlu-suçsuz, Ergenekon kapsamında yargılanması gereken yada gerekmeyen, şu an için akıbetinin ne olacağını bilemediğimiz yüzlerce kişi sanık sıfatıyla ancak çoğu basın kuruluşları tarafından "kamuoyu mahkumu" ilan edilerek göz altına alınıyor, tutuklu yada tutuksuz yargılanıyor.

Buradaki genel görünüm dikkat çekicidir. Bir teoremde bulunalım. Elbette kimseye bir suçlamada bulunmadan ve yargılamaya müdahale kapsamına girmeden. Yargıya ve yargılama sonucuna güveneceğiz.

Göz altına alınan isimlerin çoğu bugüne kadar "vatansever" olarak tanıtılan kişilerdi, toplum içinde önde duran isimlerdi, kişi olarak değilse bile meslekleri önde duruyordu, çalıştıkları yerler parlak kurumlardı.

Ergenekon tarihi kapsamında da gördük, ordu milletin içinden çıkmış, milletin organik bir parçasıdır. Ordu yani TSK dediysek Jandarma, Polis, MİT gibi silahlı koruyucu güçlerin hepsi milletin organik parçasıdır. At, avrat, silah kutsaldır.

Dördüncü kol ve beşinci kol faaliyetleriyle, bu isimler ve kurumlar, özellikle TSK peşinen suçlu ilan edilmiş ve yıpratılmıştır. Birileri talimatlara harfiyen uymaktadır.

Teorimiz nedir derseniz, Ergenekon dalgalarına maruz kalan kişilerin çoğunun Sabetayist kökenli olma olasılığını tespit etmiş bulunuyoruz. Bunlar cımbızla mı seçilmektedir, bu operasyonun arkasında daha da önce bahsettiğimiz Siyonist-Sabetayist Güç Çatışması hatta ötesinde Siyonist Sistemin/Yahudilerin, Türkiye Sabetayistlerini tasfiye çabası mı yatmaktadır, hahamların çelebileri tasfiyesi midir, yoksa bazı isimler tesadüfen mi Sabetayist kökenli çıkmaktadır, tesadüfler zinciri midir, soruyoruz.

Tuncay Güney'in bir "haham" olarak sunulması ve bazı pozları vermesi buna işaret midir, güç gösterisi midir? Tuncay Güney kendisini haham olarak tanıtmıştı ancak bunun yalan olduğu ortaya çıktı. Peki neden, ne için, neyi göstermek için kendini haham olarak tanıtmış, haham kılığına bürünmüştü? Bunu herhangi bir kimse sorguladı mı?

Duvardaki o kocaman Yahudi/İsrail Yıldızının ve 9 kollu şamdanın seyircilerin gözüne sokulurcasına kamera önünde bulunmasının anlamı neydi?

7 kollu şamdan (Menora) Yahudiler tarafından daha sık kullanılır ve daha yaygın bir işarettir.

İsrail devlet armasında da Menora vardır. Peki neden bunun yerine 9 kollu şamdan (Hanukiya) seçilmişti?

Hanukiya, yalnızca Yahudilerin Hanuka Bayramı'nda kullanılıyor. Hanuka Bayramının bir diğer adı "ışıklar bayramıdır". Acaba hahamın itirafları, sonunda kutlanacak bir bayrama, Işıklı günlere mi vesile olacaktır? Bu şamdan o masada, yakılacağı günü mü beklemektedir? Tuncay Güney'in itirafları ve üstlendiği rol Siyonist Sistem'in saldırısının gizli bir işareti midir?

Bir dönem bir haber yapılmıştı. Bu haberde, 3. iddianamede Ergenekon sanıklarının "Sabetayist" olduğu belirtilen birçok ismi fişledikleri öne sürülmüştü. Yanlıştır, kirli bilgidir. Ergenekon oluşumu Sabetayist karşıtı bir oluşum olamaz keza Ergenekon sanıkları arasında ağırlığın İbrani kökenlilerden/Sabetayist kökenlilerden oluştuğunu görebiliyoruz.

Uyan Ey Türk Gidiyoruz

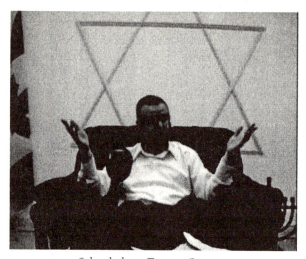

-Sahte haham Tuncay Güney-
Ergenekon açıklamalarında bulunurken.
Duvarda Yahudi yıldızı, masada 9 kollu şamdan dikkat çekici.

Sabetayistlerin (iş/para adamları dışındakiler), siyasi açıdan genelde koyu olduklarını biliyoruz. Ya çok vatansever oluyorlar yada ikinci cumhuriyetçi oluyorlar. Ergenkon ve diğer isimler kapsamında yargılananların aslında hangi tarafta olduklarını yargılamanın neticesinde göreceğiz. Zamana gereksinim var, zaman bize her şeyi gösterecek. Peşinen kişileri ne savunalım ne de suçlayalım. Yanlışlar varsa da bunları söylemekten korkmayalım. Yanlışı kim yapıyorsa yapsın!

Sabetayistler ya vatansever oluyorlar yada ikinci cumhuriyetçiler dedik. Bir üçüncüleri daha mevcut aslında, ikinci cumhuriyetçilerin ötesi, militan versiyonu. Bunlar, İsrail'in Kürdistan projesinin Türkiye ayağı içinde yer alan bölücüler arasındalar. Yaygınlar.

VAHİYLİ ŞEBEKELERDE "İYİ İNSANLAR"

Dernek-vakıf adı altında, tüzel kişilik şemsiyesinde yürüyen "yeni bir dinin" misyonerliğine ve ilişkilerine bakalım.

Asya, Avrupa ve ABD'de faaliyet gösteren, Kabbala'dan esintiler taşıyan, Evangelizme yakın duran Moon tarikatı ile muazzam benzerlikleri göze çarpan "network/ağ/şebeke"lere bakmak gerekiyor. Dünya Kardeşlik Birliği, Mevlana Özçekirdek Grubu, Dünya Kardeşlik Birliği Mevlâna Yüce Vakfı gibi isimlerle faaliyet gösteren şebekeler/ağlar. Biz bunları ifade etmek için "üçgenci" tabirini kullanacağız. Bizim koyduğumuz ve onlara da çok yakışan bir tabirdir.

Genellikle yaşamında sorunu olan, eşiyle-çocuğuyla ailevi sorunlar yaşayan, tahsilli kesimin insanları bu tip şebekelere ilgi duymakta, toplantılarına katılarak aktifleşmektedir. İnsanlara huzur, mutluluk ve sevgi sunulmaktadır(!) Sonra fasiküller devreye girer, belli aralıklarla bir yenisi verilir. Serüven gibi bunlar okunur, sonrasında fasiküller üstüne tartışmalar, yorumlar yapılır. Örtülü biçimde gelen bu yeni din, olayın farkında olmayan taraftarlarına aşılanmaya başlar. Şebekede "büyük isimler" de vardır.

Öncelikle neden yeni bir din diyoruz, bu iddiamızı kanıtlayalım. Bir kere bu fasiküllere inanmış kişi müminliğini kaybetmiştir, müşriktir, İslam inancının dışına çıkmıştır, bu kesin.

Bilgi Kitabı Fasikül 1, Evren Yasası, Bab-3 Madde 140'ta *"Kuran Tüm Din Kitaplarının devamıdır. Yazdırılan bu yazılar da Onun devamıdır."* demektedir.

Bir defa Kur'an diğer kitapların devamı değildir. Çünkü İslam inancına göre diğer kitaplar (Zebur/Tevrat/İncil) insanlar tarafından özünden saptırılmış ve değiştirilmiştir, Kur'an-ı Kerim ise bu kitapları ilga ederek (yürürlükten kaldırarak) gelmiştir. Devamı değil, gerçek ve evrensel yenisidir.

Ayrıca Hz. Muhammet son peygamber, Kur'an-ı Kerim tüm mekan, zaman ve toplumlara hitap eden son kitaptır. İslam inancına göre onun bir devamı olamaz. Madde-140'taki bu iddiayı sunan ve buna inanan kişi artık, Müslüman değildir, İslam'dan çıkmıştır.

İslam inancı olan bir kişinin öncelikle, Allah'ın son resulü/peygamberi/elçisi Hz. Muhammet'e ve Hz. Muhammet'e Cebrail Aleyhisselam aracılığıyla indirilen Allah'ın kelamı Kur'an-ı Kerim'e iman etmesi, inanması gerekir. Bir kısmına iman edip bir kısmına inanmamak, işin özünden ve İslam'dan çıkmaktır. Bir kısmına dahi inanılmıyorsa, demek ki onun Allah'ın kelamı olduğuna ve değişmeyecek dediği sözlerinin yazılı olduğu Kur'an'a inanılmıyor demektir.

Bu şebekenin kitaplarını ve fasiküllerini okuyunca, Kabbala'yı okuduğunuzu sanabilirsiniz. Her yerde Işıklandırma, tekamül, nurlandırma, enerji, sevgi, kardeşlik lafları edilmektedir. Kabbala ile biraz "Buda ve Yoga" felsefesinin "karma"sı gibidir. Amblemlerinde Masonluk'taki gibi koca bir üçgen kullanılmaktadır.

Bazı kavramlar okununca insana Ufo filmi yada çizgi film izliyor etkisi vermektedir. Bu fasiküllerin Tanrı'dan geldiği iddia edilmektedir. Yani sözde vahiylerdir. Bunları yazan kişi de sözde peygamberdir. Şu şekilde anlatılmaktadır (Bilgi Kitabı 1987 İkinci Ay Fasikül-20):

Grubun Adı: (Mevlana Öz Çekirdek Grubu Anadolu Kanalı). Sistem gereği Birleşim Emri ile, Uzay ile direkt İlâhi Plan ile irtibatta ve Uzaydan açıkça bahsetme yetkisi Grubun patentinde.

Görevleri: Evrensel ve Dinsel Birleşim.

İrtibatları: Sadıklar Konseyinin Emri ile SİRİUS'a bağlı, Evren Yasasına imza koymuş bütün Galaksiler.

Bilgi aldığı Kaynaklar: Alfa Kanalı – Merkezi Sistem – Yüce Meclis – Evrensel Birleşim Konseyi Merkez Üstü Merkeze bağlı UFO Grupları.

Yayılma Sahası: Bütün Dünya.

Yazdırılan Kitabın Adı: BİLGİ KİTABI.

Kitabın Özü: Tüm Dinsel Kitapların Birleşimi, Hakikatin açıklanması ve ALTIN ÇAĞ'a çağrı. Dünya Boyutunun bilmediği Boyutlarından Bilgi transferi. Konseyin Özel Kanalına bağlı tüm Göksel Kitaplarının muhtevası (BİLGİ KİTABI).

Çalışmaları: Dinsel Boyuttan Evrensel Boyuta geçiş, Kurtuluşa hazırlamak.

1988 Birinci Ay Fasikül 25:

Madde-44: Planın Öz Kanalına bağlı bir Boyut Frekansı taşıyan Mevlâna Öz Çekirdek Grubu, diğer Gruplardan ayrı bir özelliğe sahiptir. Çünkü bu Grup, Direkt RABBİN hizmetinde ve Planın Öz Elemanları olarak hizmet vermektedir.

Madde-46: Bilgi Kitabı, Evrensel bir Anayasadır.

Madde-60: Dünya RABBİ, AMON ve RA Müşterek Üçlü Kot olarak Planın direkt yansıtıcı kuşağıdır.

Madde-61: Buradaki RA, Sistemin RABBİ'dir.

Madde-70: ALTIN ÇAĞ'ın İleri Bilinçleri, Altın Galaksi Boyutunun Özel Kanalından teker teker seçilerek, Plana bağlantıları yapılmaktadır.

Madde-75: Sizlerden isteklerimiz, Harpsiz, Sevgi dolu, Güvenilir, MUTLU bir Dünya ile Bizlere Merhaba demenizdir...

* * *

Armageddon fikrinin süslenmiş versiyonudur. Evangelistik inancı tarikat adı altında genele yayma, Yahudi ırkından olmayanlara daha yumuşak biçimde benimsetilmesi operasyonudur.

Altın Çağ ne demektir önce buna bakalım. Evangelist üretimi olan ve din bilgisi olarak yayılmış inanışa göre, Altın Çağ'a giriş için büyük bir savaş yaşanacaktır ve o savaşın adı Armageddon olacaktır. Bu savaşta kötüler yok olacak (Tevrat'a inanmayan dinler yani Musevilik ve Hıristiyanlık dışındaki inançlar, hedefte İslamiyet var), yalnızca "iyi insanlar" yani Hıristiyan ve Museviler kalacak (özellikle Hıristiyanlığın protestan ve protestan evangelistleri).

Savaştan önce de, dönüştürebildikleri kadar insanı dinlerine çekmeye çalıştıklarını görüyoruz. 2000 yılı milenyumdur, Altın Çağ'ın başlangıcıdır, insanlık adına son bin yıldır.

2000 yılından sonra, Armageddon ve zihin devrimi, bilinç uyanışı için yeni tarih 2012 seçilmiştir. Armegeddon'a yönelik, yani 3. Dünya Savaşı çıkacağına yönelik propaganda uydu üzerinden, internet üzerinden, insanlar aracılığıyla misyonerlikle, fasiküller-kitaplar üzerinden yürütülmektedir. Evangelist Hıristiyan ABD'liler, Başkan 2. Bush'a, Armageddon'u çıkarmadığı için kızgındır.

Musevi olan, Hıristiyan olan, Sabetayist olanlar tabiri caizse Armageddon'da paçayı kurtaracaktır! İstiyorlar ki hem başka insanlar da kendileri gibi paçayı kurtarsın(!) hem de ordularına yeni güçler katılmış olsun, taraftar kazanılsın.

Bugün özellikle İstanbul'da bazı derneklerde Yoga felsefesi olarak insanlara sunulan, kadın peygamberli, tekamüllü, iyi-kötünün anlatıldığı, yurt dışından (Almanya, ABD, İsrail...) hocaların getirtildiği yapay dinler ve yukarıda anlattığımız Kabbalistik "Üçgencilik" tarikatları buna hizmet etmektedir.

İşte Armageddon'dan sonra dünya tam anlamıyla Altın Çağ'a girecektir, bilinç uyanışı olacaktır ve bundan sonra yalnızca "iyiler" yaşayacaktır. Bazı şebekeler ise bunun savaştan önce, 2012'de olacağını propaganda etmektedir. Demek ki bu tarihten sonra Türkiye'de yalnızca azınlıklar ile mezar taşlarında, ölüm ilanlarında "iyi insan" yazanların aileleri bilinç uyanışı yaşayacaktır! Ya da uyandıklarını zannedenlerin gözlerine öyle bir perde indirilmiştir ki, isteseler dahi artık uyanamazlar!

Bu fasiküllerde de Altın Çağ'ı ve daha fazlasını gördük.

Madde-60'ta ve daha birçok yerde bu üçgenci inancın özü olarak, günümüz Hıristiyanlığında da gördüğümüz "teslis inancını" yani "üçlemeyi" gördük. Hıristiyanlıkta "Baba, Oğul, Kutsal ruh" olarak sayılır. Üçgencilikteki teslis buna paraleldir ancak isimler farklıdır.

Üçgencilik dedik, bu ismi boşuna yakıştırmadık. Üçgenin her bir köşesinde, bir önemli kişi/tanrı vardır. Üçgen, kutsaldır.

Ayrıca madde 46'da *"Bilgi Kitabı, Evrensel bir Anayasadır."* denilmiştir. Hukuka uygun düşmemektedir. Evrensel bildiri/bildirge vb. tabirler belki kullanılabilir. Ancak hukuki anlamlar yüklenmiş anayasa ve *"evrensel anayasa"* tabiri, iç hukuka ve uluslalarası hukuka uygun düşmemektedir. O zaman T.C. Anayasası ne olmaktadır? Hukuk üstüne hukuk getirmektir. Aslında bu kavram "Tek dünya devletinin, tek dünya dini"ne gidişi ifade etmektedir.

Madde-44'te de mürit statüsünde, doğrudan hizmetli taraftarlar oluşturulmaktadır. Bu maddedeki iddia İslamcı olduğunu bildiren bir kişiden çıksaydı herhalde o an Türkiye'de *"irtica geliyor"* diye ortalık ayağa kalkar, yurtdışında da bu örgütün El Kaide'nin bir kolu olduğunu ilan edilirdi. Menşei farklı olunca, din ve vicdan özgürlüğü kapsamına girmektedir!

Madde-70'te ise ileri bilinçli kişilerin özel olarak seçileceği ifade edilmektedir. Bu bize, Başkan 2. Bush'un vali olduğu günden bu yana, Afganistan ve Irak Savaşları'nı açarken, dönemin Fransa Cumhurbaşkanı'nı Irak Savaşı'na ikna etme görüşmelerinde vs. sürekli *"kendisinin seçilmiş olduğunu"* vurguladığı konuşmalarını hatırlatıyor. Başkan 2. Bush da "üçgenci" olabilir mi?!

Moon tipi Tevratik/Kabbalistik/Masonik ve Protestan Evangelist Kilisesi menşeili tarikatların, üçgencilerin Türkiye hoşgörücüleri kimlerdir?

Kasım GÜLEK'i görüyoruz. Yazar Ergün Poyraz, Kasım Gülek'in ölmeden önce CIA'nin yönettiği Amerikan patentli Moon tarikatının Türkiye temsilciliğini yaptığını söylüyor.

Babası Rıfat Gülek, İttihat ve Terakki Cemiyeti üyesidir. Kasım Gülek, Galatasaray Lisesi ve Robert Koleji'nde ve daha sonra da yurt dışında üniversitede okumuştur. Milletvekili olmuş, bakan olmuş, yazık ki CHP Genel Sekreteri olmuştur. Moon tipi Türk tarikatlarına sevgisini, Işığını vermiştir. Kasım Gülek'in Sabetayist olma olasılığını tespit ediyoruz. Bunu hissedebiliyoruz. Cenaze namazını Fetullah Gülen kıldırmıştı.

Diğer yandan YÖK'ü kuran, çok iyi İbranice bildiği söylenen **İhsan Doğramacı**'yı görüyoruz. Neden İbranice?

Doğramacı'nın siyasette sözü dinlenir, cumhurbaşkanları bile yüksek saygı gösterirdi. İhsan Doğramacı, kabinelere hangi bakanların sokulacağına karar verebilecek derecede yüksek bir kişi miydi? İddialar var, soruyoruz.

İhsan Doğramacı'nın eşi Ayser Hanım'ın annesi; Dağıstanlı Mehmet Fazıl Paşa'nın kızı, Irak eski Başbakanı Hikmet Süleyman Bey'in karısı, sadrazam Mahmut Şevket Paşa'nın yengesidir.

İhsan Doğramacı'nın da babası Osmanlı paşasıdır. Büyük soydan gelmiş ve kendi gibi büyük soydan gelen bir hanımla evlenmiştir.

İhsan Doğramacı da Moon tipi Kabbalistik tarikatlara ışık saçardı, bunu hissedebiliyoruz. Biz de artık yaza yaza "kendi altın çağımıza" girdik, bilinç uyanışı yaşıyoruz(!)

Kasım Gülek ve İhsan Doğramacı'nın üstat masonlar oldukları iddia edilmektedir. Olasıdır. Doğramacı, Bilkent Üniversitesi'nin kurucusudur. Başkent Üniversitesi kurucusu Mehmet HABERAL'ın yakın dostudur. Tayyip Erdoğan, "*Haberal'ın kendisine Doğramacı'nın emaneti*" olduğunu açıklayacaktı. Erdoğan emanete sahip çıkamamış olmalı ki, Haberal tutuklu yargılanmaktadır.

Gülek ve Doğramacı, Sabetayist soydan gelme olasılıklarıyla, üçgencileri seviyorlar ve/veya destekliyorlardı. Şimdi ise bizzat bu üçgenci şebekenin internet sitesinde bildirdiği bazı isimlere bakalım.

Dr. Bedri Ruhselman'ı görüyoruz. Ruh-sel-Man. Diğeri **Refet Kayserilioğlu**. Refet ismi, listemizde mevcuttu. Kayseri'nin önemli bir yerde bulunduğunu da hatırlıyoruz. Refet ailesi Talu, Barlas, Sözen ve Canbülbül aileleri ile akraba-hısım çıkıyor. Alevilik yoksa "can bülbül"ün anlamı nedir?

Bu arada, özellikle Hatay-Mersin-Adana ve diğer illerde, Sabetayistlerin, İslami öğretilerden farklı davranışlar sergilemelerine kılıf olarak, bölgede çok yaygın olan bir şeyin, Aleviliğin ardına saklanarak, Alevi oldukları iddiasıyla gizlendiklerini biliyoruz.

Bu tip Alevi maskeli Sabetayistler, Alevi oldukları iddiası ile cuma namazına gitmek zorunda kalmıyor, camiye girmiyorlar. Mum söndü ismiyle yıllarca Alevilere mal edilen zina/ahlaksızlık ise,

21 Adar Bayramı/Mum Söndü Bayramıdır ve bu ayini gerçekleştirmeyi Sabetayistler yaklaşık 19-20. yüzyıla kadar sürdürmüşlerdir.

Bugün devam ediyorsa bile, bilgimiz yoktur. Aleviliği bilmeyen Türkler de, Alevi maskeli Sabetayistler ne söyleseler bunu Aleviliğe yorarak, inanıyorlar. Sabetayizm burada da Aleviliği kendisine alet etmektedir. Parantezi kapatalım.

Üçgenciliğin İstanbul'da (özelikle Kadıköy, Şişli), Antalya'da, Kayseri'de, Bursa'da, İstanbul'da, İzmir'de, Adana'da, Ankara'da ve bilimum şehirlerde yaygınlaşmıştır. Sosyete dünyasında ve genellikle Sabetayist kökenli (Müslümanlar da var elbette) yüksek bürokrasi dünyasında hatta hakim-savcılar içinde dahi olduklarını duyuyorduk.

Masonluğun kadınları da kabul eden versiyonu gibi, hatta içine biraz Buda-Yoga felsefeleri katılmış, Kabbalistik söylem ve motiflerle bezenmiş, Yahova şahitliğinin "savaşsızlık" diline de yer vermiş, insanları tavlamak adına İslami söylemi tam anlamıyla dışlamamış, Evangelistik *Altın Çağ* söylemlerine girmiş, Milenyum'u (2000'i) seven, insanların kafasını karıştırıp onları birer Armageddon unsuru yaptığı anlaşılan ancak asla Armageddon'dan bahsetmeyen, kimi yüksek makam sahibi kişilerden de taraftar bulan, Sabetayistlerin de üretim ve pazarlama aşamalarında olma olasılığı görülen şebekedir.

Bir küresel Sistem unsuru olarak görüyoruz. Fasiküller de zaten bunu doğruluyor *"Sistem gereği birleşim emri"* diyerek. Demek ki gerçekten de, bizim, kitabın başından beri anlattığımız Sistem emretmiştir!

Bir dönem cumhurbaşkanı adayı yapılmak için ismi geçirilen (ancak o dönem Ahmet Necdet SEZER'de karar kılınmıştı), Ankara Doğuş locasının 424 numaralı Mason üyesi, dünyaca ünlü ve başarılı tıp profesörü Mehmet HABERAL'ın kurduğu Başkent Üniversitesi'nin yayın organı "Bütün Dünya 2000" adlı dergi aklımıza geliyordu.

Yukarıda bahsettiğimiz şebekenin üçgenci fasikülünde de "Bütün Dünya" tabiri geçmişti. 2000 ile de milenyum, altın çağ başlıyordu. Bu tesadüfü de kaydetmiş bulunuyoruz.

- Üçgencilerin Amblemi -

- Tüm Kabbalistik Simgeler -
Bir Yahudi internet sitesinden

İki amblem arasındaki benzerlik dikkat çekicidir. Alttaki çizimde de üstteki çizimde de (logolarda) "çember içinde üçgen" mevcuttur. İki resimde de üçgenlerin üst tarafında sonsuzluk işaretinin ucu kesik versiyonu (üst ucu kesik 8) mevcuttur. Alttaki çizimde de üstteki çizimde de, güneş ve Işık hüzmeleri mevcuttur. Bağlantılar, benzerlikler ve sonuç gayet açıktır.

Uyarın !

Uyan Ey Türk Gidiyoruz dedik, o zaman bu bir uyarı kitabıdır, her sayfasıyla. Bu uyarılar, bugünün koşulları çerçevesinde bugün için yeterlidir. Türkiye'nin gidişatı değişmezse, düzelmezse, demek ki bizim de uyarılarımız sürecek, deşifrasyonlarımız devam edecektir. Türkiye üzerine yapılan ataklara aynı hız ve oranda karşılık vermemiz gerekiyor.

Sistemi ve onun en büyük iki devleti olan ABD'yi, İsrail'i, Yahudi organizasyonlarını ve işleyişlerini anlattık. Sistemin dünyaya ve ülkeler üzerine biçtiği rolleri ve operasyonları, savaşları ve bunların arkasında yatan gerçek dünya projesini de anlattık. Para ve din kaynaklı projelerin her şeyden önce gittiğinden bahsettik.

Bu dünyada demokrasinin olmadığını, insan haklarının olmadığını, cumhuriyetlerin olmadığını, halkın kendisine gösterilen Sistem tarafından kutsanmış/seçilmiş kişiler arasından seçim yaptığını, seçim yapmadan önce zaten basın yayın kanalıyla tercihlerinin kendisine söylendiğini ve toplumların bu yapıyı cumhuriyet sandığını türlü ifadelerle anlatmaya çalıştık.

Sistemin dünyaya zülum getirdiğini, Müslüman toplumların yaşadığı ülkeleri işgal ettiğini, bunun da kendilerine yetmediğini, İslam'ın adından içeriğine kadar her tarafına güçleri yettiğince müdahale etmeye çalıştıklarını, dünyayı maddi ve manevi açılardan kuşattıklarını yine anlatmaya çalıştık.

Sistemin ve Yahudilerin, Türkiye üzerine biçtiği rolden ve projelerden de bahsettik. İslam'ın yozlaştırılmaya dindarlığın yerinin NATO dinciliğine ve dinden uzaklığa çevrilmeye çalışıldığını, laikliğe karşı laikçilerin türetildiğini, bireysel ahlakın çökertildiğini,

Uyan Ey Türk Gidiyoruz

yolsuzluk ekonomisinin ülkenin bağımsızlığına vurulan en büyük darbe olduğunu, İslam'ın dışında ayrıca Türklüğün adıyla da oynanmaya çalışıldığını ve tüm millet-vatan-din bazlı kavramların küçümsenerek ve aşağılanarak değersizleştirilmeye çalışıldığını, toplumun kayıtsızlaştırılmaya çalışıldığını, bu yolla da Türkiye'de sessiz bir işgalin yaşandığını anlattık, bağırdık.

Türkiye'yi Türklerin, Türkiye'yi aslında Müslümanların pek çok alanda yönetemediğinden, Sabetayist dediğimiz bu toprakların Yahudilerinin bizi bir şekilde idare ettiğinden, açıklanmamış bilgi ve fotoğraflarla bahsettik. Sabetayist sistemi büyük oranda deşifre ettik.

Bir devlet politikası olarak girmeye çalıştığımız Avrupa Birliği'nin gerçek yüzünü de, kitabın içeriğine uygun bir biçimde, kısaca deşifre etmeye çalıştık.

Demek istiyoruz ki; Ilımlı İslam ve Dinler Arası Diyalog yalanlarıyla kandırılan, AB-ABD ve nihayetinde Sistem ve Sabetayistler kıskacında bir Türkiye.

Melih Cevdet Anday, Telgrafhane şiirinin başında, "*Uyuyamayacaksın. Memleketin hali seni seslerle uyandıracak, Oturup yazacaksın.*" diyor, aynen söylediği gibi uykularımız kaçıyor ve yazıyoruz.

Yine aynı şiirde diyor ki, "*Düzelmeden memleketin hali, Düzelmeden dünyanın hali, Gözüne uyku giremez ki*". İşte biz, bu gözüne uyku girmeyen gerçek vatanseverleri arıyoruz.

Uyan Ey Türk Gidiyoruz!